옮긴이 **이강국**

서울대학교 경제학과와 동 대학원을 졸업하고 매사추세츠주립대학교에서 경제학 박사학위를 받았다. 일본 리쓰메이칸대학교 경제학부 교수로서 개도국 출신의 대학원생들을 가르치고 불평등, 경제성장, 금융세계화, 한국 경제 등을 주로 연구한다. 《한겨레》《시사인》《닛케이아시아(Nikkei Asia)》 등 여러 언론에 칼럼을 쓰고 있다. 컬럼비아대학교, 케임브리지대학교, 그리고 서울대학교 방문학자를 역임했고 《재패니스폴리티컬이코노미(The Japanese Political Economy)》 공동편집인을 맡고 있다.

저서로 『다보스, 포르투 알레그레 그리고 서울』, 『가난에 빠진 세계』, 『이강국의 경제 산책』, 『이강국의 경제 EXIT』 등이 있고 역서로 『비이성적 과열』, 『그래도 경제학이다』, 『세계경제사』 등이 있다. 『21세기 자본』을 감수했다.

자유의 길

The Road to Freedom: Economics and the Good Society
Copyright ⓒ 2024 by Joseph E. Stiglitz

Korean Translation Copyright ©2025 Book21 Publishing Group
Korean edition is published by arrangement with W. W. Norton & Company, Inc.
through Duran Kim Agency.

이 책의 한국어판 저작권은 듀란킴 에이전시를 통해
W. W. Norton & Company, Inc.와 독점계약한 (주)북이십일에 있습니다.
저작권법에 의하여 한국 내에서 보호를 받는 저작물이므로 무단전재와 무단복제를 금합니다.

일러두기

- 국립국어원의 한글맞춤법과 외래어표기법을 따르되, 일부는 현실발음과 관용을 고려하여 표기했다.
- 책은 겹낫표(『』), 정기간행물은 겹화살괄호(《》), 단편소설, 기사, 논문 등 짧은 글은 홑낫표(「」), 영화, 연극, 음악, TV프로그램 등은 홑화살괄호(〈〉)로 묶었다.
- 원주는 원문과 같이 후주로 두었다.
- 역주는 본문 내 해당 설명부 끝에 '옮긴이'로 표기하고 괄호로 묶었다.
- 원문에서 이탤릭으로 강조한 부분은 볼드로 옮겼다.

자유의 길

경제학은 어떻게
좋은 사회를
만들 수 있는가

조지프 스티글리츠

Economics
and
the
Good
Society

THE
ROAD
TO
FREEDOM

이강국
옮김

arte

차례

	한국어판 서문	6
	서문	10
1장	서론: 위험에 처한 자유	28
2장	경제학자들은 자유를 어떻게 생각하는가	54

1부
해방과 자유: 기본원칙

81

3장	한 사람의 자유는 다른 사람의 부자유다	82
4장	강제를 통한 자유: 공공재와 무임승차문제	114
5장	계약, 사회계약, 그리고 자유	133
6장	자유, 경쟁경제, 그리고 사회정의	155
7장	착취할 자유	179

2부   205
자유, 믿음, 선호, 그리고 좋은 사회 만들기

8장 사회적 강제와 사회적 결속   210
9장 개인과 믿음의 공동 형성   234
10장 관용, 사회적 연대, 그리고 자유   267

3부   285
어떤 경제가 좋은, 정의로운, 자유로운 사회를 만들어 내는가?

11장 신자유주의적 자본주의: 왜 실패했는가   292
12장 자유, 주권, 그리고 국가 간 강제   316
13장 진보적 자본주의, 사회민주주의, 그리고 학습사회   350
14장 민주주의, 자유, 사회정의, 그리고 좋은 사회   368

감사의 말   389
해제   좋은 사회를 향한 자유의 길(이강국)   395
주   402

한국어판 서문

한국에서 제 저서 『자유의 길』을 출간하게 되어 매우 기쁘게 생각합니다. 오늘날 거의 모든 사회에서는 자유와 더 나은 세상—좋은 사회—을 만들기 위한 노력에 경의를 표합니다. 그러나 많은 경우 이는 실체가 없는 공허한 미사여구, 진부한 말의 연속에 불과합니다. 특히 우파들이 이런 잘못을 저질러 왔습니다. 그들은 "자유"를 이야기하면서 언론의 자유를 억누르거나 민주주의의 감시자인 언론의 핵심 역할을 경시하며 그것을 국민의 적으로 규정합니다. 미국 우파들은 자유를 찬양하는 것처럼 보이지만 여성의 재생산에 대한 자유를 빼앗기 위해 할 수 있는 모든 일을 합니다.

전 세계는 특히 윤석열 전 대통령이 자주 자유를 옹호했으면서도 기본적 자유를 빼앗기 위해 계엄을 선포했을 때 이러한 모순을 명백히 목격했습니다.

자유는 모든 좋은 사회를 구성하는 중요한 요소지만 우리는 자유가 추상적 차원에서 갖는 의미와 그것이 어떤 국가의 주어진 상황에 적용되는 방식을 모두 더욱 깊게 이해해야 합니다. 이것이 이 책을 쓴 의도입니다. 이 책은 어떻게 한 사람의 자유가 다른 사람의 자유를 침해할 수 있는지, 신호등과 같은 제한이 어떻게 모든 사람의 자유를 유의미하게 확대할 수 있는지 설명합니다. 신호등은 제약을 의미합니다. 초록색 신호등이 켜지기 전까지는 갈 수 없습니다. 그러나 신호등이 없다면 아무도 움직일 수 없고 교통체증이 발생할 것입니다. 내가 이 책에서 설명하듯 우리 모두는 코로나19를 예방하는 mRNA 백신의 혜택을 받았습니다. 그러나 정부가 기초연구비를 지원하지 않았다면 이 백신을 접종할 수 없었을 것입니다. 이는 곧 세금이 있어야만 함을 의미합니다. 우리는 원하는 대로 지출할 자유를 약간 제한함으로써—우리는 세금을 내야만 합니다—훨씬 더 의미 있는 방식으로 우리의 자유를 확장했습니다. 그것은 누군가에게는 생존의 자유를, 다른 누군가에게는 입원으로부터의 자유를, 그리고 우리 모두에게는 두려움으로부터의 자유를 선사합니다. 집단행동은 우리가 혼자라면 하지 못할 일을 할 수 있게 해 줍니다. 비록 우리는 세금을 내야 하지만 이런 의미에서 집단행동은 의미 있는 방식으로 우리의 자유를 확장할 수 있습니다.

나는 좋은 사회는 민주적이어야만 한다고 믿습니다. 하지만 민주주의란 단순히 몇 년에 한 번씩 투표하는 것만이 아닙니다. 그것은 직장과 공적인 삶에서 자기 삶에 영향을 미치는 결정에 사람들에게 발언권을 주는 것을 수반합니다. 민주주의는 정치권력과 경제력이 과도하게 집중되지 않을 때만 번성할 수 있습니다. 이 둘은 깊이 연관되어 있습니다. 내가 이 책에서 설명하듯 경제력의 집중은 필연적으로 정치권력의 집중으로 이어져 유의미한 민주주의를 약화시킵니다. 나는 이전 저서『불평등의 대가』에서 이에 대해 경고했습니다. 나는 미국에서 부의 집중이 민주주의를 왜곡하여 1인 1표 사회를 1달러 1표 사회로 이끌고 있다고 썼습니다. 부자들이 사회 내의 타인들을 희생하여 부와 권력을 공고히 하고 강화하는 식으로 게임의 규칙을 만들기 위해 정치를 이용하는 상황으로 말입니다. 이제 이러한 우려는 현실이 된 것으로 보입니다. 지배 과두세력이 공공연히 등장하여 정부의 수단뿐 아니라 언론의 중요한 부분까지 통제하고 있습니다.

한국에서도, 심지어 우파 사이에서도 이와 비슷한 우려가 오랫동안 담론의 일부였습니다. 표준적 불평등 지표는 한국의 불평등이 미국보다는 훨씬 낫지만 가장 훌륭하게 작동하는 경제에 비해서는 훨씬 나쁘다고 보고합니다. 때때로 한국의 재벌 대기업 권력에 대해 특별한 우려도 제기되어 왔습니다. 윤석열 대통령도 그것을 올바르게 지적한 바 있습니다. 그는 2023년 5월 하버드대학교(Harvard University) 연설에서 참을 수 없는 "독점 대기업이나 기업결합의 횡포"를 이야기하며 이렇게 말했습니다. "독점과 과점은 산업사회에서 경제적으로 취약한 이들의 자유를 위협합니다." 기업권력을 가진 이들에게 무제한의 자유를 주는 것은 나머지 사회 구성원의 자유를 빼앗는 것입니다.

세계화로 통합된 세계에서, 특히 디지털화 시대에는 각국이 스스로의 공간을 확보하려는 커다란 도전이 나타납니다. 미국의 기술 억만장자들은 할 수만 있다면 세계를 지배할 것이고 가능한 많은 돈을 차지하기 위해 할 수 있는 모든 일을 할 것입니다. 하지만 그들은 그 이상을 추구합니다. 그들은 정치권력을 추구하고 잘못된 정보와 허위정보의 확산에 제약받지 않으려고 합니다. 시민들이 거짓선전 공세에 직면한다면 어떤 민주주의도 제대로 기능할 수 없습니다. 수십 년간 우리 서구인들은 공산주의 정부의 수많은 선전을 비난했습니다. 그러나 오늘날에는 그보다 더 해로울 수도 있는 것이 나타났습니다. 이는 곧 기술 억만장자들이 소유하고 그들의 이해와 왜곡된 이데올로기를 촉진하는 데 사용하는 사적인 선전 기계로, 그 범위와 영향력이 전 세계에 미치는 선전 체제입니다.

한국인들은 윤석열 전 대통령의 불법적 권력장악에 맞서 결집하여 자유와 민주주의에 대한 헌신을 보여 주었습니다. 이제 한국인들은 자유가 무엇을 의미하는지, 자유를 지키기 위해 무엇을 할 수 있는지 더욱 깊이 성찰할 시간입니다. 그 노력의 여정에서 이 책이 길잡이가 되기를 희망합니다.

서문

자유는 인간의 핵심적 가치다. 그러나 자유를 옹호하는 많은 사람들은 이 개념이 정말로 무엇을 의미하는지 거의 질문하지 않는다. 누구를 위한 자유인가? 한 사람의 자유가 다른 사람의 자유를 해치면 어떻게 할 것인가? 옥스퍼드대학교(Oxford University)의 철학자 이사야 벌린(Isaiah Berlin)[1]의 말은 이 문제를 잘 보여 준다. "늑대를 위한 자유는 흔히 양에게 죽음을 의미한다."[2]

우리는 어떻게 정치적 자유와 경제적 자유의 균형을 맞출 수 있을까? 굶주리는 사람들에게 투표할 권리는 무엇을 의미할까? 부자에게 세금을 매기고 그들이 원하는 대로 소비할 자유를 박탈해야만 가능할 수도 있는, 사람들의 잠재력을 실현할 자유는 또 어떤가?

미국의 우파[3]는 애국과 성조기를 자신의 것으로 주장했듯이 자유를 자신의 것이라 주장하며 수십 년 전에 자유라는 단어를 장악했다. 자유는 우리가 간직해야 할 중요한 가치이긴 하지만 우파의 주장보다 더욱 복잡하고 미묘하다. 자유의 의미에 관한 현재 보수파의 해석은 피상적이고 오도되어 있으며 이데올로기적 동기에서 비롯된 것이다. 우파는 자유의 수호자를 자처하지만 나는 그들이 자유를 정의하고 추구하는 방식이 많은 시민의 자유를 크게 축소하는 반대의 결과를 가져왔음을 보일 것이다.

이런 단점을 확인할 좋은 출발점이자 핵심은 자유시장과 경제적 자유, 경제적 자유와 정치적 자유를 혼동하는 것이다. 공화당 지도자들의 몇몇 인용구는 내가 생각하는 바를 잘 보여 준다.

수십 년간 시행된 금융규제완화 이후 2008년 미국 경제가 붕괴에 직면했을 때 미국 정부는 지구 역사상 최대 규모의 민간부문 구제를 시행하려 했다. 금융위기가 발생했을 당시 대통령이었던 조지 W. 부시(George W. Bush)는 그 문제를 이렇게 표현했다.

> 금융부문 개혁은 필수적이지만 오늘의 문제들의 장기적 해결책은 지속적인 경제성장입니다. 그리고 성장으로 가는 확실한 길은 자유시장과 자유로운 국민입니다.[4]

부시 대통령 이전에는 재임 기간(1981~1989)이 보수 우경화와 자유시장의 전면적 수용의 전환점이 되었다고 평가받는 로널드 레이건(Ronald Reagan)이 경제적 권리장전(Economic Bill of Rights)을 열거한 바 있다.[5] 그는 헌법이 정치적 권리에만 초점을 맞추어 경제적 권리를 충분히 보장하지 못했다고 유감을 표하며 다음과 같이 설명했다.

> 경제적 자유들의 보호는 이러한 정치적 자유들과 뗄 수 없는 관계가 있습니다. …… 헌법은 정치적 자유들을 상세하게 제시했지만 이 경제적 자유들은 그와 긴밀히 연결된 중요한 부분입니다. …… 네 가지 필수적인 경제적 자유가 있습니다. 그것들은 삶과 자유를 불가분한 관계로 이어 주고 개인이 스스로의 운명을 통제할 수 있게 해 주며 자치와 개인적 독립을 미국인의 경험의 일부로 만들어 줍니다.[6]

네 가지 자유는 1) 일할 자유, 2) 자기 노동의 과실을 누릴 자유, 3) 재산을 소유하고 통제할 자유, 그리고 **4) 자유시장에 참여할 자유—상품과 서비스를 자유롭게 계약하고 기회, 경제적 독립, 그리고 성장에 대한 정부의 제한 없이 자신의 완전한 잠재력을 실현할 자유**(강조 처리는 내가 한 것)이다.

식민지 시절 영국에 대항하여 반란을 일으킨 사람들은 "대표 없는 과세는 폭정"이라는 슬로건을 내걸었지만 그들의 21세기 후손들은 대표 있는 과세도 폭정이라고 결론지은 것 같다. 오랫동안 텍사스 하원의원이었고 1988년 자유당 대선 후보였던 론 폴(Ron Paul)은 이렇게 말했다. "정부지출이 많을수록 자유는 축소된다는 것을 알아야 합니다."[7]

2012년 공화당 대선후보 경선에서 이길 뻔했던 공화당 상원의원(1995~2007년 재임) 릭 샌토럼(Rick Santorum)은 이렇게 다른 식으로 말했다. "우리가 돈을 덜 거두어들일수록 여러분의 자유는 확대됩니다."[8]

보수 성향의 텍사스 상원의원이자 2016년 대선후보였던 테드 크루즈(Ted Cruz)는 자유를 가장 많이 침해한다고 생각하는 정부 부처를 다음과 같이 명시한 것으로 유명하다. "저는 **5대 자유**를 확인했습니다. 대통령 취임 첫해에 국세청, 교육부, 에너지부, 상무부, 그리고 주택도시개발부를 폐지하기 위해 싸울 것입니다."[9]

자유에 대한 이러한 개념은 프랭클린 D. 루스벨트(Franklin D. Roosevelt) 대통령이 1941년 1월 6일 의회 연두교서에서 제시한 이상과 뚜렷하게 대조된다. 그는 이 "4대 자유" 연설에서 네 가지 자유 중 처음 두 가지에 한정했던 전통적 시민의 자유를 넘어서는 자유의 비전을 제시했다.

> 첫 번째는 전 세계 어디서나 언론과 표현의 자유입니다. 두 번째는 전 세계 어디서나 모든 사람이 자신의 방식으로 하나님을 숭배할 자유입니다.

이것만으로는 충분하지 않음을 깨달은 그는 사람들에게 필요한 자유 두 가지를 더 추가했다.

> 세계 모든 곳에서 모든 국민에게 건강하고 평화로운 삶을 보장할 경제적 이해를 의미하는, 결핍으로부터의 자유

그리고

세계 모든 곳에서 어떤 국가도 이웃 국가에 물리적 침략 행위를 할 수 없도록 철저하고도 전 세계적인 군비 감축을 의미하는, 두려움으로부터의 자유

극도의 결핍과 두려움에 직면한 사람은 자유롭지 않다. 가난하게 태어나 자신의 모든 역량을 발휘하며 풍요로운 삶을 살 능력을 제약받는 사람도 자유롭지 않다. 나는 한때 미시간호 남쪽 기슭의 번영한 철강 도시였던 인디애나주 게리에서 자랐는데 남부의 억압을 피해 대이동(Great Migration)을 감행한 흑인들과 공장에서 일하기 위해 유럽에서 온 수많은 이민자의 자녀들이 경제적 자유를 누리지 못하는 모습을 직접 목격했다. 내 동창생 몇몇은 2015년 55번째 고등학교 동창회에서 나와 인생 경험을 나누었다. 그들은 고등학교를 졸업하면 아버지처럼 공장에서 일할 계획이었다고 말했다. 하지만 또 다른 경제 침체가 닥치면서 그들은 군 입대 외에 **선택의 여지**—선택할 자유—가 없었다. 베트남 전쟁에서 군복무가 끝났을 때는 적어도 그들이 보기에 다시 선택의 여지가 거의 없었다. 탈산업화로 제조업 일자리가 사라지고 주로 경찰과 같이 그들의 군대 경력을 활용할 기회들만이 남아 있었던 것이다.

경제자문이라는 워싱턴의 정책결정자로서, 그리고 경제 논평가로서 나는 부시, 레이건, 그리고 그 밖의 우파들과 다른 시각에

서 자유를 바라보았다. 레이건부터 클린턴에 이르기까지 대통령 행정부는 은행의 자유를 확대했다. 금융 규제완화 및 **자유화**는 은행이 원하는 대로 할 자유를 주거나 적어도 은행이 원하는 일을 더 많이 할 수 있도록 허용하는 것을 의미했다.[10] "자유화"라는 단어 자체가 "해방"이라는 의미를 내포했다. 은행가들은 이 새로운 자유를 자신들의 이윤을 높이는 방식으로 사용했지만 사회에는 엄청난 위험을 초래했다. 2008년 금융위기가 닥쳤을 때 우리는 그 대가를 알게 되었다. 노동자와 퇴직자 수백만 명이 일자리와 집을 잃을 것이라는 매우 현실적인 전망이 커지면서 많은 미국인이 두려움과 결핍으로부터의 자유를 잃었다. 은행을 구제하는 데 납세자의 돈을 쓸 **수밖에** 없었기 때문에 사회로서 우리는 자유를 잃었다. 그렇게 하지 않았다면 전체 금융시스템과 경제가 붕괴했을 것이다.

빌 클린턴(Bill Clinton) 대통령의 경제자문[1995~1997년 경제자문위원회(Council of Economic Advisors) 위원장]으로 일하면서 나는 금융규제완화에 강력히 반대했다 부분적으로는 내가 금융부문의 "자유화"가 결국 우리 모두를 덜 자유롭게 만들 수 있다는 점을 이해했기 때문이다. 1997년 내가 퇴임한 후 의회는 은행 규제완화 법안과 정부가 파생상품을 규제하지 않도록 하는 법안을 통과시켰는데 이는 레이건 대통령도 하지 못했던 일이었다. 이 규제완화 및 자유화가 2008년 금융위기의 배경이 되었다. 레이건과 클린턴은 양(노동자, 일반 투자자, 그리고 주택소유자)을 희생시켜 늑대(은행가)에게 자유를 준 것이다.

미국의 역사적 맥락에서 자유

미국이 자유의 원칙에 기초하여 건국되었다는 생각에 젖어 있는 미국인들에게 자유라는 단어는 특히 많은 생각을 불러일으킨다. 따라서 이 단어가 **당시에는** 어떤 의미였는지, 두 세기가 지난 지금은 어떤 의미인지 신중하게 생각해 보는 것이 중요하다. 이 단어는 건국 당시에 모호하며 일관성이 없었고, 근본적인 개념적 문제는 그 이후에 더욱 뚜렷해졌다. **당시의** 자유는 모든 사람의 자유를 의미하는 것이 아니었다. 그것은 노예를 위한 자유를 의미하지 않았다. 여성과 재산이 없는 사람들은 동등한 권리를 보장받지 못했고 권리를 얻지도 못했다. 여성은 대표 없이 과세를 당했고 이 불합리한 상황을 개선하는 데 140년이 걸렸다. 푸에르토리코는 스페인의 무력에 정복되어 푸에르토리코 시민들은 여전히 대표 없이 과세를 당하고 있다.

경제적 자유와 정치적 자유의 연관성은 오랫동안 분명했다. 어떤 자유에 우선순위를 두어야 하는지에 대한 논쟁이 냉전의 핵심이었다. 서방은 (공산주의 세계에서는 분명히 부족했던) 정치적 자유가 더 중요하다고 주장했고, 공산주의자들은 경제적 기본권 없는 정치적 권리가 별 의미가 없다고 주장했다. 하지만 한 국가가 다른 권리 없이 한 가지 권리만 가질 수 있을까? 존 스튜어트 밀(John Stuart Mill), 밀턴 프리드먼(Milton Friedman), 그리고 프리드리히 하이에크(Friedrich Hayek) 같은 경제학자들[11]이 이 논쟁에 참여하여 어떤 경제 및 정치 체제가 이 두 가지 자유를 가장 잘 실현하고 개인과 사회의 행복을 향상시킬 수 있는가라는 질문에 관해 논의했다. 이 책은 21세기의 관점에서 이 질문을 살펴보고 지난 세기 중반의 프리드먼과 하이에크와는 명확히 다른 해답을 제시할 것이다.

트레이드오프(trade-off, 의사결정에서 한 가지를 선택하면 다른 선택지를 포기해야 하는 상충관계—옮긴이)는 경제학의 중심 개념으로 경제학자들이 자유에 대한 논의에 많은 것을 더할 또 다른 이유를 제시한다. 곧 알게 되겠지만 나는 이 분야에서 절대적인 것이 거의 없다고 믿는다. 경제학은 자유에 관한 논의의 중심이 되어야 하는 트레이드오프의 본질과 트레이드오프가 어떻게 논의되어야 하는지에 대해 생각할 도구를 제공한다.

게다가 자유에 대한 우파의 피상적인 충성심을 파헤쳐 보면 온건한 강제—누군가에게 자의로 하지 않을 일을 강요하는 것—가 경우에 따라서는 모든 사람의 자유, 심지어 강요받는 사람의 자유까지 향상시킬 수 있다는 핵심적인 통찰을 포함하여, 여러 난제를 발견하게 된다. 앞으로 설명하겠지만 경제학은 개인이 혼자서 할 수 없는 일을 함께하는 집단행동이 바람직한 많은 중요한 사례에 대해 설명한다. 그러나 소위 무임승차문제(free-rider problem, 공공재의 특성이 있는 재화나 서비스를 대가 없이 사용하려는 행태—옮긴이) 때문에 어느 정도 강제 없이는 집단행동이 불가능한 경우가 종종 있는데 이는 나중에 살펴볼 것이다.

21세기의 관점에서 본 자유

궁극적으로 나는 깊고 의미 있는 자유를 진정으로 옹호하는 사람들이 미국과 해외 모두의 진보적 운동과 연계되어 있음을 보일 것이다. 그들과 그들을 대변하는 중도좌파 정당들은 자유 의제를 되찾아야 한다. 특히 미국인에게 그것은 미국의 역사와 건국 신화에 대한 재고를 필요로 한다.

이 책의 첫 번째 목표는 19세기 중반 존 스튜어트 밀이 그의 고전 『자유론(On Liberty)』(1859)에서 그랬던 것처럼 21세기 경제학의 관점에서 자유에 대해 일관되고 똑바로 설명하는 것이다. 그 후 한 세기 반이 넘는 시간 동안 세상은 변했고 경제와 사회에 대한 우리의 이해도 변했다. 오늘날 권력의 전당에서 논의되는 내용은 오래전 정치적 의제였던 것과는 다르다. 당시에는 국가의 종교탄압(특히 미국으로 건너간 일부 사람들의 이민과 관련된 영국 정부의 탄압)에 대한 기억이 여전히 살아 있었고 이러한 유산이 다른 무엇보다 자유에 관한 사람들의 견해를 형성하는 데 영향을 미쳤다. 오늘날 우리는 기후변화, 총기, 공해, 임신중지권, 그리고 성정체성을 표현할 자유 등을 둘러싸고 논쟁을 벌이고 있다. 더 넓게는 사회적 강제(coercion)의 역할과 이에 대한 강제적 반응의 역할에 관해 논쟁 중이다. 오늘날 우리의 도전에는 자유를 포함한 기본적 개념에 대한 재고가 필요하다. 실제로 밀 자신도 경제와 사회의 변화에 따라 자유에 관해 다시 생각해야 한다고 말했다.

나는 경제학자들이 자유의 의미와 그것이 경제 및 사회 체제와 맺는 관계에 대한 우리의 이해에 보탤 것이 많다고 생각하지만 경제학자들이 일반적으로 세상을 바라보는 독특하고 특정한 관점은 제한적이기도 하다. 이 주제와 관련해 경제학자들이 가진 독특한 관점으로는 잘 포착되지 않는 것이 훨씬 더 많은데 책의 여러 곳에서 나는 이러한 한계에 주목할 것이다.[12][13]

경제체제와 자유

자유의 의미를 이해하는 것은 효율, 공평, 그리고 지속 가능성뿐 아니라 도덕적 가치를 제공하는 경제 및 정치 체제를 설명하려는 이 책의 궁극적 목표를 위한 전주곡이다. 이 논의에서 가장 중요한 도덕적 가치는 자유지만 그것은 공평, 정의, 그리고 행복이라는 개념과 **내재적 연관**이 있다고 생각되는 자유다. 이는 경제학적 사고의 특정한 흐름이 충분히 다루지 못한 확장된 자유의 개념이다.

하이에크와 프리드먼은 20세기 중반 고삐 풀린(unfettered) 자본주의의 가장 주목할 만한 옹호자였다. 정부가 시행하는 규칙과 규제가 없다면 거래가 거의 이루어질 수 없고 이루어지지 않을 것이기 때문에 "고삐 풀린 시장", 즉 규칙과 규제가 없는 시장이라는 말은 모순어법이다. 그렇다면 부정행위가 만연하고 신뢰가 낮아질 것이다. 아무 제약이 없는 세상은 누가 무엇을 얻고 누가 무엇을 했는지를 결정하는 권력만이 중요한 정글일 것이다. 그것은 전혀 시장이 아닐 것이다. 나중에 대가를 지불하는 대신 오늘 재화를 받기로 하는 계약은 강제집행(enforcement) 메커니즘이 없을 테니 존재할 수 없을 것이다. 그러나 잘 작동하는 사회에는 계약의 강제집행이 어느 정도 필요하다는 말과 어떤 계약도 강제로 집행되어야 한다는 말은 크게 다르다.

하이에크와 프리드먼은 그들이 해석한 자본주의가 효율성 측면에서 최고의 체제이며 자유시장과 자유기업 없이 우리는 개인의 자유를 가질 수 없고 가지지 않게 될 것이라 주장했다. 그들은 시장 자체만으로 어떻게든 경쟁을 유지할 수 있다고 믿었다. 놀랍게도 그들은 이미 독점과 경제력 집중으로 인해 경쟁법[미국에서는 1890년 셔먼반독점법(Sherman Antitrust Act), 25년 후 1914년 클레이턴반독점법(Clayton Antitrust Act)]이 제정된 경험을 이미 잊었거나 무시했다. 전 세계 국가 대부분에서 노동자 넷 중 한 명이 실직하고 빈곤층이 된 대공황에 대응하기 위해 정부개입이 확대되자 하이에크는 1944년 저서 제목에 쓴 것처럼 우리가 농노화, 즉 개인이 국가에 종속되는 사회로 가는 길에 있다고 우려했다.[14]

나는 근본적으로 다른 결론에 도달한다. 미국 같은 민주정부가 **집단행동**을 통해 대공황에 대응할 수 있었던 것은 민주주의적 요구 때문이었다. 독일에서는 정부가 치솟는 실업률에 대응하는 데 실패하자 히틀러가 등장했다. 오늘날 **신자유주의**(neoliberalism), 즉 규제되지 않고 자유로운 시장에 대한 믿음[15]은 엄청난 불평등을 초래하고 포퓰리스트에게 비옥한 토양을 제공했다. 신자유주의의 죄악으로는 금융시장을 자유롭게 만들어 약 75년 만에 최대 규모의 금융위기를 촉발한 것, 무역을 자유롭게 하여 탈산업화를 가속화한 것, 그리고 기업을 자유롭게 하여 소비자, 노동자, 환경 모두를 착취한 것 등이 있다. 프리드먼이 1962년 처음 출간한 저서 『자본주의와 자유(Capitalism and Freedom)』에서 주장한 내용과 달리[16] 이러한 형태의 자본주의는 우리 사회의 자유를 증진하지 못했다. 대신 다수의 희생을 대가로 소수의 자유를 촉진하는 결과를 초래했다. 늑대에게는 자유를, 양에게는 죽음을.

비슷한 문제들이 국제적으로 전개되며 규칙이라는 개념과 자유라는 이상 사이의 흥미롭고 중요한 관계를 드러냈다. 세계화가 규칙 없이 진행된 것은 아니지만 그 규칙은 모든 곳에서 늑대와 양에게 위와 같이 서로 다른 운명을 만들어 내는 식으로 자유를 부여하고 제약을 가했다. 늑대와 양이 전 세계 다른 지역과 국가에 분산되어 있을 뿐이었다. 소위 자유무역협정에는 다국적기업이 착취할 자유를 확대하면서도 동시에 개발도상국과 신흥시장, 그리고 그곳에 사는 사람들의 자유를 제약하는 규칙이 포함되어 있다.

이 모든 논의는 자유의 의미에 관한 단순한 연구를 넘어선다. 우리는 현대 경제의 근본적 문제, 즉 재산권의 도덕적 정당성과 경제가 창출하는 소득과 부의 분배에 관해 깊이 탐구한다. 우파는 종종 "계약의 신성함"에 대해 이야기하지만 나는 깊은 의미에서 비도덕적이고 금지되어야 하며 법정에 의해 강제집행되지 말아야 하는 계약이 많이 있다고 주장할 것이다. 현재 우리의 관점에서 볼 때 미 공화국을 건국한 이들은 재산과 자유 같은 근본적 개념의 의미에 관해 잘못된 관점을 가지고 있었다. 그들은 노예소유주의 재산권을 인정했지만(실제로 남부의 "재산" 대부분은 노예였다) 노예가 노동의 과실을 누릴 권리는 인정하지 않았다. 그들이 영국의 지배로부터의 자유에 대해 말하는 동안에도 노예소유주들은 남부에 사는 많은 사람의 자유를 부정했다. 의심할 여지 없이 오늘날의 견해도 100년 후에는 부족하다고 여겨질 것이다.

이탈리아의 위대한 지식인 안토니오 그람시(Antonio Gramsci, 1891~1937)의 설명처럼 우리 사회의 이데올로기가 사회의 기능과 엘리트의 권력유지의 토대를 제공한다는 것은 거의 분명한 사실이다. 이데올로기는 규칙을 만들 자유를 포함하여 일부에게는 더 많은 자유를, 다른 일부에게는 더 적은 자유를 부여하는 제도와 규칙을 정당화하는 데 도움이 된다. 헌법제정 이후 미국의 신념체계에 나타난 변화는 분명 우리가 이 점을 예리하게 인식하도록 해 준다. 당시에는 의문의 여지가 거의 없을 정도로 정당하게 보였던 것이 오늘날에는 끔찍해 보인다. 따라서 이데올로기가 사회 내에서 형성되고 전달되는 과정을 이해하는 것이 중요하며 여기서도 엘리트의 헤게모니에 대한 그람시의 통찰은 적절하다. 물론 21세기에는 그 영향력이 행사되는 방식이 그람시가 살던 시대와는 다르다. 이 책의 2부에서는 자유의 의미에 대한 통념이 형성되는 방식을 다룰 것이다.

말이 중요하다

현대 행동경제학은 "프레임"이 중요하다고 설명하는데 이는 우리가 쓰는 말이 중요하다는 뜻이다. 고전경제학에서는 두 가지가 동등할 수 있고 동일한 행동을 유도할 수 있지만 행동경제학에서는 옳은 일을 했을 때의 보너스와 그른 일을 했을 때의 벌금을 다른 것으로 인식한다.

현재 이야기되는 자유라는 말은 어떤 경제·정치·사회 체제가 사회의 행복을 가장 잘 향상시키는지, 어떤 체제가 가장 많은 사람들에게 **의미 있는** 자유와 행복을 제공할 가능성이 높은지에 대해 건전하게 추론하는 우리의 능력을 제약한다. 강제와 자유라는 말은 우리의 정치적 어휘에서 감정적인 부분이 되었다. 자유는 좋은 것이고 강제는 나쁜 것이다. 실제로 자유와 강제를 서로 대립되는 개념으로 보는 단순한 논법이 널리 퍼져 있다. 한 예로 개인은 마스크를 착용하거나 착용하지 않을 자유, 백신을 맞거나 맞지 않을 자유, 국가 방위를 위해 재정적으로 기여하거나 기여하지 않을 자유, 그리고 가난한 사람들에게 돈을 기부하거나 기부하지 않을 자유가 있다. 반면 국가는 이러한 자유를 빼앗을 권력이 있다. 국가는 마스크 착용, 백신접종, 국방비 조달을 위한 세금납부, 혹은 저소득층 지원을 강요하거나 강제할 수 있다.

다른 국가와의 관계에서 국민국가 수준에서도 이와 동일한 이분법이 존재한다. 국가는 군사행동의 위협이나 경제에 심각한 영향을 미칠 경제적 조치의 위협으로 인해 원하지 않는 일을 할 수밖에 없다고 느낄 수 있다.

그러나 많은 상황에서 "강제"라는 단어는 도움이 되지 않아 보인다. 모든 개인(그리고 모든 국가)은 제약에 직면한다. 사람들은 자신이 예산 내에서 생활하도록 강요당한다고 말할 수도 있지만 예산 이상으로 살 권리가 없거나 다른 누구도 예산이 허용하는 이상의 자원을 나에게 제공하도록 강요될 수 없다고 말할 수도 있다. 강제라는 어휘를 사용하여 자신의 예산 내에서 생활해야 하는 제약을 설명하는 사람은 거의 없을 것이다. 우리는 단순히 더욱 타이트한 예산 제약을 개인의 행동의 자유를 제한하는 많은 **비강제적인** 방법들 중 하나로 생각할 수 있다. 그러나 개인의 예산 제약은 어떤 의미에서 사회적으로 결정된다. 아래에서 자세히 설명하겠지만 시장경제에서 그것은 사회적으로 결정된 규칙에 의해 형성되는 경제적 권력의 결과다.

따라서 우파가 "자유"라는 단어를 단순하게 사용하는 것은 중요한 사회적 자유, 즉 실제로 시민들 대부분의 자유를 향상시킬 경제체제를 선택할 자유를 손상시켰다. 그런 의미에서 나는 이 책의 논의가 더 넓은 토론의 장을 만들기를, 즉 **해방적이기를** 희망한다.

나의 지적 여정

나의 이전 연구들을 읽은 독자들은 이 책이 오랫동안 나를 사로잡았던 아이디어들에 기초한 것임을 알아차릴 것이다. 내 학문적 경력은 경쟁시장이 효율적이라는 오랜 가정이, 특히 언제나 그렇듯 정보가 불완전할 때는 완전히 잘못된 것임을 이론적으로 증명하는 것에서 시작되었다. 하지만 클린턴 행정부와 세계은행에서 일하면서 나는 우리 경제(그리고 경제학에 대한 일반적인 접근 방식)의 결함이 더욱 심각한 것이라고 확신하게 되었다. 나는 이전 연구에서 세계화, 금융화, 그리고 독점이 우리 경제에 어떤 영향을 미치고 불평등 확대, 성장둔화, 그리고 기회 감소에 어떤 역할을 했는지 설명했다.

나는 우리 경제와 사회의 문제들이 자연법칙이나 경제학 법칙에 따른 필연적인 결과가 아니라고도 확신하게 되었다. 어떤 의미에서 이 문제들은 우리 경제를 지배해 왔던 규칙과 규제의 결과, 즉 선택의 문제였다. 그것들은 최근 수십 년 동안 신자유주의에 의해 형성되었으며 문제는 신자유주의였다.

하지만 이 책과 관련된 내 연구의 두 번째 가닥이 존재한다. 그것은 내가 수년 전에 쓴 논문에서 다룬 천연자원과 환경에 대한 관심에서 시작되었다. 환경보호와 천연자원관리에 심각한 시장실패가 존재한다는 것이 분명했다. 나는 이러한 실패의 본질과 이를 해결하기 위해 무엇을 할 수 있는지 더 잘 이해하려고 노력했다. 나는 1995년 『기후변화에 관한 정부간 보고서(Intergovernmental Report on Climate Change)』에 대표 저자로 참여했는데 이 보고서는 그런 주제에 경제분석을 최초로 도입한 보고서였다.[17]

이와 동시에 나는 대통령 경제자문위원회에서 천연자원과 환경의 현실을 반영해 "녹색 GDP"를 구축하기 위해 국민계정 시스템을 개정하는 노력을 주도했다. 우리는 이 국민계정을 구성하는 데 상무부의 적극적 협조를 받았다. 여러 의원들이 우리가 만약 이러한 노력을 계속하면 예산을 삭감하겠다고 위협했을 때 우리는 무언가 중요한 일을 수행하고 있다는 것을 알았다. 내 연구는 일시적으로 중단되었지만 몇 년 후 니콜라 사르코지(Nicola Sarkozy) 프랑스 대통령이 나에게 노벨경제학상을 수상한 경제학자 아마르티아 센(Amartya Sen), 경제학자 장폴 피투시

(Jean-Paul Fitoussi)와 함께 국제기구인 경제성과사회진보측정위원회(Commission on the Measure of Economic Performance and Social Progress)의 공동의장을 맡아 달라고 요청했다. 후속 보고서 『GDP는 틀렸다(Mismeasuring Our Lives: Why GDP Doesn't Add Up)』는 때때로 'GDP 너머(Beyond GDP)'라는 운동을 추동하고, 폭넓게 해석한 행복(well-being)을 의제의 중심에 두기로 약속한 행복경제정부연합(Wellbeing Economy Government Alliance)이라는 국가 연합을 결성하는 데 영향을 미쳤다.[18] 이 운동과 연합의 핵심적 원칙은 GDP로 측정되는 물질적 재화와 서비스만이 아니라 자유의 상태에 대한 평가를 포함해 전통적인 GDP에서 제외되는 많은 것을 포함하는 전반적인 개인과 사회의 행복 또한 중요하다는 것이다.

이 책은 그런 정신에 기초해 있다. 신자유주의가 초래하는 비효율성과 불안정성보다 더 중요한 것은 신자유주의가 만들어 내는 사회를 좀먹는 불평등, 이기심과 부정직을 조장하는 방식, 그리고 그 필연적 결과인 비전과 가치의 협소화다. 우리는 개인과 사회로서 자유를 소중히 여기고, 무엇이 좋은 사회를 구성하는지에 대한 분석에 자신의 행동이 다른 사람의 자유를 어떻게 제약할 수 있는지에 관한 인식의 정도를 포함하여 그 사회가 어떻게 자유를 증진시키는지를 포함해야 한다. 나는 신자유주의의 중대한 실패 하나가 소수의 자유는 확대하는 반면 다수의 자유를 축소하는 것이라고 설명할 것이다.

이 책은 나의 다른 연구들을 종합하고 그것들에 기초하며 또한 확장한다. 신자유주의의 실패의 기원과 본질을 인식하고 GDP를 넘어서야 함을 이해하는 것만으로는 부족하다. 우리는 더 나은 대안적인 경제체제가 존재한다는 것을 이해하고 그것이 어떤 모습일지 살펴보아야 한다. 또한 좋은 사회란 무엇인지 질문하고 어떻게 하면 그런 사회에 도달할 수 있는지 알아내야 한다. 이 책에서 나는 정확한 정답을 제시하기보다 질문을 던지고, 다양한 자유들의 평가와 비교를 포함해 이 문제에 대해 생각할 틀을 소개할 것이다.

지금은 민주주의와 자유에 대한 도전과 공격이 내 생애 어느 때보다 더 심각하다. 나는 이 책이 자유의 의미를 더 깊이 이해하는 데 기여하고 어떤 경제·정치·사회 체제가 시민들 대부분의 자유에 기여할 것인지에 관한 민주적 논의를 강화하기를 희망한다. 미국은 국민이 자유로워야 한다는 신념으로부터 탄생한 나라다. 우리는 어느 한 편이 경제적·정치적 측면에서 자유의 정의를 장악하고 그것을 제 이익을 위해 사용하도록 허용할 수 없다.

우리가 원하는 것이 무엇인지 명확히 알지 못한다면 자유와 민주주의를 위한 이 실존적 싸움에서 승리하지 못할 것이고 승리할 수 없을 것이다. 우리는 과연 무엇을 위해 싸우고 있는가? 우파는 어떻게 이 개념들에 관해 오랫동안 혼란스러운 생각을 해왔을까? 우파의 혼란은 그들의 목적에 잘 부합한다. 우파는 그들이 승리할 경우 의미 있는 자유의 정반대로 이어질 여러 정치적 전투에 참여하고 있기 때문이다.

1장
서론: 위험에 처한 자유

자유가 위험에 처해 있다. 대부분의 보고에 따르면 전 세계에서 자유롭고 민주적인 사회에 사는 사람들의 수가 감소하고 있다. 매년 자유의 추세를 평가하는 미국의 비영리단체인 프리덤하우스(Freedom House)는 2022년 보고서에서 16년 연속으로 자유가 감소했다고 보고했다. 프리덤하우스의 설명에 따르면 오늘날 전 세계 인구의 80퍼센트는 권위주의 국가나 부분적으로만 자유로운 국가, 즉 독립적인 언론 같은 자유 사회의 핵심 요소가 결여된 국가에 살고 있다. 민주주의와 인권에 헌신적인 유럽연합(European Union, EU)도 예외가 아니다. 헝가리는 2010년 5월 29일부터 빅토르 오르반(Viktor Orban)이 통치하고 있는데, 그는 "비자유주의적 민주주의"를 지지한다고 선언하고 언론의 자유와 교육의 독립을 억압하는 강력한 조치를 취해 왔다. 대서양 건너편에서는 도널드 트럼프(Donald Trump)가 2020년 대선에서 완패한 후 평화적인 권력이양을 방해하는 등 명백하게 권위주의적인 성향을 보이고 있다. 하지만 사기부터 강간까지 다양한 혐의로 여러 차례 기소되고 민사소송을 당했음에도 이 책이 출간되는 현재(2024년 4월—옮긴이) 그는 여전히 강력한 대통령 후보이며 공화당 후보로 지명될 가능성이 높다(트럼프는 2024년 11월 대선에서 다시 승리했다—옮긴이).

우리는 자유를 지키고 보존하기 위한 전 세계적·지적·정치적 전쟁을 치르고 있다. 민주주의와 자유 사회가 시민들이 원하고 관심을 갖는 것을 제공할까? 권위주의 정권보다 그것을 더 잘할 수 있을까? 이것은 전 세계 모든 사람의 마음과 정신을 위한 싸움이다. 나는 민주주의와 자유 사회가 권위주의 체제보다 시민들을 훨씬 더 효과적으로 지원할 수 있다고 굳게 믿는다. 그러나 몇몇 주요 분야, 특히 경제 분야에서 우리의 자유 사회는 실패하고 있다. 하지만 이것이 중요한데 이러한 실패는 불가피한 것이 아니며 그것은 부분적으로 자유에 대한 우파의 잘못된 개념이 우리를 잘못된 길로 이끌었기 때문이다. 시민들이 원하는 재화와 서비스를 더 많이 제공하고 그들이 원하는 안전을 더 많이 제공하면서도 더 많은 사람에게 더 많은 자유를 제공하는 다른 길이 존재한다.[1]

이 책은 경제학자의 관점과 언어로 자유에 관한 질문에 접근하기 때문에 적어도 처음에는 일반적으로 정치적 자유라고 불리는 것과는 반대로 경제적 자유라고 부를 수 있는 것에 초점을 맞춘다(나중에는 이것들이 실제로는 분리할 수 없는 것이라고 주장할 것이지만).

상호의존의 세계에서 자유

자유의 의미를 재고하기 위해 우리는 먼저 상호의존성을 인식하는 것에서 시작해야 한다. 시인 존 돈(John Done)은 1624년에 "어떤 사람도 그 자체로 완전한 섬은 없다"라는 유명한 시를 남겼다. 많은 사람이 때로는 서로 멀리 떨어져, 한 가족만의 집에서 살던 산업화 이전 시대의 농경사회와는 매우 다르게 살아가는 상호연결된 현대 도시사회에서는 특히 그렇다. 밀집된 도시사회에서는 경적을 울리는 것부터 애완동물의 배설물을 치우는 것까지 한 사람의 행동이 다른 사람에게 영향을 미친다. 자동차와 공장, 그리고 산업적 농업이 발달한 산업사회에서는 각 개인이나 기업의 오염이 점차 대기 중에 온실가스를 과도하게 배출하여 우리 모두에게 영향을 미치는 지구온난화를 초래한다.

이 책 전반에 걸쳐 반복되는 주장은 **한 사람의 자유가 종종 다른 사람의 부자유가 될 수 있다**는 것, 다시 말해 **한 사람의 자유를 증진하기 위해 종종 다른 사람의 자유가 희생된다**는 것이다. 약 2000년 전 키케로(Cicero)가 말했듯이 "우리는 자유로워질 수 있기 위해 법의 노예다."[2] 우리는 집단행동을 통해서만, 정부를 통해서만 자유의 균형을 이룰 수 있다. 어떤 식으로 행동을 제한하는 규제를 포함하여 잘 설계된 정부의 행동은 근본적 의미에서 해방적이거나 적어도 인구의 많은 부분에 도움이 될 수 있다. 건전한 현대 사회에서 정부와 자유는 서로 상충될 필요가 없다.

물론 자유의 경계에 관해서는 항상 의문이 제기되어 왔고 모호할 수밖에 없다. 아동성착취물의 경우에도 표현의 자유에 제한이 **없어야** 할까? 사유재산은 한 사람에게 자산을 사용하고 처분할 권리를 주지만 다른 사람에게는 그렇지 않은 제약을 의미한다. 그러나 재산권은, 특히 지식재산과 같은 새로운 재산 형태의 경우에는 정확하게 정의되어야 한다. 미국 헌법도 정부가 정당한 보상을 하고 재산을 수용하는 권리인 수용권(eminent domain)을 인정했다. 이것이 실행 가능한 상황은 법원의 판례에 따라 진화하고 있다.

이러한 논쟁의 대부분은 국가의 강제로부터의 자유와 타인에게 피해를 입지 않을 자유 사이의 균형에 관한 것이다. 그러나 이미 내가 지적했듯이 중요한 긍정적 의미의 자유가 존재하는데 자신의 잠재력을 발휘할 자유다. 한계상황에서 살아가는 사람들은 어떤 의미에서 자유가 없다. 그들은 생존을 위해 해야만 하는 일을 한다. 하지만 이들이 잠재력을 발휘하는 것은 물론 인간다운 삶을 사는 데 필요한 자원을 이들에게 제공하려면 공동체 전체에 세금을 부과해야 한다.[3] 많은 우파들은 납세자들이 이 돈을 마음대로 쓸 권리를 잃었기 때문에 그것이 대표가 있는 과세라 해도 폭정이라 주장할 것이다. 같은 맥락에서 그들은 고용주에게 최저임금이나 생활임금(livable wage)을 지급하도록 요구하는 법이 고용주가 얼마든 자신이 가져갈 자유를 빼앗는다고 생각한다. 이러한 자유에는 계약의 자유라는 우아한 이름까지 붙었다.

이 책의 궁극적 목표는 어떤 경제·정치·사회 체제가 자유의 올바른 경계를 적절히 설정하고, 적절한 규칙과 규정을 만들고, 그리고 적절한 트레이드오프를 만듦으로써 대다수 시민의 자유를 가장 잘 증진하는지를 이해하는 것이다. 내가 제시하는 답은 한 세기가 넘는 보수주의자들의 주장과 반대된다. 그것은 자유지상주의자(libertarian)들이 주장하는 미니멀리즘 국가나[4] 신자유주의가 구상하는 매우 제한적인 국가도 아니다. 오히려 그 해답은 활력을 되찾은(rejuvenated) 유럽의 사회민주주의나 새로운 미국의 진보적 자본주의, 21세기 버전의 사회민주주의나 스칸디나비아식 복지국가의 연장선상에 있는 체제다.

물론 한편으로 신자유주의 자본주의와 진보적 자본주의라는 서로 다른 경제체제의 이면에는 개인의 행동과 사회의 작동에 관한 서로 다른 이론들과 왜 자신이 선호하는 체제가 다른 체제보다 더 잘 작동하는지 설명하는 이론가들이 존재한다. 다음 장에서는 이러한 서로 다른 이론들과 이론가들을 살펴볼 것이다.

미국이 보여 주는 자유의 복잡성

미국에서 나타난 자유에 관한 논쟁은 자유라는 개념의 복잡성을 잘 보여 준다.

미국인들은 자유라는 묘약을 먹고 자란다. 미국의 건국은 수천 마일 떨어진 영국 군주로부터 정치적 통제를 쟁취한 자유의 행위였다. 모든 학생들은 패트릭 헨리(Patrick Henry)라는 버지니아인의 "자유 아니면 죽음을!"이라는 외침을 배우고, 수많은 공식 행사에서 미국인들은 "자유의 땅, 용감한 자들의 고향"이라는 가사로 국가를 부른다. 헌법 제1~10조에 관한 수정안인 권리장전(Bill of Rights)은 국가가 개인의 기본적 자유를 침해하지 않도록 보장한다.

하지만 그 이후 나타난 역사는 이와 같은 미국 이야기의 서술과 들어맞지 않았다. 일부에게는 자유가 있었지만 노예가 된 사람들에게는 자유와 정반대였다. 그 밖의 존재인 대륙 선주민들에게는 노골적인 학살이 자행되었다. 분명 미국의 애국자들이 옹호한 자유는 모두를 위한 자유나 어떤 일반화된 자유가 아니라 **자신들을 위한 자유**였다. 특히 그것은 영국 왕의 통치와 그가 부과한 차에 대한 세금으로부터의 정치적 자유였다.

적어도 우리의 관점에서 보면 자유를 그토록 깊이 추구했던 사회가 어떻게 노예제도가 지속되도록 허용했는지 이해하기 어렵다. 변명하는 이들은 때때로 당시의 기준으로 세상을 바라볼 필요가 있다고 주장하지만 당시에도 노예제도에 대한 도덕적 분노가 존재했다.[5]

이러한 관점에서 볼 때 미국혁명은 자유보다 누가 정치권력을 행사할 것인가, 즉 지역 엘리트에 의한 국내 통치냐 런던에 있는 의회에 의한 원격 통치냐에 관한 것이었는데 당시 런던의 많은 의원들은 노예제에 점점 더 회의적으로 되었다. 결국 영국은 미국보다 30년이나 일찍 1833년에 노예제를 폐지했다(멕시코가 노예제를 금지한 바로 그해에 멕시코에 "반란"을 일으켜 노예제 국가로서 미국에 합류한 텍사스에서는 노예제의 중심적 역할이 더욱 뚜렷했다).

그러나 로널드 레이건은 자유가 중요하다고 선언하면서 다른 사람들의 민주적 자유를 훼손하려는 노력을 지원하고 있었다. 그의 CIA는 그리스와 칠레 등 여러 국가의 군사쿠데타에 연루되었고, 칠레의 경우 수만 명이 가장 기본적인 자유, 즉 생존의 자유를 잃었다.

더욱 최근인 2021년 1월 6일의 반란은 민주주의의 가장 중요한 특징인 평화로운 권력이행을 뒤엎기 위한 공격이었다. 당시 많은 공화당원이 유사종교처럼 보이는 집단이 되어 근거 없이 대통령선거가 부정선거였다고 주장했고, 미국의 민주주의와 미국인들이 그렇게 오랫동안 소중히 여겨 왔던 자유가 위험에 빠졌다는 것이 분명해졌다. 그러나 반란에 참가한 많은 이들은 그들이 자유를 **수호**하고 있다고 주장했다.

이 분열된 국가를 하나로 다시 통합하려면 우리는 이 개념들을 더 잘 이해해야 한다.

핵심 주제와 질문들

앞서 설명했듯이 이 책의 중심적 메시지는 "자유"라는 개념이 우파가 이 단어를 단순하게 사용하며 의미하는 것보다 훨씬 더 복잡하다는 것이다. 여기서 나는 내가 사용하는 "우파(the Right)"라는 단어의 의미를 잠시 설명하고자 한다. 나는 관점은 서로 다르지만 연방정부와 집단행동의 역할이 제한되어야 한다는 믿음을 공유하는 다양한 집단을 대략적으로 우파라고 부른다. 이들은 스스로를 보수파(conservative)라 부르는 이들과 자유지상주의자

(libertarian)라 부르는 이들, 정치적으로 "중도우파(right of center)"라고 생각하는 이들을 포함한다. 무정부주의자들과 달리 이 집단은 국가의 존재를 지지한다. 대부분은 국방비 지출에 (때때로 강력히) 찬성한다. 어떤 이들은 파괴적인 지진, 태풍 같은 위기 상황에 시행될 법한 공공지원처럼 그 밖에 연방정부의 제한된 조치를 지지한다. 이 책은 왜 더욱 광범위한 국가의 역할이 필요한지 설명하고 특히 자유라는 관점에서 이처럼 더욱 확장된 국가의 역할을 살펴볼 것이다.

우리는 자유의 의미를 숙고하는 것이 예컨대 어떤 계약들이 집행되어야 하는지와 같이 우리가 흔히 당연하다고 생각하는 사회의 많은 주요한 측면에 대해 더욱 깊이 생각하게 만든다는 것을 알게 될 것이다. 우리는 편협한 이들에 대해 얼마나 관대해야만 할까? 제기되는 모든 어려운 질문에 대해 대답할 수는 없겠지만 나는 이 책이 적어도 무엇이 문제이고 그것들을 생각하는 틀을 잡는 데 도움이 되기를 바란다.

이 문제들 중 몇몇은 너무 복잡하기에 나무만 보고 숲을 보지 못할 우려가 존재한다. 따라서 다음 몇 쪽에 걸쳐 나는 자유를 깊게 이해하는 데 핵심적인 중심 생각과 질문들을 대략적으로 설명하고자 한다. 나는 논의를 책의 구성에 따라 3부로 나눌 것이다.

1부는 개인들의 믿음과 욕구가 고정되어 있고 시간에 따라 불변하며 타인에 영향 받지 않는다고 가정하는 전통적인 경제학자들의 시각을 통해 자유와 강제를 살펴본다. 2부는 사람들의 믿음과 행동이 변할 **수 있다**고 인식하는 현대 행동경제학의 통찰을 받아들인다. 이는 잘못된 정보(misinformation)나 허위정보(disinformation)가 종종 사실이나 논리에 근거하지 않은 관점을 구성하고 강요하는 데 사용되는 현실에서 주목할 만한 관점이다.[6] 행동경제학은 또한 사회적 강제의 억제 효과를 지적한다. 3부는 1부와 2부에서 발전된 생각에 기초하여 무엇이 좋은 사회를 만들고 어떤 정부와 국제적 제도가 좋은 사회를 가장 잘 제공할 것인지에 관한 이해를 돕고자 한다.

주요원칙: 더욱 전통적인 관점

의미 있는 자유: 행동의 자유

경제학자의 경제적 자유 개념은 개인의 자유가 그가 무엇을 하고 선택할 자유라는 단순한 생각에서 시작한다. 이 관점은 밀턴 프리드먼의 생각과 가까울 수 있는데 그의 베스트셀러인 『선택할 자유(Free to Choose)』[아내 로즈 프리드먼(Rose Friedman)와 함께 써서 1980년 펴냈다]의 제목에 잘 나타나 있다. 그러나 프리드먼은 기본적인 사실을 망각했다. 매우 제한적인 소득을 얻는 누군가는 선택의 자유도 매우 작을 것이다. 중요한 것은 그가 취할 선택지들의 조합인 **기회집합**(opportunity set)이다.[7] 경제학자의 관점에서는 이것이 유일하게 중요하다. 그의 기회집합이 그의 **행동할 자유**를[8] 결정하고 실제로 규정한다. 그가 수행할 수 있는 행동의 범위에 대한 어떤 제한도 자유의 상실이다.[9]

기회집합의 확장이나 축소를 설명하기 위해 사용하는 언어는 아무런 차이를 만들어 내지 않는다.[10,11] 보상을 통해 **인센티브를 제공**함으로써 특정한 방식으로 행동하도록 유도하든 벌금을 통해 **처벌**하든 차이가 없다. 비록 우리가 전자를 "비강제적(noncoercxive)"이라고 옹호하고(원하는 행동을 유도하는 영리한 인센티브 시스템을 설계하는 경제체제를 칭찬하며) 후자를 "강제적(coercive)"이라 비난해도 말이다.

경제적 자유를 행동의 자유로 이해하면 경제정책과 자유를 둘러싼 많은 핵심 쟁점을 즉시 재정립할 수 있다. 자유지상주의자들과 여타의 보수주의자들은 자신의 소득을 원하는 대로 소비할 능력을 경제적 자유의 명확한 특징이라 생각한다.[12] 그들은 이에 대한 제약을 강제라 생각하고 세금을 가장 강제적인 제약으로 간주한다. 그러나 이러한 관점은 시장과 시장이 결정한 가격에 우선순위를 부여한다. 나는 이러한 입장에 대한 비판을 제시할 것이다. 과세의 수준과 설계에 관한 경제적 논쟁이 존재할 수 있지만 나는 사람들의 시장소득, 즉 임금이든 배당금이든 자본이득이든 기타 원천이든 시장경제에서 나오는 소득에 도덕적 우선권을 부여할 이유가 거의 없기 때문에 이러한 소득에 과세하지 않을 도덕적 이유도 거의 없음을 보일 것이다.

결핍과 두려움으로부터의 자유, 잠재력을 발휘할 자유

간신히 생존하는 사람들은 극도로 제한된 자유를 누린다. 그들의 모든 시간과 에너지는 식료품, 주거비, 그리고 직장으로 가는 교통비로 지불하는 돈을 버는 데 사용된다. 경제적 사다리의 최상층에 있는 사람들의 소득을 도덕적으로 정당화할 수 없는 것처럼 최하층 사람들의 소득도 도덕적으로 정당화할 수 없다. 그들이 직면하는 가난을 겪을 만한 어떤 일을 꼭 한 것은 아니기 때문이다. 좋은 사회라면 저소득층의 박탈감, 즉 자유의 축소에 대해 무언가 조치를 취할 것이다.

최빈국에 사는 사람들이 경제적 권리, 의료권, 주거권, 교육권, 그리고 굶주림으로부터의 자유를 강조하는 것은 놀라운 일이 아니다. 그들은 억압적인 정부만이 아니라 인구의 상당수를 빈곤층으로 만든 경제·사회·정치 체제로 인한 자유의 상실에 대해 우려한다. 이것들은 **부정적** 자유, 즉 개인이 잠재력을 발휘할 수 없을 때 잃어버리는 자유로 규정할 수 있다. 또는 그것들은 **긍정적** 자유, 즉 바람직한 경제 및 사회 체제를 통해 얻을 것으로서 개인의 잠재력을 발휘할 자유, 즉 교육, 의료, 그리고 충분한 음식에 대한 기회 및 접근과 관련된 자유로 규정할 수도 있다.

우파는 정부가 세금을 통해 불필요하게 자유를 제한하여 부자들의 예산을 제약하고 따라서(우리의 정식화에 따르면) 그들의 자유를 축소한다고 주장한다. 이 주장도 부분적으로만 옳은데 세금으로 조달된 정부지출, 예컨대 인프라스트럭처와 기술에 대한 투자가 더 의미 있는 방식으로 그들의 기회집합(곧 그들의 자유)을 확대할 수 있기 때문이다. 그러나 세금이 부자들에게 미치는 효과에 대한 주장이 옳다고 해도 그들은 자유에 대한 세금의 광범위한 사회적 영향은 간과한다. 누진세는 부자들의 기회집합을 제한할지 몰라도 동시에 사회복지나 교육을 통해 저소득층에게 수입을 재분배하여 가난한 이들의 기회집합과 자유를 확대한다. 언제나 그렇듯 모든 일에는 트레이드오프가 존재한다.

한 사람의 자유는 다른 사람의 부자유다

이 핵심적 주제는 이미 소개했는데 3장은 이 주제의 다양한 함의를 집중적으로 설명할 것이다. 예를 들어 이 부인할 수 없는 명제는 규제(regulation)라는 관련 주제로 직접 이어진다. 규제는 자유의 반대가 아니며 자유 사회에서는 규제가 필요하다. 과거의 더욱 단순한 사회에서도 규제가 필요했다. 십계명 대부분은 사회가 기능하는 데 필요한 최소한의 법(규제)으로 생각될 수 있다.

내가 이미 지적한 중요한 함의 하나는 자유를 논할 때 흔히 트레이드오프가 존재한다는 것이다. 때때로 권리들 사이의 균형이 명백하다. 모든 사회에서 살인은 협소하게 규정된 상황을 제외하면 금지된다. "죽일 권리"는 "죽임 당하지 않을 권리"에 종속된다. 자유와 강제라는 잘못된 수사가 만들어 낸 거미줄만 걷어낸다면 권리들 사이의 균형이 분명한 다른 많은 사례가 존재한다. 예를 들어 예방접종이 건강에 위협이 되는 사람을 제외하고는 예방접종을 받지 않은 사람이 위험하고 치명적일 수도 있는 질병을 퍼뜨릴 위험이 예방접종을 강요당하는 개인의 "불편함"이나 "자유의 상실"보다 훨씬 더 크다. 질병의 전염성과 심각성이 커질수록 이러한 불균형의 정도가 더 커진다는 것도 분명하다.

그러나 이런 트레이드오프 사이의 균형이 명확하지 않은 경우도 있는데 다음 장들은 이러한 상황을 어떻게 다룰 수 있는지에 관해 생각하는 틀을 제시할 것이다.

자유롭고 고삐 풀린 시장은 선택할 권리보다 착취할 권리에 가깝다
내 생각에 해답이 쉬운 트레이드오프의 특별한 사례는 착취를 수반하는 경우다. 착취는 전쟁기의 폭리(price-gouging)나 팬데믹 기간 동안 약품에 높은 가격을 매기는 제약회사, 중독성을 이용하는 담배·식품·제약 회사, 그리고 사람들의 취약성을 이용한 카지노와 온라인 도박 웹사이트 등 다양한 형태로 나타날 수 있다. 최근 디지털경제의 발전은 완전히 새로운 착취의 지평을 열었다.

경제학계의 표준적인 경쟁시장 분석은 아무도 권력을 가지지 않고 모든 사람에게 완벽한 정보가 있으며 모두가 완벽하게 합리적이라고 가정한다. 따라서 시장지배력과 다른 착취 형태를 가정하지 않는다. 그러나 오늘날의 세계에는 상당한 권력을 지닌 개인과 기업들이 존재한다.[13] 정부가 경제의 작동에 간섭하지 말아야 한다는 입장을 취하는 사람들은 마치 마술지팡이를 휘둘러 21세기 경제에서 지대추구(rent-seeking) 행위를 모두 없애 버리는 것처럼 보인다(지대추구는 다음과 같이 간략히 정의할 수 있다. 지대는 공급을 얻는 데 필요한 것 이상으로 높은, 서비스, 노동, 자본, 그리고 토지에 대한 수익이다. 토지의 공급은 고정되어 있기 때문에 해당 토지에서 벌어들이는 모든 수익은 지대이며 이와 비슷하게 시장지배력을 통해 얻는 추가 수익도 지대로 간주된다. 기업이 시장지배력을 높이거나 다른 방식으로 추구하는 착취를 지대추구라고 부른다).[14]

착취는 피착취자의 희생으로 착취자를 풍요롭게 만든다. 이러한 착취를 제한하면 사람들 대부분의 기회집합(자유)이 확대되는 반면, 착취하는 사람의 기회집합은 제한될 수 있다. 여기에는 트레이드오프가 존재하며 사회는 승자와 패자를 판단해야 한다. 대부분의 경우 무엇을 해야 하는지 분명하다. 착취자가 제약을 받아야 한다. 여기서는 착취자와 피착취자의 소득이나 부를 비교하는 것이 아니라 한쪽의 행복이 다른 쪽을 희생하며 증진되는 방식이 논의의 초점이다.[15] 예를 들어 시리얼의 설탕, 흡연의 위험, 주택담보대출의 실제 이자율, 그리고 투자상품의 숨겨진 위험 등 특정한 정보의 공개를 요구하는 규제는 광범위한 지지를 받고 있다. 이러한 공시는 정보의 비대칭성을 줄여 착취 범위를 줄이고 시장이 더 효율적으로 작동하도록 도와준다. 다양한 상황에서 착취를 억제하는 "강제"는 경제학자들이 일반적으로 사용하는 좁은 의미에서도 경제적 효율성을 높이고[16] 모두는 아니더라도 대부분 사람들의 기회집합을 확대한다는 것을 보일 수 있다.

이는 아마 "한 사람의 자유는 다른 사람의 부자유다"라는 말보다 더 수수께끼 같은 또 다른 주제를 잘 보여 준다. 즉 **강제가 모든 사람의 자유를 증진할 수 있다**는 것이다. 신호등은 교차로를 지나가는 운전자들이 교대로 회전할 수 있도록 해 주는 간단한 규제로서 쉽게 실행할 수 있다. 신호등이 없으면 교통체증이나 사고가 발생할 것이다. 그러면 모두가 손해를 볼 것이다. 우리가 할 수 있는 일을 제한하는 신호등이라는 작은 강제가 모두의 행복과 어떤 의미에서 행동의 자유를 증진시킬 수 있다는 것은 분명하다.

재산권은 사람들을 제약하거나 자유롭게 할 수 있다

우리는 재산권(property rights)을 너무 당연하게 생각해서 서구인들 대부분은 재산권을 "규제"나 "제약"이라고 생각하지도 않는다. 우리는 재산의 도덕적 정당성과 재산권에 기반한 경제체제를 받아들일 뿐이다.

재산권제도는 경제적 효율성을 근거로 옹호된다. 재산권이 없다면 아무도 일하거나 저축할 인센티브가 없을 것이다. 어떤 형태로든 재산권을 보존하는 것이 사회가 기능하는 데 중요하다는 것은 십계명 중 여덟 번째 계명에도 반영되어 있다. "도둑질하지 말라."

재산권은 타인에 대한 **제약**(가령 나의 재산에 침입할 그들의 자유가 침해되는 것)이지만 전체적으로 보면 사람들이 행하고 소비할 수 있는 것을 확장하는 "자유를 확대하는(freeing)" 제약이다. 사람들은 재산권이 공적으로 집행되어야 한다는 데 일반적으로 동의한다. 재산권의 집단적 집행은 우리의 재산을 지키기 위해 우리가 막대한 자원을 소비할 필요가 없음을 의미한다.

공유지의 과도한 방목을 통제하는 방법에 대한 논의로 유명한 생태학자 개럿 하딘(Garret Hardin)은 말했다. "따라서 우리가 도둑이 될 수도 있는 사람들의 자유를 침해한다는 것을 우리는 부인하지도 유감스러워하지도 않는다." 그는 이어서 덧붙였다. "사람들이 강도를 금지하는 법을 통과시키기로 합의했을 때 인류는 더 자유로워졌지 덜 자유로워진 것은 아니다. …… 상호강제의 필요성을 알게 되면 다른 목표를 추구할 자유를 얻게 된다."[17]

그러나 이 견해는 여기까지만이다. 재산권은 정의되고 할당되어야만 한다. 새로운 재산권 형태인 지식재산(intellectual property)을 정의하기 위한 열띤 논쟁은 재산권이 자유의 트레이드오프를 만들어 내는 사회적 구성물임을 분명하게 보여 준다. 지식재산은 지식의 잠재적 사용자의 자유를 제한하는 반면, 그 지식의 발명자 또는 발견자라 주장하는 이들의 자유를 강화한다. 6장에서는 재산권이 정의되는 다양한 방식과 국가 간의 차이, 그에 따른 트레이드오프를 살펴볼 것이다.

계약: 자발적으로 동의된 사적 · 사회적 제약

지금까지 논의는 특정한 제약을 공적으로 부과하면 많은 기회집합이, 대부분 또는 심지어 모든 사람의 기회집합이 확대될 수 있다는 단순한 개념에 기초하고 있다. 물론 사람들은 다른 사람과 거래할 때 스스로에게 제약을 가한다. 이것이 바로 계약이다. 계약에서는 상대방이 어떤 일을 하거나 하지 않기로 약속하는 대가로 내가 어떤 일을 하거나 하지 않기로 합의한다(즉 나는 내가 하는 일을 제약한다). 자발적으로 체결한 계약은 당사자 모두에게 이득을 준다. 우리는 계약을 체결할 때 어떤 식으로 자유를 제한하는 것이 다른 방식으로 우리의 기회집합, 즉 자유를 확장한다고 믿는다. 이 경우 우리는 이러한 확장이 제약으로 인한 손실보다 더 중요하다고 판단한다. 실제로 우파가 수용하는 정부의 몇 안 되는 역할 하나가 계약의 집행이다. 계약은 불가침한 것으로 간주된다.

앞으로 살펴보겠지만 계약에 대한 이러한 관점은 꽤 단순한 것이다. 공공정책은 어떤 계약을 집행할 수 있고 집행되어야 하는지, 언제 계약을 파기할 수 있는지, 그리고 계약을 파기할 경우 어떤 보상을 지급해야 하는지를 결정한다. 자유롭게 동의하는 두 당사자가 자발적으로 체결하는 모든 계약을 허용한다고 꼭 사회적 후생이 증가한다는 것은 사실이 아니다. "허용 가능한(admissible)" 계약을 제한해 사회적 후생을 높일 수 있고, 사실 사회 내 모든 사람의 후생을 증가시킬 수도 있다.

이와 비슷한 추론이 시민들 사이의 관계, 시민과 정부의 관계를 정의하는 사회계약에 대한 사고에도 적용될 수 있으며 실제로 적용되었다. 사회계약에 대해 글을 쓴 최초의 철학자 중 두 명인 토머스 홉스(Thomas Hobbes, 1588~1679)와 존 로크(John Locke, 1632~1704)가 생각했던 것처럼 국왕(sovereign)과의 관계도 마찬가지다. 개인이 보호를 포함한 일련의 혜택에 대한 대가로 세금 납부 같은 일련의 의무를 수반하는 계약에 실제로 서명하는(또는 서명했던) 것은 아니다. 사회계약이라는 개념은 집단행동의 도덕적 정당성과 그것에 수반되는 의무와 제약, 즉 사회의 시민들 사이에 자발적으로 합의될 자유로운 교환에 대해 생각하는 데 도움을 주기 위한 것이다.

주요원칙: 보다 현대적인 관점

밀, 프리드먼, 그리고 하이에크는 개인이 표준적 경제이론에서 묘사되는 방식과 크게 다르다고 인식한 현대 행동경제학이 발전하기 전에 글을 썼다. 현실에서 사람들은 덜 합리적이고 덜 이기적이다.

전통 경제학, 특히 신자유주의 경제학은 믿음과 선호가 고정되고 주어진 것이라고 가정하여 그것을 형성하는 권력을 가정에서 제거했다. 전통 경제학의 관점에서는 기본적으로 사람들은 자신이 무엇을 좋아하고 싫어하는지를 완전히 알고, 어떻게 한 재화를 더 많이 가지면 다른 재화를 적게 가져야 하는지를 알고 태어났다. 표준적 이론에 따르면 개인은 (소득과 가격이 고정인 경우) 더 나은 정보가 있을 때만 믿음이나 행동을 바꾼다. 그러나 현실에서는 선호와 믿음(belief)이[18] 형성되는 경우가 많은데 이는 모든 부모, 모든 마케팅 또는 광고업계 종사자, 그리고 잘못된 정보나 허위정보에 관한 캠페인이나 그에 반대하는 캠페인을 벌이는 모든 사람이 잘 알고 있는 사실이다. 믿음과 선호의 형성에는 단지 더 나은 정보를 더 많이 제공하는 것 이상이 필요하다. 이는 심리학자와 마케팅 담당자 모두의 연구대상인 사고방식의 변화를 수반하며 태어날 때 선호가 고정되고 완벽한 합리성에 기초한 모델을 고수하는 경제학자들의 이해 범위를 일반적으로 넘어선다.[19] 특히 우려되는 바는 우리의 경제체제 자체가 선호와 믿음을 형성한다는 것인데 이러한 형성은 다른 체제와 반대되는 한 체제의 장점에 관해 평가할 때 최우선으로 중요하다.

이렇듯 사람들의 믿음과 선호의 형성이 사람들을 더욱 "타인을 배려하도록" 만든다면 자신의 행동이 타인에게 미치는 결과를 "내면화"하는, 겉보기에 강제적이지 않은 방식을 제공하기 때문에 사회에 유익할 수 있다. 개인은 자신의 행동이 다른 사람에게 미치는 결과에 대해 생각한다. 최근 개발경제학자들은 인센티브나 더 나은 정보를 제공하는 전통적인 접근 방식보다 믿음을 변화시키는 것이 출산율, 성차별, 그리고 가정폭력을 감소시키는 것처럼 발전이나 사회적 후생을 증진하는 행동을 유도하는 데 훨씬 더 효과적이고 비용도 적게 든다는 것을 보여 주었다.[20]

그러나 백신 반대자들의 예가 뚜렷이 보여 주듯 믿음과 선호는 반사회적이고 사회에 나쁜 영향을 미치는 식으로도 육성될 수 있다. 마찬가지로 **사회적 결속**(social cohesion)에 의해 유발되는 친사회적 행동(즉 자신의 행동이 다른 사람에게 어떤 영향을 미치는지 고려하는 행동)과 더욱 의문스러운 **사회적 강제**에 의해 유발되는 행동 사이의 경계는 기껏해야 모호하다. 정치를 포함한 행동과 선택은 믿음의 영향을 크게 받기 때문에 믿음을 형성하는 권력이 매우 중요하다. 불행히도 21세기에는 대부분의 국가에서 미디어를 통제하는 상대적으로 소수의 사람들에게 그 권력이 집중되어 있다.

우리가 싫어하는 국가가 사람들의 믿음을 형성하려는 노력을 기울일 때 우리는 여기에 "세뇌" 또는 "선동"이라는 경멸적 표현을 사용한다. 그러나 우리는 시장경제에서도 같은 일이 종종 "단지" 이윤 동기로 인해, 하지만 때로는 정치에 영향을 미치려는 의도에 의해 발생한다는 사실을 인식하지 못한다. 사람들이 필요하지도 않은 상품과 서비스를 구매하도록 유도하는 시도도 우려스럽지만, 예를 들어 정치에서 허위정보의 영향은 훨씬 더 큰 문제다. 시민들은 투표권을 사용하여 게임의 규칙을 만들고 그것은 다른 사람들이 특정한 방식으로 행동하도록 유도하거나 강제할 범위를 확대한다.

따라서 미디어의 시장지배력이 중요하며 자유와 시장지배력에 관해 생각할 때 우리는 체계적 관점을 가져야 한다. 가령 개인들은 이론과 증거와 반대로 시장이 항상 효율적이고 정부는 항상 부패한다고 믿도록 유도될 수 있고 이는 엘리트의 권력과 부를 공고히 하는 선거 결과를 낳을 수 있다. 이는 결국 나머지 사회 구성원들의 자유를 희생시키면서 엘리트들의 자유를 증진한다.

교육은 자유를 증진할 수 있다

경제학자들은 전통적으로 교육을 단순히 기능을 향상하여 인적자본을 창출하는 것으로 간주해 왔다. 하지만 교육은 그 이상의 역할을 하며 개인을 형성한다.

교육은 양날의 검, 아니 어쩌면 세 날의 검이라고 할 수 있다. 한편으로 교육은 사회적 강제의 메커니즘으로 사용되어 개인을 사회적으로 순응하도록 가르칠 수 있다. 다른 한편으로는 학생들에게 타인을 배려하고 사회에 불필요한 비용을 부과하지 않도록 가르칠 수 있다. 하지만 가장 중요한 것은 인문교양교육(liberal education)이 자유를 증진한다는 것이다. 그것은 사람들이 부모나 지역사회에 의해 주입되었을 수 있는 관점을 넘어 더 폭넓게 문제를 바라볼 수 있게 해 준다. 인문교양교육은 개인의 주체성과 자율성을 강화하기 때문에 자유의 적들과 열린사회의 적들은 교육 내용을 제한하기 위해 열심히 노력하며 고등교육기관에 매우 회의적이다.

관용과 계몽주의적 가치가 공격받고 있다: 생각할 자유

나와 다른 생각이나 행동을 하는 시민에 대한 편협함이 오늘날 일부 우익 운동에 만연해 있고 좌파에서도 점점 뚜렷해지고 있다. 그러나 관용은 17세기와 18세기 유럽을 지배하고 근대 과학을 탄생시킨 지적 운동인 계몽주의의 핵심 개념이다. 이후 근대 과학은 두 세기 반 동안 생활수준을 엄청나게 향상시켰다.[21] 한 사람의 행동은 확실히 다른 사람에게 영향을 미칠 수 있지만 생각과 관련해서는 그런 결과가 나타나지 않는다. 그렇기 때문에 자신이 원하는 대로 생각하고 다른 사람에게 영향을 미치지 않는 한 원하는 방식으로 행동할 자유가 자유 개념의 핵심이다. 이러한 생각은 관용의 근간에도 자리 잡고 있다.

적용: 좋은 사회와 그것을 달성하는 방법

이 책의 3부에서는 나 그리고 내가 희망하기에 많은 타인들이 생각하는 좋은 사회가 어떤 경제와 글로벌 구조를 통해 실현될 가능성이 가장 높은지 질문을 던진다.

신자유주의가 왜 작동하지 않았는지를 포함해 신자유주의의 실패를 이해하는 것은 더 건강한 경제와 사회를 만들기 위해 무엇을 해야 하는지 이해하는 기초를 제공한다. 예를 들어 시장, 국가, 그리고 시민사회 간의 균형을 맞추고 협동조합과 비영리단체를 포함하여 여러 기관들로 구성된 더 풍요로운 생태계를 만드는 것이 필요하다.

개인의 자유에서 국가주권으로

개별 국가에서 벌어진 신자유주의 경제체제의 실패는 국제 질서에서도 재현되었다. 국가의 주권과 개인의 자유 사이에는 유사성이 존재한다. 무역 협정, 투자 협정, 지식재산권, 그리고 글로벌 금융 시스템 등 신자유주의적인 국제적 규칙과 제도는 특히 가난한 나라의 희생을 바탕으로 부유한 나라의 경제적 기회를 확대했다.

대안은 있다: 진보적 자본주의 또는 활력을 되찾은 사회민주주의

신자유주의와 신자유주의 정책의 특징 하나는 대안이 없다는 주장이었다. 이는 2010년 유로 위기 당시 독일의 재무장관 볼프강 쇼이블레(Wolfgang Schauble)의 영향 아래 유럽이 PIGS[22]라 불린 그리스 등의 국가들에 대해 대규모 지출삭감이라는 혹독한 긴축정책을 강요하면서 정책결정자를 비롯한 이들이 외친 구호였다. 당시 유로 위기에 대응할 대안이 있었고 지금도 더 나은 경제와 사회를 만들기 위한 대안이 존재한다. 사회를 조직하고 개인의 기회를 확대하는 다른 방식들이 존재한다. 그럴 가능성이 가장 높다고 내가 믿는 체제를 나는 **진보적 자본주의**(progressive capitalism)라 부른다[유럽에서는 이를 활력을 되찾은 사회민주주의(rejuvenated social democracy)라고 표현한다].

나는 "자본주의"라는 단어를 경제의 많은 부분이 이윤을 추구하는 기업의 손에 있다는 의미로만 사용하지만 내가 진보적 자본주의라고 부르는 체제는 다양한 제도뿐 아니라 집단행동의 중요한 역할도 포함한다. 이는 (레이건의 유명한 주장처럼) 시장이 해결책이고 정부가 문제라는 헛소리가 아니라 시장과 국가 간의 더 나은 균형, 즉 서로 간의 착취와 환경에 대한 착취를 방지하고 경쟁을 보장하기 위해 규제하는 균형을 전제로 한다. 집단행동의 핵심 역할은 잘 설계된 규제와 세금으로 재원을 조달한 공공투자에 의해 모두의 자유를 확대하는 것이지만 또 다른 핵심 요소는 일부의 자유 확대와 나머지 사람들의 자유 축소 사이에 균형을 맞추는 것이다.

이는 정부뿐 아니라 사회 전반에 강력한 견제와 균형의 시스템이 존재할 때만 성공할 수 있으며 이 견제와 균형은 권력의 집중이 없을 때만 실제로 작동할 수 있다. 그러나 부가 집중된다면 권력의 집중이 필연적으로 나타나고, 국가가 경제를 이끄는 "공정한 규칙"을 작성하며 경쟁을 촉진하고 재분배에 적극적인 역할을 하지 않으면 고삐 풀린 자본주의에서 부의 집중이 자연적으로 발생할 것이다.

정치적·경제적 자유: 진보적 자본주의는 둘 모두를 촉진한다

마지막으로 우리는 경제적 자유와 정치적 자유의 관계에 대해 살펴볼 것이다. 프리드먼과 하이에크 같은 우파 경제학자들과 그 밖의 우파들은 자유롭고 고삐 풀린 시장이 정치적 자유를 위해 필요하다고 주장한다. 그들은 어떤 경제적 제약도 더 많은 경제적 제약으로 이어지며 이를 유지하기 위해 정치적 제약이 뒤따르는 것이 본질적으로 불가피해 우리를 노예의 길로 이끌 것이라고 주장한다. 이기적이고 자기과시적인 관료와 정치인 들로 인해 이런 일이 확실히 발생할 것이다. 이들에게 어떤 규제를 강제하기 위해 더 많은 권력을 부여하면 그들은 자신의 권력을 더욱 확장하기 위해 그것을 사용할 것이다.

이러한 예측은 부분적으로 인간 본성에 대한 부정확한 견해에 기초해 있으며 민주적 정치체제에 대한 부정확한 견해에 기초해 있기에 잘못되었다. 파시스트 통치자들과 권위주의적 통치자들은 대체로 정부가 너무 많이 일해서가 아니라 충분히 일하지 않아서 등장했다. 최근 몇 년 동안 우리는 브라질, 미국, 러시아, 그리고 헝가리 등 불평등 개선에 별다른 노력을 기울이지 않았던 나라에서 포퓰리즘과 극단주의적인 반민주주의 정부가 등장한 것을 목격했다. 시민을 보호하는 큰 국가가 존재하는 스웨덴, 노르웨이, 그리고 아이슬란드에서는 적어도 이 정도로 그들이 눈에 띄지는 않는다.[23] 하이에크와 프리드먼의 주장과 달리 후자의 국가들에서 부과된 제약은 생활수준의 **향상**, 즉 대다수 시민의 의미 있는 자유의 증진으로 이어졌다.

다른 많은 보수주의자들처럼 프리드먼과 하이에크는 인간 본성에 관해 확실하게 비관적인 견해를 가졌다. 그들이 개인의 이기심에 대해 극단적 견해를 가지게 된 것은 깊은 성찰 때문이었을 수도 있지만 그들은 이것을 모든 사람에게 일반화했다. 많은 사람이 공직에 입문하는 이유가 자신의 권력 강화가 아니라 선한 일을 하고 싶어서라는 사실을 인식하지 못했다. 특히 신자유주의 시대에 이들이 민간부문으로 진출했다면 금전적으로 훨씬 더 처지가 나았을 것이다. 일부 사람들은 지극히 이기적이고 권력에 굶주려 있는 것이 사실이며 어떤 정치체제건 이를 인정해야 한다. 견제와 균형의 시스템을 갖춘 민주주의는 그 결과를 제한하도록 설계되어 있다.

신자유주의는 자립적이지 않다. 그것은 자기부정적이다. 그것은 우리 사회와 그 안에 있는 사람들을 기형적으로 만들었다. 물질만능주의와 그것이 배양한 극단적 이기주의가 민주주의와 사회적 결속, 그리고 신뢰에 악영향을 미쳐 경제의 기능마저 약화시켰다. 어느 정도의 신뢰 없이는 경제가 잘 돌아갈 수 없으며 모든 것이 소송에 달려 있는 세상은 제대로 작동하지 않는 사회다. 사회에 도움이 되도록 시장이 잘 작동하려면 경쟁이 필요하지만 경쟁법이 없다면 기업들은 스스로 어떤 식으로든 경쟁을 파괴하고 권력은 점점 더 집중될 것이다. 강력한 규제가 없다면 신자유주의는 지구를 파괴할 것이다. 신자유주의가 초래한 극심한 경제적 불평등은 정치적 불평등을 야기했고 우리의 민주주의는 "1인 1표"라는 개념에서 "1달러 1표"라고 더 정확하게 표현될 냉소적인 현실로 변했다. 이 정치적 불평등은 민주주의 개념 자체를 훼손한다. 국제적으로 신자유주의는 민주적 공간을 제약하는 정책을 국가에 강요하고 대부분의 가난한 국가와 그 국민을 가난하도록 만들었기 때문에 그 영향이 더욱 심각했을 것이다.

이러한 결과는 정치적 자유를 지키기 위해 자유로운 자본주의가 **필요**하다는 하이에크와 프리드먼의 주장과 정반대되는 것이다. 프리드먼과 하이에크 같은 지적인 지도자를 비롯해 우파가 옹호하는 고삐 풀린 자본주의는 의미 있는 경제적·정치적 자유를 훼손하고 우리를 21세기 파시즘으로 가는 길로 이끈다. 진보적 자본주의는 우리에게 자유로 가는 길을 열어 줄 것이다.

2장

경제학자들은 자유를 어떻게 생각하는가

경제학자들은 오랫동안 자유라는 개념에 대해, 자유와 한 사회의 경제체제 간의 관계에 대해 논의해 왔다. 프리드리히 하이에크와 밀턴 프리드먼은 보수적 경제학자 집단의 리더로서 그들이 사용하는 바로 그 어휘를 통해 의미 있는 논의를 선점하려고 노력했다. 그들은 마치 규칙과 규제를 부과하면 "자유롭지 않은 시장"이 되는 것처럼 "자유시장"에 관해 이야기했다. 그들은 개인이 소유한 기업인 사기업을 "자유기업"이라 이름을 붙였는데 마치 그런 이름을 부여하면 경외심을 불러일으키고 사기업들이 인간과 지구를 착취하더라도 그들의 자유가 제한되어서는 안 된다고 의미하는 것처럼 보였다.

하이에크와 프리드먼에게 고삐 풀린 자본주의는 효율성뿐 아니라 자유를 촉진하기 때문에 바람직한 것이었다. 그러나 그것이 더 많은 자유를 가져다주는지 더 적은 자유를 가져다주는지에 대해 재검토하기 위해 시장경제가 실제로 어떻게 작동하는지 재검토할 필요가 있다.

애덤 스미스부터 20세기 중반까지 간략한 경제사상사

근대 경제학의 창시자인 애덤 스미스(Adam Smith)는 지나친 국가주의적(중상주의적) 경제학에 대한 비판을 제시했다. 그는 시장을 믿었다. 그는 1776년 저서인 『국부론(The Wealth of Nations)』에서 경쟁적인 경제가 효율적일 것이라고 추측했다. 기업가들은 자기 이익을 추구하는 과정에서 **마치 보이지 않는 손에 이끌리듯** 사회의 행복을 위해 행동한다는 것이다.

> 기업가는 생산물이 가장 큰 가치를 가질 수 있도록 산업을 이끌며 자신의 이익만을 도모하는데 다른 많은 경우에서처럼 이 과정에서 보이지 않는 손에 이끌려 자신의 의도가 아니었던 목적을 촉진하게 된다.[1]

그러나 스미스는 자유시장에 대해 후대의 추종자들보다 훨씬 덜 낙관적이었다. 분명 그는 자신이 발언한 맥락이 얼마나 제대로 이해되지 못하고 관념적인 자유기업모델, 즉 우파가 시장경제를 이해하는 방식과 일치하지 않는다는 이유로 어떻게 그의 다른 현명한 논평이 무시되는지에 관해 경악을 금치 못했을 것이다. 다음 사례를 보자. 첫째, 스미스는 기업가들이 반경쟁적으로 행동하는 경향을 강조한다.

같은 업종의 사람들은 유흥과 기분 전환을 위해서라도 별로 만나지 않지만 그들의 대화는 결국 대중을 상대로 한 음모나 가격 인상을 위한 어떤 계략으로 이어진다.[2]

시장지배력(담합)이 존재하면 시장은 일반적으로 효율적이지 않고 왜곡된다. 또한 스미스가 강조했던 것처럼 기업은 소비자와 노동자 모두를 착취해 그들의 선택집합(그들의 자유)를 효과적으로 제한하며 동시에 기업소유주의 자유를 확대할 수 있다.

스미스가 규제가 부족한 경제가 어떤 모습일지 의문을 제기한 최초의 경제학자는 아니다. 산업혁명이 도래하기 이전에도 철학자들은 적절한 정부가 없는 사회가 어떤 모습일지 숙고해 왔다. 토머스 홉스는 『리바이어던(Leviathan)』(1651)에서 그런 세상의 삶을 "고독하고, 가난하고, 지저분하고, 잔인하고, 짧다"라고 묘사했다.[3]

자본주의에 대한 스미스의 덜 낙관적인 견해는 산업혁명 초기 수십 년 동안 현실에서 전개되었던 것처럼 보였다. 1834년 영국 구빈법은 노동자들을 지역 공공사업과 공장의 값싼 노동력으로 만들었다. 경제는 성장했지만 분명 그 혜택이 평등하게 공유되지 않았다. 영국 노동계급이 처한 열악한 상황은 프리드리히 엥겔스(Friedrich Engels)가 1845년에 발표한 유명한 책인 『영국 노동계급의 상황(The Condition of the Working Class in England)』에

기록되었고 당시의 소설에도 생생하게 묘사되었다.[4]

산업혁명을 거치며 두 경제학파가 등장했다. 겉보기에 그들은 같은 현실을 바라보는 것처럼 보였기 때문에 둘 사이에 뚜렷이 다른 세계관이 발전될 수 있었다는 것이 놀라운 일이었다. 하나는 경제체제의 조화와 재화의 생산능력에 초점을 맞추었다. 이 학파는 고전파(classical) 경제학자들이 주도했는데 그 맥락을 무시하고 애덤 스미스의 말을 받아들여 본질적으로 시장에 모든 것을 맡겨야 한다는 자유방임이론을 발전시켰다.[5] 이 이론은 종종 **자유주의**(liberalism)라고 불리며 자유시장, 특히 임금을 낮출 수 있도록 값싼 농산물에 대한 영국의 수입 장벽 제거를 강조했다. 가장 유명하게 카를 마르크스(Karl Marx)와 연관된 다른 학파는 노동자 착취가 수행하는 역할과 이에 대한 투쟁의 필요성을 강조했다.

이후 수십 년 동안 대서양 양쪽에서 성장과 착취가 나타났다. 성장은 자본의 축적과 혁신만이 아니라 노예, 식민지, 그리고 일반 노동자에 대한 착취에 의해서도 촉진되었다. 어떤 요인이 더 중요했는지 자세히 분석하기란 사실상 불가능하다. 오늘날 18세기와 19세기에 주요 교육기관을 설립하거나 거기에 기부한 위대한 기부자들의 명단에서 노예무역이나 아편무역, 또는 둘 모두에 오염되지 않은 사람을 찾기는 어렵다.

대공황과 혼합 경제

그러나 시장 옹호자들조차 미국 노동자 넷 중 한 명이 일자리를 잃은 대공황을 무시할 수는 없었다. 수백만 명이 예금을 잃은 1929년 금융 대공황은 미국 경제가 경험한 최악의 금융위기였다. 불과 22년 전인 1907년에도 공황이 발생해 연방준비제도(약칭 연준, Federal Reserve)가 설립되었지만 연준도 은행시스템과 경제를 구하지 못했다. 대공황에 대응해 프랭클린 루스벨트 대통령이 뉴딜정책을 통해 실시한 광범위한 정부의 지원이 필요했다.[6]

경제학자 존 메이너드 케인스(John Maynard Keynes)는 대공황의 원인을 설명했을 뿐 아니라 이를 해결하기 위한 처방도 제시했다. 그의 권고는 정부가 더 큰 역할을 해야 한다는 것을 포함했는데 이 역할은 사회주의자와 공산주의자 들이 주장한 정부의 통제적 역할이 아니라 거시경제 관리에 국한되어 보다 제한적이었다. 그럼에도 자본가들은 이를 매우 싫어했다.

2차세계대전 이후 몇 년 동안 발전한 혼합 경제는 뚜렷이 반사회주의적이었다. 민간기업이 지배적이었지만 정부는 경쟁을 보장하고 착취를 방지하며 거시경제를 안정시키는 데 중요한 역할을 수행했다. 사회주의는 생산수단을 국가가 소유하는 체제였다. 반면 서유럽과 미국에서 지배적인 혼합경제 체제에서는 시장과 재화와 서비스의 사적 생산이 중심이었고 정부는 교육, 연구, 인프라스트럭처, 빈곤층 지원, 퇴직보험 제공, 그리고 금융 및 기타 시장 규제 등을 통해 경제에 기여했다.

이 경제모형은 엄청나게 성공적이었다. 미국의 성장률은 어느 때보다 높았고[7] 성장의 과실은 어느 때보다 훌륭하게 공유되었다. 미국과 세계는 금융위기나 심각한 경기침체 없이 가장 오랫동안 경제적 안정을 누렸다. 이 모델은 전국적으로 주요 교육, 인프라, 그리고 연구 프로그램을 도입한 공화당 대통령 드와이트 아이젠하워(Dwight Eisenhower) 재임 시기에 세율이 최고치에 도달하는 등 초당적 지지를 받았다.

정부가 경제발전을 촉진하는 데 조금 더 적극적인 역할을 수행한 동아시아의 변형된 모델은 역사상 가장 성공적인 발전모델로 판명되었다. 동아시아 국가들의 전례 없는 성장으로 인해 이들 국가와 선진국 간의 격차가 좁혀졌다. 이 모델을 따라 공식 환율 기준으로 일본은 세계 4위, 중국은 2위의 경제 대국이 되었다.[8] 그러나 국제비교에 더욱 적절한 (서로 다른 국가 간의 생활비 차이를 조정하는) 구매력평가로 측정하면 2023년 중국은 미국보다 거의 4분의 1이 더 큰 **최대의** 경제대국이었다.

아이러니하게도 이 시대에 경제가 왜 그렇게 잘 작동했는지에 대한 "이론"은 발전되지 않았다. 이는 경제학자들에게 기린이 생물학자들에게 제기했던 것과 같은 문제를 제기했다. 우리는 목이 그렇게 긴 동물이 어떻게 생존할 수 있는지 정확히 이해하지 못하지만 기린은 존재한다. 경제학자들이 시장의 한계와 어떻게 잘 설계된 정부개입이 실제로 경제체제의 성과를 개선할 수 있는지에 관해 깊이 이해하게 된 것은 20세기 후반에 들어서였다.

새로운 경제적 시대

1970년대 오일쇼크로 인해 전후 경제체제가 흔들렸고 인플레이션이 급등했다. 이 인플레이션은 1920년대 독일에서 만연했던 하이퍼인플레이션 같은 종류가 아니었고 미국을 비롯한 전 세계 대부분의 국가가 이전에 보지 못한 것이었다.

우파는 그 순간을 포착하고 새로운 경제체제를 주장했는데 체제에 대한 믿음이 흔들렸던 것처럼 보였던 민주당원들도 마찬가지였다.

얼마 지나지 않아 경제를 자유롭게 한다는 **자유화**(liberalization)라는 이름으로 규제와 제한이 무분별하게 제거되었다. 이는 인간의 기업가정신을 자유롭게 하고 혁신을 강화하며 모든 사람의 후생을 향상시킬 것이라 생각되었다. 불평등이 (엄청나게) 확대되더라도 가장 부유한 사람들의 이득이 모든 타인들에게 흘러내려 모두가 이득을 얻을 것이라는 생각이었다. 동시에 정부가 소유한 기업을 민간영리기업으로 전환하는 민영화의 물결이 밀려왔다. 유럽에서는 철강과 석탄에서 전기와 교통까지 수많은 기업이 민영화되었다. 정부의 소유가 더욱 제한적이었던 미국에서는 민영화가 일부 도시의 쓰레기수거회사와 수도회사, 그리고 원자폭탄과 원자력발전소의 핵심 원료인 농축우라늄을 만드는 회사 등을 대상으로 더욱 제한적으로 이루어졌다.[9]

대서양 양쪽과 정치적 스펙트럼의 모든 쪽에서 무역자유화(무역장벽 제거), 규제완화, 그리고 민영화라는 주문이 지지를 받는 것처럼 보였다.[10] 빌 클린턴 대통령은 그것에 좀 더 인간적인 얼굴을 입히려 노력했음에도 이를 밀어붙였다. 이는 1994년 북미자유무역협정(NAFTA) 통과와 1995년 세계무역기구(WTO)를 창설하는 국제적 합의에서 잘 나타난다. 클린턴 행정부의 대표적

"업적" 하나는 금융부문에 대한 규제완화였는데 이는 10년 후 글로벌 금융위기로 이어졌다. 이러한 금융 및 무역 정책은 탈산업화를 가속화하는 결과를 낳았다.

클린턴 혼자만 자유화를 추진한 것은 아니었다. 영국의 토니 블레어(Tony Blair) 총리와 독일의 게르하르트 슈뢰더(Gerhard Schröder) 총리도 비슷한 의제를 추진했다.

개발도상국에서 이러한 아이디어는 세계은행과 국제통화기금에 지원을 요청하는 국가들에게 강요된 일련의 규칙인 워싱턴 컨센서스(Washington Consensus, 1990년대 국제기구들이 위기를 맞은 개도국들에게 제언했던 시장을 확대하고 정부개입을 축소하는 경제정책들의 집합으로, 재정적자 축소, 금융자유화, 무역자유화, 그리고 민영화 등을 포함했다—옮긴이)라고 불린 정책 의제의 기초를 제공했다.[11]

지적 전투

로널드 레이건과 마거릿 대처(Margaret Thatcher)는 20세기의 마지막 30년 동안 경제정책과 서구 경제를 재편한 정치적 전투의 최전선에 서 있었다. 그러나 이러한 정치 지도자들이 등장하기 오래전에 프리드먼과 하이에크가 지적 토대를 마련했다. 두 사람은 모두 몽펠르랭소사이어티(Mont Pelerin Society)라는 지식인 및 기업계 지도자 모임의 일원이었는데 이 조직은 정부의 역할을 매우 제한하자는 주장을 발전시키고 구체화해 정치적으로 추진하기 위해 노력했다. 몽펠르랭소사이어티는 1947년 창립 당시 발표한 "목표 선언문(Statement of Aims)"에서 세계정세에 대해 다음과 같은 엄중한 전망을 제시했다.

지구 표면의 넓은 지역에서 인간의 존엄성과 자유의 필수조건들이 이미 사라졌다. 다른 곳에서는 현 정책 방향의 발전으로 인해 그것들이 끊임없이 위협받고 있다. 자의적인 권력의 확장으로 개인과 자발적 집단의 지위가 점점 약화되고 있다.[12]

몽펠르랭소사이어티는 당시 공화당보다도 훨씬 더 급진적인 반국가적 비전을 추구했다.[13] 회원들은 자유시장과 사유재산이 밀접하게 연관되어 있다고 보았고, "목표 선언문"에 적었던 대로 이것들 없이는 "자유가 효과적으로 보존될 사회를 상상하기 어렵다"고 주장했다.[14]

물론 몽펠르랭소사이어티 회원들이 정치적 자유라는 의제에 정말 충실했는지 의문을 제기할 수 있다. 밀턴 프리드먼은 악명 높은 칠레의 군사 독재자 아우구스토 피노체트(Augusto Pinochet)의 핵심 고문으로 기꺼이 봉사했고 여타 많은 보수주의자들은 자유보다 질서에 더 초점을 맞추는 것으로 보였다. 피노체트는 과거의 체제를 복원하겠다고 공약하면서 다른 독재자들과 마찬가지로 자유를 추구하는 "좌파"들이 바라는 변화의 결과로 나타날 것이라고 보수주의자들이 두려워한 무질서와 불확실성을 종식시키겠다고 약속했다. 자유보다 질서를 선호하는 경향은 시장과 관련해 자주 사용되는 또 다른 단어인 "시장규율(market discipline)"에도 반영되어 있다. 시장은 특정 방향으로 행동을 "강제(force)"한다. 월스트리트가 정한 규칙을 따르지 않는 국가는 처벌받을 수 있다. 월스트리트가 자금을 회수하면 그들의 경제는 붕괴될 것이다. 어떤 의미에서 시장이 지시하는 방식이 아닌 다른 방식으로 행동할 자유를 사람들로부터 박탈하는 것이다. 물론 변화를 피할 수 있다고, 즉 우리의 세계, 경제 구조, 그리고 사상이 변해도 낡은 권력 구조는 영향을 받지 않고 지속될 수 있다는 생각은 신기루일 뿐이다.

냉전 이후 데탕트

정치적 논쟁은 흔히, 그 뒤에 숨어 있고 부분적으로 그것을 촉발하는 지적 논쟁의 정교함과 복잡성을 완전히 반영하지 못한다. 1991년 철의장막이 무너지고 중국이 "중국적 특징을 지닌"(그것이 무엇을 의미하든) 시장경제가 되겠다고 선언하면서 한편으로는 정부가 모든 것을 소유(그리고 암묵적으로 통제)하는 극단적 사회주의·공산주의가, 그리고 다른 한편으로는 (몽펠르랭소사이어티가 주장했던 종류의) 완전히 자유로운 시장이 과거의 일이라는 광범위한 합의가 이루어졌다. 정치학자이자 경제학자인 프랜시스 후쿠야마(Francis Fukuyama)는[15] 경제 및 정치 체제에 대한 우리의 이해가 시장경제와 자유민주주의라는 "올바른 해법"으로 수렴되었기 때문에 이를 "역사의 종말(the end of history)"이라고 부르며 찬양하기도 했다. 몽펠르랭소사이어티와 공산주의의 극단 사이에는 많은 공간이 있었기 때문에 극좌와 극우 사이에서 최선의 "제3의 길"을 찾으려는 노력이 나타났다. 이 둘 사이에 정확히 어디에 위치하느냐가 중요한 차이를 만들었다. 정치적으로 이는 중도 좌파와 중도우파 내부의 투쟁과 그들 사이의 투쟁으로 나타났다. 예를 들어 환경, 불평등, 그리고 경제 경쟁력 강화에 초점을 맞춘 클린턴 행정부 인사들과 부채, 금리, 규제완화, 자유화, 그리고 성장에 초점을 맞춘 클린턴 행정부 인사들 사이의 정치적 논쟁은 빌 클린턴 대통령 재임 기간에 가장 명확하게 나타났다. 대부분의 경우 후자의 그룹이 승리했다.[16]

20세기 마지막 25년간 대서양 양쪽에서 발전한 시스템은 **신자유주의**(neoliberalism)라고 불리게 되었다.[17] 여기서 "자유(liberal)"는 규제를 포함한 정부개입이 없는 "자유"를 의미한다. "신(neo)"은 그 안에 뭔가 새로운 것이 있음을 의미했지만 실제로는 "시장에 맡기라"고 조언한 19세기의 자유주의, 자유방임주의와 거의 다르지 않았다.[18] 사실 이러한 사상은 20세기에도 큰 영향력을 발휘해 수십 년 전 대공황에 대응해서도 지배적인 경제학자들은 "아무것도 하지 말라"고 말했다. 그들은 정부가 나서서 일을 망치지 않는 한 시장이 스스로 비교적 빠르게 회복되리라 믿었다.

신자유주의에서 정말 새로운 것은 신자유주의가 실행한 대부분이 은행과 부자 들에게 유리한 새로운 규칙을 부과하는 것인데도 그것이 규칙을 없애 버렸다고 주장하는 속임수였다. 예를 들어 은행에 대한 소위 규제완화로 정부가 **일시적으로** 개입하지 않게 되자 은행가들은 스스로 커다란 보상을 받을 수 있었다. 그러나 2008년 금융위기가 발생하자 정부는 납세자의 세금으로 사상 최대 규모의 구제금융을 지원하며 중심적 역할을 했다. 은행가들은 나머지 사회 구성원들의 희생으로 이익을 얻었다. 달러로 환산하면 나머지 사람들이 지불한 비용이 은행이 얻은 이익보다 더 컸다. **현실에서** 신자유주의는 손실이 사회화되고 이익은 사유화되는 "모조(ersatz) 자본주의"로 표현될 수 있을 것이다.

신자유주의 경제학자들은 자신들의 견해를 지지하는 이론을 만들었는데 당연히 신고전파 경제학이라고 불렸다. 이 이름은 19세기 고전파 경제학을 연상시키는데 "신"이라는 단어는 경제학이 더 확고한 토대 위에 세워졌음을 강조하는 것처럼 들린다. 하지만 실제로는 수학적 낙서를 의미했다. 일부 신고전파 경제학자들은 시장이 종종 스스로 완전고용을 창출하지 못하기 때문에 케인스주의 정책이 때때로 필요하지만 경제가 완전고용으로 회복되면 고전파 경제학이 지배적이라는 다소 정신분열증적인 입장을 취했다. 내 스승인 폴 새뮤얼슨(Paul Samuelson)이 주장한 이 사상은 신고전파 종합(neoclassical synthesis)이라 불린다. 이론적으로나 경험적으로나 근거가 튼튼하지 않았지만 매우 영향력이 큰 주장이었다.[19]

지난 세기 중반, 신자유주의라는 새로운 이름으로 자유주의로 돌아가자는 주장은 대공황 시기 발생한 사건들에 반대되는 것이었다. 그것은 히틀러의 "큰 거짓말(Big Lie)"(히틀러는 대중은 작은 거짓말보다 큰 거짓말을 믿는다고 말했다—옮긴이)과 비슷했다. 대공황의 관점에서 보면 시장이 그 자체로 효율적이고 안정적이라는 경제적 주장은 말도 안 되는 것이었다(다른 의미에서도 큰 거짓말이었다. GDP 대비 비중이나 고용 비중 등 어떤 방식으로 측정하든 정부가 더욱 큰 역할을 맡고 있는 것이 현실이었다. 시간이 지나면서 민주적 정치체제는 퇴직연금(retirement benefits)처럼 사회가 원하고 필요한 것을 시장이 제공하지 못하는 영역을 파악했고 국가는 이를 공적으로 해결할 방법을 찾아냈다).

그러나 기억은 짧고 그 극적인 사건 이후 25년이 지나고 2차 세계대전의 트라우마와 함께 냉전이 시작되면서 우파는 다시 한 번 자유시장의 효율성을 찬양할 준비가 되어 있었다. 밀턴 프리드먼과 동료들은 반대되는 이론과 증거에 직면했을 때 눈을 감고 자신의 믿음을 다시 확인했다. 나는 시카고대학교(University of Chicago)에서, 스탠퍼드대학교(Stanford University) 캠퍼스에 소재한 보수의 서부 지역 요새인 후버연구소(Hoover Institution)에서 그들과 여러 번 만나며 이 사실을 개인적으로 목격했다. 시장에 대한 믿음(그리고 그와 관련된 물질주의, 즉 GDP가 높을수록 좋다는 믿음)은 전 세계의 많은 사람들에게 그것에 반대되는 이론이나 증거가 무엇이든 간에 고수해야 하는, 20세기 후반의 종교가 되었다.

2008년 금융위기가 발생하자 이 보수주의자들이 시장이 그 자체로 효율적이고 안정적이라는 시장근본주의 종교를 고수하기란 불가능해 보였다. 그러나 그들은 그렇게 했는데, 그 믿음이 어떤 의미에서 근본주의적 종교이며 그 진리는 추론이나 이 경우처럼 어떤 사건들에 의해 거의 흔들리지 않음을 확인해 주었다.[20]

그들은 아래에 설명하듯 신자유주의의 실패가 점점 더 분명해졌음에도 불구하고 그것을 계속 믿었다.

그들은 큰 실패뿐 아니라 많은 사람의 삶을 매우 힘들게 만든 작은 실패들, 즉 수많은 비행기 연착과 수하물 분실, 불안정하고 비싼 휴대전화와 인터넷 서비스, 그리고 세계에서 가장 비싸지만 이용이 어렵고 따라서 선진국 중 가장 낮은 기대수명을 초래한 미국의 의료시스템 등에도 눈을 감았다. 이 새로운 종교에서 시장은 언제나 효율적이고 정부는 언제나 비효율적이고 억압적이다. 우리는 인터넷 사업자나 의료보험사와 전화하는 데 두 시간 동안 대기하는 일이 얼마나 비효율적인지 충분히 인식하지 못했다.

이 "경제적 종교"가 기존 종교들과 유사한 점은 또 있었는데 바로 개종 전도(proselytization)였다. 보수주의자들의 신앙은 미디어를 통해, 그리고 상당 부분 고등교육을 통해 꾸준히 전파되었다. 이로써 1930년대에 처음 등장해 이후 1960년대 말과 1970년대 초의 격동기에 다시 피어났던 대안적이고 더 인간적인 경제적 비전의 잔재를 공공적·정치적 시대정신으로부터 효과적으로 몰아냈다.

신자유주의가 근본주의 종교와 비슷한 방식이 하나 더 있었다. 신자유주의 교리에 반하는 것처럼 보이는 모든 것에 대해 틀에 박힌 대답이 준비되어 있었다는 것이다. 이들에 따르면 2008년 금융위기가 보여 주듯 시장이 불안정하면 정부와 중앙은행이 너무 많은 돈을 푸는 것이 문제였다. 자유화를 도입한 국가가 이들의 종교가 주장하는 대로 성장하지 않았다면 그 답은 자유화가 충분하지 않았다는 것이었다.

신자유주의의 실패

앞서 살펴본 바와 같이 20세기 후반 대공황 이후 세대가 주도권을 잡으면서 세계 각국의 정부는 신자유주의의 다양한 버전을 채택했다. 신자유주의는 자본가들을 기쁘게 했고 자유시장이 경제적 성공 및 자유 모두를 가져다줄 것이라는 단순한 주장은 많은 사람을 유혹했다. 나는 신자유주의 의제를 추진하는 과정에서 우파의 역할을 강조했지만 우파는 당시의 사고방식을 만드는 데 엄청난 성공을 거두었다. 나는 클린턴, 슈뢰더, 그리고 블레어가 신자유주의를 수용하는 과정을 설명했다.

당시 정치적·경제적 논쟁에서 지배적이었던 중도좌파와 중도우파 사이에는 신자유주의의 세부사항을 둘러싸고, 특히 레토릭에서 커다란 차이가 있었다는 점이 강조되어야 한다. 전자는 무역자유화의 결과로 일자리를 잃은 사람들을 위한 지원을 요청하며 개혁에 인간의 얼굴을 입히려 노력했다. 후자는 인센티브에 초점을 맞추며 구조조정 과정에 대한 어떤 지원도 사람들의 자구 노력을 약화시킬 수도 있다고 우려했다. 우파는 경제의 파이를 키우면 결국 모두가 더 잘살게 될 것이라는 낙수효과 경제학(trickle-down economics)에 대해 이야기했다. 민주당과 유럽의 사회민주주의자들은 낙수효과가 작동할 것인지 충분히 빨리 작동할지 확신하지 못했다. 그러나 **결국** 이러한 차이와 많은 레토릭에도 불구하고 중도우파와 중도좌파는 모두 신자유주의에 빠져들었다.

레이건과 대처에 의해 시작된 이 신자유주의 실험이 시작된 지 이제 40년이 지났다.[21] 더 빠른 성장과 더 높은 생활수준이 널리 공유될 것이라는 신자유주의의 장밋빛 약속은 실현되지 않았다. 성장은 둔화되었고 기회는 줄어들었으며 성장의 과실은 압도적으로 최상위 계층에게 돌아갔다. 그 결과는 아마 시장에 대한 의존도가 높고 금융자유화가 가장 극단적으로 진행되었던 미국에서 최악이었다. 미국은 2008년 금융위기로 인해 약 75년 만에 최대 규모의 경제 불황을 경험했고 이 위기는 전 세계로 확산되었다. 21세기 초 미국은 선진국 중에서 가장 높은 수준의 불평등과 가장 낮은 수준의 기회로 특징지어지는 국가가 되었다. 인플레이션을 조정한 저소득층 임금은 반세기 전과 같은 수준에 머물렀다. 미국 젊은이들의 생애전망은 다른 선진국보다 부모의 소득과 교육에 더 많이 의존하게 되어 아메리칸드림은 신화가 되었다. 1980년 이후 태어난 미국인의 약 절반만이 부모보다 높은 소득을 기대할 수 있었다(1940년 출생한 코호트는 그 비율이 90퍼센트였다).[22][23] 이러한 희망의 상실은 정치에 영향을 미쳤는데 도널드 트럼프(Donald Trump)의 대통령 당선이 그것을 매우 명백하게 보여 주었다.[24]

통계가 모든 이야기를 다 말해 주지는 않는다. 규제받지 않는 시장, 또는 심지어 부적절하게 규제된 시장이 사회적으로 바람직하지 않은 결과를 초래한다는 점은 20세기 말이나 21세기 초를 살아가는 사람이라면 누구에게도 명백할 것이다. 고통에 빠진 사람들을 착취하는 제약회사와 약국이 만들어 낸 아편 위기, 중독성 있고 치명적인 제품을 만드는 담배회사, 노인 등을 노리는 각종 사기, 건강에 해로운 제품을 너무 오랫동안 공격적으로 판매하여 소아당뇨병의 유행을 가져온 식품 및 음료 회사, 그리고 지구를 위협하면서 수십억 달러를 버는 석유 및 석탄 회사를 생각해 보라. 자본주의 체제에서 어떤 형태로든 사기나 착취가 일어나지 않는 곳은 찾아보기 어렵다.

    자본주의의 어두운 면을 직접 경험하는 사람들에게 부과되는 비용만이 문제가 아니다. 우리 모두는 우리가 이용당하지 않도록 끊임없이 경계하고 있다. 경제적 비용도 크지만 우리의 정신적 비용은 훨씬 더 크다. 이는 가령 앞서 언급한 다른 선진국에 비해 상대적으로 열악한 미국인들의 건강 상태와 같이 중대한 결과를 초래하는 체제의 실패를 반영한다.

    신자유주의 프로젝트의 결과는 세계 다른 곳에서도 마찬가지다. 아프리카에서는 워싱턴컨센서스 정책으로 탈산업화 과정이 진행되었고 25년 동안 1인당 소득이 거의 증가하지 못했다.[25] 라틴아메리카는 1980년대에 "잃어버린 10년(Lost Decade)"이라 흔히 불리는 시기를 경험했다. 많은 국가에서 자본시장과 금융시장 자유화정책을 배경으로 나타난 자본의 급격한 유입과 유출로 인해 위기가 연이어 발생했다. 이 위기는 전 세계 100개국 이상에서 발생했다. 미국을 상징하는 불평등은 다른 곳에서 발생한 일들의 그림자였다. 구소련 국가들에 강요된 워싱턴컨센서스 정책은 탈산업화로 이어졌다. 한때 강대국이던 러시아는 서방이 공산주의에서 벗어나는 길로 인도한 것에 분개한 소수의 과두정치인들이 지배하는 스페인 정도 규모의 천연자원 경제로 축소되었다.[26] 이는 푸틴과 그 이후 발생한 모든 일들의 무대를 마련해 주었다.

경제이론과 현실

하지만 시장이 효율적 결과를 가져온다는 이론은 과연 어떨까? 보수 성향의 경제학자들은 애덤 스미스의 "보이지 않는 손"을 받아들였지만 그가 이 아이디어에 전제한 필요조건들은 무시했다. 경제이론가들은 경쟁시장이 효율적임을 증명하려고 시도했지만 막다른 골목에 부딪혔다. 그 결론은 매우 제한적인, 즉 어떤 경제와도 무관할 정도로 제한적인 조건에서만 사실이었다. 시장이 효율적이라는 것을 증명하려는 이 시도는 오히려 시장실패(market failures)라고 불리게 된 시장의 한계를 **강조해 주었다.** 이러한 시장실패는 제한된 경쟁(대부분의 기업이 가격을 결정하는 데 어느 정도 권력을 지니는 상황),[27] 시장의 부재(예를 들어 우리는 우리가 직면하는 주요한 위험 대부분에 대한 보험에 가입할 수 없다), 그리고 불완전한 정보(소비자는 시장에 존재하는 모든 상품의 품질과 가격을 모르고 기업은 모든 잠재적인 직원들의 특성을 알지 못하며 대출자는 잠재적인 채무자가 채무를 상환할 가능성을 모른다 등등) 등을 포함한다. 프리드먼과 같은 보수 성향의 경제학자들은 자기 이념에 너무 집착하여 이 기초적인 이론적 결과를 받아들이기를 꺼렸다. 나는 1960년대 후반 시카고대학교에서 열린 한 세미나에서 위험을 효율적으로 다루지 못하는 시장실패에 관해 발표하고 프리드먼과 나눈 대화를 기억한다.[28] 이 결과는 내가 일련의 논문을 통해 확립한 것으로 이후 반세기 동안 반박되지 않았다. 프리드먼과의 대화는 내가 틀렸으며 시장은 효율적이라는 그의 주장으로 시작되었다. 나는 그에게 내 증명의 결함을 보여 달라고 요청했다. 그러나 그는 다시 자신의 주장과 시장에 대한 믿음으로 돌아갔다. 우리의 대화는 아무 성과도 얻지 못했다.

프리드먼보다 먼저 글을 썼지만 하이에크의 추론은 여러 면에서 더욱 날카로웠다. 하이에크는 생존을 위한 투쟁의 결과로 "적자(fittest)" 기업(소비자의 요구를 가장 효율적이고 가장 성공적으로 충족시키는 기업)이 경쟁자보다 오래 살아남는다는 진화론적 사고에 더 많이 영향을 받은 것으로 보인다. 그러나 그의 분석은 진화적 과정이 바람직한 결과를 낳을 것이라는 **희망**(또는 믿음)에 단순히 기초한 것으로 더욱 불완전했다. 다윈(Charles Darwin) 자신도 진화의 과정이 꼭 그렇지 않을 수도 있음을, 고립된 갈라파고스 제도에서의 실험이 전혀 상이하고 때로는 다소 이상한 진화적 결과를 가져왔음을 깨달았다.[29] 오늘날 우리는 진화의 과정에 목적론이 없다는 것을 알고 있다. 경제학 용어로 표현하자면 진화 과정이 전반적으로 경제의 장기적인 동적 효율성을 가져온다고 가정할 수 없다는 것이다.[30] 오히려 그 반대다. 시장에는 잘 알려진 단점들이 존재하는데 앞에서 설명한 주요 실패들은 그중에서 가장 명백한 것들일 뿐이다. 자연선택이 반드시 가장 덜 효율적인 것을 제거하는 것은 아니다. 경기침체기에 도산하는 기업도 살아남는 기업만큼 효율적일 수 있으며 이들의 도산은 단지 부채가 더 많았기 때문일 수도 있다.[31]

프리드먼과 하이에크는 겉보기에 설득력 있는 주장을 펼친,

레토릭에 매우 능한 학자였다. 현대 수리경제학의 강점은 가정과 분석 모두에서 더 높은 정밀도를 요구한다는 것이지만 이 정밀도는 필수불가결한 복잡성을 무시하는 단순화를 요구하기에 그 강점이 약점이 되기도 한다. 프리드먼이 속한 균형 전통과 하이에크가 속한 진화론 전통 모두를 연구하는 경제이론가들은 내가 방금 설명한 것처럼 그들의 분석이 불완전하고 또는 부정확하다는 것을 밝혔다. 경제이론은 고삐 풀린 시장이 비효율적이고 불안정하고 착취적일 것이며 정부의 적절한 개입 없이는 시장지배력을 가진 기업에 지배되어 심각한 불평등을 초래할 것이라고 예측했다. 또한 자유시장은 근시안적이고 위험을 제대로 관리하지 못할 것이며 환경을 망칠 것이다. 프리드먼이 주장한 것처럼 주주 가치 극대화가 사회 행복의 극대화로 이어지지도 않을 것이다. 자유시장 비판가들의 이러한 예측은 현실에서 검증되었다. 약 75년 동안 발전된 연구의 관점에서 그들의 경제학을 되돌아보면 하이에크와 프리드먼은 단순히 현실을 제대로 이해하지 못했고 안타깝게도 올바른 연구 의제조차 설정하지 못했다. 하지만 그들은 위대한 논쟁가였고 그들의 아이디어는 엄청난 영향을 미쳤으며 지금도 여전히 영향력을 행사하고 있다.

    그렇게 똑똑한 학자들이 어떻게 그렇게 틀릴 수 있었을까? 답은 간단하다. 프리드먼과 하이에크는 시장을 냉철한 관점이 아닌 이데올로기적 관점에서 살펴보았다. 그들은 소득과 부의 분배에 반영된 것처럼 고삐 풀린 시장과 기존의 권력관계를 **옹호하려** 했다. 그들은 자본주의가 실제로 어떻게 작동하는지 이해하려고 노력하지 않았다. 그들은 시장이 본질적으로 언제나 매우 경쟁적이고 가격 결정권을 지닌 기업이 없다고 가정했지만 중요한 시장들은 경쟁적이지 않았다. 그들은 많은 연구에서 완벽한 정보가 존재하거나 적어도 시장이 정보적으로 효율적이라고, 즉 시장이 정보를 가진 자로부터 가지지 못한 자에게 모든 관련된 정보를 비용이 없고 즉각적으로 전달하고 모든 정보를 수집하여 가격에 완벽하게 반영되도록 한다고 가정했다.[32] 이는 시장경제의 효율성에 관해 원하는 결과를 얻는 데 도움이 되는 편리한 가정이었다. 이는 또 다른 측면에서도 편리한 가정이었는데 그들은 단순히 불완전한 정보를 가진 시장을 분석하는 데 필요한 수학적 도구가 없었기 때문이다. 그러나 고급 도구에 기반하여 시장이 정보적으로 효율적이지 않고 효율적일 수도 없다는 분석 결과가 나왔을 때 그들과 그들 진영의 여러 사람들은 이를 외면했다. 그들은 시장에 대한 변함없는 충성심과 다른 결론에 도달할 분석들에 관여하고 싶지 않았다.

프리드먼과 하이에크는 자본가들의 지적 시녀였다. 그들은 정부의 역할을 축소하고 집단행동을 축소하기를 원했다. 그들은 대공황(잘못된 통화정책)과 경제의 다른 모든 외관상의 실패에 대해 정부를 비난했다. 파시즘과 공산주의를 낳았던 경제 상황의 역사적 현실을 무시한 채 자유시장에 대한 정부개입이 그 자체로 전체주의로 가는 길이라고도 주장했다. 하지만 포퓰리즘으로 이어져 사회를 반복적으로 권위주의의 길로 이끈 것은 너무 많은 정부가 아니라 너무 적은 정부, 즉 당대의 중요한 문제에 관해 충분한 행동을 하지 않는 정부다.

효율성을 넘어서: 신자유주의의 도덕적 논거

하이에크와 프리드먼은 자본주의를 지지하는 논거로서 효율성에 관한 주장을 넘어서고자 했다. 그들은 자본주의의 성공을 모든 사람이 공유할 것이라 주장했는데 이는 자본주의가 만들어 낼 것이라 생각되는 신비한 낙수효과를 말한다. 그러나 가장 중요하게도 그들은 자본주의를 지지하는 도덕적 논거를 원했다. 오늘날의 기준으로는 작지만 당시에는 여전히 너무 커서 많은 사람들에게 도덕적으로 터무니없는 소득불평등을 옹호할 논거였다.

불평등의 "도덕적 정당성"

신고전파 경제학에서 개인은 사회에 대한 기여에 따라 보상받는데 이 이론은 정당한 보상(just desert)이라 불린다. 개인이 받는 소득에 대한 이러한 "도덕적 정당성"은 또한 재분배에 반대하는 도덕적 근거를 제공한다.[33] 그는 그의 소득을 **정당하게**(justly) 벌었다는 것이다. 따라서 많은 보수 경제학자들은 고삐 풀린 시장이 초래할 심각한 불평등이 근본적 차원에서 윤리적으로 정당화될 수 있다고 생각했지만 이 보수주의자들조차도 시장이 초래하는 불평등 수준이 사회적으로 용인할 수준이 아닐 수 있음을 인정했다. 예를 들어 사람들이 굶어 죽도록 단순히 내버려 두는 것은 비양심적인 일이었다. 아동의 가난은 그들이 한 일의 결과가 아니라 단순히 임신 복권에서 떨어진 결과이기 때문에 특별한 문제를 제기했다. 그들은 부모를 잘못 "선택한" 것이었다.

우파 경제학자들은 이러한 불평등을 개선하는 것이 바람직하다면 정액세(lump-sum tax)라 불리는 세금의 부과를 통해 시장의 틀 안에서 이루어질 수 있고 또 그렇게 해야 한다고도 주장했다. 이 세금은 개인이 무엇을 하든, 소득이 얼마든 상관없이 정액으로 부과되기 때문에 개인이 세금을 회피하려고 할 때 행동이 "왜곡(distort)"되지 않을 것이다.[34] 이 주장의 근본에는 효율성 문제를 분배로부터 분리해야 한다고 주장하는 더 악의적인 목적이 숨어 있었다. 경제학자들은 효율성에 집중하여 경제적 파이의 크기를 최대한 크게 만들고 공정한 분배의 문제는 철학자와 정치인에게 맡겨야 한다는 주장이었다. 노벨경제학상을 수상한 시카고대학교의 경제학자 로버트 루커스(Robert Lucas) 같은 일부 학자들은 더 나아가 불평등이 심각해지던 2004년에 다음과 같이 주장했다. "건전한 경제학에 해로운 경향 중 가장 유혹적이고 내 생각에 가장 유해한 것은 분배 문제에 초점을 맞추는 것이다."[35]

이러한 주장은 도덕적으로 잘못된 것이고 거의 해악이라고 할 수 있다. 하지만 지난 반세기 동안의 연구에 따르면 이는 분석적으로도 잘못된 주장이다. 효율성과 분배는 분리될 수 없다. 좌파 성향의 기관이 아닌 IMF와 OECD(경제협력개발기구)도 더욱 평등한 경제가 성과가 더욱 좋다고 강조했다.[36]

시장경제의 핵심 가치로서의 자유
이 모든 이야기는 시장 이데올로기 내에서 평등에 대한 설명과

평등을 달성하는 방법이 있다는 하이에크와 프리드먼(그리고 같은 생각을 가진 보수주의자들)의 주장이 거짓임을 보이기 위한 것이다. 하지만 자유라는 주제로 돌아오면 프리드먼과 하이에크는 각각 자유시장과 자유 사이의 관계를 매우 중요하게 생각했다. 하이에크와 특히 프리드먼은 규제와 정부의 다른 개입이 그 의도가 무엇이든 개인의 자유를 침해할 것이라고 우려했다.

> 우리는 언제나 제안된 모든 정부개입의 부정적 측면, …… 자유를 위협하는 효과를 고려하고 그에 상당한 비중을 두고자 한다.[37]

그들은 자본주의가 어떤 대안적 체제보다 더 많은 자유를 제공할 뿐 아니라 자유는 더욱 순수한 버전의 자본주의를 통해서만 지속될 수 있다고 주장했다. 프리드먼이 보기에 20세기 중반의 시장경제에는 지나치게 많은 집단행동과 지나치게 많은 정부개입이 있었다.

도덕적 권리와 자유에 초점을 맞춘 이러한 주장은 자유시장을 지지하는 사람들에게 경제학자들이 제시하는 시장의 효율성에 대한 기술적 주장만큼 또는 그 이상의 설득력을 가졌다.

시장과 시장소득의 도덕적 정당성에 대한 의문

경제학의 본질, 경제와 사회의 관계에 관한 프리드먼과 하이에크의 이해에는 심각한 결함이 있었고 시장이 결정한 소득의 도덕적 정당성에 관한 그들의 (종종 암묵적인) 결론에도 결함이 있었다. 예를 들어 시장의 경제적 효율성이 시장의 정당성과 그것이 만들어 내는 소득분배의 중요한 근거라면 자유시장이 효율적이지 **않다**는 사실은 이 정당성에 관한 주장을 약화시킨다.

하지만 프리드먼과 하이에크는 자신의 이론틀 내에서도 시장지배력과 다른 착취로 발생하는 불평등의 도덕적 정당성에 관해서는 의문을 제기했을 것이다. 그들은 경제가 **본질적으로** 경쟁적이어서 착취가 존재할 수 없다고 믿었기 때문에 경쟁 패러다임에서 벗어난 이러한 일탈의 중요성을 경시했다. 그들은 시장의 경쟁을 보장하고 착취가 발생하지 않도록 하는 강력한 힘들이 존재한다고 주장했다. 우리가 시장지배력과 착취를 매일 목격하고 있다는 사실은 당연히 이러한 이론을 반박할 것이다. 그리고 지난 반세기 동안의 이론적 연구는 이러한 이론의 근거가 되는 지적 토대가 얼마나 취약한지 보여 주었다. 정보의 작은 불완전성, 그리고 작은 탐색비용, 작은 매몰비용(사업을 그만둘 경우 회수할 수 없는 비용)만으로도 표준적 결과가 완전히 바뀌고 높은 수준의 시장지배력과 착취가 발생할 수 있다.

따라서 가령 하이에크와 프리드먼의 이론처럼 시장이 효율적이며 착취적이지 않다는 주장에 기초한 자유에 관한 어떤 이론도 취약한 토대 위에 서 있다. 다음 장들에서는 시장의 도덕적 정당성과 시장이 만들어 내는 소득과 부의 분배가 왜 이런 논의가 주장하는 것보다 훨씬 더 취약한지 설명할 것이다. 그리고 마지막 장에서는 정치적 자유를 위해 보통 미니멀리즘 국가와 관련된 방식으로 정의되는 경제적 자유가 필요하다는 하이에크와 프리드먼의 주장을 정면으로 반박할 것이다. 오늘날 세계가 경험하고 있는 권위주의의 물결은 바로 신자유주의에서 비롯된 것이다.

신자유주의를 넘어서

신자유주의는 2008년 금융위기로 정점을 찍었을지도 모른다. 금융위기는 자본주의의 성채인 미국에서도 금융자유화가 실패했음을 보여 주었다. 경제를 구하기 위해 정부가 나서야만 했다. 그 후 트럼프가 등장했고 보수적인 공화당조차도 무역자유화를 포기한 것처럼 보였다. 너무 많은 사람이 뒤처졌고 미국의 기대수명 감소, 세계의 많은 지역에서 불평등 심화 등 나쁜 통계들이 계속 쏟아져 나왔다.[38]

신자유주의는 외부효과(externality)의 중요성을 간과했지만 기후변화와 코로나19 팬데믹으로 외부효과가 최우선적으로 중요하다는 것이 분명해졌다. 정부는 거시경제의 안정성을 유지하는 것만큼이나 사회가 환경과 공중보건을 유지하도록 돕는 데도 필요하다.

이 책의 뒷부분에서 내가 강조하듯 시스템이 무너지고 약속을 이행하지 못하면 변화가 나타날 것이다. 그것이 바로 진화의 본질이다. 하지만 그 변화의 방향에 대해서는 장담할 수 없다. 신자유주의에 대한 냉전 이후 데탕트의 종말은 극우파에 새로운 에너지를 불어넣었다. 그들은 마치 신자유주의가 너무 많은 타협을 했으며 이제 필요한 것은 프리드먼과 하이에크의, 몽펠르랭소사이어티의 고삐 풀린 자본주의라고 말하는 것처럼 보인다. 내가 본질적으로 "종교적"이라고 표현한 우파의 믿음에는 인간의 상상력과 열정을 사로잡는 힘이 있다. 개성에 대한 그들의 호소는 엄청나게 매력적이다. 모두가 열심히 일하고 창의적이며 그들 **자신의** 이익만을 추구하면 모든 것이 잘 된다는 것이다. 하지만 유감스럽게도 그러한 주장은 거짓이다. 지금 그 믿음을 고수하는 것은 지난 반세기의 지적 발전과 전 지구적 변화를 모두 무시하는 것을 의미한다. 이러한 생각은 20세기 중반 그것이 구체화되었을 때에도 올바르지 않았고 기후변화와 팬데믹이라는 전 세계적 외부효과가 핵심적 문제가 된 21세기의 첫 25년에는 더더욱 말이 안 된다. 여러 나라에서 권위주의적 인물들이 속속 등장해서는 마치 자유시장에 대해 이야기하면 다른 사람들의 자유를 빼앗을 **그들의** 자유가 증진된다는 듯 말과 생각을 내뱉고 있다.

케인스와 루스벨트는 고전파 경제학에서 대안을 보았다. 지난 약 75년 동안 경제와 우리의 이해에 나타난 현저한 변화에 맞게 업데이트된 그들의 비전은 신고전파와 그 이후의 신자유주의 경제학, 새롭게 부상하는 우파에 대한 대안으로 여전히 유효하다. 케인스와 루스벨트의 접근 방식은 정부가 핵심적이지만 제한된 역할을 수행하며 안정성, 효율성, 그리고 형평성을 보장하는 일종의 절제된 자본주의였다. 이는 적어도 고삐 풀린 자본주의보다 더 많은 것을 제공한다. 그들은 인간의 의미 있는 자유를 지지하는 21세기 진보적 자본주의의 토대를 마련했다.

1부 해방과 자유: 기본원칙

Economics
and
the
Good
Society

**THE
ROAD
TO
FREEDOM**

3장

한 사람의 자유는
다른 사람의 부자유다

미국에서는 2020년 초부터 거의 매일 대량살인(mass killing) 사건 두 건이 뉴스에 보도된다.[1] 이러한 총기난사 사건은 끔찍하지만 매년 총기로 발생하는 사망자의 1퍼센트에 불과하다.[2] 미국 일부 지역에서는 아이들이 학교에 들어가기 위해 금속탐지기를 통과해야 하고 유치원 때부터 교내 총격 사건에 대처하는 방법을 교육받는다. 교회나 유대교 예배당에 다니는 신자들도 총격을 두려워해야 한다. 미국은 외국과 전쟁을 벌이는 것이 아니라 국내에서 전투가 벌어진다.

미국의 총기 사망자 수가 다른 선진국보다 많은 데는 한 가지 이유가 있다. 총기 보유량이 많기 때문이다. 미국인 1인당 총기 보유량은 영국의 약 30배, 총기 사망자 수는 약 50배에 달한다.[3] 미국에서는 다른 나라보다 AR-15를 비롯한 자동무기를 훨썬 쉽게 구입할 수 있다. 그 이유는 수정헌법 제2조를 대법원이 잘못 해석하여 사실상 모든 총기의 소유를 헌법상 보호되는 권리로 인정했기 때문이다.[4] 텍사스 같은 일부 주들은 공격용 무기를 더 많이 허용했다. 연방대법원 해석에 따르면 총기를 소지할 권리가 그로 인해 사망할 수 있는 수천 명의 생명보다 우선하고 텍사스에서는 그보다 더하다. 총기소유자라는 한 집단의 권리가 그 밖의 사람들 대부분이 더욱 근본적인 권리라 생각하는 생명권보다 우선하는 것이다. 서문에서 언급한 이사야 벌린의 말을 고쳐 말하면 "총기소유자의 자유는 종종 총기난사 사건으로 사망한 학생과 성인에게 죽음을 의미했다".

이것은 외부효과, 즉 일부 사람들이 취한 행동이 다른 사람들에게 부정적 영향을 미치는 사례다. 이러한 부정적 외부효과가 있을 때 그것을 권리로 신성시할 만큼 그렇게 행동할 능력을 강화하면 필연적으로 다른 사람들의 자유를 빼앗게 된다. 외부효과는 우리 경제와 사회에 널리 퍼져 있다. 오늘날 외부효과는 존 스튜어트 밀이 『자유론』을 썼을 때보다 훨씬 더 중요하며 프리드먼과 하이에크가 주장한 것보다 훨씬 더 중요하다. 앞서 살펴본 바와 같이 시장 그 자체로는 외부효과로 인한 경제적 왜곡을 적절히 "해결"할 수 없다. 자유 사이의 불가피한 트레이드오프를 고려할 때 사회는 어떤 자유가 더 중요한지 반영하는 원칙과 관행을 마련해야 한다.

외부효과의 보편성

외부효과는 어디에나 존재한다. 외부효과는 항상 존재하고 중요했지만 우리 경제와 세계의 구조에서 일어나고 있는 지속적인 변화로 인해 전면에 부각되었다. 경제정책의 핵심 문제는 외부효과를 관리하는 것, 즉 해로운(부정적) 외부효과가 있는 활동을 억제하고 긍정적 외부효과가 있는 활동을 장려하는 것이다.

우리는 1950년과 2020년 사이에 인구가 세 배로 증가한 붐비는 지구에 살고 있다. 인류 역사의 그 짧은 기간 동안 전 세계 GDP는 약 열다섯 배나 증가하여 지구의 한계를 넘어섰다. 가장 중요한 현상은 실존적 위협인 기후변화다. 하지만 이것이 유일한 환경적 외부효과는 아니다. 우리 모두는 대기 및 수질 오염과 독성폐기물 배출의 영향을 받고 있다.

기후변화가 실제로 일어나고 있는지 또는 대기 중 온실가스가 기후변화에 중요한 영향을 미치는지에 관해 사람들이 여전히 논쟁을 벌인다는 것은 놀라운 일이다. 1896년 스웨덴 과학자 스반테 아레니우스(Svante Arrhenius)는 대기 중 온실가스의 증가가 지구온난화로 이어질 것이라고 예측했다. 이는 수십 년 후에야 확인되었지만 위대한 과학적 통찰 중 하나였다. 지금 우리는 우리 주변에서 기후변화의 영향을 목격하고 있고 앞으로 몇 년 동안 전 세계가 기후변화의 결과를 더 많이 느끼게 될 것이 거의 확실하다. 기후변화는 지구 온도가 몇 도 상승하는 것 이상의 문제다. 그것은 기상이변 증가에 관한 문제다. 더 많은 가뭄, 홍수, 태풍, 폭염과 혹한, 해수면상승과 해양산성도 증가, 그리고 바다의 죽음에서 산불, 인명과 재산의 손실에 이르기까지 기후변화에 따른 온갖 끔찍한 결과가 뒤따를 것이다.

기후변화와 관련된 명백한 비용과 위험을 고려할 때 일부 경제학자들이 우리가 이에 대해 아무것도 하지 않거나 거의 하지 않아도 된다고 주장하는 것은 놀라운 일이다.[5] 궁극적으로 문제는 세대 간 그리고 세대 내 자유(기회집합)의 트레이드오프다. 우리는 현세대가 오염을 일으키지 못하도록 제한하지만(따라서 석탄회사의 이익, 즉 그들의 자유를 축소하지만) 그 덕분에 후세대 사람들이 기후와 해수면의 엄청난 변화에 적응하기 위해 막대한 돈을 쓰지 않고도 살기 좋은 지구에 살아갈 자유를 확대한다.

잠시만 생각해 보면 서로 다른 상황에서 우리가 위험과 생명을 바라보는 시각이 얼마나 심각하게 불일치하는지 알 수 있다. 미국은 2001년 9월 11일 세계무역센터와 펜타곤에 대한 공격에 대응하기 위해 전쟁에 나섰다. 이 테러로 3000명에 조금 못 미치는 사람들이 사망했다. 이후 벌어진 전쟁에서는 연합군 10만 명 이상과[6] 미국인 약 7000명, 그리고 아프가니스탄인과 이라크인 수백만 명이[7] 사망했고 수조 달러의 피해가 발생했다.[8]

반면 21세기 초반 20년 동안 기후변화와 대기오염으로 매년 500만 명이 추가적으로 사망하고 향후 수십 년 동안 더 많은 사망자와 막대한 재산 손실이 발생할 것으로 추정되고 있다.[9] 그러나 우리는 이 엄청난 인적·물적 손실과 그로 인해 영향을 받는 많은 사람의 자유에 대한 암묵적 손실을 완화하는 데 필요한 상대적으로 적은 투자에도 합의하지 못하고 있다.

이와 비슷하게 우리는 비행기가 추락할 가능성이 두려워 안전 문제를 이유로 보잉 737 맥스를 타지 않으려 한다. 그러나 그 항공기 문제의 위험은 기후위험에 비하면 아무것도 아니다.

코로나19 팬데믹은 우리가 공중보건의 엄청난 외부효과를 인식하도록 해 주었고 마스크 착용, 사회적 거리두기, 코로나19 검사, 그리고 백신접종에 관한 논쟁은 이러한 외부효과에 대한 이해가 광범위하게 부족하다는 것을 보여 주었다. 일부 사람들이 마스크를 착용하지 않거나 백신을 맞지 않기로 한 결정은 다른 사람들이 질병에 걸리고 입원하고 심지어 사망할 확률을 높였다.[10] 그리고 과학자들이 계속 지적하듯 코로나19는 우리가 직면하게 될 마지막 전염병이 아니다.

우리의 세상은 더 많이 도시화되었다. 150년 전 미국에서는 인구의 4분의 3 가까이가 농촌 지역에 거주했다.[11] 2050년에는 인구의 89퍼센트가 도시에 거주할 것으로 추정된다.[12] 외부효과는 도시의 핵심 요소이며 교통혼잡, 소음, 환경오염 등 다양한 형태로 나타난다. 그렇기 때문에 거의 모든 도시는 어떤 형태로든 토지용도지정(zoning), 도시계획, 그리고 보건규제에 의존한다. 그렇지 않은 소수의 도시는 엉망진창이 된다. 휴스턴이 그런 사례다. 한 지역 신문은 다음과 같이 묘사했다.

고층 빌딩 옆에 단층 주택이 있다. 놀이터 옆에 주차장이 있다. 심지어는 성인용품 가게 옆에 초등학교가 있다. …… 휴스턴의 가장 유명한, 미지정지역으로 인한 악몽 하나를 보라. 변태 친화적인 "성인"용품점 존데로티카(Zone d'Erotica)는 사립유치원을 비롯해 조금 더 건전한 시설이 많은 갤러리아쇼핑센터 주차장에 위치해 있다. 그뿐이 아니다. 많은 휴스턴 주민은 이 업소의 위치가 어린이들로도 붐비는 인구 밀집 주거지역 바로 건너편이라고 불만을 제기했다.[13]

외부효과는 긍정적일 뿐 아니라 부정적일 수 있다. 잘 작동하는 사회는 긍정적 외부효과가 있는 활동을 장려하는 동시에 부정적 외부효과가 있는 활동을 억제할 필요가 있다. 지식경제 시대로 접어들면서 정보와 지식의 외부효과도 매우 중요해졌다. 한 기업이 지식을 발전시키면 그 기업에 이익이 되지만 다른 많은 기업에도 이익이 될 수 있다. 소비자는 낮은 가격으로 혜택을 볼 수 있고 하나의 혁신은 다른 혁신을 불러일으킬 수 있다.

어느 수준에서 경제를 바라보든 외부효과는 어디에나 존재하며 중요하다. 예전에는 비행기를 타고 여행하거나 식당에서 식사를 할 때 주변 사람이 담배를 피울 위험이 있었다. 비흡연자라면 짜증이 날 수도 있었을 것이다. 눈물이 나거나 기침을 하거나 음식을 즐기지 못했을 수도 있다. 이제 우리는 간접흡연으로 심각한 건강 문제를 겪을 수도 있음을 알고 있다.

집에서 창밖을 내다보며 꽃을 보면 기분이 좋아질 수도 있고 쓰레기 더미를 보면 우울해질 수도 있다. 시끄러운 이웃 때문에 밤잠을 설치거나 시끄러운 쓰레기 수거원 때문에 아침 일찍 잠에서 깰 수도 있다.

외부효과가 존재하지만 사람들이 인식하지 못할 수도 있다. 자동차나 트럭이 배출하는 공해로 톨게이트 근처에 사는 임산부가 받는 악영향은 이제 잘 알려져 있다. 우리가 환경과학을 이해하든 그렇지 않든 추가적인 공해는 그 자체로 손해를 일으킨다.[14]

우리의 경제는 더 많이 금융화되어 엄청난 부정적 외부효과가 발생할 가능성이 높아졌다. 2008년 경제위기는 거시경제적 외부효과의 핵심적 역할과 금융화의 진전이 이러한 외부효과의 규모도 어떻게 증가시켰는지 잘 보여 준다. 미국 은행시스템의 붕괴는 과도한 위험감수, 부실한 위험관리, 그리고 부족한 규제의 결과였다. 금융위기의 여파는 세계 경제를 크게 위협하여 미국 정부가 약 7000억 달러(이와 함께 연방준비제도를 통해 숨겨진 추가 보조금)를 은행 시스템에 구제금융으로 제공했을 정도였다. 파생상품과 그와 관련된 수많은 복잡한 상품들은 시스템리스크, 즉 금융시스템의 한 부분에서 발생한 금융 문제가 전체 금융시스템의 모든 또는 중요한 부분의 대규모 연쇄 실패로 이어질 가능성을 높였다. 리먼브라더스의 붕괴는 대재앙과 같은 영향을 미쳤다.[15] 이 금융상품들을 사고파는 사람들 누구도 그 시스템적 결과, 즉 거래에 직접 관여하지 않은 사람들에게 미치는 영향에 대해 조금도 생각하지 않았다. 그들은 자신이 얻는 경제적 이익만 생각했다. 그들은 자신과 타인들이 유사한 상품을 구매했을 때 금융시스템이 너무 취약해져서 그들과 우리 사회의 다른 모든 사람들이 더 큰 위험에 처하거나 적어도 정부가 구조에 나서지 않았다면 위험에 처했을 것이라는 사실을 거의 이해하지 못했다.

또 다른 추가적인 외부효과도 존재했다. 은행시스템의 행동은 미국 경제뿐 아니라 전 세계에 영향을 미쳤다. 국경을 넘나드는 외부효과의 다른 많은 사례가 있는데 이것들은 세계화가 진전되어 모든 사람이 모든 곳에서 더욱 얽혀 있는 상황에 특히 더 강력해졌다.

우리는 한 사람으로부터 다른 사람에게 질병이 퍼지는 "전염(contagion)"에 대해 이야기하는데 이는 명백한 외부효과다. 경제학자들은 이와 비슷하게 경제적 전염에 관해 이야기하는데 이는 한 국가의 경기침체가 다른 국가로 확산되는 것으로 대규모 글로벌 구제금융의 근거를 제공한다.

우리는 지역갈등의 전염에 대해서도 우려한다. 러시아의 우크라이나 침공에서 알 수 있듯 분쟁은 확산될 수 있을 뿐 아니라 그것이 발생한 국경을 훨씬 넘어서 엄청난 영향을 미칠 수 있다. 전 세계적으로 식량과 에너지 가격이 크게 상승하여 인플레이션과 경제불안정을 악화시켰다. 또한 그 분쟁은 유럽과 아시아의 넓은 지역에 불안감을 조성했다. 분쟁으로 인한 이민은 특히 유럽에서 큰 영향을 미쳤다.

이러한 외부효과는 명백하고 엄청난 결과를 초래하는 반면, 더 만성적이고 만연하지만 다소 덜 명백한 외부효과도 존재한다. 컬럼비아대학교(Columbia University)의 동료 브루스 그린월드(Bruce Greenwald)와 나는 불완전하고 비대칭적인 정보(어떤 개인이 다른 사람이 모르는 것을 아는 상황)와 불완전한 위험시장(내가 직면한 위험에 대해 보험에 가입할 수 없는 상시적 상황)이 존재하는 경우에는 언제나 시장의 효율성에 영향을 주는 외부효과가[16] 존재함을 보였다. 시장은 본질적으로 결코 효율적이지 않다. 내가 흔히 말하듯이 애덤 스미스의 보이지 않는 손(사익 추구가 **마치 보이지 않는 손에 의한 것처럼** 사회의 행복으로 이어지는 현상)이 보이지 않는 이유는 바로 그것이 존재하지 않기 때문이다. 한 가지 예를 들어 보자. 사람들이 담배를 더 많이 피우면 입원 및 사망 위험이 증가하는데 이는 건강보험과 생명보험에 부과되는 보험료가 높아진다는 것을 의미한다.[17] 보험사는 담배를 누가 얼마나 많이 피우는지 알 수 없기에 담배를 피우지 않는 사람들도 보험료 인상으로 피해를 입게 된다. 흡연자는 비흡연자에게 외부효과를 발생시키고 심한 흡연자는 가벼운 흡연자에게 외부효과를 발생시킨다.

여러 차원의 외부효과

내가 반복해서 언급한 긍정적 외부효과와 특히 부정적 외부효과에 대한 표준적 목록이 존재한다. 하지만 이 책의 여러 곳에서 우리는 다른 외부효과에 대해서도 논의할 것이다. 예를 들어 잘못된 정보와 허위정보는 모두 정보쓰레기를 걸러 내는 것을 더욱 어렵게 만들기 때문에 우리의 정보생태계를 오염시킨다고 생각할 수 있다. 이는 진실을 알고자 하는 사람들에게 큰 비용을 부과하며 개인이 잘못된 정보나 허위정보에 근거하여 행동할 때 추가적인 외부효과가 발생할 수 있다.

신뢰가 중요한 역할을 하는 우리 사회의 여러 차원도 고려해 보라. 모두가 서로를 신뢰할 수 있다면 경제는 훨씬 더 잘 작동할 것이다. 모든 우발적 상황과 모든 나쁜 행동에 대비하기 위해 값비싼 변호사들과 계약서를 쓸 필요가 없을 것이다. 하지만 신뢰할 수 없는 사람들은 사회를 오염시키고 우리가 만나는 모든 사람의 신뢰를 평가하도록 강요한다. 신뢰할 수 없고 정직하지 않은 기업으로 인해 고객들은 구매하는 제품을 평가하는 데 더 많은 시간과 에너지를 들여야 하고 투자자들은 구매하는 금융상품을 평가하는 데 더 많은 시간과 자원을 지출해야 한다.

외부효과의 관리는 문명의 기초다

한 사람의 행동이 다른 사람에게 영향을 미칠 때 우리는 이러한 상호작용을 조정하는 방법을 찾아야 한다. 우리는 아이들에게 사려 깊게 행동하도록 가르치려 노력한다. "남이 당신에게 하기 바라는 대로 남에게 행동해라." "남이 당신에게 하지 않기를 바라는 대로 남에게 하지 말라"라고 우리는 아이들에게 이야기한다. 종교와 철학은 이러한 광범위한 가르침을 넘어 더 구체적으로 살인, 도둑질 등을 행하지 말라고 명령한다. 이것이 왜 그렇게 중요한지를 조명하며 현대 경제학은 사람들이 극히 이기적이고 자신의 좁은 사익(self-interest)만을 추구한다고 가정했다. 이러한 규칙 없이 그렇게 이기적인 사람들이 사는 세상은 진정한 디스토피아가 될 것이다.

경제학의 발전에 대한 약간의 여담: 이기심과 인간의 본성

경제학의 최근 발전과 여타 사회과학 분야의 오랜 연구는 극단적 이기심에 관한 가설을 반박했지만 경제학계에서는 여전히 그것이 강력한 힘을 발휘하고 있다. 경제학은 오랫동안 물리학처럼 선과 악, 옳고 그름에 대한 규범적 판단으로부터 자유로운 과학이 되기를 열망했다. 경제학자들은 애덤 스미스의 보이지 않는 손에서 영감을 받았다. 그러나 스미스 본인은 개인이 **완벽하게 이기적이지 않다는** 점을 (특히 더 잘 알려진 『국부론』보다 27년 전에 출간된 1759년 저서인 『도덕감정론(The Theory of Moral Sentiments)』에서) 분명히 밝혔다. 그는 이 책을 다음과 같이 시작했다.

> 아무리 이기적인 인간일지라도 그의 본성에는 타인의 운명에 관심을 가지고 그들의 행복이 자신에게 필요하도록 만드는 원칙이 분명히 존재한다. 비록 그는 그것을 보는 즐거움 외에는 아무것도 얻지 못하더라도 말이다.[18]

실제로 『도덕감정론』을 비롯한 애덤 스미스의 저작을 전체적으로 살펴본 경제사상사가들은 스미스가 개인의 사익 추구가 사회적 행복으로 이어진다고 언급했을 때 현대 경제학자들이 생각하는 것처럼 완전히 이기적인 사익 추구를 말한 것이 아니라고 주장한다. 오히려 그는 타인의 행복에 대한 본능을 포함하여 **광범위하게 해석되는** 사람들의 행복에 초점을 맞추었다.

어떤 경우에는 "타인을 고려하는(other-regarding)" 행동이 실제로 직접 사익을 반영할 수도 있다. 우리가 타인을 배려하는 것처럼 보이는 방식으로 행동하지 않는다면 좁은 의미의 사익이 침해될 수도 있음을 알게 될지도 모른다. 코로나19의 확산은 결국 자신의 사망 확률을 높일 수 있기 때문에 자신의 행동으로 인한 사회적 결과에 주의하는 것이 **좁은 의미의 사익**에 도움이 된다. 또는 아무도 총을 가지고 다니지 않을 때 느끼는 안전감이 어디를 가든 총을 가지고 다닐 때 얻을 수도 있는 즐거움보다 훨씬 더 클 수 있다. 사람들은 기후변화가 자신의 삶에 파괴적 영향을 미칠 것이라는 사실을 깨닫고 기후변화를 억제하는 행동의 제한을 기꺼이 받아들일 수도 있다.

그러나 이와 달리 타인을 고려하는 행동이 미래세대에 대한 고려를 포함하여 진정으로 타인에 대한 공감(empathy)으로부터 나타날 수도 있다.[19] 나는 좋은 사회에서는 개인이 적어도 어느 정도 이런 공감을 느낀다고 주장할 수 있다고 생각한다. 경제학은 공감의 중요성을 부정하고 공감의 정도 자체가 경제체제에 영향을 받을 수 있음을 인정하지 않음으로써 바람직한 경제와 사회에 관한 우리의 시야를 좁혔다.

좁게는 자신의 사익에 부합하기 때문에 사회정의를 추구하고, 넓게는 그것이 우리의 정체성에 깊이 뿌리내리고 있기 때문에 정의를 추구한다는 두 관점은 물론 보통은 서로 섞여 있고 쉽게 분리할 수 없다.

그러나 경제학이 옳은 부분은 최고의 교육과 심오한 종교적·철학적 훈련, 그리고 최고의 설교를 듣고도 사람들이 때로는 (그리고 어떤 이들은 종종) 타인을 충분히 배려하지 못한다는 것이다. 따라서 사회에는 이러한 외부효과와 그로 인한 부정적인 결과를 줄이기 위한 법, 규칙, 그리고 규제가 존재하고 이를 지키지 않는 사람들을 처벌한다. 이것이 바로 강제다. 우리는 일부 사람들의 자유를 제한하는데 이는 그것이 문명사회가 잘 작동하고 다른 사람들이 그들이 원하는 자유를 누리기 위해, 그리고 스스로를 자유사회라고 생각하는 모든 사회에 필요하기 때문이다.

트레이드오프 평가와 절대주의적 입장의 불합리성

우리가 자유의 상호의존성을 인정하면 트레이드오프에 관한 평가를 시작해야 한다. "나의 자유에 대한 어떠한 침해도 용납할 수 없다"는 절대주의적 입장은 대혼란을 초래할 것이다. 우리 모두는 도둑질과 살인을 금지하는 것처럼 자유에 대한 **어느 정도의** 제한을 받아들인다.

절대주의적 입장은 터무니없고 옹호할 수 없으며 심지어 일관성도 없다. 한 사람의 자유가 다른 사람의 자유와 자주 충돌하는 복잡하고 상호의존적인 사회에서 모든 자유가 "절대적"일 수는 없다. 누군가의 자유는 침해당할 수밖에 없다. 그렇다면 우리는 결정해야 한다. 다른 누군가의 자유를 증진하기 위해 누구의 자유를 제한할 것인가? 개인으로서, 사회로서 이 질문에 대답하는 길잡이가 될 철학적 틀이 존재한다. 아래에서 한 가지를 더 자세히 설명할 것이다.

단순한 경우와 어려운 경우

때로는 다양한 당사자가 부담하는 비용의 균형을 합리적으로 판단하는 것이 쉬운 일이다. 치명적인 바이러스에 대한 검사를 받거나 마스크를 착용하도록 요구하는 것은 불편함(자유의 상실)을 준다. 그 손실이 목숨을 잃을 위험이나 질병에 걸릴 위험을 피하기 위해 집에 머무르는 불편함보다 더 중요할까, 덜 중요할까? 모든 또는 적어도 거의 모든 합리적인 사람들은 마스크 착용이 사람들에게 집에 머물거나 목숨을 걸라고 요구하는 것과 비교하면 사소한 일이라는 데 동의할 것이다.

그러나 사회 내 집단들끼리 트레이드오프에 대한 판단이 서로 다를 때 정치적으로 매우 논쟁적인 많은 문제들이 발생한다. 심층을 들여다보면 그러한 의견 불일치는 근본적으로 흔히 21세기 과학으로 해결되어야만 하는 세계의 본질에 대한 **경험적** 판단에 기초하고 있다.

마스크를 의무적으로 착용하는 데서 오는 자유의 상실과 치명적인 질병으로 사망하는 데서 오는 자유의 상실에 대한 위의 사례를 생각해 보자. 둘 사이의 트레이드오프에 대한 평가는 분명히 믿음, 이 경우에는 마스크의 효과에 대한 믿음에 의해 영향을 받는다. 누군가가 마스크가 아무런 효과가 없다고 잘못 믿는다면 마스크를 착용하지 않아도 타인에게 해가 되지 않을 것이라 생각할 것이다. 그렇다면 여기에는 가치와 경험적 지식의 요소가 모두 관련되어 있다. 후자는 판단될 수 있어야 하지만 이 시점에서 많은 마스크 반대자들은 과학을 외면한다. 그들은 마스크를 쓰지 않고도 잘 방역한 곳에 관한 이야기에 호소한다. 분명히 질병의 확산은 다양한 변수의 영향을 받는 복잡한 과정이며 과학적 방법은 다른 모든 변수를 불변으로 유지하려고 노력한다. 이것이 우리가 마스크 착용이 효과가 있는지 아닌지를 평가하려고 노력하는 방식이다. 과학자들은 다른 모든 변수를 일정하게 유지했을 때 마스크 착용과 사회적 거리두기가 방역에 효과가 있다는 사실을 발견했다.[20] 따라서 마스크 착용을 둘러싼 논쟁의 원인은 가치를 중심으로 숙고되어야 한다. 책임감 있는 사람들이 정말로 마스크를 착용하는 불편을 겪지 않을 권리가 생존권보다 더 중요하다고 믿을까?

여기서 더 나아가 보자. 마스크 착용의 효과를 뒷받침하는 명확하고 강력하며 분명한 과학적 연구가 없다 해도 마스크 착용이 중요하다는 확률이 높은 한 마스크 착용에 드는 낮은 비용과 질병의 엄청난 잠재비용을 고려할 때 얼굴을 가리는 편이 다른 사람을 보호할 수 있기 때문에 거의 확실하게 바람직하다.

단순한 원칙은 보기보다 간단하지 않을 수 있다

살인이라는 겉보기에 가장 단순한 외부효과의 경우에도 사회는 정교한 접근 방식을 발전시켜 왔다. 우리는 처벌을 정당화하고 정당방위를 인정한다. 하지만 특정 상황에서 정당방위라는 주장이 정당한지에 대해 논쟁을 벌인다.[21]

많은 외부효과에 대응하여 우리는 타인에게 피해를 준 사람이 피해에 대한 대가를 지불한다는 원칙을 채택했다. 환경피해의 경우 우리는 "오염자 부담 원칙"을 적용한다. 이는 잠재적 오염자에게 오염을 일으키지 않도록 인센티브를 제공한다는 점에서 합리적이다.

하지만 외부효과가 진공상태에서 발생하는 것은 아니다. 다른 사람이 거기 있지 않았다면 한 사람의 행동이 다른 사람에게 해를 끼치지 않을 것이다. 호수를 오염시키는 화학회사는 아무도 그 호수에서 수영하거나 그 물을 마시지 않는다면 누구에게도 해를 끼치지 않을 것이다. 비록 그 회사는 여전히 환경에 해를 끼치고 사람들이 수영하거나 물을 마시는 것을 **제약하겠지만** 말이다. 난폭한 운전자조차도 다른 차량이 없었더라면 부딪히지 않았을 것이라고 말할 수 있다.

이러한 대부분의 경우 자동적인(그리고 내가 생각하기에 올바른) 반응이 나타난다. 우리에게 공공 호수에서 수영할 권리, 도로에서 안전하게 운전할 권리가 있어야 한다는 것은 명백하다. 이는 우리 사회가 이 자유들 중 어느 것이 더 중요한지에 대해 대부분 합의했기 때문이지만 때로는 합리적 합의에 도달하기가 쉽지 않은 경우도 있다. 극단적인 속도는 다른 사람을 사망시킬 확률을 높이고 환경에도 나쁘지만 독일에서는 여전히 운전자가 아우토반의 특정 구간에서 무제한의 속도로 운전할 권리가 있다.

여기서 나의 목표는 자유들 사이의 이 까다로운 트레이드오프 각각을 어떻게 해결해야 하는지에 대한 질문에 답하는 것이 아니다. 각 영역에는 복잡하고 미묘한 차이가 있다. 이러한 문제들에 대한 사회의 견해는 때때로 매우 빠르게 변할 수 있고 변했으며 국가마다 다르다. 오히려 이 책의 **첫 번째** 목표는 경제학자의 트레이드오프 관점을 통해 자유를 바라보고 여러 자유가 어떻게 균형을 이루어야 하는지에 관한 합리적인 공적 대화를 촉구하는 것이다.

이 책의 추가 목표 두 가지는 자유들 사이의 트레이드오프를 이해하기 위한 더 나은 근거를 제시한 후에 다시 살펴볼 것이다. 그중 하나는 상충되는 일련의 자유 중에서 어느 것에 더 큰 비중을 두어야 하는지 명확하지 않을 수 있는 상황에서 이 어려운 질문들을 해결하는 데 도움이 되는 틀을 제공하는 것이다(5장을 참조). 다른 하나는 어떤 경제·정치·사회 체제가 공정한 결과와 사회와 개인의 행복을 잘 제공할 가능성이 가장 높은지 질문하는 것이다(이는 3부에서 다룬다).

외부효과와 보수적 관점

나는 2장에서 자유시장경제 관점을 논의하는 데 상당한 시간을 할애했다. 나는 한 사람의 자유가 다른 사람의 부자유임을 인식하지 못하는 우파의 실패가 보수주의와 자유주의 관점의 가장 근본적인 철학적 결함이라고 생각한다. 자유는 홀로 설 수 없다. 통합된 사회에서는 개인의 자유가 다른 사람에게 미치는 결과를 고려하지 않고 개인의 자유를 살펴볼 수 없다.

물론 하이에크와 프리드먼은 부정적 외부효과와 긍정적 외부효과를 알고 있었다. 그들은 외부효과가 있을 때 정부개입이 필요하다고 쓰기까지 했다. 예를 들어 하이에크는 『노예의 길(The Road to Serfdom)』(1944)에 이렇게 썼다.

삼림 벌채나 일부 농사 방식, 또는 공장의 매연과 소음으로 인한 특정한 해로운 영향은 해당하는 재산의 소유자나 합의된 보상을 위해 기꺼이 피해를 감수하려는 사람들에게만 한정될 수 없다. 이런 경우 가격 메커니즘에 의해 규제를 대체할 방법을 찾아야 한다.

우파 논자들은 외부효과의 **가능성**을 알면서도 네 가지 실수를 범한다. (a) 외부효과를 예외로 치부하고 (b) 정말 중요한 외부효과를 인식하지 못하며 (c) 드물게 외부효과가 발생하는 경우 대부분 자발적 행동으로 충분하므로 정부개입이 필요 없다고 믿고 (d) 정부가 행동을 취해야 한다면 외부효과를 유발하는 활동에 세금을 부과하는 단일한 수단을 사용해야 한다고 믿는다.

다음 단락에서는 이 근본적 오류들을 각각 설명할 것이다.

외부효과는 예외가 아니라 규칙이다

나는 21세기 세계에 외부효과가 얼마나 보편적이고 만연해 있는지 이미 설명했다. 하지만 하이에크, 프리드먼, 그리고 우파의 세계에서는 외부효과가 예외이며 경제학 수업에서 학기말에 시간이 된다면 다뤄야 할 내용이다. 경제학자로서 훈련받았기 때문에 그들은 외부효과를 **완전히** 무시할 수 없었지만 확실히 그것을 중심적으로 다루지는 않았다.

프리드먼과 우파가 주장하는 것처럼 오늘날 외부효과가 정말 중요하지 않다면 우리는 대부분 자유시장에 단순히 의존할 수 있을 것이다. 그러나 앞에서 설명했듯이 외부효과는 어디에나 존재하고 만연하며 중요한 문제다. 그런 의미에서 프리드먼은 경제에 대한 우리의 이해를 175년 전 애덤 스미스의 더욱 정교한 분석으로부터 크게 후퇴시켰다. 아이러니하게도 신자유주의는 기업 간 외부효과, 특히 금융부문과 관련된 외부효과를 증가시켰다. 과도한 규제완화로 인해 금융기관들이 매우 긴밀하게 연결되어 한 곳 또는 몇몇 금융기관의 실패가 전체 금융부문과 경제를 무너뜨릴 수 있었다.

잘못된 외부효과에 집중하기: 우리 자녀들에게 지우는 부담

현대 정치에서 우파[대표적으로 공화당의 프리덤 코커스(Freedom Caucus)]는 과도한 정부지출의 **심각한** 외부효과와 그것이 미래세대에게 어떤 부담을 주는지에 대해 생각하는 사람들이 자신들이라고 주장한다(물론 그들은 부유층과 대기업에 대한 감세로 발생하는 부채에 관해서는 이러한 추론을 멈춘다. 이러한 부채는 어쨌든 다르다는 것이다).

경제학의 관점에서 볼 때 이들의 추론에는 근본적인 결함이 있다. 첫째, 우리는 부채를 따로 떼어 놓고 볼 것이 아니라 부채를 통해 무엇을 얻었는지를 살펴봐야 한다. 정부가 인프라스트럭처, 교육, 그리고 기술 등에 재정을 지출하면 경제가 더 생산적이 되고 부채를 상쇄하는 자산이 생긴다. 기업들 대부분은 빚을 내서 성장한다. 민간부문의 어느 누구도 대차대조표의 부채 측면만 보진 않을 것이다. 기업이 투자를 잘하면 자산가치가 부채보다 더 커지고 기업의 순자산이 증가한다. 국가도 마찬가지다.

다시 말해 필수적인 공공투자를 하지 않으면 국가는 빈곤해진다. 미국과 다른 선진국들에서 이러한 일이 일어나고 있다는 데 광범위한 합의가 존재한다. 여러 공공투자 수익률은 차입비용보다 훨씬 높지만 재정적자와 부채에 대한 우파의 두려움으로 인해 사회가 이러한 중요한 지출을 하지 못하고 있다. 단순히 부채가 발생한다고 해서 미래세대의 희생으로 현세대가 이득을 보는 불공정한 트레이드오프가 꼭 나타났다는 뜻은 아니다. 수익률이 높은 공공투자를 위해 빚을 지는 것은 현세대와 미래세대 모두에게 이득이 되며 국가적으로도 최선의 선택이다.

둘째, 부채는 금융부채일 뿐 실제 부채가 아니다. 반면 환경파괴는 미래세대에 대한 실제 책임이다. 그것은 기후변화와 같은 실제 결과를 초래하여 건강, 생명, 그리고 물리적 인프라에 피해를 입히는 실제 부담을 부과한다. 이러한 결과는 미래세대가 환경파괴를 되돌리기 위해 돈을 쓰도록 **강요**함으로써만 제한될 수 있다. 환경파괴를 허용한다면 오늘날의 오염자에게는 더 많은 자유를, 미래 세대에게는 더 적은 자유를 주게 된다. 이것이 진정한 세대 간의 트레이드오프다.[22]

이 진정한 트레이드오프와 우파가 초점을 맞추는 부채의 재정적 부담 사이의 차이를 이해하기 위해, 가령 일본의 경우처럼 국민으로부터 차입을 통해 부채를 조달하는 국가의 경우를 생각해 보자. 일본은 국가 전체가 국내의 특정 시민에게 빚을 지고 있다. 만약 국가가 100달러 채권을 가진 사람이 50달러 가치만 있는 새 채권을 받도록 부채를 구조조정하는 법을 통과시킨다면 채권 보유자는 분명 손해를 볼 것이다. 반면 그렇지 않은 경우 더 많은 부채를 갚기 위해 세금을 내야 했던 납세자들의 처지는 나아질 것이다. 그러나 부채는 절반으로 줄어들고 (자본스톡과 같은) 관련된 **실물** 변수는 변하지 않을 것이다. 국가의 금융부채는 펜 한 자루로 줄어들 수 있지만 환경에 대한 부채는 그럴 수 없다.

해외에서 차입하는 소규모 개방경제의 경우 상황이 다소 다르다. 이 경우 부채가 증가한다는 것은 부채를 갚기 위해 국내에서 생산된 제품을 더 많이 해외로 수출해야 함을 의미한다. 부채는 미래세대가 소비할 수 있는 것을 줄이지만, 마찬가지로 차입이 생산적 투자를 위한 것이라면 미래세대는 부채가 발생하지 않았을 때보다 나은 처지가 될 것이다. 또한 민간부채도 공공부채와 마찬가지로 (부채와 관련된 돈이 어떻게 지출되느냐에 따라) 미래세대의 소비 기회를 줄이거나 늘린다는 것을 잊지 말아야 한다. 실제로 규제받지 않는 시장에서는 개별적인 민간차입자가 자신의 부채가 환율, 그리고 그를 통해 경제에 미치는 영향을 고려하지 않기 때문에 체계적으로 과도한 민간차입이 나타날 수 있다.[23]

중요한 세대 간 외부효과가 발생하는 다른 여러 상황도 존재하는데 그중에는 현세대의 자유 확대가 적어도 부분적으로 미래세대의 자유를 희생하는 경우도 있다. 그러나 이는 우파가 상상하는 것과 크게 다르다. 예를 들어 금융자유화는 이전 단락에서 언급한 민간부문의 부채 문제를 악화시켰다. 오늘날 은행가들의 자유를 확대하는 대가로 금융위기가 더 빈번하게 발생했고 이는 위기를 겪은 수십 개국에 막대한 비용을 부과하여 미래 시민들의 자유를 축소시켰다. 금융자유화는 부동산 호황으로도 이어졌는데 젊은 세대가 집을 임대하거나 구매하는 것이 어려워지고 부족한 저축을 사회적으로 더 생산적인 산업과 같은 분야에서 부동산 부문으로 흐르게 만들었다.

시장에 맡겨라

프리드먼과 하이에크조차 외부효과가 존재할 때 그것의 관리를 단순히 시장에 맡길 수 없다고 생각했다. 그러나 프리드먼의 시카고학파(프리드먼이 상징적 인물인 보수 경제학파를 흔히 부르는 이름)[24]의 일부 동료들, 특히 노벨상 수상자 로널드 코즈(Ronald Coase)[25]는 기껏해야 정부의 제한적인 조치만으로 시장이 스스로 외부효과 문제를 "해결할" 수 있다고 생각했다. 적어도 몇 가지 중요한 사례에서 그들은 분명히 틀렸다.

이러한 추론의 이면에 있는 직관은 전통적으로 외부효과를 설명하는 데 사용되는 간단한 예에서 확인할 수 있다. 양봉업자는 더 많은 사과 과수원으로부터 이익을 얻지만 사과 과수원은 더 많은 꿀벌로부터 이익을 얻는다. 꿀벌은 사과의 수확을 늘리는 수분 작용에 매우 중요하기 때문이다. 그러나 적어도 사과 과수원이 고립되어 있는 경우 이 문제는 과수원이 동시에 꿀벌을 키우면 쉽게 해결될 수 있다. 이 경우 우리는 외부효과가 내부화되었다고 말한다. 사과 과수원과 양봉업자가 상대적으로 적은 지역이라면 협회를 결성하여 효율적인 해결책을 찾을 수 있다.[26]

많은 경우 코즈는 정부가 재산권을 할당하고 집행하기만 하면 외부효과 문제가 "해결"될 수 있다고 주장했다. 그러나 재산권 할당은 한 집단의 자유를 확대하는 반면 다른 집단의 자유를 축소할 수 있다.

스코틀랜드와 잉글랜드의 일부 지역처럼 지역사회의 시민들이 방목지나 호수 또는 다른 자원을 공유할 때 과도한 방목이나 남획의 문제가 발생하는 경우를 생각해 보자. 문제는 각 시민이 외부효과를 고려하지 않거나 적어도 일부 시민이 고려하지 않는다는 것이다.[27] 한 사람이 호수에서 물고기를 더 많이 잡으면 다른 사람이 잡을 물고기가 줄어들고 다른 사람들은 이전과 같은 수의 물고기를 잡기 위해 더 열심히 일해야 한다. 더욱 나쁜 점은 사람들이 저마다 너무 많은 물고기를 잡아서 전체 물고기 개체수가 감소할 수 있다는 것이다. 그러면 모두가 손해를 보게 된다. 이를 **공유지의 비극**(the tragedy of the commons)이라 부른다.[28]

코즈는 공유지 소유권이 한 사람에게 주어진 사유화된 공유지는 효율적으로 관리될 수 있다고 주장했다. 이 경우 소유주인 사람이 토지나 호수에서 얻을 이익을 극대화하기 위해 방목할 양이나 잡을 최적의 물고기 개체수를 계산할 것이다. 그 이익이 매우 크면, 예를 들어 공유지를 넘겨받은 소유주(일반적으로 지역의 영주)가 마을 사람들에게 가축을 그 땅에 방목하게 했을 때 이전에 벌었던 것과 동일한 수입을 지급할 수 있고 영주는 잉여분을 스스로 가져갈 수 있다. 사실 그가 그 잉여를 조금이라도 다른 사람들과 공유한다면 모두의 처지가 더 나아질 수 있다.

실제로 영국의 많은 지역에서 공유 방목지는 15세기에 영국에서[29] 시작되었고 스코틀랜드에서도 비슷하게 시작된 인클로저라는 과정에서 대지주에 의해 사유화되었다.[30] 그러나 지주들은 이전에 공유지를 이용한 사람들과 이익을 전혀 공유하지 않았기 때문에 많은 사람이 분명히 더 가난해졌다.[31]

게다가 코즈의 사유화 "해결책"은 가장 문제가 되는 많은 사례에서 효과적일 수 없다. 기후변화를 막기 위해 대기를 "사유화"할 수 있다고 생각하는 것, 즉 특정 개인이나 기업에게 대기에 오염을 가할 독점적 권리를 부여하고 그 권리를 다른 사람에게 판매하여 오염에 대한 비용을 부과하는 것은 대략 말해도 공상에 불과하다.[32] 정부개입에 의해서만 해결될 중요한 외부효과가 매우 다양하게 존재한다.

하지만 코즈의 해결책은 훨씬 단순한 상황에서도 적용되기 어렵다. 흡연자들과 비흡연자들이 한 방에 있을 때 발생하는 외부효과를 생각해 보자. 코즈는 흡연자나 비흡연자에게 재산권을 부여하여 이 문제를 해결할 것이다. 흡연자들에게 재산권을 부여한다면 비흡연자들은 흡연자에게 담배를 피우지 않는 대가를 지불할 것이다. 비흡연자들에게 깨끗한 공기의 가치가 흡연자들에게 흡연의 가치보다 크다면 비흡연자들은 흡연자들에게 돈을 주고 담배를 피우지 않게 하여 실내가 금연이 될 것이고, 그렇지 않다면 실내가 연기로 가득 차게 될 것이다. 하지만 두 경우 모두 비흡연자들이 흡연자들에게 돈을 주고 담배를 피우지 않도록 하거나 담배 연기로 고통받아야 하기 때문에 불공평하다고 생각하더라도 이 해결책은 효율적이다. 그러나 또 다른 문제가 존재한다. 비흡연자 개개인은 충분히 많은 다른 비흡연자들이 흡연자들에게 담배를 피우지 않는 대가를 지불하겠다고 나서면 흡연은 중단될 것이니 자신은 돈을 내지 않아도 된다고 생각할 수 있다. 일부 비흡연자들이 흡연을 중단하기 위해 다른 사람들의 기여에 무임승차를 하는 것이다. 하지만 물론 모든 사람이 그렇게 한다면 비흡연자들은 흡연자들에게 담배를 피우지 말라고 줄 만큼 충분한 돈을 모으지 못할 것이고 흡연이라는 "나쁜" 균형이 지속될 것이다.[33] 이것은 **무임승차문제**라고 불린다. 이는 긍정적 또는 부정적 외부효과가 존재하는 모든 상황에서 만연하고 많은 사람들에게 영향을 미친다.[34]

이러한 이유와 또 다른 다양한 이유들로 인해[35] 일반적으로 코즈의 사유화 해결책은 공유지의 비극이나 더욱 광범위한 외부효과 문제에 대한 해결책이 될 수 없다. 일반적으로 자발적 해결책은 존재하지 않는다.

환경세에 의존하는 것은 일반적으로 환경 외부효과에 대한 최적의 대응책이 아니다

프리드먼과 하이에크는 국가의 역할을 최소화하려고 노력했고 외부효과의 중요성을 최소화했기 때문에 외부효과가 존재하는 경우 그것을 어떻게 관리하는 것이 가장 좋을지에 대해 생각하는 데 많은 에너지를 쏟지 않았다. 프리드먼은 가격에 대한 경제학자들의 즉각적인 의존에 의지했다. 그는 가격이 기업이 무엇을 어떻게 생산할지, 가계가 무엇을 소비할지 결정하도록 유도하는 데 핵심이라고 믿었다. 하지만 그는 더 나아갔다. 그는 오직 **가격만** 사용되어야 한다고 주장했다. 따라서 그에 따르면 사회가 자유시장이 만들어 내는 공해보다 공해를 줄여야 한다고 생각한다면 정부가 공해에 세금을 부과하여 공해의 "가격"을 최적의 공해를 만들어 내는 수준까지 높여야 한다.[36] 이렇게 하면 공해의 (한계)비용과 공해 저감의 (한계)비용의 균형을 맞출 수 있을 것이다. 프리드먼은 공해를 유발하는 자동차에 대한 "해결책"이 "자동차가 배출하는 오염물질의 양에 세금을 부과하는 것"이라고 말했다. 그렇게 하면 "공해를 줄이는 것이 자동차 제조업체와 소비자 모두의 이익에 부합하게 될 것이다."[37]

가격이 인센티브를 제공한다는 점에서는 프리드먼이 옳았지만 경제이론으로 보면 가격 개입에 의존하는 것이 최선이라는 그의 주장은 틀렸다. 정보의 불완전성과 함께 경쟁의 불완전성, 불완전하게 작동하는 자본시장, 그리고 오염물질세가 악화시킬 수 있는[38] 불평등과 같이 여러 시장실패가 존재하는 경우에는 오염물질에 대한 세금과 함께, 예를 들어 오염량 제한 규제와 대중교통에 대한 공공투자 등 다른 정부조치를 결합할 필요가 있다.[39]

기후변화가 이에 관한 좋은 사례를 제공한다. 이 경우 규제의 효과가 가격 개입보다 더 확실할 수 있다. 탄소가격(탄소배출에 부과되는 요금)에 대해 기업과 가구가 어떻게 반응할지 우리가 정확히 알기는 어려울 것이다.[40] 특정한 탄소가격이 전력회사가 재생에너지로 전환하도록 유도할지 또는 가구가 전기자동차로 전환하도록 유도할지 확신할 수 없기 때문에 규제가 더 바람직할 수 있다. 특히 기후변화와 같이 우리가 온실가스 배출량과 직접 관련이 있는 대기 중 온실가스 농도 수준에 정말로 신경을 쓰고 그것이 과학이 규정한 특정한 임계치를 초과할 위험이 실제로 존재함을 아는 상황에서는 더욱 그렇다. 기후변화 같은 외부효과에 대응하기 위한 "최적의 개입"을 위해 탄소세, 규제, 그리고 공공투자를 포함한 정책패키지가 필요한 이유에 대해서는 이 장의 뒷부분에서 자세히 설명할 것이다.

규제라는 해결책

노벨상을 수상한 정치학자이자 경제학자 엘리너 오스트롬(Elinor Ostrom)은 공유지 문제를 해결하는 데 코즈의 사유화 해결책보다 더 공정하고 그것만큼 잠재적으로 효율적인 방법이 존재한다고 지적했다. 한 사람이 방목할 소, 양, 그리고 염소의 수를 제한하거나 한 사람이 잡을 물고기의 수를 제한하는 것이다.[41] 영국에 관한 역사적 연구에 따르면 공동체 스스로 과도한 방목을 막기 위해 규제를 채택하여 사실 많은 공유지가 실제로 잘 규제되었다. 오스트롬이 오늘날 많은 개발도상국의 사례에서 보여 주었던 것처럼 토지 인클로저는 효율성 면에서 지지할 수 없었고 사유화는 필요하지 않았다.[42]

사유화와 규제는 모두 강제적이다. 사유화는 공유지에서 동물을 방목하던 보통의 스코틀랜드인이나 영국인이 이전에는 자유롭게 할 수 있었던 일을 완전히 제한했다. 근본적 의미에서 공유지의 사유화는 이전에 그곳에서 동물을 방목하던 사람들의 재산권 탈취를 수반했다. 보상받지 못했기에 방목권을 가지고 있던 공유지 주민들은 인클로저 이전에 비해 분명히 더 가난해졌다.

신자유주의는 우리가 명백히 제약을 덜 받는 지주들의 시각에서 이 문제를 살펴보도록 가르쳤다. 그러나 보통 사람들의 눈으로 보면 규제가 훨씬 덜 강제적이었을 것이다. 농부가 방목할 양의 수를 제한하는 것은 농부에게 방목할 권리를 전혀 부여하지 않는 것보다 훨씬 낫다. 보통 시민들은 각자 더 많은 자유와 더 큰 기회집합을 가졌을 것이다.

최선의 규제 방법

우리는 중요한 외부효과가 있을 때 정부가 개입하지 않아야 한다는 주장이 지적으로 변호할 여지가 없다는 점을 살펴보았다. 규제는 다른 개입보다 더 효율적이고 공정할 수 있으며 일부 규제는 다른 규제보다 더 효율적이고 공정할 수 있다. 공동 방목지를 사유화하는 것은 잘 설계된 규제를 제도화하는 것보다 훨씬 더 불평등하고 더 효율적이지도 않다.

환경 외부효과는 이와 관련된 또 다른 사례다. 우파의 경우 공해와 같은 외부효과를 통제하기 위해 규제를 사용하는 것에 광범위한 비판을 제기한다. 그들은 (공해를 아예 막으려면) 생산자에게 공해에 대한 처벌로 세금을 부과하거나 공해를 막기 위한 규제에 따라 운영하면서 위반 시 막대한 벌금을 부과하는 것보다 보조금을 지급하여 오염하지 않도록 유도하는 편을 선호한다. 이러한 보조금(이 책이 출판되는 2024년 현재 1조 달러가 넘는 것으로 추정)은 2022년 인플레이션감축법(Inflation Reduction Act)의 핵심이다.[43]

보조금, 세금, 그리고 규제는 모두 발전소가 석탄 대신 다른 방식으로 발전하여 오염을 덜 유발하도록 만들 수 있다. 이 모든 경우에 관련된 비용을 고려해도 에너지 전환을 통해 얻는 이익이 더 클 수 있다. 발전소는 규제나 세금보다 보조금을 선호한다. 그 이유는 분명한데 그들은 비용을 스스로 부담하기보다 정부로부터 돈을 받는 것을 선호하기 때문이다. 그러나 보조금을 통한 기회집합의 "확장"은 다른 사람이 누릴 기회집합의 축소와 상응할 수밖에 없다. 전력회사의 "자유"(그리고 그들의 소유주의 자유)는 보조금을 위한 증세로 고통받는 보통 시민들의 자유의 희생을 대가로 한다. 게다가 순수한 효율성의 관점에서 볼 때 보조금이 배출량을 억제하는 데 성공하더라도 전력회사가 그 행위에 대한 비용을 전액 부담하지 않기 때문에 경제를 왜곡한다. 실제로 전기 단위당 배출량이 줄어들었음에도 전기요금이 적정 수준보다 낮아지고 전기 소비가 증가해 지구온난화가 악화될 수 있다.

전통 경제학자들은 가격이 모든 사회 구성원에게 신호를 주고 각자가 창의적으로 탄소배출을 가장 잘 줄이는 방법을 찾을 수 있기 때문에 가격을 사용하는 성향이 있다. 따라서 분산화된 경제에서 가격은 매우 중요한 수단이다. 그러나 우리는 프리드먼 같은 일부 경제학자들이 오직 탄소세가 보내는 것처럼 가격신호에만 의존해야 한다고 주장한다는 것을 살펴보았다. 몇몇 이들은 탄소세가 규제보다 설계와 실행이 더 간단하다고 주장했다. 반면 규제는 필연적으로 복잡하고 관리비용이 많이 든다고 주장해 왔다. 하지만 실제로는 그렇지 않은 경우가 많다. 발전소의 탄소배출량을 측정하기보다 석탄을 사용하는지 확인하는 것이, 또는 자동차의 오염 물질을 측정하는 것보다 내연기관이 있는지 확인하는 것이 훨씬 쉽다.[44] 기후변화라는 중요한 영역에서는 상대적으로 적은 규제로 필요한 일의 많은 부분을 달성할 수 있다는 것이 밝혀졌다.

앞서 언급한 규제의 또 다른 장점은 효과가 더 확실할 수 있다는 것이다. 또 다른 이점도 있다. 때로는 규제를 보다 맞춤형으로 설계하여 부정적 분배의 결과를 제한할 수 있다. 과도한 방목에 대한 신자유주의적 해결책인 사유화가 얼마나 불공평했는지 기억하는가? 마찬가지로 오직 가격시스템에만 의존하는 것은 정치체제를 통해 상쇄하기 어려운 식으로 특정 집단에 불공평할 수 있다.

그렇기 때문에 특히 기후변화와 같이 범위가 넓고 복잡한 경우에는 외부효과를 해결하기 위해 규제, 가격, 그리고 공공투자를 포함한 정책패키지를 사용하는 것이 더 나은 경우가 많다. 이러한 패키지는 가격이나 규제에만 의존하는 것보다 더 효율적이고 공정하게 설계될 수 있다.[45]

2018년 11월 프랑스에서 일어난 일이 이를 잘 보여 준다. 프랑스 대통령 에마뉘엘 마크롱(Emmanuel Macron)은 탄소배출을 억제하겠다는 선의로 가솔린세와 경유세를 발표했다. 그러자 프랑스 일부 빈곤 지역의 노동자계급이 주도한 봉기, 노란 조끼 운동(많은 시위대가 착용한 안전조끼에서 유래한 이름)으로 불리게 된 시위가 발생했다. 몇 년 전 정부의 긴축재정으로 대중교통 서비스가 중단되면서 사람들은 출근, 교회, 그리고 식료품 쇼핑까지 자가용에 의존할 수밖에 없었다. 한마디로 그들의 삶을 영위하기 위해서였다. 프랑스 GDP 통계에 나타난 번영도 이 노동자들에게는 미치지 못했다. 부유층에 대한 일부 감세와 함께 이 가솔린세는 낙타의 허리를 부러뜨린 마지막 지푸라기와도 같았다. 이 세금에 반대하는 청원에 수백만 명이 서명했다. 전국적으로 대규모 시위가 발생했고 일부는 폭력적 양상으로 변했다. 총 약 300만 명이 노란 조끼 시위에 참여했다. 두 달 후 정부는 그 세금을 취소했고 프랑스는 계속 지구온난화를 악화시켰다. 하지만 대중교통, 그리고 가장 영향을 많이 받는 계층, 특히 연금 수급자와 같이 그 세금의 부담을 감당하기 어려운 계층에 대한 보조금까지 포함하는 잘 설계된 정책패키지는 이러한 반발을 피하기에 충분한 지지를 얻었을지도 모른다.[46]

규제, 가격, 공공투자를 포함하는 포괄적 패키지는 어떤 면에서 사람들 대부분의 기회집합을 확대하고(사람들은 이제 기후변화의 위험이 더 낮은 삶을 누릴 수 있다) 어떤 면에서는 그것을 축소할 것이다(사람들은 일부 재화에 대해 더 높은 가격을 지불해야만 할 수도 있다). 실제로는 사람들 대부분의 삶이 더 나아지더라도 일부 사람들의 삶은 더 나빠질 것이다. 결국 트레이드오프가 존재한다. 그러나 규제체계가 가격이나 보조금시스템보다 더 강제적이라고 말하는 것은 잘못이다. 우리는 승자와 패자 모두에 대한 결과 전체를 평가해야 한다. 나는 이렇게 하는 사회는 가격이나 규제에만 의존하지 않을 것이라고 믿는다.

규제체계와 같은 몇몇 겉보기의 강제가 대부분의 개인을 자유롭게 하고 기회집합을 확대할 수 있다는 핵심 메시지는 과세의 강화가 필요할 수도 있는 광범위한 공공투자 영역과 더욱 관련이 크다. 이는 다음 장에서 살펴볼 것이다.

4장

강제를 통한 자유: 공공재와 무임승차문제

도로의 어느 쪽에서 운전해야 하는지 규정하는 규칙이 없다면 어떤 일이 일어날지 생각해 보자. 어떤 사람은 왼쪽으로, 어떤 사람은 오른쪽으로 운전할 것이다. 경제성장이 필수적인 규제틀의 발전보다 더욱 빠른 개발도상국에서 일어날 수 있는 것처럼 혼란과 체증이 발생할 것이다. 이러한 혼란은 개입 한 번으로 해결할 수 있다. 모든 사람이 우측으로 운전하도록 의무화하는 법을 제정하는 것이다. 이렇게 하면 조정 문제가 깔끔하게 해결되고 그것이 처음 시행된 이후에는 강제적이지 않다. 모두가 우측으로 운전한다면 나도 우측으로 운전하기를 원한다.

혼잡한 지역에 신호등이 없으면 혼란과 정체를 일으킬 수 있다. 신호등 사용은 차량이 교차로를 언제 통과할 수 있는지 정하는 간단한 규정이다. 이 법은 정부나 운전자에게 최소한의 강제와 상대적으로 적은 비용을 수반하지만 교통체증과 사고를 피하거나 최소한 줄이는 엄청난 이점이 있다. 분명히 신호등은 강제적이다. 그러나 모두가 이득을 얻는다.

이러한 사례는 이전 장에서 논의한 상황, 즉 한 사람이 다른 사람에게 가하는 피해를 제한하기 위해 강제적으로 보이는 정부의 조치가 취해지는 경우와는 대조적이다. 그 경우에는 집단의 집단행동이 특정한 개인이나 집단이 손해를 보더라도 사회 **전체의** 행복을 증진하는 일련의 규칙을 결정한다. 이 장에서는 강제가 바람직한 또 다른 중요한 경우, 즉 집단행동이 공공재를 제공하거나 조정을 수월하게 함으로써 이득을 가져오는 경우(신호등과 같이)를 살펴본다. 많은 경우 강제는 공공재 제공을 가능하도록 만들기 위해 세금의 형태를 취한다. 우파는 세금이 국방에 사용되는 경우를 제외하고는 흔히 이러한 세금에 대해 가장 격렬하게 반대하는 것처럼 보인다. 하지만 그들조차 공공재의 혜택이 세금을 납부할 가치가 있다고 인정한다. 세금을 가장 많이 내는 사람들을 포함한 모든 사람의 삶이 이러한 가벼운 형태의 강제의 결과로 더 나아질 수 있다. 빌 게이츠(Bill Gates)와 제프 베이조스(Jeff Bezos)는 블라디미르 푸틴(Vladimir Putin)이 이끄는 정권이나 중국이 지배하는 세계에서는 그들의 부를 누리지 못할 수도 있다. 확실히 어떤 특정한 공공재가 세금의 강제를 정당화할 수 있는지에 대해서는 의견이 다를 수 있다. 일반적으로 좌파는 군사적 지출의 가치, 우파는 건강에 대한 공공지출의 혜택에 대해 덜 확신하는 경향이 있다. 2023년에는 민주당과 공화당 모두 인프라스트럭처와 기술, 특히 첨단 반도체에 대한 공공지출의 이득을 인식하게 되었다.

모두가 이 원칙에 동의해야 한다. 가벼운 강제가 사회의 후생을 개선하고 내가 주장해 온 보다 넓고 긍정적인 의미의 자유를 증진하는 몇몇 정부지출이 존재한다. 강제가 필요하지만, 강제의 결과는 강제로 세금을 내야 하는 사람들을 포함한 시민들의 예산제약을 "완화"하는 것이다. 그런 의미에서 사람들의 경제적 자유(그들이 할 수 있는 일의 집합)는 분명히 풍요로워졌다.

우리는 이러한 지출의 결실을 우리 삶의 모든 곳에서 볼 수 있고 그것은 우리 행복의 모든 측면을 풍요롭게 만든다.

우리의 삶을 풍요롭게 만드는 공공투자

21세기 경제에서 우리는 모두 과학과 기술의 발전을 가져온 기초연구에 대한 공공투자로부터 혜택을 받았다.

나는 인터넷에서 끊임없이 사실과 수치를 확인하고 이메일을 통해 친구나 가족 들과 연락을 주고받는다. 하지만 인터넷은 그냥 생겨난 것이 아니다. 그것은 미국 정부가 국방부[방위고등연구계획국(Defense Advanced Research Projects Agency, DARPA)]를 통해 의도적으로 진행한 연구 프로그램의 결과물이었다. 인터넷 브라우저도 공적자금이 투입된 발명품이었다. 그것은 공공지출의 결과로 개발되었지만 사실상 민간부문으로 넘겨져 민간기업에 막대한 이윤을 가져다주었다.[1]

건강

생활수준의 발전을 측정하는 중요한 지표 하나는 수명의 연장이다. 2021년 현재 출생 시 기대수명은 미국 76.4세, OECD 국가 평균 80.3세이며 일본은 84.5세로 길다.[2] 이러한 수명연장의 대부분은 공적자금이 지원하는 기초연구에 기반한 의학의 발전에 기초하고 있다.

코로나19에 대한 대응도 공공투자의 가치를 잘 보여 준다. 당시 세계는 기록적인 시간 내에 그 끔찍한 질병의 원인이 되는 병원체를 알아냈고 기록적인 시간 내에 백신을 개발·실험·생산했다. 공적자금으로 지원되는 연구의 오랜 역사가 없었다면 모든 것이 불가능했을 것이다. 결국 민간부문이 참여하기는 했지만 최종단계에 이르러서였고 그것도 정부의 막대한 지원을 받았다. 수십 년의 DNA 연구에 이어 메신저 RNA에 대한 연구가 계속되었다. 그 결과로 mRNA 백신 플랫폼이 개발되었는데 코로나19에 대단히 효과적인 백신을 생산하는 데 매우 유용한 것으로 입증되었다.

mRNA 백신이 민간기업의 기술과 노력의 결과라는 일반적 인상에도 그 성공은 파트너십이 작동했기에 가능했다. 화이자(Pfizer) 백신은 실제로 정부 보조금을 받은 독일 생명공학 회사인 바이오엔텍(BioNTech SE)이 공동으로 개발했다. 모든 회사가 적시에 성공할 수 있었던 것도 이전에 정부와 대학이 자금을 지원한 mRNA 플랫폼 연구 덕분이었다.[3]

코로나19 초기에는 바이러스가 어떻게 퍼지는지 명확하지 않았지만 다시 한번 대부분 공적자금이 지원한 연구가 그것을 해결했다. 바이러스가 어떻게 전파되는지 이해함으로써 전염병의 확산을 억제하는 사회적 프로토콜을 개발할 수 있었다. 이러한 관행을 확산시키고 백신 접종을 장려하고 지원하는 공적 캠페인이 코로나19를 통제하는 데 큰 역할을 했다.

공공재와 무임승차문제

공적으로 제공되는 다양한 재화와 서비스 중에서 일부만 언급했지만 치안, 교육, 인프라스트럭처, 소방, 그리고 국립공원 등 그 목록은 끝이 없다. 물론 이런저런 서비스가 공적으로 제공되는 것보다 사적으로 제공되는 것이 더 낫지 않느냐는 논란이 일각에서 제기되었다.[4] 그러나 대체로 이 논쟁은 공공재가 **어떻게** 생산되어야 하는지에 관한 것이다. 이는 당면한 문제, 즉 이 공공재의 재원 마련을 위해 강제, 즉 세금을 통한 강제적 기여를 사용해야 하느냐는 문제와는 별개의 문제다.

그러나 공공재에 대한 지출의 막대한 혜택에도 무임승차문제가 존재한다. 공공재는 어떤 한 사람의 기여 여부와 관계없이 모든 사람의 삶을 개선한다.[5] 대규모 경제에서는 각 개인이 공공재의 공급에 영향을 미치지 않을 것이기 때문에 자신이 그것을 지원하든 말든 상관이 없다고 생각할 수 있다.

공공재의 지원에 자발적으로 기여하는 것은 **긍정적** 외부효과를 창출하는 것으로 생각할 수 있다. 그것은 기여를 하는 사람만이 아니라 다른 모든 사람에게도 이득이 된다. 이전 장에서 나는 시장경제가 부정적 외부효과가 있는 경우 생산물을 너무 많이 생산하는 것처럼(예를 들어 철강을 너무 많이 생산하여 공해를 유발하는 경우) 긍정적 외부효과가 있는 경우에는 너무 적게 생산한다고 지적했다. 특히 공공재의 경우에는 더욱 그렇다. 사람들 저마다에게는 다른 사람의 기여에 무임승차하려는 강한 인센티브가 있다. 하지만 모든 사람이 무임승차를 하려 한다면 분명 공공재가 제공되지 않을 것이다. 일부만 무임승차를 한다고 해도 공공재 공급이 부족해져 결국 모두에게 손해를 끼칠 것이다.

우리의 행복에 매우 필수적인 공공재라는 이 핵심 영역에서는 공공재를 제공하기 위해 시민들에게 세금을 내도록 강요하는 것이 비록 겉보기에 선택권을 제한하는 것처럼 보이지만 실제로는 모두의 선택권과 개인의 자유를 확대한다는 일견 모순적인 결과가 나타난다.

이전 장에서 나는 한 사람의 자유가 다른 사람의 부자유임을 인식하지 못하는 점이 우파의 심각한 지적 실패라고 주장했다. 그들의 또 다른 실패는 세금을 통해서만 자금을 조달할 공공지출의 엄청난 가치를 인식하지 못하는 것이다. 그리고 세 번째는 강제조정(coercive coordination)의 가치를 인정하지 않는 것이다. 이 실패들은 자유에 대한 우파의 담론이 왜 그렇게 잘못되었고 시야가 제한적인지 설명하는 데 도움을 준다.

강제조정의 이점

공공재의 제공 외에도 겉보기에 강제적으로 보이는 정부의 행동이 실제로 모든 또는 대부분 사람들의 선택권을 확대하는 많은 다른 영역이 존재한다. 이는 예를 들어 경제학자들이 "조정 문제(coordination problems)"라 규정한 광범위한 상황의 특징인데, 이 경우 개인들이 어떤 방식으로든 상호작용을 하고 어떻게든 그것을 조정하면 결과가 더 좋아진다. 이 장은 명백한 사례와 함께 시작했다. 우리는 도로의 어느 쪽에서 운전할지 조정해야 한다. 왼쪽이든 오른쪽이든 상관없이 한 쪽이기만 하면 된다.

우리가 다른 사람과 하는 일의 대부분은 조정을 수반하며 조정이 실패하면 많은 비용이 든다. 우리가 여행 일정을 조정하지 못하면 친구를 만나지 못할 것이다. 분유회사가 분유를 충분히 생산하지 못하면 엄청난 비용이 발생할 수 있다. 이는 코로나19 팬데믹의 여파로 발생했던 일이다. 이러한 유형의 부족은 소련의 일상생활에 만연한 부분이었고 중앙 계획의 조정 실패를 나타내는 표시였다.

이 절의 주제는 조정이 잘 이루어지면 커다란 이득을 가져올 수 있다는 것이다. 개인과 시장은 홀로 완벽하게 조정을 할 수 없지만 정부는 문제를 개선할 수 있다. 여기에는 부분적으로 강제의 요소가 수반될 수 있으며 실제로 몇몇 강제가 필수적일 수 있다. 그러나 개인의 행동의 자유, 즉 그들의 기회집합이 확장되기 때문에 그것을 강요하는 것은 "자유를 확대하는" 것이다.

휴가의 조정

가족 휴가라는 간단한 문제를 생각해 보자. 부모가 모두 직장에 다니면 자녀들의 학교뿐 아니라 두 고용주와도 조정이 필요하다.

배우자가 특정한 시기에 휴가를 내면 자녀와 나도 똑같은 시기에 휴가를 내기를 원한다. 프랑스는 이 조정 문제를 간단하게 해결한다. 모두가 8월에 휴가를 즐기는 것이다. 프랑스의 이 조정된 균형은 두 배우자가 동시에 휴가를 내기가 어렵기 때문에 휴가의 가치가 감소하는 미국의 조정되지 않은 균형보다 더 잘 작동한다. 조정되지 않으면 결과적으로 두 사람 모두 휴가 일수가 줄어든다. 두 사람 모두 손해를 볼 뿐 아니라 생산성이, 그리고 따라서 수익도 낮아질 수 있다.[6]

죄수의 딜레마

아마도 가장 유명한 조정 문제는 죄수의 딜레마(prisoner's dilemma)라 불리는 사례인데 이 경우 사람들이 협력만 할 수 있다면 모두가 이득을 보지만 사람들은 저마다 후생을 극대화하는 협조적 합의에서 벗어날 인센티브를 가진다.[7]

모두가 성경의 가르침에 따라 일요일에 일을 쉬고 하루를 즐기고 싶어 한다. 하지만 다른 모든 상점이 문을 닫으면 일요일에 쇼핑을 하려는 모든 고객을 확보할 수 있고 그중 일부는 일주일 내내 내 상점을 이용할 수도 있기 때문에 상점을 여는 것이 이득이다. 그러나 일요일에 상점을 열면 경쟁업체도 어쩔 수 없이 문을 열어야만 한다고 생각할 것이다. 그렇게 하지 않으면 매출과 수익이 줄어들 것을 우려하기 때문이다. 결국 모든 상점이 일요일에 문을 여는 균형이 나타나고 모든 상점 주인이 불행해질 것이다. 전체적으로 볼 때 점주들은 그들이 모두 일요일에 문을 닫을 때보다 더 많이 팔지 못할 수도 있다. 이 경우 모든 상점이 일요일에 문을 닫도록 강제하는 정부개입은 모든 점주에게 이득이 될 것이다. 물론 이 경우 일요일에 정말 쇼핑을 하고 싶었던 고객들은 손해를 보게 된다.[8]

이러한 규제는 죄수의 딜레마를 해결하여 모든 참여자에게 이득이 된다. 각 점주들은 강제를 느끼고 그것을 어기고 싶어 한다. 그러나 강제는 모든 사람의 기회집합을 향상시킨다. 그것은 "자유를 확대한다".

후생을 감소시키는 투기

각자가 협조적 행동에서 벗어나려는 사적 인센티브가 있기 때문에 더 나은 결과를 낳는 협조가 지속될 수 없는 다른 사례가 많이 존재한다. 일기예보를 생각해 보자. 내일의 날씨를 아는 것은 우리 모두에게 이득이다. (당신과 내가 동시에 누릴 수 없는 일반적인 물리적 재화와 달리) 그것을 한 사람이 더 안다고 해서 내 지식이 줄어드는 것은 아니다. 전형적인 공공재로서 날씨를 미리 알 수 있는 편익이 비용보다 크다면 그것은 공적으로 제공되어야 한다.

이제 편익이 비용을 정당화하지 못하는 경우를 생각해 보자. 투기꾼들은 내일의 날씨를 다른 모든 사람보다 조금이라도 더 일찍 아는 데 특별한 관심을 가질 수 있다. 내일 비가 온다면 그들은 우산을 사서 다음 날 높은 가격에 팔아 큰 수익을 거둘 것이다. 하지만 그러면 사람들 대부분은 투기꾼에게 사기를 당하지 않기 위해 비가 올지 여부를 알기 위해서 돈을 쓰게 될 것이다. 대중을 이용하려는 투기꾼과 이에 대응하는 사회의 나머지 사람들의 지출로 인해 정보에 대한 낭비적인 지출이 연쇄적으로 발생한다.

비가 올 때 우산 가격 폭등을 규제하는 단순한 강제적 규칙으로 이 문제를 해결할 수 있다. 그러면 투기꾼은 정보를 수집할 인센티브가 없어진다. 이는 다른 모든 사람이 투기꾼에 대응하는 지출을 하지 않도록 해 준다. 결국 투기꾼을 제외한 모든 사람이 이득을 보게 된다.[9]

또는 날씨에 대한 정보가 **집단적으로** 개인이 자신의 삶을 더 잘 계획할 수 있도록 해 주는 데 충분한 가치가 있다면 공적으로 제공되는 재화에 대한 재원 마련을 위해 강제적 세금이 필요해도 정부가 날씨 정보를 제공하는 것이 후생을 증진시킬 것이다. 정부의 정보 제공은 투기꾼을 막을 수 있다.[10,11] 이는 가격을 급등시켜 폭리를 취할 투기꾼의 능력을 빼앗는 것이다.

체제의 조정

하지만 여기서 나는 주로 전체 경제체제의 조정에서 정부의 개입과 강제의 역할에 관해 관심이 있다. 어떤 기업들은 자동차를 만들고 다른 기업들은 철강을 만든다. (자동차 딜러라고 불리는) 몇몇 기업들은 판매할 자동차 재고를 보유하고 있고 일부 가구는 자동차 구매를 고려하고 있다. 이 모든 것이 어떻게 일치될까? 매년 생산되는 철강의 양이 어떻게 대체적으로 매년 필요로 하는 양과 거의 같아질 수 있을까? 그리고 어떻게 생산되는 자동차의 수가 구매자에게 필요한 수와 거의 같아질 수 있을까?

19세기에 많은 경제학자, 특히 가장 중요하게 레옹 발라스(Léon Walras, 1834~1910)는 애덤 스미스가 보이지 않는 손을, 즉 경쟁적 경제가 어떻게든 개인들이 원하는 수량을 생산하기 때문에 경쟁적 경제에서 개인의 사익추구가 모든 사람의 행복으로 이어진다고 이야기했을 때 염두에 둔 생각을 수학적으로 발전시켰다. 20세기 중반에 이 모델은 더욱 발전했다. 이로써 모든 날짜와 시간에 모든 재화의 특성에 대한 완벽한 정보가 존재하고 모든 날짜와 상황에서 모든 재화와 서비스에 대한 시장에 완전경쟁이 존재하며(즉 사실상 위험에 대한 완벽한 시장이 존재하고), **그리고** 기술변화가 없다면 필요한 모든 조정이 가격에 의해 유도되어 시장에서 발생하는 경제적 상호작용 상황에 존재한다는 것이 드러났다. 그리고 (그 자체로 다른 모든 사람의 행동을 반영하는) 가격이 주어졌을 때 각 사람이 자신의 후생을 극대화하는 균형은 효율적 결과다. 가격은 초과수요 또는 초과공급의 여부에 따라 위아래로 조정되는 조정 메커니즘이다. 그 가정의 비현실성을 제쳐두고 보면 이 결과의 아름다움과 광범위한 함의에 대한 증명은 숨막히게 놀라운 것이다. 이 증명에 성공한 두 사람, 케네스 애로(Kenneth Arrow)와 제라르 드브뢰(Gerard Debreu)는 이 연구로 노벨경제학상을 받을 자격이 충분했다.[12]

이 결과는 서로 다른 경제학자 집단에 의해 서로 다른 세 방식으로 해석되었다. 드브뢰가 리더로 있던 소수의 집단은 그 결과를 증명 그 자체로, 분석하고 일반화할 수 있는 수학적 정리로 받아들였지만 그것으로 끝이었다. 이 정리와 현실세계의 관련성을 판단하는 것은 다른 사람들의 몫이었다.

반면 보수주의자들은 그것을 자신들이 오랫동안 믿어 온 것에 대한 입증으로 생각했다. 그것은 "시장근본주의"에 대한 그들의 확신을 강화했다.[13] 그들은 규제받지 않는 시장의 한계에 관한 애덤 스미스의 많은 주의와 경고를 무시한 것처럼 이 증명의 가정이 가진 한계를 무시했다. 애로와 드브뢰의 연구 이후 수십 년 동안 시장효율성을 증명하는 가정들이 약화될 수 없다는 것이 점점 더 분명해졌을 때조차 그들은 이러한 견해를 고수했다.[14] 애로와 드브뢰는 그들의 결과를 유효하게 만드는 가정들의 유일한 집합을 발견한 것이다.

애로가 주로 속한 세 번째 집단은 이 증명이 입증한 것은 시장이 효율적이지 않다는 점이었다고 주장했다. 그 가정하에 경제가 효율적이라는 가정이 현실세계와 크게 동떨어져 있다는 사실은 (각 가정을 더 자세히 연구한 후대의 경제학자들과 함께) 애로와 드브뢰가 사실은 시장이 효율적이지 않음을 증명했다는 의미였다. 즉 이 비현실적인 조건들이 충족되지 않으면 일반적으로 경제는 **비효율적**이라는 것이다. 사실 드브뢰가 그의 분석에서 완전히 무시한 문제가 매우 중요하다는 것이 밝혀졌다. 정보의 불완전성이 아주 약간만 존재해도, 탐색에 아주 작은 비용이 들어도 경제가 효율적이라는 결과가 깨졌던 것이다. 요컨대 경쟁시장에서는 (예를 들어 생산자와 소비자 사이에 생산물이 정확하게 소비와 일치하도록) 가격이 조정을 하지만 일반적으로 효율적이지 않은 방식으로 조정한다.

이 분석의 귀결은 시장에 대한 때로는 강제적인 개입이 모두에게 이득을 주는 경우가 있다는 것이다.

거시경제의 실패

현실의 상황은 시장근본주의 우파들이 믿은 것보다 더 좋기도 하고 나쁘기도 하다.[15] 가격이 아닌 다른 조정 메커니즘들도 존재하고 기업들은 가격에만 의존하지 않는다. 기업들은 자신의 재고와 다른 기업의 재고를 살펴본다. 만약 재고가 쌓이면 그들은 생산량을 줄여야 한다는 것을 안다. 그들은 경제와 그들 산업의 현실을 이해하기 위해 경제학자를 포함한 다른 사람들의 의견을 묻는다. 가격이 모든 관련된 정보를 전달한다고 주장하는 표준적 시장경제학과 달리 그들은 다양한 정보의 원천을 활용한다.

그러나 이 더욱 복잡한 시스템의 동학은 일반적으로 효율적이지도 안정적이지도 않다. 대공황과 대불황(Great Recession)을 포함한 지난 두 세기 반 동안의 자본주의를 특징짓는 거시경제적 변동은 사회에 엄청난 비용을 가져다준 이 엄청난 규모의 조정 실패를 가장 분명하게 보여 준다. 경제위기 이후 수년 동안 성장이 정체되어 경제는 이러한 위기가 발생하지 않았다면 달성했을 경제 수준을 결코 따라잡을 수 없을지도 모른다. 그러나 사람들의 삶과 재산이 파괴되고 교육이 중단되며 두려움과 불안이 만연하는 등 사람들이 치르는 비용은 훨씬 더 크다.

지난 80년 동안 정부개입은 이러한 변동의 규모, 빈도, 그리고 결과 모두를 줄이는 데 커다란 역할을 했다. 이러한 거시경제적 성과의 개선은 사회와 개인의 행복에 크게 기여했다. 경제의 안정성과 효율성을 향상시키는 과정에서, 또 앞서 논의한 기회집합의 측면뿐 아니라 중요하게는 기아와 두려움으로부터의 자유를 포함한 더 일반적인 행복의 측면에서 자유가 확장된다.

그러나 대부분의 개입은 어느 정도 강제를 수반한다. 실업보험기금에 대한 강제적 기여는 노동자가 실업에 직면했을 때 그 악영향을 완화한다. 세금은 미약하게나마 음식과 건강의 안전망을 보장한다. 은행이 지나치게 위험한 대출을 하지 못하도록 하는 규제는 경제가 불황이나 침체에 빠지지 않도록 막는다.

거시경제에서 이러한 개입의 성공은 정부개입에 대한 우파의 또 다른 반대에 해답을 제시한다. 때때로 그들은 시장이 효율적이지 않음을 마지못해 인정하고 **원칙적으로는** 문제를 개선할 정부개입이 존재한다는 점을 인정한다. 그러나 그들은 정부개입이 정치적 과정에 의존하기 때문에 **필연적으로** 문제를 악화시킬 수밖에 없다고 주장한다. 그들은 설사 가설적으로는 복지를 개선하는 개입이 존재하더라도 정부개입은 정반대의 결과를 초래하는 경향이 있다고 주장한다.

그러나 이는 분명히 옳지 않다. 비록 정부는 다른 모든 인간의 제도와 마찬가지로 오류를 범할 수 있지만 이 분야와 다른 여러 분야에서 경제적 성과를 개선하는 데 성공할 수 있고 또 성공해 왔다.

넓게 해석된 사익의 추구

정부의 행동에 **반대하는** 성향이 있는 경제학자들은 당연하게도 사람들이 이러한 공공재와 조정 문제를 스스로 해결할 방법이 있는지 궁금해한다.

특정한 조정 문제와 공공재 문제를 부분적으로 다루는 자발적 협회와 비정부기구, 그 밖의 조직들이 존재한다. 몇몇 분야에서는 인간을 **절대적으로** 이기적이라고 생각하는 경제학자들이 할 법한 예상만큼 상황이 나쁘지는 않다. 인간은 **그렇게** 이기적이지는 않다.[16] 사람들은 자선단체에 수십억 달러를 기부하고 다른 사람들을 고려한다.[17] 전 세계적으로 인권신장, 환경보호, 그리고 의료서비스 개선 등 공공의 목적이나 다른 목적을 추구하는 자발적 협회와 NGO가 번성해 왔다. 기부자와 자원봉사자 들은 이들에게 돈과 시간을 기부하고 그 직원들은 다른 곳에서 받을 수 있는 것보다 훨씬 적은 급여를 받는다.

광범위한 영역과 상황에서 많은, 아마도 사람들 대부분은 자신의 **협소한** 사익보다 더 넓은 의미에서 자신의 행복을 극대화하는 듯 행동하는 것으로 보인다. 이들은 모든 사람이 비슷한 방식으로 행동할 경우 나타날 사회의 특징을 고려하여 더 넓은 의미의 **계몽된 사익**(enlightened self-interest)을 보여 준다. 그들은 **전적으로** 무임승차자 같은 행동을 명시적으로 거부한다. 이는 많은 시민이 투표장에서 "내가 원하는 사회는 어떤 사회인가?"라는 질문을 스스로에게 던지는 정치에서 특히 그렇다. 많은 부자들은 모든 사람이 (일제히 강제적으로) 기여하면 공공투자가 불평등을 줄이고 사회적 생산성과 복지를 높일 수 있다는 믿음으로 부자증세를 지지하는 투표를 한다. 그러한 강제는 더 나은 사회를 만든다. 부자들은 현재의 세금제도하에서 협소한 사익을 따라 자신의 세금을 최소화하려 노력하지만 게임의 규칙에 관한 투표에서는 더욱 계몽된 견해를 선택하는 것이다.

사람들 대부분은 배심원으로 봉사하는 것이 시민의 의무라고 생각하며 봉사하지 않는 정당한 이유를 제시할 수 있음을 잘 알면서도 자발적으로 배심원으로 참여한다. 학부모들은 지역 학교의 질적 개선을 위해 열심히 노력한다. 그러면 그 아이들이 이득을 볼 뿐 아니라 다른 사람들도 이득을 본다.

요컨대 인간 본성에 대한 우파적 관점과 표준경제학의 관점은 완전히 틀렸다. 하지만 유감스럽게도 몇몇 사람에겐 이타성이 없다. 그들은 경제학자들의 이론대로 행동하며 우리 사회는 그들을 고려하여 구성되어야 한다. 이것이 우리가 공공재와 조정의 문제를 해결하기 위해 오직 자발적 행동에만 의존할 수 없는 이유다. 공적(정부)개입이 필요한 대규모 문제를 해결하려면 강제가 있어야 한다.

그러나 우파는 속임수를 만들어 냈다. 그들은 이기심을 미덕인 양 호도하고 무자비하게 이기심을 추구하면 사회적 행복이 증진된다고 잘못된 주장을 한다. 이는 그들이 이야기했듯이 그들이 칭찬하는 이기주의가 공공부문 직원들에게도 적용되므로 정부개입을 신뢰할 수 없다는 뜻이다. 그리고 공무원들이 나머지 사회를 희생하여 자신의 이익을 증진할 것임을 의미한다. 하지만 그들은 모든 면에서 틀렸다. 앞서 언급했듯이 사람들은 우파의 주장처럼 이기적이지 않으며 많은 사람이 공공의 이익을 증진하기 위해 공직에 들어간다. 가장 중요한 것은 우파가 그렇게 우려하는 남용을 방지하는, 견제와 균형을 갖춘 공공기관을 만들 수 있다는 것이다. 몇몇 국가는 이를 매우 잘 수행하고 있다. 그러면 선순환이 나타난다. 신뢰할 수 있는 정부를 잘 만든 나라에서는 정부에 대한 신뢰가 높아지고 더 좋은 인재들이 공직에 몰린다. 실제로 일부 국가는 매우 성공적이어서 올리버 웬들 홈스(Oliver Wendell Holmes) 대법관의 유명한 말처럼 개인들이 "세금은 문명화된 사회를 위해 지불하는 것"을 알고 기꺼이 세금을 낼 정도다. 가령 핀란드 세무 당국이 의뢰한 설문조사에 따르면 "핀란드인의 95퍼센트가 납세를 중요한 시민의 의무라고 생각한다. …… 또한 응답자의 79퍼센트는 세금을 **기꺼이** 납부하고 있으며 납부한 세금에 대해 훌륭한 가치를 얻는다고 느낀다."[18]

2부에서는 사회가 어떻게 더 많은 신뢰, 정부에 대한 높은 신뢰, 더 신뢰할 수 있는 개인을 만들 수 있는지 논의하고, 반대로 신뢰가 없는 사회에서는 민간부문도 제대로 기능하지 못한다는 점을 지적할 것이다. 신자유주의 자본주의는 신뢰할 수 없는 사람들을 만들어 냈고(이는 이해할 만한 일이다) 정부에 대한 신뢰뿐만 아니라 민간기관에 대한 신뢰와 서로에 대한 신뢰까지 약화시킨다. 그것은 스스로를 파괴하는 체제를 만들어 냈다. 그러나 이 모든 것이 불가피한 것은 아니다.

글로벌 공공재와 글로벌 협력

앞서 살펴본 바와 같이 국가 **내에서** 일어나는 일과 국가 **간에** 일어나는 일 사이에는 비슷한 점이 있다. 한 사람이 하는 일이 다른 사람에게 영향을 미칠 수 있고 한 국가가 하는 일은 다른 국가에 영향을 미칠 수 있다. 한 사람이 다른 사람에게 미치는 부정적 외부효과를 방지하고 한 국가가 다른 국가에 미치는 외부효과를 방지하는 규칙과 규제가 필요하다. 12장에서 자세히 설명하겠지만 문제는 오늘날 세계의 기본적 정치 단위는 국민국가이며 국경 내에서 일어나는 일만 규제할 수 있다는 것이다. 국경을 넘어 일어나는 일을 효과적으로 규제할 **글로벌** 기구는 존재하지 않는다. 국제적 협력과 글로벌 공공재의 제공도 마찬가지다.[19] 약간의 강제가 전 세계의 사회적 행복을 증진할 수 있다. 국경을 넘어 복지를 증진하는 협조적 행동을 하기 어렵기 때문에 그렇지 않은 경우보다 세계적인 수준에서 조정이 덜 이루어지고 부정적 외부효과가 더 많이 발생하며 글로벌 공공재가 더 적게 공급된다.

글로벌 공공재의 가장 중요한 예는 기후변화로부터 세계를 보호하는 것이다. 각국이 자발적으로 몇몇 조치를 취하고 있지만 세계가 섭씨 1.5도에서 2도 이상 기온이 상승하는 극단적 위험을 피하기 위해 필요한 정도에는 훨씬 부족하다.[20]

나는 외부효과를 피하고 조정과 협력을 만들어 내려면 규칙과 규제, 즉 강제가 있어야 한다고 강조했지만 이 규칙과 규제를 집행하는 것도 마찬가지로 중요하다는 점을 강조해야겠다. 이 부분에서 글로벌 시스템의 한계가 명확하다. 글로벌 정부가 존재하지 않아서 약한 합의조차 집행하기가 어렵다. 일부 분야에서는 국제사회의 노력이 성공하여 강제(그리고 협정을 위반하는 국가에 대한 무역 제재 등 강제의 위협)가 효과를 발휘했다. 예를 들어 1987년 '오존층파괴물질에 관한 몬트리올의정서(Montreal Protocol on Substances That Deplete the Ozone Layer)'라는 국제조약이 체결되기 전에는 염화불화탄소(CFC)나 할론 같은 화학물질 사용으로 피부암으로부터 우리를 보호하는 데 도움이 되는 성층권 오존층이 파괴되어 거대한 구멍이 생기고 있었다. 지구의 회복력은 놀라울 정도로 강해서 이 물질들이 근본적으로 제거되면 금세기 중반에는 오존층이 복원되어 엄청난 혜택을 줄 것으로 예상된다. 1980년에서 2100년 사이에 태어난 사람들은 피부암 약 4억 4300만 건, 이로 인한 사망 약 230만 건, 백내장 6300만 건 이상을 피할 수 있을 것이다. 그리고 지구는 이 물질들만 제거해도 섭씨 2.5도의 온도 상승을 피할 수 있을 것이다.[21]

이 의정서는 다른 국가들도 그렇게 한다는 대가로 각국이 (CFC를 사용하는) "자유"의 일부를 포기하여 모두가 명백하게 이득을 얻는 국가 간 계약으로 생각될 수 있다. 그러나 몬트리올의정서에는 강제적 요소가 있었다. 그것을 준수하지 않는 국가는 높은 벌금을 물어야 했다. 이러한 강제는 자유, 예를 들어 피부암에 걸리지 않을 자유를 확대했다.

이와 비슷하게 민간부문에서도 상호 합의된 제약을 포함하는 자발적 계약이 존재한다. 그것들은 어떤 차원의 자유를 포기하는 대가로 다른 차원의 자유를 더 가치 있게 확대해 그 혜택이 비용을 초과한다. 다음 장은 이러한 경우를 더 자세히 살펴볼 것이다.

5장

계약, 사회계약, 그리고 자유

개인들은 계약에 서명할 때 무언가를 하기로 동의한다. 이 계약은 상대방에게 무언가를 받는 대가로 미래에 행동할 자유를 제한한다. 개인은 국가가 특정 행동을 규제하거나 모두의 삶을 개선하는 공공투자의 자금을 조달하기 위해 사람들에게 세금을 내도록 강제하는 "강제"의 경우처럼 전체 교환이 그들에게 이익이 되기 때문에 그러한 제약에 기꺼이 동의한다.

근본적 의미에서 모든 계약은 계약에 동의하는 당사자에게 적절한 방식으로 기회를 확대하는 제약이다. 예를 들어 신용계약이 없다면 사람들은 높은 수익을 주는 투자를 하는 데 필요한 자금에 접근할 수 없을 것이다. 그 대가로 그들은 이 돈을 어떻게 사용할 수 있는지, 그리고 다른 대출 기관에서 대출할 수 없는 조건과 같이 아마도 그들이 할 수 있는 일에 관한 다른 측면의 제약조차 수용한다.

계약이 자발적으로 체결되었다는 사실이 착취가 아님을 의미하는 것은 아니다(이 주제는 나중에 다시 살펴볼 것이다). 착취적 노동 계약이 생존의 유일한 방법이라면 누군가는 거기에 서명할지도 모른다. 이 경우 그 사람은 강제를 받았다고 말할 수 있으며 흑인들이 농사지을 권리를 박탈당한 남아프리카처럼 대안이 박탈된 경우에는 더욱 그렇다. 이런 의미에서 대략 동등한 권력을 가진 당사자 간의 계약과 불평등한 권력을 가진 당사자 간의 계약에는 커다란 차이가 있다.

사회계약이라는 개념

철학자들은 오랫동안 개인과 사회의[1] 관계를 개인 간의 계약과 유사한 **사회계약**에 의해 지배되는 것으로 생각해 왔다. 이는 시민들의 자유와 행복 전반을 증진하는 방식으로 그들에게 제약을 가하는 계약이다. 사회계약은 은유라는 데 주목하는 것이 중요하다. 여기에는 서면 또는 공식화된 계약이 존재하지 않는다.

사회계약은 실제 계약과 마찬가지로 개인과 사회의 관계를 정의하고 계약 당사자의 계약에 대한 의무와 서로에 대한 의무를 설명한다.

사회계약과 일반 계약 사이에는 큰 차이가 하나 있다. 실제 계약이 위반되면 관계와 특히 계약을 위반한 당사자에게도 모두 결과가 발생한다. 계약을 침해당한 사람은 위반한 사람에게 위약금을 부과하려고 시도할 수 있다. 어떤 사람이 계약을 위반했을 때

계약조건(규칙과 규정)의 위반 여부와 정도를 판단하는 절차와 그에 따른 처벌에 관해 명확한 규칙들이 존재한다. 그러나 국가가 해야 할 일을 위반했을 때는 사회계약을 강제할 동등한 메커니즘이 존재하지 않는다. 이것이 일반 계약과 사회계약의 근본적 차이다. 모든 일반 계약 뒤에는 이를 집행할 정부가 존재한다. 그러나 사회계약은 신뢰에 기초한다. 사회계약의 경우 시민들이 정부가 계약을 위반했다고 믿으면 법과 질서가 무너질 수 있다.

사회계약의 작성

사회계약이라는 개념은 우리로 하여금 그 계약의 기초가 되는 어떤 규칙과 원칙이 사회의 행복에 기여할 수 있는지 물어보도록 만든다. 3장과 4장에서는 경제와 사회의 규칙을 작성할 때 중요한 사회적 트레이드오프가 존재함을 분명하게 밝혔다. 우리는 늑대의 행복에 초점을 맞출까, 양의 행복에 초점을 맞출까? 총기소유자에 초점을 맞출까, 총기폭력 피해자에 초점을 맞출까? 누진세로 자유가 축소되는 부유층에 초점을 맞출까, 정부가 더 나은 교육, 건강, 그리고 영양을 위해 자금을 지원하면 삶의 자유가 크게 향상되는 가난한 사람들에게 초점을 맞출까?

자유가 트레이드오프를 수반한다는 것을 알고 나면 우리는 강자가 모든 타인을 희생해 자신의 자유를 확장하는 정글의 법칙을 넘어 일부 사람들의 자유 확대와 다른 사람들의 자유 축소를 비교 평가하는 시스템을 찾아내야 한다. 존 롤스(John Rawls)의 『정의론(Theory of Justice)』(1971)은 이러한 틀을 제공한다. 사람들이 장막이 걷힐 때 사회에서 자신이 어떤 위치에 있는지 알 수 없는, 롤스가 "무지의 장막(veil of ignorance)"이라 부르는 장막 뒤에 있다고 상상하면 개인들이 이러한 트레이드오프 중에서 어떤 선택을 하려 할지 생각해 볼 수 있다. 그들은 부자가 될까, 가난해질까? 장막 뒤에서는 아무도 모른다. 실용적 측면에서 보면 롤스의 분석틀은 스미스의 "공정한 관찰자(impartial spectator, 애덤 스미스가 도덕감정론에서 주장한, 상식적인 사람의 행동의 판단 기준을 찾아내는 존재로서 자신이나 상대방의 입장만이 아니라 제삼자의 입장에서 판단하는 존재—옮긴이)"와 비슷하다.

> 따라서 도덕적 규범은 공정한 관찰자의 감정을 표현한다. 어떤 행동을 하려는 동기를 가진 사람의 감정이든 다른 사람의 행동에 영향을 받은 사람의 감정이든, 공정한 관찰자가 그것에 공감할 경우에만 감정은 도덕적으로 승인할 가치가 있다.[2]

롤스와 스미스 모두 무엇이 선하고 정의로운 사회인지 평가할 때 사람들이 사익으로부터 거리를 두어야 한다고 제안할 뿐이다. 사실 롤스는 우리가 살아가며 지켜야 할 원칙과 정책을 선택할 때 자신에게 유리한 쪽으로 편향된 원칙을 선택하지 **않도록 하는** 방법을 제시한다. 그는 이를 **공정으로서의 정의**(justice as fairness)라고 부른다. 스미스의 공정한 관찰자는 어떤 의미에서 이 방법을 의인화한 것이다.

롤스는 이 분석틀을 사용하여 사회계약의 바람직한 부분으로서 누진적 재분배를 지지하는 설득력 있는 사례를 제시한다.[3] 여기서는 사회를 지배하는 광범위한 제도적 장치에 대해 생각해 보기 위해 그의 분석틀을 사용할 것이다.

사회계약의 다양한 조항은 사회의 규칙과 규정(regulation)을 명시하는 것으로 생각할 수 있다. 시장은 진공상태에서 존재하지 않는다. 추상적인 자유시장 같은 것은 존재하지 않는다. 시장은 규칙과 규정에 의해 구조화되어 있다. 나는 무지의 장막 뒤에 사회계약을 구성하는 데 관련이 있는 트레이드오프에 대한 광범위한 합의가 존재할 것이라고 생각한다. 늑대의 자유 대 양의 자유를 어떻게 저울질할까? 착취하는 자 대 착취당하는 자의 자유를 어떻게 저울질할까? 우리는 이렇게 질문할 수 있다. 우리가 사회에서 어떤 위치에 놓이게 될지 모르는 무지의 장막 뒤에서, 즉 지배적 독점자가 될 가능성은 작고 잠재적으로 착취당하는 노동자나 소비자가 될 가능성은 큰 경우, 우리는 어떤 규칙과 규정을 원할 것인가? 사회적으로 공평한(equitable) 결과를 만들어 낸다고 생각될 수 있는 이 조항들에 관한 이견은 훨씬 적을 것이다. 대략 이야기하면 우리는 경제적 성과 전반과 조화를 이루면서 평등을 최대한 촉진하는 조항을 선택할 것이다.[4][5]

이 분석틀은 노동자, 소비자, 경쟁, 그리고 환경을 보호하는 것들을 포함하여 21세기 경제에 필요한 수많은 법률, 규칙, 그리고 규정에 대한 지침을 제공하는 데 사용될 수 있다. 흥미롭게도 정부개입을 수반하지 않는 자유방임주의 경제학을 지지할 때 흔히 인용되는 애덤 스미스는 규칙의 설계가 어떻게 차이를 만들어 내는지 잘 알고 있었다.

따라서 그 규정이 노동자를 지지할 때는 항상 공정하고 공평하지만 주인에게 유리할 때는 때때로 그렇지 않다.[6]

스미스는 함께 일하는 노동자에 관한 법률이 협상력에 영향을 미친다는 점을 이해했고 시장 권력의 비대칭성도 인식했다.

모든 곳에서 노동의 공통 임금은 보통 이해관계가 결코 같지 않은 두 당사자 간에 체결된 계약에 달려 있다. 그러나 보통의 모든 경우 두 당사자 중 어느 쪽이 분쟁에서 우위를 점하고 상대방이 자신의 조건을 준수하도록 강요하는지 예측하기란 별로 어렵지 않다. 기업주들은 수가 적기에 훨씬 더 쉽게 연합할 수 있다. …… 이 모든 분쟁에서 기업주는 훨씬 더 오래 버틸 수 있다.[7]

그는 계속해서 이렇게 썼다.

기업주들은 언제 어디서나 암묵적이지만 일정하고 단일한 조합을 통해 노동임금을 현실의 임금보다 높게 인상하지 않으려 한다. 때로는 그들도 노동임금을 그보다 더 낮추기 위해 특정한 조합을 만들기도 한다. 이러한 작업은 언제나 최대한 조용하고 은밀하게 수행된다.

스미스는 우리가 보는 것과 무지의 장막 뒤에서 작성된 사회계약에서 우리가 기대할 것이 현저히 다르다는 점을 인식했다. 현실의 규칙과 규정은 정치적 과정에서 설정되기 때문에 권력, 특히 정치권력을 반영한다. 고용관계에서 발생하는 자연스러운 권력의 비대칭성은 종종 규칙의 틀에 의해 더 악화된다. 이는 어떤 식으로든 노조의 결성(노동자들의 상호 "연합")을 억제하지만 때로는 기업들이 임금을 억제하기 위해 연합할 때는 묵인한다. 지식기반경제는 말할 것도 없고 산업경제가 태동하기 훨씬 전에 쓰인 이 구절에서 주목할 점은 그것이 여전히 유효하다는 것이다. 애플, 구글 같은 거대 기술기업들은 서로 노동자를 빼앗지 않기로 **비밀리에** 공모했고 그 결과로 경쟁이 저하되고 회사의 성공이 그들의 지적 능력에 달려 있는 기술자들의 임금이 낮아졌다.[8]

우파의 관점

나는 그런 제한들이 궁극적으로 기회집합을 확대하기 때문에 사람들이 자유를 제한하는 규제나 세금을 받아들일 것이라고 주장했다. 우파는 종종 이러한 사회계약의 본질에 대해 독특하고 매우 제한적인 관점을 취한다. 그들이 보기에 (살인, 절도 등의) 행동에 대한 제약 중 사회계약의 일부로 받아들여지는 것은 제한적이다. 재산권이 중요하며 재산이 어떻게 취득되었는지는 중요하지 않다. 정부의 역할은 재산권과 사적계약을 집행하는 것이다. 그들에게 이것은 너무나 당연한 일로 보이기 때문에 정당화할 필요가 거의 없다.

물론 강제성이 없다면 계약과 재산은 의미가 없다. 계약의 강제집행이 없다면, 특히 계약이 한 당사자가 오늘 (돈을 지불하는 것과 같은) 무언가를 하고 다른 당사자가 나중에 (약속한 상품을 인도하는 것과 같은) 무언가를 하는 경우 많은 유익한 교환이 결코 이루어질 수 없다. 마찬가지로 재산권이 존재하지 않는다면 투자가 저해될 것이다. 누군가가 단순히 다른 사람의 재산을 가져갈 수 있기 때문이다. 그러나 다음 장에서 설명하듯 재산권은 정의되어야 한다. 재산권과 계약을 규율하는 규칙은 사회적 구성물이며 사회적 이익을 증진하기 위해 우리가 설계하고 구체화한 것이다. 그것은 시나이산에서 전해진 것도 아니고 어떤 신비한 자연법칙에서 비롯된 것도 아니다. 사회는 정부가 어떤 계약을 수용하고 집행해야 하는지도 결정해야 한다.

많은 우파들은 이 점을 이해하지 못하는 것처럼 보이거나 더 정확하게는 권력균형이 강자에게 훨씬 더 기울어지도록 만드는 규칙을 원한다. 이들은 **계약의 자유 원칙**에 따라 아무리 착취적인 계약이라도 자발적으로 체결된 계약이라면 정부가 사적계약을 강제해야 한다고 주장한다. 우파는 정보의 비대칭성이 크거나 한쪽 당사자가 다른 쪽 당사자를 오도한 경우에도 계약의 강제집행을 주장한다. 이들은 법인(기업)[9]을 통해 특정한 형태로 이루어지는 협조적 행위를 허용하고 심지어 촉진하는 반면, 노동자들이 자신들의 이익을 증진하기 위해 노조를 결성하는 등의 다른 협조적 행위는 담합으로 금지한다. 우파들은 기업에 의해 발생한 노동자 또는 소비자의 손실을 복구하기 위한 협조적 행동도 더욱

어렵게 만든다.[10]

우파가 추진하는 이러한 규칙과 규정(그들이 암묵적으로[11] 사회계약의 일부가 되어야 한다고 주장하는 조항)은 사회의 행복(societal well-being)과 권력과 부의 분배에 명백한 결과를 초래한다. 저소득층과 중간층까지 함께 연합해서 노력해야 부유층의 이익에 대항할 수 있다. 우파가 이 경로를 가로막으면 그들은 사실상 기업의 착취를 조장하고 불평등을 심화하며 사회의 행복을 감소시키는 것이다.

재산권을 보호하고 모든 계약을 강제하는 데만 초점을 맞추는 우파가 바라는 사회계약이 사회적으로 정의로운 사회계약이 무엇인지, 또는 심지어 경제적 효율성을 증진하는 사회계약이 무엇인지에 관한 합리적 논의로부터 도출될 수 있을지 의문스럽다. 우리 사회와 경제의 변화로 오늘날에는 과거보다 더 많은 정부의 개입과 투자가 필요하며 따라서 더 많은 세금과 규제가 필요하다. 이러한 투자를 제공하는 최선의 방법에 관해 논의할 수는 있지만[12] 합리적인 사람이라면 이러한 투자의 필요성과 적어도 비용의 상당 부분을 공적으로 부담할 필요성을 부정할 수 없을 것이다.

어떤 사적계약이 강제되어야 하는가?

물론 계약은 그 자체로 윤리적으로 중립적이고, 사회적으로 바람직할 뿐 아니라 바람직하지 않은 거래도 촉진할 수 있다. 좋은 사회계약은 사회적으로 바람직하지 않은 행동을 조장하지 않을 것이며 따라서 정부는 그런 행동을 조장하는 사적계약을 강제 집행하지 말아야 한다. 도둑질과 살인을 금지하는 규제의 필요성만큼 너무나 명백하고 당연한 일이다. 누군가에게 불법적인 일을 하도록 강요하는 계약은 그 자체로 불법이어야 하며 분명 집행되어서는 안 된다. 그러나 우파는 "계약의 신성함"을 강조함으로써 사회적으로 좋은 계약과 나쁜 계약의 구분을 인정하지 않는다. 물론 어떤 계약이 사회적으로 좋은 계약인지 나쁜 계약인지에 대한 이견과 논쟁이 필연적으로 나타날 수밖에 없을 것이다. 하지만 일단 계약이 사회적 구성물이라는 사실을 인정하면 우리는 계약이 좋거나 나쁠 수 있고 실제로 일부 계약은 신성한 것이 아니라 혐오스러운 것일 수도 있다는 사실을 인정할 수 있다.

좋은 계약과 나쁜 계약에 대해 이견이 있을 수 있음을 인정하는 것은 흥미로운 질문을 제기한다. 예를 들어 무엇을 팔 수 있을지 허용하는 대상에 관해 논쟁의 여지가 있다. 비록 사람들이 자신의 신장을 팔아서는 안 된다는 보편적 합의가 있다 해도 과연 혈액 판매도 허용되지 말아야 할까? 자발적 기부를 통해서만 혈액을 얻을 때 양적·질적으로 더 나은(즉 수혈로 인해 전염되는 질병이 없다는) 결과를 얻으며 그렇게 하는 것이 사회적 규범이 된다는 부분적 증거가 존재한다.[13] 이와 비슷하게 성매매에 대해 사람들이 어떻게 생각하든 그런 서비스를 제공하는 계약이 법으로 집행되어야만 하는지에 관해 정당한 의문이 제기될 수 있다.

그러나 법치주의를 통해 어떤 계약을 허용하고 강제해야 하는지에 대한 논란이 있을 수 있지만 오늘날에는 아동노동, 인신

매매, 사기와 착취, 노예제, 노예계약, 장기를 비롯해 중요한 신체 부위의 매매를 용인하는 계약 및 계약조항을 사회계약이 강제하는 것은 물론 허용해서도 안 된다는 광범위한 합의가 존재한다.

문제가 있는 계약조항의 또 다른 예는 기업들이 계약서에 점점 더 많이 삽입하고 있는 비밀유지계약(nondisclosure agreement, NDA)이다. 비밀유지(투명성 부족)가 바람직한 상황도 있을 수 있지만 종종 비밀유지는 나쁜 일이나 다른 것을 숨기기 위해 사용되는 경우가 많다. 이 조항은 권력을 가진 남성이 여성을 성폭행한 경우 합의서에 자주 포함되며 그 남성에게 책임을 묻는 데 중요한 장애물이 되는 것으로 입증되었다. 영화계 거물이자 성범죄자인 하비 와인스타인(Harvey Weinstein)의 악명 높은 사건에서 비밀유지계약의 역할이 주목받았다.[14] 비밀유지계약은 소송과 합의가 흔한 은행권에서도 인종적 편견[15]과 같은 시스템의 문제를 파악하고 시정하는 것을 불가능하지는 않더라도 어렵게 만든다. 나는 이러한 계약조항을 강제해서는 안 된다는 인식이 확산되기를 바라고 그렇게 될 것이라 믿는다.

7장에서는 시장지배력과 그것을 지닌 기업들의 착취 능력을 강화하기 위해 고안된 그 외의 계약조항들에 관해 논의할 것이다. 자유의 이득과 손실을 균형 있게 고려하면 답은 분명하다. 정의로운 사회계약은 정부가 착취적 계약을 강제집행하도록 요구하거나 명령하는 것은 물론 그것의 작성도 허용하지 않을 것이다.

사회계약의 추가적 조항: 사회적 보호와 생애관리의 지원

중요하면서도 무지의 장막 뒤에서 사람들이 일반적으로 동의하는 사회계약의 몇몇 다른 측면이 존재한다. 그중 많은 면이 우파의 이상적이고 허구적인 세계와 달리 현실에서 시장이 제대로 작동하지 않는 경우와 관련된다. 이 많은 실패는 시장 자체에 내재되어 있다. 정보는 본질적으로 불완전하고 비대칭적이기 때문에 우파가 상상하는 식으로 시장이 작동하지 않으며 이러한 정보의 불완전성을 극복하는 데는 많은 비용이 든다. 시장을 운영하는 데도 많은 비용이 든다.

시장이 효율적 결과를 만들어 내는 "완벽한 시장"에 관해 이야기하려면 모든 관련된 위험에 대비할 완벽한 보험시장이 전제 **되어야** 한다(이는 분명한 요건은 아니었는데 보험시장이 반드시 포함되어야 한다는 결과를 입증한 것은 20세기 마지막 25년 동안 경제이론의 중요한 성취 중 하나였다).[16] 그러나 우리가 직면한 가장 중요한 위험 일부는 본질적으로 그 차원과 규모를 알 수 없다. 코로나19 팬데믹과 우크라이나전쟁은 전 세계 기업과 가계에 심대한 영향을 미치는, 경제가 직면한 커다란 위험을 잘 보여 준다. 그러나 시장은 이러한 위험에 대한 보험을 제공하지 않았고 미래에 시장이 이와 유사한 위험에 대비하여 그럴 것이라고는 상상하기 어렵다.[17]

사회계약에서 사회적 보호

거의 모든 현대 사회에 통합되어 있고 지난 150년 동안 가장 중요한 사회 혁신 중 하나로 꼽히는 좋은 사회계약의 한 측면은 사회적 보호(social protection)다. 이는 인생의 변덕과 부침, 특히 실직이나 큰 질병 같은 큰 위험으로부터 개인의 삶을 보호한다. 사회적 보호는 개인이 필요할 때 돈과 자원이 없는 경우가 흔하다는 사실, 즉 생애관리(lifetime management)라는 것에 도움이 된다. 인생의 이러한 큰 위험 중 일부는 앞서 설명한 사건들과 관련되는데 이에 대해 사적 시장에서는 보험을 제공하지 않거나 제공할 수 없다.

또한 젊은이들은 자신의 교육과 건강에 투자할 자금이 없다. 어려움을 겪는 젊은 부모들은 좋은 육아를 위한 자금이 부족하고 은퇴자들은 품위 있는 삶을 살기에 충분한 자원이 부족할 수 있다. 미국에서는 부모가 자녀를 대학에 보낼 돈이 없는 경우가 많지만 그들은 대학 학위가 없으면 자녀의 평생 전망이 제한된다는 것을 알고 있다.

이러한 명백한 시장의 한계를 고려하면 **무지의 장막 뒤에** 있는 사람들은 분명 적어도 부분적인 사회보험을 제공하고 젊은이들이 자신의 잠재력을 발휘하는 데 (부모의 자원에만 의존하지 않고) 투자하는 사회계약을 원할 것이다. 사실상 모든 현대 사회가 그렇게 하고 있다.

시장실패와 보수적 관점

표준적인 경제학자들의 관점, 그리고 수많은 자유지상주의자들과 우파의 관점은 완벽한 자본시장을 가정한 채 대략 이렇게 이야기한다. 젊은이들은 미래의 수입을 담보로 대출을 받을 수 있다. 젊은이들(또는 그들을 위해 행동하는 부모)은 수익률과 자금의 비용의 균형을 맞춰 합리적으로 건강과 교육에 투자하는데 완벽한 시장에서는 그 수익률이 낮을 것이다. 젊은 부모는 평생 동안 소득을 평탄화할 수 있고, 따라서 보육을 원하면 스스로 그것을 구매하고 그렇지 않다면 부모 한 명이 집에 머무른다. 표준적인 경제학자의 생각으로는 효율적이고 바람직한 해결책이다. 이들에 따르면 정부가 보육서비스를 제공하거나 보조금을 지급하면 너무 많은 여성이 일하게 되기 때문에 문제가 발생한다. 이런 여성들 중 일부는 집에 남아서 아이를 돌보는 편이 더 나을 것이다. 그들이 벌어들이는 소득이 시장에서 제공하는 보육 비용을 충당하지 못하기 때문이다(물론 비용과 편익을 비교하는 경제학자의 날카로운 분석은 여성의 잠재력 실현이나 남성과 여성의 권력관계 같은 더 넓은 사회적 측면을 고려하지 않는다. 사실 표준모형은 어떤 권력관계의 존재도 무시하며 시작하고 완벽한 시장을 가정한다).

나는 현재는 거의 모두 소득이 낮고 미래에는 훨씬 더 높은 소득을 갖게 될 내 경제학과 학생들에게 완벽한 시장에 관한 이러한 관점이 터무니없다고 가르친다. 그들 상당수는 분명히 현재 더 좋은 아파트를 가지고 스키 휴가를 더 많이 즐기고 싶을 것이다. 대부분의 다른 경제학 수업에서 배운 것처럼 표준모형에 따르면 그들은 미래 소득에 기초하여 지금 대출을 받아 시간에 걸쳐 소비를 평탄화해야 한다. 나는 학생들에게 그렇게 할 수 있도록 지역 은행에 가서 대출을 신청해 보라고 이야기한다. 그렇게 하면 어떤 일이 벌어질지 뻔하다. 은행은 분명 거절할 것이다. 학생들은 대출을 **약간** 받을 수 있을지 모르지만 그 경우에도 높은 금리로만 가능할 것이다. 현실 세계에서는 신용이 할당된다.[18]

위험시장으로 넘어가 보자. 다시 한번 우파는 표준 경제모형을 따라 완벽한 위험시장이 존재한다고 가정한다. 앞의 두 단락에서 설명한 모든 "투자"는 위험하다. 사람들은 건강과 교육, 유아원 교육에 대한 투자 수익률을 알지 못한다. 자신이 얼마나 오래 살 수 있을지도 모른다. 몇몇 경우에는 전문가들조차 그런 투자의 경제적 수익이 얼마나 큰지에 관해 동의하지 않는다. 우리는 적절한 교육과 의료보험 없이는 누구도 잠재력을 최대한 발휘할 수 없음을 알고 있다. 그러나 어떤 경우에도 개인은 아동의 건강과 교육에 대한 투자의 수익에 영향을 미치는 연관된 미래의 위험에 대비하여 민간보험에 가입할 수 없다. 일반적으로 위험은 이러한 투자를 억제하기 때문에[19] 잘 작동하는 위험시장이 존재하지 않는다면 사회적으로 생산적인 수준보다 낮은 수준의 투자가 이루어질 것이다.

그 밖에 개인의 행복에 영향을 미치는 많은 위험이 존재한다. 불안은 사람들에게 치명적 영향을 미칠 수 있는데 이것이 바로 프랭클린 D. 루스벨트 대통령이 "두려움으로부터의 자유"를 외친 것이 그렇게 중요했던 이유다.[20]

의료보험, 실업, 그리고 연금

지난 세기 동안 각국 정부는 시민들이 직면하고 있지만 민간보험 시장이 적절히 대처하지 못하는 주요한 위험들이 존재한다는 사실을 점점 더 인식해 왔다. 이것이 사회보험의 동력을 제공했다.

1965년 린든 B. 존슨(Lyndon B. Johnson) 대통령이 메디케어(Medicare)를 통과시켜 정부가 노인들에게 의료보험을 제공하기 전에는 많은 사람이 의료보험에 가입할 수 없었고 가입할 수 있는 사람들도 매우 높은 보험료를 지불해야 했다. 가장 중요하게는 2010년 건강보험개혁법(Affordable Care Act) 등 여러 법률과 규정이 통과되기 전에는 65세 미만의 많은 사람이 의료보험에 가입할 수 없었다. 특히 심장이 약하거나 관절염 같은 기저질환이 있는 사람들이 그랬는데 이들은 의료보험이 더욱 필요했다. 보험에 가입할 수 있는 많은 사람에게 그 비용이 소득의 상당 부분을 차지할 정도로 높았다.

한편 일하는 가정이 직면하는 가장 중요한 위험과 불안의 원인 하나는 주 소득자가 실직한 뒤에 신속하게 다른 일자리를 찾지 못하는 것임에도 불구하고 민간보험시장은 결코 실업보험을 제공하지 않았다.[21]

공적으로 조직된 사회적 보호의 또 다른 예로는 사회보장제도(Social Security)와 같은 공적은퇴 프로그램을 들 수 있다. 1889년 독일의 수상 오토 폰 비스마르크(Otto von Bismarck)는 노령사회보장(old-age social security) 프로그램을 최초로 도입했다. 당시에는 일반적인 은퇴 연령인 65세를 넘어 사는 사람이 상대적으로 적었다. 오늘날 일부 국가의 기대수명은 80세 이상이다. 일본의 경우 남성은 82세, 여성은 88세로 은퇴 후에도 15년 이상 더 살 수 있다. 인구 내 다양한 집단의 기대수명에 관한 훌륭한 통계가 있지만 특정한 개인이 얼마나 오래 살 것인가에 관해서는 불확실성이 여전히 매우 크다. 피보험자가 얼마나 오래 살든 일정 금액을 지급하는 보험인 연금은 이러한 위험을 완화하지만 기대수명 데이터로 정당화되는 수준을 훨씬 넘는 높은 비용이 든다. 물론 이것은 놀라운 일이 아니다. 보험회사의 막대한 수익과 광고 비용을 누군가는 지불해야 하는데 그것이 바로 고객이다.

사회보장제도는 대체로 정부가 운영하는 연금으로 볼 수 있으며 그 거래 비용은 민간부문의 연금에 비해 일부에 불과하다.[22] 그리고 사회보장제도에는 사적연금에 없는 개인의 안정감에 매우 중요한 조항이 있는데 가장 중요한 것은 인플레이션에 대한 조정이다. 인플레이션은 1970년대에 폭발한 후 수십 년 동안 잠잠했지만 팬데믹 이후 인플레이션은 그것이 재발할 수 있음을 모두에게 상기시켜 주었다. 드물게 발생하더라도 우리는 이런 사건에 대비한 보험이 필요하다. 시장은 이러한 보험을 제공하지 못하지만 정부는 제공할 수 있고 실제로 제공해 왔다.

미국의 공적퇴직연금(public retirement scheme) 제도에는 또 다른 중요한 조항이 있는데 일반적인 임금 상승에 따라 지급액이 증가한다는 것이다. 이 조항이 없다면 2차세계대전 이후 수십 년 동안처럼 임금이 급격히 상승할 때 저축에만 의존하는 노년층의 생활수준은 더 젊은 사람들보다 훨씬 낮아질 것이다. 그러면 수용할 수 없는 수준의 세대 간 소득격차가 나타날 것이다. 퇴직자의 급여를 결정하는 가장 중요한 요인은 그 스스로의 기여액이지만, 또 다른 요인은 현재의 임금 수준이기 때문에 공적퇴직연금

제도는 세대 간 위험공유와 소득평탄화 기능을 약간 제공한다.

놀랍게도 일부 우파들은 여전히 다양한 형태의 사회보험을 민영화하기를 원한다. 그러나 각각의 사회보험이 도입된 이유는 시장이 적절히 대처하지 못한 위험이 존재하기 때문이었다. 많은 경우 시장은 적절히 대처하지 못했다.

공적으로 제공되는 사회적 보호에 대한 많은 반대는 집단행동이 개인의 자유를 침해하고 정부가 언제나 비효율적이라는 단순한 이데올로기에 의해 추동된다(많은 반대는 적나라한 사적 이익에 의해서도 추동된다. 몇몇 금융가들은 가령 사회보장제도가 민영화되면 그들이 큰 돈을 벌 수 있다는 사실을 알고 있으며 퇴직자들에게 돌아가는 비용은 무시한다).[23]

나는 이미 집단행동에 관한 주장을 검토했다. 사회보험은 대부분 시민들의 자유와 기회를 크게 확장시켰다.[24] 많은 이들에게 사회보험은 루스벨트 대통령이 가장 바라던 바를 실행하는 데 성공하기까지 했다. 그것은 시민들에게 두려움으로부터의 자유를 주었고 적어도 불안을 상당히 줄여 주었다.

정부가 언제나 비효율적이라는 주장은 증거에 의해 반박된다. 이미 지적했듯이 사적연금의 거래비용은 사회보장제도보다 훨씬 크다. 지역 모임 등에서 시민들은 정부가 메디케어와 사회보장제도를 건드리지 말기를 계속 요구해 왔다.[25] 이 두 프로그램은 너무 잘 작동하기 때문에 우파 이데올로기에 사로잡힌 사람들은 그것들이 분명 민간에 의해 운영될 것이라고 생각한다.

더 많은 것을 성취할 수 있다: 교육기회의 향상

호주에는 대학에 진학하는 학생들을 위한 학자금대출제도가 있는데, 이 제도에서는 상환액이 졸업 후 그들이 버는 소득에 따라 달라진다. 정부(사회)가 교육에 대한 투자에 수반되는 위험 일부를 부담한다. 정부가 민간부문에서는 제공하지 않는 위험 공유 기능을 제공하는 것이다. 그리고 이 공공 프로그램은 민간부문의 대출 프로그램에 비해—비록 민간부문의 프로그램이 더 단순해 보일지도 모르지만—훨씬 더 효율적이라는 것이 밝혀졌다. 호주국립대학교 명예교수이자 소득연계 대출제도의 아버지인 브루스 채프먼(Bruce Chapman)은 다른 나라에서 온 사람과 이 제도에 관해 나눈 대화를 농담 삼아 말한다. 그 외국인은 채프먼 교수에게 거의 모든 대학생에게 대출을 제공하는 호주의 학자금대출제도를 관리하기 위해 정부가 얼마나 많은 사람을 고용하고 있느냐고 물었다. 채프먼이 "열일곱 명"이라고 대답하자 그는 감명하며 "1700명이라니 정말로 효율적"이라고 대답했다. 채프먼은 "아뇨, 고작 열일곱 명일 뿐"이라고 말했다. 핵심은 이 대출제도가 소득세제도를 활용한다는 점이다. 정부는 학자금대출을 받은 사람들의 납세고지서에 세금 외에 추가 금액을 자동 청구한다. 현대 기술 덕분에 전체 시스템을 운영하는 데 추가 직원이 고작 열일곱 명 필요할 뿐이다.

사회계약 설계의 다른 요인들

사회정의와 사회계약 설계에 관한 많은 논의는 암묵적으로 무지의 장막 뒤에서 어떤 조세제도가 사회적으로 정의로운지를 물으며 분배에 초점을 맞추어 왔다. 존 롤스는 누진세의 바람직함에 대해 설득력 있는 주장을 제시했다.

여기서 나는 사회계약과 사회적 조직의 모든 측면을 비슷한 관점, 즉 무지의 장막 뒤에서 바라볼 수 있고 그래야 한다고 주장했다. 3장에서는 상호 연관된 사회가 외부효과를 해결하는 데 도움이 되는 규칙과 규제를 분석했다. 4장은 정의로운 사회가 무지의 장막 뒤에서 어떻게 공공지출에 관해 생각하고 조정 문제를 해결할지 살펴보았다. 이 장은 어떤 사적계약을 집행하지 말아야 하는지, 그리고 더 광범위하게는 사회계약에 무엇이 더 포함되어야 하는지에 관해 우리가 어떻게 생각해야 할지 논의했다. 나는 사회적 보호와 생애주기에 걸친 투자 관리—교육 그리고 양육과 은퇴를 위한 공적제도—의 필요성을 강조했다. 다음 장들은 우리의 경제·정치·사회 체제의 또 다른 측면들을 다룰 것이다.[26]

결론: 사회계약 설계의 지침을 모색하기

이상의 논의를 고려하면 사회적으로 정의로운 사회계약이 복잡하다는 것은 명백하다.

그것은 협소하게 정의된 자유를 제한하는 규제와 다른 조항들을 포함하지만 이로써 더 일반적으로 자유를 확대한다. 그것은 우파의 사회계약과 다르다. 우파의 사회계약은 그들이 그 개념을 아무리 광범위하게 정의하려 해도 사적계약과 재산권의 집행에 제한되어 있다. 사실 나는 일부 계약은 집행되지 말아야 한다고—몇몇은 정말로 혐오스럽다—주장했고 나중에 재산권이 어떻게 제한되어 있고 그래야 하는지 설명할 것이다. 무지의 장막 뒤에서는 모든 계약을 집행하거나 재산권이 전혀 구속받지 않는 사회계약은 존재하지 않을 것이다.

미국을 비롯한 여러 나라에서 정부는 종종 금융 및 기업 대표자들에게 사업을 관리하는 법률과 규칙에 관해 조언을 구한다. 이는 금융규제나 국제무역과 같이 복잡한 분야에서 특히 그렇다. 그러나 애덤 스미스는 이 대표자들의 조언을 구하는 것에 관해 경고했다.

> (기업인들의) 이익은 언제나 대중의 이익과 다르거나 반대다. …… 상업에 관한 새 법률이나 규칙이 기업인 계층으로부터 제안되었다면 …… 매우 의심스러운 주의를 기울여 …… 오랫동안 조심스럽게 검토되기 전까지는 결코 채택되어서는 안된다. 그것은 …… **일반적으로 대중을 기만하고 심지어 억압하는 이해를 가진 계층의 사람들로부터** 나온 것이다.[27]

이 인용구에서 스미스는 기업인들의 이해가 사회 전체의 이익과 일치하지 않음을 인식하고 기업인들의 공공정책에 관한 조언에 심각한 불신을 제기한다(2008년 금융위기 이전 미국 정부가 월스트리트 금융가들의 권고보다 스미스의 이 현명한 말에 더 많은 주의를 기울였더라면 좋았을 것이다).

롤스에 대한 우리의 논의는 왜 스미스가 옳았는지 더 잘 설명해 준다. 사회는 특히 경제적 문제에서 그들의 목소리가 매우 자주 큰 영향력을 미치는 기업인과 금융가 들의 조언에 대해 경계해야 한다. 기업인들 대부분은 무지의 장막 뒤에서 무엇이 사회에 좋은지 생각하지 않는다. 단지 "어떻게 나와 회사의 이윤을 증가시킬 것인지" 묻는 데만 익숙하다. 이에 대한 대답은 그들의 회사를 부유하게 만들도록 정부가 규칙과 규제를 만들고 돈을 쓰도록 설득하는 것이다.

게다가 거래 성사나 자기 분야에 관해 일류의 지식을 가졌다고 해도 경제·정치·사회 체제 전체가 어떻게 작동하는지 이해하는 전문가들은 극히 드물다. 이 주제를 평생 연구한 학자들도 그러한 과제가 얼마나 어려운지 인식하면 겸손해지지만 적어도 그들은 올바른 질문을 던진다. 그들은 자발적 계약조차 바람직하지 않을 수 있음을 알고 있다. 체제가 어떻게 작동하는지 이해함으로써만 우리는 이런저런 정부개입에 관해 평가할 수 있고 어떤 사회계약이 사람들 대부분에게 의미 있게 정의된 자유를 확대하는지 판단할 수 있다.

6장

자유, 경쟁경제, 그리고 사회정의

자원이 한정—경제학자들이 희소성이라 부르는 특성—되어 있다는 사실은 개인과 사회로서 우리가 할 수 있는 일을 제약한다. 우리는 당연히 이러한 제약을 자유의 상실이라고 부르지 않는다. 하지만 정부가 개입하여 세금을 부과하고 우리가 힘들게 번 돈의 일부를 가져갈 때 우리는 종종 자유를 잃는다고 느낀다. 이러한 공적개입은 소득을 감소시켜 우리의 선택을 제한하기 때문에 강제적으로 **보일** 수 있다.

특히 자유지상주의자들은 납세를 강요당하는 데 큰 문제를 제기한다. 그들에게 세금은 자유를 박탈하는 것이다. 그들은 자신의 고소득이 정직하고 열심히 일한 결과이며 창의적 에너지와 투자 기술(많은 사람에게는 적절한 부모를 선택하는 기술도 추가해야 할지도 모른다)의 결과라고 주장하기 때문에 자신의 돈을 원하는 대로 쓸 기본권이 있다고 믿는다.

이 장과 다음 장의 주된 목적은 대부분의 경우 시장 소득에 도덕적 정당성이 없음을 주장함으로써 이러한 주장을 비판하는 것이다. 17~18세기 노예제, 19세기 식민주의와 아편무역, 20세기 시장지배력과 유혹적이고 잘못된 광고 등과 같이 착취를 통해 소득이 창출되는 경우 이는 명백해 보인다. 다음 장에서는 최상류층이 독점한 부의 얼마나 많은 부분이 적어도 부분적으로는 하위계층에 대한 착취에서 기인하는지 논의할 것이다.

그러나 이 장에서는 오늘날 시장이 대체로 액면 그대로 경쟁적이라는 가설을 받아들이고, 그런 경우에도 겉보기에 잘 작동하는 경쟁시장에서 얻어진 소득의 도덕적 정당성이 의문스럽다고 주장할 것이다. 여기에는 여러 이유가 있다. 부분적으로는 사람들이 물려받는 부가 어느 정도 또는 많은 경우 착취에서 비롯되었기 때문이고 부분적으로는 경쟁시장에서도 임금과 가격에 도덕적 정당성이 없기 때문이다. 부의 분배 상태가 다르면 임금과 가격이 달라질 수 있기 때문이다. 도덕적으로 부당한 부는 그 자체로 도덕적 정당성이 결여된 임금과 가격을 낳는다. 경제에 다른 규칙과 규정이 존재한다면 임금과 가격이 달라질 것이다. 하지만 부자와 권력자가 규칙들을 만들었다면 임금과 가격에는 도덕적 정당성이 없다.

이것은 중요한 문제다. 자유지상주의자는 자신의 소득이 자신의 것이며 어떤 의미에서 그것에 대한 도덕적 권리를 가진다고 주장한다. 나아가 사회적 불평등이 심하고 공공의 필요가 큰 상황에서도 재분배적 과세를 하면 안 된다고 주장한다. 그러나 이 주장에는 시장이 창출하는 모든 소득에 도덕적 정당성이 있다는 전제가 깔려 있다.

정당한 보상: 경쟁경제에서 소득과 부의 도덕적 정당성

역사적으로 부자에게 세금을 부과하여 공공서비스를 제공하고 불우한 사람들을 돕는 직접적 재분배에 반대하는 경제학자들은 소득이 사람들의 노력에 뒤따르는 "정당한 보상"이라고 주장했다. 19세기 초의 위대한 경제학자 중 한 명인 나소 윌리엄 시니어(Nassau William Senior)는 자본가들의 부가 자본주의 체제의 핵심인 자본축적을 창출한 저축의 "절제(abstinence)"에 대한 정당한 보상이라고 주장했다.[1] 신고전파 경제학은 거기에 보다 일반적인 정당성을 제공했다. 각 개인은 자신의 **한계적 기여**(marginal contribution), 즉 경제적 파이에 기여한 정도에 따라 시장에서 보상을 받는다는 것이었다. 그러나 이 주장은 오늘날과 마찬가지로 당대에 만연했던 외부효과와 그 밖의 시장실패의 존재를 무시했다. 따라서 신고전파 경제학은 개인이 기업의 수익성에 기여한 한계적인 **사적** 기여와 개인이 사회에 기여한 한계적인 사회적 기여가 같다는 신화적 세계를 만들어 낼 수 있었다.

고전파 경제학(그리고 그것의 20세기와 21세기의 후예인 신고전파 경제학)은 왜 개인마다 자산이 다른지, 왜 어떤 사람은 교육을 더 많이 받고 어떤 사람은 덜 받는지, 어떤 사람은 자본을 더 많이 갖고 다른 사람은 덜 가지고 있는지에 주의를 거의 기울이지 않았다. 시니어는 그것이 단순히 더 많은 근검절약의 결과라고 말했다. 그것은 한 가지 요인이었지만 다른 요인도 있었다. 미국 남부 흑인들은 노예로 살던 기간에 했던 노동의 과실을 얻지 못했다. 노예소유주들이 그것을 차지하여 불법적으로 취득한("훔친" 것이라고 말할 수 있다) 부의 일부를 후손에게 물려주었다. 이는 어떻게 부의 도덕적 정당성이 결여될 수 있는지를 명백히 보여 주는 사례다. 불법적으로 얻은 부는 수백 년이 지나 세대를 거쳐 대물림된 후에도 여전히 도덕적으로 정당하지 않다(사회가 기억을 짧게 만들기 위해 열심히 노력할 수는 있지만). 부의 이런 대물림이 여러 번 반복되는 경우에도 결국 발생하는 부의 불평등에는 여전히 도덕적 정당성이 결여되어 있다.

거대한 부에 어느 정도 도덕적 정당성이 존재한다는 주장에 대한 반론은 가난한 사람들에 대해서도 비슷한 결론을 내릴 수 있다는 것이다. 그들은 저축에 실패하거나 다른 이유로 불행을 당해도 "마땅하다"고 주장된다. 그러나 이 주장도 다른 주장과 마찬가지로 잘못되었다. 노동의 과실을 빼앗기고 노예제 폐지 이후 제대로 교육받지 못하고 "40에이커와 노새 한 마리"(남북전쟁 시기 북군이 남부를 진격하면서 발표한, 해방된 흑인들에게 나누어 주기로 했던 보상—옮긴이)라는 약속이 실현되지 않고 만연한 차별을 포함하여 많은 노예의 후손들이 빈곤한 데는 여러 이유가 있다.[2]

열악한 학교, 열악한 의료서비스, 식품사막(가까운 곳에서 식재료 등 식품을 구하기 어려운 지역—옮긴이), 금융서비스의 차별(redlining), 노조 결성이나 주택담보대출 불가 등은 빈곤층이 직면한 불평등하고 불공정한 문제 중 일부에 불과하다. 열심히 일하지 않거나 저축할 수 없는 것이 아니라 출발선에조차 서지 못하는 것이 문제다.

재산권과 자유

부의 도덕적 정당성에 대한 모든 논의는 재산권에 대한 분석에서 시작해야 한다. 강자가 약자의 것을 훔쳐서 마음대로 할 수 있는, 제한이나 구속이 없는 사회를 생각해 보자. 이런 곳에서는 강자가 자유를 누리며 원하는 대로 행동할 수 있다. 하지만 약자는 자유가 없고 강자에게 억압받으며 살아간다. 약자는 노동의 과실을 누릴 수 없기 때문에 누구도 이를 자유로운 사회라고 부르지 않을 것이다. 저축이나 소득을 빼앗길 수 있고 아마도 빼앗길 것이라는 점을 알면 투자하거나 일할 사람이 거의 없을 것이기 때문에 이런 사회는 생산적인 사회도 될 수 없다. 자유시장에 대해 이야기할 때 우리는 그러한 도둑질이 금지되고 그 금지명령이 집행되는 시장을 의미한다. 누군가의 재산의 "도덕적 정당성"에 대해 이야기할 때는 그 재산이 다른 사람으로부터 훔친 것이 아니라고 가정한다.

하지만 절도를 정의하려면 재산을 정의해야 한다. 무엇이 누구의 소유인가? 누군가는 자신이 "소유"한 재산으로 무엇을 할 수 있는가? 우리는 재산권제도를 당연하게 여기지만 나라마다 재산에 대한 관점은 현저하게 다르다. 앞에서 강조했듯이 재산권은 우리 사회가 정의하는 개념이다. 역사적으로 재산권은 강자가 자신의 권력을 보존하기 위해 정의해 왔다. 만약 그것이 도덕적 정당성이 결여된 방식으로 정의되고 할당(또는 재할당)된다면 재산의 소유에서 나오는 소득에도 도덕적 정당성이 없다. 이런 방식으로 얻은 소득을 박탈하지 **않을** 이유가 없다. 도둑이 훔친 재산을 되찾는 것은 전적으로 적절하다. 특히 재산권을 다르게 정의하고 더욱 적절하게 할당해 가난한 사람들의 소득을 더 높일 수 있다면 부자들이 부당하게 얻은 소득을 저소득층에게 주지 않고 계속 보유하게 하는 것은 도덕적으로 정당화될 수 없다.

사회적 구성물로서의 재산권: 다양한 정의

재산권은 사회적 구성물(construction), 즉 우리 사회가 정의하기 때문에 존재하는 것이므로 어떤 재산권에 도덕적 정당성이 있는지에 대한 우리의 관념도 당연히 사회적으로 구성된다. 그 경계, 규칙, 그리고 권리에 대해 상당한 이견이 있을 때마다 그 배후에는 자신이 더 많은 것을 확보하려는 강력한 이해관계가 존재할 것이라고 예상할 수 있다. 그들이 자신의 부를 법적으로 정당화할 수 있다는 사실이 도덕적 정당성을 공고히 하는 것은 아니다.

우리는 무지의 장막 뒤에서 재산권을 정의하는 방법에 대해 생각하는 틀을 발전시켰다. 이는 단순히 "소유자"가 할 수 있는 일과 할 수 없는 일, 특정 자산의 소유자가 될 방법(또는 여부)을 서술하는 규정일 뿐이다. 물론 재산권이 실제로 정의되는 방식과 무지의 장막 뒤에서 쓰인 잘 설계된 사회계약에서 재산권이 정의되는 방식 사이에는 차이가 있을 수 있다. 그 차이가 크다면 부와 재산의 도덕적 정당성에 대한 의문도 제기될 수 있다.

앞에서 나는 17~18세기에 공동으로 소유되던, 즉 공유지였던 토지가 사유화되어 지주들은 부유해졌지만 대다수 시민들은 가난해진 재산권의 변화에 관해 서술했다. 이는 단순히 재산의 강탈이었는데 이후 일부 경제학자들은 그것을 공유지의 비극이 초래한 문제에 대한 효율적 해결책이라 옹호했다. 하지만 우리는 이러한 접근이 지주의 관점에서 문제를 바라보는 것이며 규제가 더 공정하고 공평하며 똑같이 효율적인 방법임을 살펴보았다. 지주가 추가로 취득한 부에는 도덕적 정당성이 없었고 그 후손이 상속받은 재산도 마찬가지였다. 토지의 강탈이 정치적·법적 체제에 의해 뒷받침되었어도 그것은 사실이다. 평민들은 아무런 목소리를 낼 수 없는 체제였기 때문이다.

재산에 대한 상반된 개념은 세계 전역의 원주민과 식민주의자 사이에서 벌어진 많은 갈등의 근원이었다. 많은 경우 유럽인들은 자신들이 정착하고 착취한 땅을 "매입"했다고 믿었다. 그러나 적어도 많은 기록에 따르면 판매자들은 토지를 사고팔 것으로 이해하지 않았기 때문에 거래의 본질을 완전히 이해하지 못했다. 마치 누군가 내게 다가와 브루클린교를 살 수 있느냐고 묻는 것과 같았을 것이다. 일반적으로 사람들은 다리를 사고팔지 않기 때문에 내가 그런 질문을 "들었다"면 내가 그를 잘못 이해했거나 그가 다른 의도로 질문한 것이 틀림없다. 그가 말하고자 했던 바는 분명 특정한 규정과 규범에 따라 아마도 일정 기간 동안 그 다리를 **사용할** 권리를 가질 수 있는가였을 것이다.

캐나다, 호주, 그리고 미국을 비롯한 여러 지역의 많은 원주민에게 토지는 (정착인들이 종종 준수하지 않았던 방식으로) 적절하게 다루어진다면 공유할 수 있을 만큼 충분히 풍부했다.[3] 토지를 "판매"할 수 있다는 관념은 원주민들의 사고방식이 아니었다. 19세기와 그 이전에 체결된 조약과 협정에 대한 모든 현대적 해석은 이러한 관점을 고려해야 한다.

이와 마찬가지로 사람을 재산으로 여기는 생각은 21세기 대부분의 서구인에게 낯선 개념이다. 사람을 보통의 재산처럼 사고팔거나 임대한다는 생각은 용인하기 어렵다. 그러나 대부분의 국가에서 노예제도가 종식되었을 때 재산권 상실을 보상받은 것은 노예가 아닌 노예소유주였다. 누군가가 다른 사람의 자유는 말할 것도 없고 노동의 과실을 훔친 사람에게 보상해 주었다는 사실은 재산이 사회적 구성물이라는 결론을 강화한다.

또 다른 예가 있다. 미국은 땅 밑에 묻힌 자원이 국가가 아닌 땅을 소유한 개인의 소유인 몇 안 되는 국가 중 하나다. 이 조항은 경제적 효율성을 높이는 데 큰 도움이 되지 않고 무작위적 불평등에 기여해 많은 경우 불필요한 복잡성을 만들어 낸다.

내 땅 밑에서 석유가 발견된다면 나는 하룻밤 사이에 억만장자가 되겠지만 이는 내 노력 때문이 아니라 운이 좋아서이다. 그러나 내 유정에서 뽑아낸 석유의 매장층은 내가 소유한 땅 바깥에까지 걸쳐 있을 수 있고, 따라서 각 토지소유자가 다른 사람보다 먼저 최대한 많은 석유를 뽑아내려 과도한 시추가 나타날 수 있다. 이러한 경쟁에는 대부분의 국가처럼 석유 매장층이 모든 시민이 공동으로 소유하고 국가가 관리하는 자산으로 선언된다면 필요하지 않을 여러 규제가 필요하다. 이 사례는 재화와 서비스 생산의 효율성이 좋은 사회조직체계의 목표라고 생각되는 상황에서 재산권제도가 "자연스럽게" 정의되어 "경제적 효율성"을 창출한다는 주장이 거짓임을 보여 준다.

경제학자들은 경제체제에 널리 퍼져 있는 다양한 암묵적 재산권에 관해서도 연구한다. 경제학자가 아닌 사람들은 보통 그렇게 생각하지 않지만 종신교수직은 궁극적으로 재산권이다. 특정 규정을 위반하지 않는 한 일반적으로 해당 과목이 대학에서 계속 존재한다면 나는 대학에서 특정 과목을 가르치고 수입을 받을 권리가 있다. 이는 제한적 재산권이다. 나는 다른 사람에게 이 직업을 팔 수 없으며 종신교수 계약조건을 준수해야 한다.

마찬가지로 임차료가 통제되는 아파트에 사는 사람은 사실상 시장 수준보다 훨씬 낮은 임차료를 내고 거주할 재산권을 가진다. 하지만 그 권리는 제한적이다. 나는 이 권리를 다른 사람에게 팔 수 없고 일반적으로 자녀에게 이 권리를 물려줄 수도 없다.[4]

재산권과 자유: 자격과 제약

재산권에 대한 이러한 논의는 재산권 개념의 복잡성을 분명하게 보여 준다.[5] 내가 무언가를 소유한다고 해서 내가 결정한 가격에 그것을 다른 사람에게 양도하는 것을 포함해 내가 원하는 모든 것을 할 권리를 가지는 것은 아니다. 재산권에는 언제나 제약이 존재한다. 나는 공공의 목적을 위해 필요한 경우 정부가 적절한 보상과 함께 수용권을 통해 토지를 점유할 권리에 관해 지적했다. 흔히 소유권의 핵심적 특징은 그 재산권을 다른 사람에게 팔거나 양도할 권리라고 이야기된다. 일부 국가에서는 정부가 개인에게 특정 토지를 사용할 권리[사용권(usage rights)이라고 부른다]를 부여하지만 그것을 판매할 권한은 제한한다. 그리고 사용하지 않으면 그 권리를 잃을 수도 있다. 정부가 발급하는 많은 천연자원 라이선스도 마찬가지다.

이러한 제한에는 때때로 정당한 이유가 존재한다. 무지의 장막 뒤에서 좋은 사회계약은 재산권 **일부**를 규정하면서 그것을 제한할 것이다. 문제는 어떻게다.

필수의약품에 대한 특허를 소유하면 원하는 만큼 가격을 청구할 권리가 주어지는가, 아니면 그래야 하는가? 이에 대해 미국과 유럽의 대답은 서로 다르다. 미국에서는 합법적으로 독점권을 획득했다면 원하는 가격을 얼마든지 청구할 수 있다. 유럽에서는 독점력 남용이 허용되지 않는다. 이것은 시장이 정부가 부과한 규제에 의해 정의됨을 보여 주는 또 다른 예시다. 이 경우 어떤 제도가 더 나은지 분명하다고 생각하지만 미국이 왜 이런 제도를 채택했는지도 분명하다. 미국의 제도가 더 나은 결과를 창출하기 때문이 아니다. 권력이 있는 자, 특히 강력한 제약회사가 규칙을 정할 때 더 큰 영향력을 행사하기 때문이다. 유럽의 규범에 익숙한 사람의 관점에서 이 문제를 바라보면 독점력을 이용하여 미국 제약회사가 얻는 막대한 초과이윤에는 도덕적 정당성이 없다. 사회는 이러한 초과이윤을 환수할 모든 권리가 있다. 이는 가설이 아니다. 미국 제약회사가 인슐린 가격을 유럽 제약회사보다 약 열 배 더 비싸게 책정하는 것은 미국의 재산권 체제의 일부인 이러한 독점력 행사 때문이다.[6]

이 주제에서 가장 중요한 점은 재산권이 우리가 흔히 당연하게 생각하는 방식으로 일부 사람들의 자유를 제한하는 반면 다른 사람들의 자유를 확대한다는 것이다. 당연하고 필연적으로 보이지만 전혀 그렇지 않다. 내가 땅을 소유하고 있다면 당신이 그 땅을 침범하지 못하도록 막을 수 있다. 그러나 이는 재산권이 한 사람의 자유(재산권소유자가 다른 사람을 배제할 권리)를 확대하면서 다른 사람의 자유를 제한함을 의미한다. 재산권이 잘 정의된 "자유" 시장은 일부의 주장처럼 자유를 극대화하는 것이 아니라 일부에게 자유를 주고 다른 사람에게서 자유를 빼앗을 뿐이다. 때로는 효율성을 촉진한다는 이유로 재산권의 특정한 할당을 옹호할 수 있지만 앞에서 설명했듯이 특정한 재산권 할당 방식은 효율성을 저해할 수도 있다. (지하수의 경우처럼) 공동소유 같은 더 나은 대안이 존재한다. 그리고 효율성에 기초해서 어떻게 옹호하든 재산권 할당은 분배에 영향을 미친다. 앞 단락에서 예로 든, 원하는 가격을 마음껏 청구할 수 있는 미국 제약회사의 권리는 엄청난 사회적 비용을 초래한다는 점에 주목하라. 이러한 현실에 더하여 공공 의약품 공급이 불충분한 결과로 사람들이 불필요하게 죽어 가고 있는 것이 거의 확실하다.

이러한 분배적 결과에 대한 우려가 재산권의 중요한 정의 몇 가지를 만들어 낸다. 예를 들어 영국 시골에는 보행자가 토지를 가로질러 통행할 권리가 규정되어 있다. 이와 비슷하게 캘리포니아를 포함한 많은 주와 국가의 시민들은 모든 해변을 걷고 접근할 권리를 가진다. 콜로라도, 몬태나, 와이오밍, 그리고 뉴멕시코에서는 사유지라 해도 하천에서 "배를 탈 권리"를 인정하고 있다.

이러한 논의는 재산권의 본질이 때때로 자의적임을 강조한다. 재산권의 특정한 정의와 할당은 인슐린의 부당한 가격책정과 같이 부당한 결과와 무지의 장막 뒤에서는 거의 발생하지 않을 비효율적인 결과를 초래한다. 그러나 재산권이 불공정하고 불공평한 방식으로 정의된다면 그 재산권의 할당과 정의에서 파생되는 부의 불평등 역시 불공정하고 불공평할 가능성이 크다.

부당함과 이점의 세대 간 이전

한 시기의 소득과 부가 어느 정도 도덕적으로 부당하고 (재정적 유증 또는 단순히 더 나은 교육에 대한 접근을 통해) 부의 세대 간 이전이 일부 이루어진다면 다음 세대의 소득과 부는 정당성이 없을 것이다. 소수의 개인이 토지 절도를 통해 부를 획득한 부모로부터 한 국가의 부의 상당 부분을 상속받는 비현실적이지 않은 경우를 생각해 보자. 이러한 상황에서 부에 도덕적 정당성이 있다는 주장은 분명 취약할 것이다.

도둑질을 당한 재산의 환수가 일반적으로 도둑의 권리를 침해하는 것으로 간주되지 않듯 부당하게 얻은 부를 저소득층 시민에게 재분배하는 정책이—특히 만약 토지가 그들이나 그들의 선조로부터 도둑질당한 경우—자유에 대한 근본적 침해라고 말하는 사람은 거의 없을 것이다.[7] 사실 많은 사람은 도난당한 토지를 반환하는 정책이 도덕적으로 정당하다고 말할 것이다. 하지만 그렇게 되면 토지를 빼앗긴 사람들의 토지에 대한 도덕적 권리에 의문이 제기될 수 있다. 어쩌면 그들도 다른 사람의 땅을 빼앗았을 수 있다.

여기서 다루지 않는 또 다른 난해한 문제는 오늘날의 부와 특정인의 과거 범죄 사이에 명확한 연관성이 없는 경우, 토지를 빼앗긴 사람의 후손이 도덕적 배상청구를 할 수 있는가, 그리고 누가 그 비용을 부담해야 하느냐는 것이다. 소유권이 분명한 토지를 합법적으로 매입했다고 생각한(그리고 당시 정부로부터 소유권이 분명하다고 들었을 수도 있는) 토지소유자가 책임져야 할까? 이런 정책으로 인한 경제적·사회적 비용은 분명히 엄청날 것이다.

이는 이론적으로만 까다로운 것이 아니다. 베를린장벽과 철의 장막이 무너진 후 재산을 국유화했던 많은 동유럽 국가가 재산환수 정책을 채택했다. 일부 국가에서는 특정 집단이 일련의 다른 정부 아래서 이루어졌던 재산의 재분배를 부당하다고 생각하게 되었다. 공산주의 국유화 이전의 재산권은 많은 경우 우파 정부의 영향을 받았으며 유대인 및 기타 소수민족의 재산을 재분배하는 경우가 많았다. 그렇다면 오늘날의 재분배는 공산주의자들에 의한 국유화 이전의 재산권으로 되돌아가야 할까, 아니면 그보다 더 거슬러 올라가야 할까?

여러 세대에 걸친 금융자산의 이전은 이점(advantage)이 전달되는 한 가지 방법일 뿐이다. 가장 진보적인 사회에서도 이점과 불리한 점의 세대 간 이전이 높은 수준으로 이루어진다.[8] 교육(인적자본)과 인맥을 포함하여 이러한 현상이 발생하는 여러 메커니즘이 존재한다. 훔치거나 불법적으로 취득한 부는 금전적 상속 없이도 한 가족의 후손에게 이득을 줄 수 있으므로 그 효과를 되돌리려면 단순한 재산 환수 이상의 것이 필요하다. 미국은 기회의 땅이라는 자부심이 있지만 미국 젊은이들의 인생 전망은 다른 어떤 선진국보다 부모의 소득과 교육에 크게 의존하고 있다.[9] 아이러니하게도 능력주의에 기반한 보다 공정한 시스템, 즉 지위를 "세습"하지 않고 성과에 따라 획득하는 시스템으로의 표면적 전환은 불평등을 더욱 공고하게 만든다. 학교에서 우수한 성적을 거두는 학생들은 최고의 교육 기회를 제공하기 위해 금전적 여유가 있고 시스템이 어떻게 작동하는지 잘 아는 부모를 두었기 때문이다.[10]

시장, 불평등, 그리고 게임의 규칙

재산권과 그것이 어떻게 정의되는가에 관한 이 논의는 규칙이 경제의 작동 방식과 그 결과인 소득분배를 어떻게 결정하는지 잘 보여 준다. 반복해서 언급했듯이 시장에는 다양한 규칙이 많이 존재하기 때문에 경쟁시장의 소득분배도 다양하게 나타날 수 있다. 자연법이나 경제학의 자연법칙의 문제가 아니라 정치권력을 가진 사람들에 의해 형성된 정치과정을 통해 우리의 정치체세 내에서 만들어 낸 법의 문제다. 이것이 바로 요점이다. 우리는 현재의 소득과 부의 분배를 현재와 과거의 권력분배와 분리해서 생각할 수 없다. 권력을 가진 사람들은 항상은 아니지만 일반적으로 자신의 권력을 영속화하려고 한다. 그들이 경제적·정치적 규칙을 만들 때 공정성과 정의의 개념에 호소할지도 모르지만 자연스럽게, 무의식적 또는 적극적으로 사적이익에 도움이 되는 규칙을 만들 수 있다. 따라서 경쟁시장에서 발생하는 소득에도 도덕적 정당성은 존재하지 않는다.

여기에는 진화적 과정이 작동한다. 끊임없이 변화가 일어나지만 초기 조건이 중요하다. 우리는 긴 역사의 거미줄을 풀려고 노력할 수 있지만 완전히 풀기는 사실상 불가능하다. 하지만 대부분의 사회에는 주요한 단절점, 즉 역사가 큰 전환점을 맞이하는 정확한 시점이 존재하며 우리는 현실적으로 그 지점에서 시작할 수 있다. 미국에서는 그 시점이 바로 독립혁명과 헌법이다. 그러나 이제 널리 알려진 바와 같이 헌법은 신에 의해 주어진 것이 아니다. 오히려 그것은 당시의 시대(계몽주의)와 그것을 작성한 사람들(부유한 백인 남성이 압도적으로, 그중 다수는 노예소유주)의 산물이었고 그들의 이익과 관점을 담고 있었다. 헌법에는 당시 전형적인 미국인, 특히 선거권을 박탈당한 사람들의 이익과 관점은 거의 반영되지 않았다.

흔히 이야기되듯 나머지는 역사다. 헌법에 고착화된 선거구제는 변화를 매우 어렵게 만드는 헌법의 규칙과 함께 미국의 정치적 불평등을 극도로 심화시켰고 이는 다시 시장소득의 불평등에 기여했다. 악순환의 연속이었다.[11]

앞서 살펴본 바와 같이 신자유주의는 미국의 왜곡된 정치가 없더라도 전 세계에 엄청난 영향을 미쳐 왔으며 미국만큼 극단적이지 않더라도 세계의 시장경제는 심각한 불평등에 시달리고 있다. 오늘날 진보적인 정부들 사이에서 나타나는 주요한 정치적 노력은 현재의 규칙에서 나오는 시장소득을 재분배하기보다 이 규칙들을 변경하여 시장소득을 더욱 공평하게 분배하는 데 초점을 맞추고 있다.[12]

시장실패가 없는 상황에서 경쟁가격의 우위에 대한 의문

도덕적·경제적 고려사항을 반영하는 효율적인 시장과 법률 및 규제를 인정하고 시장이 완벽하게 경쟁적이라고 가정하더라도 두 가지 근거에서 시장소득의 도덕적 정당성에 의문을 제기할 수 있다. 첫 번째는 이미 논의한 것인데 소득은 자산, 즉 상속받은 것을 포함하여 얼마나 많은 부를 보유하고 있는지, 그리고 일반적으로 국가가 교육 자원을 배분하는 방식에 좌우되는 인적자본을 얼마나 많이 가지고 있는지에 따라 달라진다는 것이다. 그리고 우리는 이 자산들의 도덕적 정당성에 의문을 제기한 바 있다.

두 번째는 경쟁시장에서 임금과 상대가격은 소득과 부를 가진 사람들의 선호를 반영한다는 것이다. 경쟁시장에서 가격과 임금은 수요와 공급의 법칙에 의해 결정된다. 하지만 이 추상적인 설명은 중요한 사실을 놓치고 있다. 시장경제에서 수요는 누가 소득과 부를 가지고 있느냐에 따라 달라진다. 불평등이 없는 세상에서는 구찌 핸드백이나 값비싼 향수에 대한 수요가 거의 없을지도 모른다. 돈은 더 중요한 일에 사용될 것이다. 하지만 우리가 사는 세상은 그렇지 않다. 우리는 전체 소득과 부의 상당 부분이 상위 1퍼센트에게 돌아가는, 높은 불평등이 특징인 세상에 살고 있다. 이들의 욕구가 수요에 영향을 미친다. 따라서 그들이 원하는 것이 가격을 결정하고 무엇이 희소한지 아닌지를 결정한다.

간단한 사고실험이 유용할 것이다. 오늘 밤 국가의 소득과 부를 재분배하여 모든 사람이 같은 금액을 가지도록 한다고 가정해 보자. 이는 임금과 물가에 대한 영향을 포함하여 엄청난 결과를 초래할 것이다. 귀빈을 위한 리무진 운전사(Chauffeur)의 임금은 낮아지고 보육교사의 임금은 올라갈 수 있다. 햄튼과 리비에라의 해변가 부동산 가격은 하락하고 다른 곳의 토지 가격은 상승할 수 있다.

세계에서 가장 부유한 가족 중 하나이자 명품 대기업 LVMH(크리스찬디올, 모엣헤네시 등 수많은 브랜드를 소유하고 있다)의 소유주인 베르나르 아르노(Bernard Arnault)와 그 가족은 심각한 불평등이 없었다면 그렇게 부유하지 않았을지도 모른다. 그들은 확실히 불평등을 통해 번창했다. 그러나 — 실제로 그렇듯 — 달러의 분배가 현재나 과거의 착취의 결과라면 경쟁시장에서조차 시장에서 나타나는 가격과 임금은 도덕적 정당성이 결여되어 있다. 오늘날의 규칙이 도덕적으로 정당한 방식으로 정해졌다고 해도 말이다.

이는 완전경쟁시장에서조차 보상 규모에 근본적인 도덕적 정당성이 결여될 수 있음을 분명히 보여 준다. 비록 열심히 일하거나 많이 저축하는 사람이 그들의 고된 노동과 저축 의향에 대해 더 많이 보상받아야 한다는 강력한 도덕적 또는 경제적 주장이 존재한다고 해도 말이다.

경제의 여러 왜곡을 이해하고 나면 이러한 주장은 더욱 설득력이 강해진다. 어떤 시장경제도 완전경쟁, 완전정보, 그리고 완전위험과 완전자본시장이라는 경쟁적 이상에 근접하지조차 않는다. 각각의 "실패"는 가격에 커다란 영향을 미칠 수 있으며 따라서 다양한 사람들의 기회집합에 영향을 미칠 수 있다. 그리고 경쟁적 이상에서 요구하는 완벽함에서 조금만 벗어나도 커다란 결과를 초래할 수 있다. 이것이 지난 40년 동안 경제학에서 정보혁명이 가져온 중요한 시사점 중 하나다.

자유, 도덕적 주장, 그리고 재분배

이제 이 장의 핵심 질문으로 돌아가 보자. 소득과 부의 격차가 큰 경제를 생각해 보라. 정부가 기초연구와 인프라에 대한 투자 같은 공공재에 자금을 지원하기 위해 누진세를 부과해야 할까? 나는 무지의 장막 뒤에서 정부가 그렇게 해야 한다는 합의가 나타날 것이라고 주장했다. 그러나 자유지상주의자들은 모든 사람에게 자신의 소득에 대해 확실한 도덕적 정당성이 있으며 이는 노력과 지능, 그리고 근검절약으로 그들이 마땅히 누려야 할 권리라고 반박한다. 이 장의 논의는 그런 주장에 찬물을 끼얹는다.

선진국 경제를 잘 작동하게 해 주는 법치나 제도, 인프라, 그리고 인적자본이 없는 가난한 나라에서 태어났을 경우 과연 그들의 소득이 어땠을지 생각해 보면 자유지상주의자들의 주장은 더욱 설득력이 약하다. 이 경우 기업가적 재능과 같은 자산을 가지는 것만으로는 충분하지 않다. 잘못된 환경에서 태어났다면 이 자산들은 아무 의미가 없다. 그 자산들은 오직 우리가 살아가는 사회경제적 환경 덕분에 그런 수익을 낼 수 있다.[13] 그렇다면 우리의 소득과 그로부터 나오는 부는 우리 자신의 기술과 노력만큼이나 그런 환경에도 빚지고 있는 것이다. 따라서 도덕적으로 완전히 정당한 방법으로 부를 획득하는 완전경쟁경제에서도 고소득자에게 부과하는 높은 세금은 충분히 정당화될 수 있다.

마찬가지로 높은 소득이 운이나 상속으로 발생한 경우 누진세를 반대하는 도덕적 주장의 근거는 희박하다. 또한 그러한 소득이 착취를 통해서 가능하거나 혹은 그런 소득을 창출하거나 허용하는 규칙이 정치권력에 대한 접근을 통해 형성되었다면 더욱 그럴 것이다.[14] 경쟁경제에서도 법과 규정 자체가 공정한 방식으로 정해졌다고 가정할 수는 없다. 오히려 그 반대다. 정치권력은 경제력과 연결되고 경제력은 정치과정에서 설정되는 경제 규칙과 연결되어 있다.

자유의 트레이드오프

자원이 한정된 사회에서 한 사람의 예산제약이 확대되어 소비의 자유가 증진되면 필연적으로 다른 사람의 자유는 제약을 받는다. 물론 재분배적 과세가 이러한 역할을 한다. 자유지상주의자들은 소득 이전 덕분에 더 많이 지출하거나 그들이 받는 교육과 건강보험 급부금 덕분에 잠재력을 더 잘 실현할 수 있게 될 빈곤층에 대한 제약 완화보다 세금이 부자에게 부과하는 제약에 초점을 맞춘다.

물론 세상은 더 복잡하며 "제로섬"이 아니다. 실제로 세금이 부과되면 노동 또는 저축의 수익을 감소시키기 때문에 노동 또는 저축을 감소시켜 국가의 총산출을 감소시킬 수 있다.[15] 그러나 더 나은 교육과 건강의 제공은 생산을 엄청나게 확대할 수 있다. 각각의 경우 그 효과가 얼마나 큰지는 논쟁의 대상인데 그 규모가 분명히 트레이드오프의 평가에 영향을 미칠 것이다.[16]

경제적 트레이드오프 평가하기

트레이드오프의 규모와 특징을 평가하기란 어려우며 그것은 많은 경제학자들의 연구 주제다. 나는 보수주의자들이 일반적으로 누진세의 부정적 결과를 과장한다고 생각한다.

매우 부유한 사람들이 가진 부의 일부는 운의 결과다. 그것이 운의 결과라면 그만큼 재분배와 더 나은 사회보장을 위한 재원 마련이 경제적 산출을 증가시킬 수 있다. 결과의 무작위성은 노동과 투자를 저해하고 좋은 사회적 보호 시스템은 사람들이 고위험 고수익 활동을 하도록 장려할 수 있기 때문이다. 기업의 손실을 상쇄하는[17] 법인세제도는 오랫동안 정부가 조용한 파트너로서 위험을 공유하는 하나의 형태라고 생각되어 왔으며 위험감수와 투자를 촉진한다고 보고되었다.[18]

기업의 높은 이윤은 일부분 기술의 결과지만 다른 사람을 착취하고 시장지배력을 창출하는 기술의 결과인 경우가 많다. 지대

추구를 위한 노력은 GDP를 감소시키고 불평등을 확대하기 때문에 우리는 이를 억제하고자 한다. 독점이윤에 대한 세금은 시장지배력을 창출하려는 유인을 억제하며 착취를 억제하는 규칙과 함께 더욱 건설적인 활동으로 노력을 돌린다.

그러나 **최**상위층의 노력이 사회적으로 바람직한 기업가정신에 집중되어 있다 해도 더 높은 세금, 특히 엄청난 기업이윤에 대한 세금 인상이 큰 영향을 미칠 것이라고 믿기는 어렵다. 제프 베조스, 빌 게이츠, 그리고 일론 머스크(Elon Musk)가 지금처럼 막대한 금액이 아닌 300억 달러만 집에 가져갈 수 있었다면 지금과 같은 성과를 거두지 못했을 것이라고 정말로 믿는가? 이 기업가들에게 돈이 동기가 되었을 수도 있지만 이들은 그보다 훨씬 더 많은 것에 의해 움직였을 것이다.[19]

제로섬을 넘어

우리는 제로섬의 세계에 살고 있지 않다. 게임의 규칙은 다양한 방식으로 파이의 크기에 영향을 미친다. 오늘날 불평등 자체가 경제적 성과에 악영향을 미치거나 나쁜 사회적·정치적 결과를 낳는 외부효과를 초래하는 현실에서 최소한 어느 정도 재분배가 필요하다는 광범위한 합의가 존재한다. 내가 2012년 출간한 책의 제목을 『불평등의 대가(The Price of Inequality)』로 정한 것은 협소하게 정의된 경제성장의 척도인 GDP로만 보아도 불평등으로 인해 우리가 큰 대가를 치르고 있다는 점을 강조하기 위해서였다. 불평등이 심한 나라일수록 경제적 성과가 더 나쁘다. 그 이후

로 이를 뒷받침하는 연구가 많이 발표되었다.[20]

불평등은 여러 방식으로 경제적·사회적·정치적 악영향을 미친다. 예를 들어 부유한 가정 출신이 아닌 사람들은 좋은 교육을 받지 못하거나 적절한 의료서비스를 받지 못해 잠재력을 발휘하지 못할 수 있다. 또한 오늘날의 불평등 일부, 혹은 아마도 상당 부분은 현재 또는 과거의 착취로 벌어진 결과인데 이는 사회적 불공정을 악화시켜 경제적 성과를 저해한다.

설상가상으로 부유층 자녀들은 세상이 자신에게 빚졌다고 생각하고 사회가 만든 어떤 규칙이든 어길 권리와 특권이 있다고 느끼며 자라날 수 있다.[21] 대표적인 예가 도널드 트럼프다. 그는 세금을 내지 않는 것을 자랑스러워했다. 행동경제학의 최근 연구는 많은 사람들이 오랫동안 의심해 왔던 것을 확인해 준다.[22] 트럼프가 규칙위반을 과시한다는 점에서 대부분의 사람들보다 나쁠 수 있지만 그는 더 광범위한 사회현상을 반영한다는 것이다. 다른 경제적 극단에서는 소득이 낮거나 없는 사람들이 절망감을 느끼며 시스템이 조작되었다고 확신한다. 이는 그들의 열망과 노력을 저해한다. 특권과 절망감 모두 경제적 성과 전반에 악영향을 미친다.

도덕적 주장 및 재분배

하지만 결국 트레이드오프를 평가할 때 우리는 필연적으로 사회의 가치 문제, 예를 들어 가난한 사람이 잠재력을 발휘하고 행동의 자유를 확대할 능력을 향상시키는 것이 부자가 롤렉스 시계나 더 큰 요트, 더 큰 저택을 살 자유를 제한하는 것보다 더 가치가 있는지 덜한지에 대한 문제에 직면할 수밖에 없다. 무지의 장막 뒤에서 그런 판단을 내린다면 나 그리고 내가 생각하기에 다른 사람들 대부분이 그런 트레이드오프를 어떻게 평가할지 잘 알고 있다. 재분배, 누진세를 통한 고수익 공공투자의 재원 조달,[23] 선분배(pre-distribution) 등을 통해 경제 게임의 규칙을 보통의 노동자에게 유리하게 변경하는 것, 즉 시장소득의 분배를 보다 공평하게 변화시키는 것 등은 모두 바람직한 정책이다. 이러한 정책들은 무지의 장막 뒤에서 쓰인 사회계약의 일부로서 자연스럽게 나타날 것이다.

결론

미국이라는 나라를 세운 이들은 오늘날 자유지상주의자들처럼 모든 과세가 자유를 침해한다는 극단적 입장을 취하지 않았다. 그들의 구호는 "대표 없는 과세는 폭정"이었다. 즉 우리가 과세를 결정하는 정치과정에 발언권이 없다면 우리의 자유가 침해된다는 것이다. 아이러니하게도 그때 그들이나 지금 그들의 후예는 참정권을 빼앗긴 많은 미국인에 대한 과세를 폭정으로 보지 않는 것처럼 보인다.[24]

일단 우리가 사회를 개선하고 가난한 이웃을 돕기 위해 부자에게 세금을 부과하지 **않을 근본적** 이유가 없음을 인식하면 우리는 다시 트레이드오프의 세계로 돌아온다. 이 장과 앞 장들에서 보았듯 외부효과가 없는 완전경쟁경제에서도 우리는 자유를 트레이드오프의 관점을 통해 바라보아야 한다. (과세로 인한) 한 사람의 자유의 제한은 (그 과세 덕분에 가능한 정부로부터의 혜택 증가로 인한) 다른 이의 자유의 확대와 상쇄된다. 나는 이런 경제에서 한 사람이 얻는 소득에 대한 어떤 도덕적 권리의 주장에도 회의를 표명했지만 재분배적 과세의 근거는 가장 부유한 시민들의 소득과 부의 상당 부분이 착취에 기인할 때 훨씬 더 강력해진다. 다음 장에서는 이에 관해 논의할 것이다.

7장

착취할 자유

로즈 프리드먼과 밀턴 프리드먼은 자유시장에 대한 그들의 찬가의 제목을 『선택할 자유』라고 지었다. 그들은 부자가 자신이 소비하고 싶은 것을 선택할 수 있다는 점을 축하하며 학생바우처(student voucher, 교육성취도가 낮은 공립학교에 다니는 학생들의 학부모에게 바우처를 제공함으로써 사립학교를 포함하여 자유롭게 학교를 선택할 수 있도록 하는 정책—옮긴이)와 같은 교육 선택의 자유를 확대하는 정책개혁을 옹호했다. 그들은 이러한 선택의 자유가 시장경제의 효율성을 촉진하는 핵심 동력이자 자유사회를 위한 필수조건이라고 주장했다.

21세기 자본주의는 프리드먼 부부가 찬미했던 경제와 거리가 매우 멀다. 21세기 자본주의의 주된 특징은 높은 시장지배력이며 기업들이 타인의 정보 부족과 기타 취약점을 이용한다. 현실의 어떤 현대적 경제도 이상적이고 순수한 경쟁시장경제와 조금도 가깝지 않다. 최근 연구에 따르면 미국에서는 광범위한 산업 분야에서 시장지배력의 집중도가 매우 높다.[1] 이윤으로 돌아가는 소득의 증가, 실질임금(인플레이션이 조정된 임금)을 비롯한 서민 소득의 정체, 마크업(markup, 비용 대비 가격의 비율) 상승에서 볼 수 있듯 이러한 시장집중은 점점 더 심화되고 있다. 코로나19 팬데믹 이전에도 상황이 좋지 않았지만 팬데믹과 그 여파로 시장지배력이 더 큰 부문과 기업에서 마크업이 더욱 상승하면서 상황이 훨씬 더 악화되었다.[2] 이는 기업들이 팬데믹으로 인한 공급망 중단의 결과가 가져온 시장지배력 심화를 악용하여 이윤이 크게 증가했음을 의미한다.

이런 착취는 경제적 효율성 및 건전성을 갉아먹는다. 기업의 이익은 정상적인(위험이 조정된) 자본수익률에 필요한 수준을 훨씬 넘어섰다. 한 당사자가 다른 당사자를 착취하면 그는 소득이 증가하고 자유가 확대될 수 있지만 다른 이는 계약 선택의 자유를 잃는다.

우리는 본능적으로 착취에 반발하며 대부분의 민주주의 국가에서는 착취의 자유를 억제하는 정책을 법제화한다. 이러한 정책은 착취를 불법으로 규정하고 벌금형이나 징역형, 혹은 그 둘 모두에 처할 수 있도록 한다. 착취가 무엇인지 정확히 정의하기란 쉽지 않을 수 있다. 심지어 "보면 알 수 있다"는 식의 경우도 아닐 수 있다. 이 장에서는 착취를 억제하기 위한 정책을 미세조정하는 것이 아니라 자유에 대한 논의를 계속하여 정부가 그러한 활동을 억제하고 착취자의 소득을 다른 사회 구성원에게 재분배하는 것이 왜 옳고 적절한지 이해하는 데 초점을 맞출 것이다.

경제 사다리 최상위에 있는 많은 사람들은 소득의 일부 또는 대부분이 이런저런 착취에서 나온다. 한 가지 예로 영리대학을 들 수 있다. 도널드 트럼프는 트럼프대학교(Trump University)를 통해 출세에 대한 사람들의 열망을 이용했다. 그 대학의 운영은 대부분의 경우보다 더 뻔뻔스러웠지만 광범위한 패턴에 부합한다.[3] 영리대학 상당수는 정보가 부족한 사람들이 무엇이 좋은 교육인지 분별할 수 없을지도 모른다는 것을 알고 이들을 이용한다. 더 나쁜 점은 대학들이 저조한 졸업과 취업률 실적을 공개하려는 정부의 노력에 저항해 왔다는 것이다.

2008년 금융위기는 수많은 은행가들이 과도한 위험 감수뿐 아니라—위험을 정부의 구제금융에 맡기고—기만, 사기,[4] 그리고 악의적 대출 관행을 통해 어떻게 부자가 되었는지를 폭로했다. 많은 기업의 리더들도 시장지배력을 악용하여 부의 많은 부분을 얻었다. 빌 게이츠의 마이크로소프트는 세 대륙에서 반경쟁적 관행으로 유죄판결을 받았다. 구글, 페이스북(메타), 그리고 아마존은 반경쟁적 행위로 기소되었다(내 판단에 따르면 이는 올바른 것이다). 월마트의 착취적인 노동시장 관행은 문서로 잘 정리되어 있다.[5] 이러한 기업의 겉모습 뒤에 세계 최대 규모의 부의 일부가 숨어 있다.

오늘날의 이야기는 잘 알려져 있지만 과거에 부의 창출은 더욱 문제가 많았다. 많은 경우 부는 노예무역과 노예가 생산한 면화, 설탕 같은 상품에 기초하여 만들어졌다. 리먼브라더스가 그 긴 목록에 포함된다. 당대 최고의 부자였던 존 D. 록펠러(John D. Rockefeller)와 20세기 초의 또 다른 재벌이던 제임스 뷰캐넌 듀크(James Buchanan Duke)의 배후에 있던 회사들은 반경쟁적 행위로 유죄판결을 받았다. 19세기와 20세기 초 많은 사람들은 중국과의 아편무역을 통해 부를 쌓았는데 당시는 유럽 열강이 미국의 지원을 받아 중국이 아편을 계속 수입하도록 만들기 위해 전쟁을 벌인 서양사의 가장 어두운 시기였다. 아편처럼 위험한 마약까지 포함한 자유로운 무역의 권리가 마약중독으로부터 인구를 보호할 권리보다 더 중요하게 생각되었다.[6] 전쟁의 언어는 추상적으로 정의된 "권리"에 관한 것이었을 수 있지만 현실은 훨씬 덜 고귀했다. 그것은 사실 서양인들이 중국인들을 상대로 돈을 벌 능력에 관한 것이었다.[7] 돈과 권력, 분명하고 단순한 문제였다.

수많은 부자들의 소득이 적어도 부분적으로는 착취의 결과라는 사실은 우리가 시장경제가 창출한 소득분배에 우선권을 부여해서는 안 된다는 앞의 결론을 강화한다. 이것은 "정당한 보상"의 문제가 **아니다**. 그러한 소득은 도덕적으로 정당화될 수 없지만 착취에서 비롯된 소득을 빼앗아 재분배하는 행동은 도덕적으로 정당화할 수 있다. 우리는 경제학자들의 주된 관심사인 효율성과 인센티브에 대해서도 생각해 볼 수 있다. 재분배적 과세, 특히 착취와 그로 인한 부당한 이득을 직접 해결하는 과세는 착취의 유인을 감소시킨다.

착취는 다양한 형태로 나타날 수 있다. 이 장에서는 시장지배력을 통한 착취와 사람들의 취약성과 지식 부족을 이용한 착취 두 가지를 살펴볼 것이다. 다음 장에서는 기업 지배구조의 악용에 대해 살펴볼 것이다.

시장지배력

21세기 경제는 상당한 시장지배력을 누리는 대기업이 지배하고 있다. 이 권력에는 무엇보다도 가격을 인상할 수 있고 고객을 함부로 대할 수 있으며 분쟁을 공적인 법원이 아닌 기업이 통제하는 중재를 통해 해결하도록 요구할 권력 등이 포함된다. 또한 기업은 노동자에 대한 막강한 권력[이를 **수요독점력**(monopsony power, 수요독점은 하나의 수요자와 다수의 공급자가 존재하는 시장구조를 말하는데, 노동시장에서는 고용주가 오직 하나의 기업인 경우를 말한다—옮긴이)이라고 한다]이 있어서 임금을 낮출 수 있다. 노조는 약해졌고 노동법은 노동자의 협상력을 더욱 제한해 왔다. 세계화를 배경으로 기업들은 노동자들이 저임금과 열악한 노동조건을 받아들이지 않으면 공장을 해외로 이전하겠다고 위협했다. 그 결과는 극명하다. 1990년 1월부터 2018년 12월 사이에 자동차산업 노동자의 시간당 임금은 17.1퍼센트 감소했는데 이 기간 동안 물가는 두 배로 상승하여 실질임금이 3분의 2나 감소했다.[8] 고임금 일자리가 저임금 일자리로 전환된 것이다.

시장이 경쟁적인 경우의 수준보다 임금이 낮거나 기업의 시장지배력 행사로 인해 식료품 가격이 더 높아지면 종업원들은 더 많은 일을 하도록 강요받는 느낌이 든다. 현재 미국의 상황과 남아프리카공화국에서 사람들이 토지에서 일하는 것이 금지되어 강제로 광산에서 일해야 했던 상황 사이에 큰 차이가 있을까?[9]

많은 경우 한 가지 착취가 다른 착취 형태에 겹쳐진다. 남아공에서는 광산의 수요독점력으로 인해, 그리고 더 나쁘게도 광산업체들이 담합했을 수 있기 때문에 광부들의 임금이 더욱 낮아졌을 수 있는데 이는 더 많은 강제를 의미한다. 법체계는 상황을 더욱 악화시켰다. 1982년 이전에 남아공 흑인 광부들은 노조를 결성할 수 없었기 때문에 협상력이 약화되었다.[10]

많은 자유지상주의자는 경쟁 균형으로부터의 이탈을 제한하기 위해 고안된 정부개입에 동의할지도 모른다. 예를 들어 독점업자가 그 힘을 행사하여 그가 원하는 수준까지 가격을 인상할 "권리"는 분명히 내 예산 제약에 영향을 미친다. 그것은 내 소비의 자유를 축소하는 것이다. 내가 그의 재화를 일정량 구매하려면 다른 재화를 덜 소비할 수밖에 없다. 아마도 더 중요한 것은 독점업자가 내가 살아가는 데 필요한 약품을 완전히 통제할 수 있다면 그는 실제로 강제적 권력을 가지게 된다는 것이다. 그는 내가 생존을 위해 모든 것을 포기하도록 강요할 수 있다. 이러한 상황은 그들이 총을 겨누는 상황과 얼마나 차이가 있을까?

가격폭리: 시장지배력의 극단적 남용

비록 일부 경제학자들은 반대하지만 특히 구명 의약품, 가정 난방 또는 연료 같은 필수품의 경우 가격폭리(price gouging)를 억제하거나 허용하지 말아야 한다는 데 공통의 합의가 존재한다. 이를 억제하는 한 방법은 바가지요금을 매기는 업자가 자신의 이윤을 포기하고 이를 사회 전체와 실질적으로 공유하도록 강제하는 것이다.

여러 시대의 여러 상황에서 사회는 비용을 현저히 초과하는 가격을 책정하는 행태를 두고 다양한 의견을 제시해 왔다.

앞에서 나는 이러한 점에서 미국과 유럽의 중요한 차이에 관해 지적했다. 미국에서는 회사가 합법적으로 독점력을 획득하면 약품이 필요한 암 환자나 보험회사로부터 얼마든지 높은 가격을 매겨 강탈하는 등 회사가 원하는 대로 마음껏 할 수 있다. 유럽에서는 이러한 행위가 허용되지 않는다. 우리는 왜 국가마다 제약회사가 청구할 수 있는 최대 가격을 규제하는 법 체제가 다른지 질문해 볼 수 있다. 이에 대해 효율적인 해답이 있지 않을까? 경제이론이 그 해답을 제시한다. 독점은 합법적으로 획득한 독점력이든 아니든 시장을 왜곡한다. 독점기업은 (한계)비용(한 단위의 추가 생산에 소요되는 비용)보다 높은 가격을 책정하여 생산과 소비를 효율적 수준 이하로 억제하는 결과를 낳는다(효율적 수준에서 소비자에게 주는 재화의 가치를 반영하는 가격은 한계비용과 동일하다. 이는 또한 경쟁균형에서 실현되는 수준이다). 합법적으로 획득한 독점력 행사에 제약이 없어야 한다는 미국의 입장은 이러한 상황에서 가격이 너무 높고 소비량이 너무 적을 것임을 의미한다. 높은 가격은 보통 사람들의 소득이 독점업자에게 이전되는 결과를 낳아 불평등을 확대한다.

미국과 유럽의 법체계가 다른 이유는 경제학 법칙이 대서양을 사이에 두고 다르게 작동하거나 상황이 달라서 트레이드오프가 달라지거나 다르게 평가되기 때문이 **아니다**. 유럽과 미국 모두에서 무분별한 독점력 행사는 모든 합리적인 경제적 근거를 고려할 때 나쁜 일이다.[11] 미국과 유럽의 규칙의 차이를 설명하는 것은 바로 정치의 차이다. 여기에는 특히 제약회사의 권력이 중요한데 그것은 분명 유럽보다 미국에서 훨씬 더 강력하다.

가격폭리가 특히 비난받을 상황 하나는 전시 상황이다. 이러한 문제에 대한 일반적 인식은 전시 법률에 반영되어 가격폭리를 불법으로 규정하고, 적발 시 계약의 지불금액을 낮게 조정할 수 있도록 한다. 여기에는 그럴 만한 이유가 있는데 가격폭리는 승전에 필요한 국가적 연대를 약화시키기 때문이다. 젊은이들이 적어도 일시적으로 그들의 경력과 심지어 목숨까지 포기하는 동안 다른 사람들이 폭리를 취하는 행동은 용인될 수 없다.

러시아·우크라이나전쟁 초기 우크라이나 국민들이 러시아의 침공에 저항하기 위해 목숨을 바치는 동안 다국적 석유 및 가스 기업과 많은 에너지 트레이더들은 아무 일도 하지 않고 수백억 달러의 추가 이윤을 벌어들이며 도적들처럼 돈을 벌었다. 사실 놀랍게도 그들은 많은 사람이 겪는 고통을 완화하기 위해 생산을 빠르게 확대하는 데 그 돈을 투자하는 대신 배당금이나 자사주 매입을 통해 부유한 주주들에게 이윤을 분배했다. 명시적 담합의 증거는 없지만 암묵적 담합이 나타났던 것으로 보인다. 기업들은 모두 생산을 빠르게 확대하면 가격이 하락할 것이라는 사실을 명백히 알고 있었기 때문에 생산을 확대하라는 뚜렷한 가격신호(시장경제에서 가격 상승은 기업이 더 많이 생산하라는 신호로 생각된다)를 무시했다. 시장에 빠르게 공급될 수 있었던 프래킹(fracking, 셰일층에서 추출되는 셰일가스와 셰일석유를 채굴하기 위한 수압파쇄법—옮긴이) 가스 생산도 예상과 달리 확대되지 않았다.[12]

많은 경제학자들은 가격시스템을 방해하려는 시도에 반대한다. 높은 가격은 석유를 가장 가치 있게 여기는(더 정확하게는 석유를 사기 위해 지불할 돈이 가장 많은) 구매자에게 석유를 공급하도록 보증해 주고 바람직한 수요와 공급 반응을 유도한다. 그러나 우크라이나전쟁 시기에 일어났던 일은 이 이론과 크게 모순된다. 일부 수요와 공급의 반응이 있었지만 제한적이었다. 가령 높은 난방비를 감당할 수 없었던 사람들은 어쩔 수 없이 실내온도를 낮춰야 했다. 시장에서 수요와 공급의 반응이 제한적이었던 이유는 무엇일까? 전쟁이 곧 끝날 것으로 예상되었기 때문에 필요한 투자를 할 이유가 없었기 때문이었다. 수요 측면에서 볼 때 가정에서 단열재를 다시 시공하거나 더 효율적인 난로를 구입하는 것이 합리적일지 여부는 단기적인 에너지 가격상승에 큰 영향을 받지 않을 것이다. 공급 측면에서 볼 때도 가격의 급등이 일시적이라고 생각되면 그에 반응할 유인이 크지 않을 것이다. 게다가 석유 및 가스 회사들은 이미 이윤을 누리고 있었다.[13]

에너지 생산을 확대하고 전쟁과 팬데믹 이후 조정의 부담을 보다 공평하게 부담하기 위해 정부가 더욱 강력한 조치를 취했어야만 했다.[14] 전쟁으로 인한 물가상승으로 발생한 초과이윤에 세금을 부과하는 횡재세(windfall profits tax)는 전쟁으로 이익을 얻은 기업으로부터 전쟁으로 고통을 겪은 사람들에게 재분배하는 수단이었을 것이다. 기업들이 가격폭리를 취하지 않고 단순히 경쟁시장의 힘에 반응한 경우에도 마찬가지다. 과세대상이윤을 계산할 때 고용에 따르는 비용과 자본비용이 모두 공제되기 때문에 잘 설계된 횡재세는 왜곡을 발생시키지 않는다. 이 세금은 투자나 고용을 장려하거나 억제하지 않으며 단지 전쟁으로 이윤을 얻은 이들의 돈을 다른 모든 사람에게 재분배할 뿐이다.[15] 놀랍게도 우파는 횡재세에 반대했다. 그들은 푸틴의 침공에 의한 혜택을 단순히 누리기만을 원했던 석유 및 가스 회사들이 높은 에너지 가격을 책정한 것을 지지했다. 많은 유럽 국가들과 달리 미국에서는 이 논의에서 우파가 승리했다.

시장지배력의 존재와 지속성에 대한 설명

시장지배력이 지속되고 심지어 강화되는 데는 여러 이유가 있다. 첫째, 우리의 경제가 검색엔진을 지배하는 구글, 소셜미디어를 지배하는 페이스북과 틱톡, 그리고 PC 운영체제를 지배하는 마이크로소프트 등 시장이 지배 기업 한두 곳에 집중되는 승자독식경제로 변화했다.[16] 한계생산비용(추가적인 한 단위의 생산에 드는 추가적 비용)이 낮은 디지털경제가 부상하면서 "오버헤드"(고정)비용(인건비나 재료비 등 상품 생산과 직접적 관련이 있는 것이 아닌 비용으로서 간접비라고 불린다―옮긴이)이 점점 더 큰 비중을 차지하게 되었다. 오버헤드비용 또는 간접비에는 제품설계, 공장 건설, 그리고 플랫폼용 컴퓨터 코드 작성을 위한 연구개발 비용 등이 포함된다. 간접비가 기업의 비용에서 큰 부분을 차지하는 경우, 시장은 일반적으로 제한된 소수의 기업이 존재하는 특징을 보인다.[17] 게다가 우리의 경제가 서비스부문 경제로 전환하면서 하나 또는 소수의 기업이 지배하는 지역 시장이 더욱 중요해졌다.

시장지배력이 강화되는 다른 이유들도 있다. 디지털플랫폼은 다른 기업보다 경쟁우위를 점할 정보를 수집하고 처리하며 규모가 큰 플랫폼은 소규모 플랫폼보다 더 많은 정보를 수집할 수 있다. 플랫폼은 더 생산적이거나 더 적절한 제품을 판매하는 것이 아니라 정교한 가격차별화 수단을 통해 소비자를 더 잘 착취할 수 있기 때문에 이윤을 창출할 수 있다. 예를 들어 플랫폼은 어떤 소비자가 더 많은 돈을 지불할지 파악하여 동일한 제품에 대해 더 높은 가격을 책정한다. 이는 모든 개인과 기업이 동일한 가격에 직면하는 시장경제의 효율성에 기초가 되는 원칙을 침해한다.

나아가 기업들은 예를 들어 경쟁자를 배제하거나 적어도 자신의 시장에 대한 진입을 어렵게 만드는 데 사용되는 교묘하게 설계된 계약을 통해 시장지배력을 행사하는 영리한 방법을 고안해 냈다. 이것이 부분적으로 마이크로소프트가 시장을 지배하게 된 이유였다. 우리가 잘 인식하지는 못하지만 경제의 다른 곳에서도 이런 일이 발생한다. 항공요금이 높은 원인 하나는 소수의 항공예약회사가 계약과 갑질을 통해 시장지배력을 행사하여 항공예약산업에 진입하려는 업체와 스스로 서비스를 시도할 수 있는 항공사를 겁박하기 때문이다.[18]

한때 보수 성향의 자유시장경제학자들은 대규모의 고정 비용으로 인해 하나 또는 소수의 기업이 시장을 지배하더라도 **잠재적 경쟁**, 즉 진입의 위협이 시장을 규율하고 가격을 하락시켜 경제적 이윤이 제로가 되기를 희망했다. 단일 기업이 모두에게 가장 효율적으로 서비스를 제공하는 자연독점이 존재하더라도 자유시장 옹호자들은 그 시장을 **위한** 경쟁, 즉 단일 기업이 되기 위한 경쟁이 시장 **내의** 경쟁을 대체하여 그 결과로 나타나는 균형이 효율적일 것이라고 주장했다. 이러한 관점에서 보면 과도하게 높은 가격을 매기는 독점은 일시적일 것이고 결코 지속될 수 없다.[19] 단순한 경제학은 이렇게 높은 이윤이 새로운 경쟁자를 끌어들여 결국 가격과 이윤을 낮출 것이라고 이야기했다.

현대 경제학은 이러한 믿음이 옳지 않음을 보였다. 특히 매몰비용(예를 들어 시장에 진입했다가 퇴출하면 회수할 수 없는 마케팅과 연구 비용 등)이 존재하는 경우 높은 수준의 이윤이 유지될 수 있고 종종 유지된다.

잠재적 경쟁이 실제 경쟁을 대체할 수 없는 이유는 간단하다. 잠재적 진입자는 그들의 시장 진입 자체가 가격 하락을 유발할 수 있기 때문에 자신의 수익성이 **현재** 가격이 아니라 진입 **후의** 가격에 달려 있음을 알고 있다. 그들은 가격이 너무 많이 하락하면 손실이 발생할 수도 있다는 것을 잘 안다. 따라서 잠재적 진입자는 아예 진입하지 않는다. 게다가 기존 기업들은 진입을 어떻게 **막는지** 배웠다. 예를 들어 기존 기업들은 잠재적 경쟁자들이 진입하면 가격 전쟁이 벌어지는 것처럼 가격이 더욱 크게 하락할 것이라고 믿도록 만드는 것이다.[20] **결국** 경쟁이 나타날 것이 사실이라 해도 높은 가격이나 적어도 몇몇 경우 다른 착취 형태로 인한 소비자의 피해가 매우 클 수 있다.

아마도 가장 중요한 것은 민간부문이 시장지배력을 창출하고 유지하려는 노력에 비해 정부가 경쟁적 시장을 보장하려는 의지가 부족했다는 점이다. 이것은 우연도, 놀랄 일도 아니다. 우리는 시장이 진공상태로 존재하지 않으며 규칙과 규제로 구조화되어야 한다고 주장했다. 이러한 시장규제의 중요한 영역은 경쟁과 관련된다. 그러나 시장지배력을 포함하여 권력을 가진 많은 사람과 기업 들은 경쟁을 위한 규제를 호의적으로 생각하지 않는다. 그들은 21세기 경제를 위해 사회에 필요한 효과적인 경쟁법의 도입과 집행을 제한하기 위해 그들이 할 수 있는 모든 행동을 한다. 구글, 페이스북(메타), 그리고 아마존은 디지털시장에서 경쟁을 강화하는 법안에 반대하는 로비를 벌이고 있다. 흔히 그렇듯 유럽은 2022년에 발효된 디지털시장법(Digital Markets Act)을 통해 이 분야의 경쟁을 보장하기 위해 미국보다 더 많이 노력해 왔다. 미국에서는 보수적이고 기업친화적인 대법원이 경제의 경쟁을 유지하는 것을 방해하는 쪽으로 기존 법률을 해석해 왔다. 더 넓게 보면 법원은 대기업이 일반 소비자를 착취할 자유를 확대하여 사회의 나머지 구성원의 실질적 자유(내가 정의한 자유)를 축소하기 위해 그들이 할 수 있는 일을 했고 지금까지 의회는 이러한 시장지배력을 억제하는 데 실패했다.

오늘날 기업의 권력이 비대칭적으로 커진 또 다른 이유는 바로 그것을 상쇄하는(offsetting) 힘, 특히 노동자의 권력이 약해졌다는 것이다. 1952년 존 케네스 갤브레이스(John Kenneth Galbraith)는 저서 『미국 자본주의(American Capitalism)』[21]에서 우리 경제체제 내 견제와 균형의 시스템으로 생각할 수 있는 **대항권력**(countervailing powers) 시스템에 관해 설명했다. 그는 프리드먼이나 여타 고전파 및 신고전파 경제학자의 생각과 달리 미국 경제가 완전경쟁으로 잘 설명되지 않는다고 올바르게 생각했다. 갤브레이스는 경제가 균형과 같은 모습을 유지하는 이유가 대항권력 덕분이라고 주장했다. 아마도 기업에 대항하는 가장 중요한 권력은 노동조합인데 노조는 협상 테이블에서뿐 아니라 정치과정에서도 기업의 이익에 반하는 후보와 법안을 지지함으로써 노동자를 대변한다. 그러나 다시 한번 법률의 변화, 사법부의 판결, 그리고 경제구조의 변화로 노조가 약화되었고, 따라서 노조가 대항세력 역할을 할 능력이 약해졌다. 갤브레이스가 『미국 자본주의』를 집필한 1950년대에는 민간부문 노동자들의 노조 가입률이 35퍼센트를 넘어 정점을 찍었고 1973년에는 거의 25퍼센트였던 것과는 대조적으로 2022년 그 수치는 6퍼센트 미만으로 낮아졌다.

이는 권력이 권력을 낳는 또 다른 사례인데 고전파 경제학에서 상상하는 조화로운 관계보다 정글의 법칙에 더 가까운 것이다. 노동자의 권력이 약화되며 기업의 권력이 커졌던 것이다.

권력을 악용하는 다양한 방법

소비자나 종업원과 기업 사이의 분쟁해결 과정만큼 이 점이 더 명확하게 드러나는 곳은 없을 것이다. 정의로운 시스템, 즉 무지의 장막 뒤에서 채택되는 시스템은 공정하고 개방적이며 투명한 절차를 통해 공정하고 편견 없는 판사가 내리는 판결이 필요할 것이다. 그러나 점점 더 많은 기업이 그들의 직원과 고객에게 중재조항(arbitration clause)에 서명하도록 요구하는데 이는 분쟁의 판결을 공적인 법원으로부터 사적인 중재인의 손에 맡기는 것이다. 이들은 그들을 고용한 기업으로부터 고액의 보수를 받는 변호사들이다. 평범한 개인에게 정의보다 더 중요한 주제는 없으며 우리는 이를 위해 정부에 의존한다. 그러나 민간기업은 그들의 권력을 이용하여 정부를 배제하고, 불만을 제기하는 사람은 누구든 그들에게 불리하게 구조화된 시스템의 처분에 그 결과를 맡겨야 한다.

기업들은 이 관행을 자유의 행사, 즉 계약의 자유의 일부라고 옹호한다. 그들은 강제적 중재를 제한하기 위한 모든 시도를 그들의 자유에 대한 침해라고 공격한다. 그러나 그들은 사람들에게 이러한 계약에 서명하도록 강요하는 것이 권력의 행사이며 기업이 착취할 권력과 자유의 일부임을 잘 알고 있다. 회사에 고용되는 과정에 있는 노동자는 변호사를 통해 계약조건을 협상하지 않을 것이며 사실 노동자는 그가 변호사를 데려오면 회사에서 문제의 냄새를 맡고 일자리를 주지 않을 것임을 알고 있다. 또한 대부분 지역에는 전화회사가 하나, 많아 봐야 두 개 있으며 두 회사 모두 중재조항에 서명하도록 요구한다. 우리가 전화서비스를 원한다면 중재조항을 수락할 수밖에 없다.

미국 대법원은 상황을 더욱 악화시켰다. 고용주가 심지어 임금 도둑질(노동자에게 지급해야 할 임금을 지급하지 않는 것)처럼 말도 안 되는 행위를 통해 노동자를 착취하는 경우, 노동자는 법정에 가거나 중재를 받는 비용이 많이 들기 때문에 불리한 입장에 처하게 된다. 대규모 법률 인력을 보유한 거대기업과 싸우는 것은 다윗과 골리앗의 싸움이지만 골리앗이 거의 언제나 승리한다. 그러나 속고 착취당한 모든 사람이 함께 뭉칠 수 있다면 더 공평한 싸움이 될 수 있으며 대부분의 지역에서 미국의 법률시스템은 집단소송(class-action suit)을 통해 (상당히 제한적인 조건하에) 이를 허용하고 있다. 그러나 대법원은 중재 상황에서 이러한 집단소송을 불가능하지는 않더라도 어렵게 만들었다.[22] 법원이 골리앗의 편에 섰던 것이다.[23]

정보의 취약점과 제한의 악용

그 밖에도 기업이 그들의 노동자와 고객을 착취할 수 있고 실제로 착취하는 분야가 여럿 존재한다. 불완전한 정보와 불완전한 경쟁으로 인해 기업은 취약점과 정보비대칭성(기업이 노동자가 모르거나 알고 있는 것을 알고 있는 경우)을 이용하여 노동자와 고객을 이용할 수 있다. 기업에게 착취의 자유를 주는 것은 착취당하는 사람을 희생시키면서 착취하는 기업의 수입을 만들어 낸다. 이런 식으로 기업이 착취할 능력을 제한하는 강제적 규제를 지지하는 주장은 더욱 설득력이 있다.

보수 성향의 경제학자들은 시장이 자정작용을 하기 때문에 시장지배력에 대해 걱정할 필요가 없다고 이야기해 왔다. 그들은 이 경우에도 비슷하게 주장한다. 즉 그들의 노동자나 소비자를 착취하는 기업은 고객을 잃거나 더 높은 임금을 지불할 수밖에 없다는 주장이다. 이러한 착취에 대해 걱정할 필요가 없다고 말하는 경제학자들은 더 나아가―구매자가 주의해야 함을 뜻하는―매수자위험부담(caveat emptor)에 기초한 경제체제가 더 효율적이라고 엄숙하게 선언한다. 이는 이러한 관점에 스며들어 있는 궤변의 또 다른 사례일 뿐이다[유명한 일이지만 골드만삭스(Goldman Sachs) CEO였던 로이드 블랭크페인(Lloyd Blankfein)은 실패하도록 설계된 증권을 그의 회사가 판매하고 투자자들에게 그 정보를 공개하지 않은 채 실제로 실패에 베팅한 것에 아무 문제가 없다고 생각했다. 그는 이 증권의 구매자들은 모두 성인이며 위험을 알고 있었어야 한다고 주장했다].[24]

앞에서 공해를 유발하는 기업의 공해를 제한하는 것이 바람직한 이유를 설명했다. 하지만 나쁜 제품을 판매하는 기업은 사실상 시장을 오염시키는 것이다. 기업이 제품에 대한 책임을 다한다면 소비자들의 정보 부담이 줄어들고 시장은 더 잘 작동할 것이다. 제품이 겉으로 보이는 그대로이며 판매자의 주장만큼 좋은지 확인함으로써 판매자에게 부담을 지우는 조치는 합리적이다.[25] 그것이 바로 대부분의 국가에 "허위광고 처벌(truth in advertising)" 법이 존재하는 이유다.

혁신에 대해 보상하며 독점력을 억제하기

독점력의 중요한 원천 하나는 특허다. 이는 개인이나 기업에게 일정 기간(전 세계적으로 20년) 동안 그 발명을 사용할 독점적 권리를 부여하는 제도다. 미국 헌법은 미국 정부에 특허를 발급할 권한을 부여했는데 그 이유는 과학 발전의 초창기에도 분명했다. 지난 250년 동안 우리의 생활수준을 발전시킨 가장 큰 원천이었던 혁신을 촉진하기 위해서였다.

지식의 경계는 재산의 경계보다 더 모호하며 특허의 범위가 얼마나 넓어야 하는지는 심각한 논쟁의 대상이다. (자동차에 대한 최초의 특허가 그랬던 것처럼) 네 바퀴 달린 추진 운송수단 모두에 특허를 적용해야 할까, 아니면 내연기관과 관련된 특정한 디자인에만 특허를 적용해야 할까? 또 다른 논쟁은 특허를 받을 대상에 관한 것이다. 오늘날 경제의 핵심이 된 컴퓨터를 탄생시킨 수학적 정리는 그 아이디어가 엄청난 가치가 있음에도 특허를 받을 수 없었다.

미국과 유럽 모두 지식재산권(intellectual property, IP)에서 파생되는 독점력을 제한하고 있다. 예를 들어 생명을 구하는 약에 대한 특허를 생각해 보라. 한 기업이 그 약을 충분히 생산할 수 없다고 가정해 보자. 이 경우 정부는 강제로 허가하여 다른 기업들에게 해당 제품을 생산할 권리를 부여할 수 있다(이 경우 지식재산권을 사용하는 기업은 특허소유자에게 "공정한" 로열티를 지불하는데 이는 그렇지 않은 경우 그 기업이 얻을 독점 이윤에 훨씬 못 미치는 금액이다). 물론 생산이 증가하면 가격이 낮아지고 따라서 특허소유자의 이윤도 낮아질 것이다.

이 예는 앞서 논의한 또 다른 주제, 재산권은 사회의 행복을 증진하기 위해 고안된 사회적 구성물임을 잘 보여 준다. 그것은 자연이나 자연법의 문제가 아니라 **우리**가 만들어 낸 법의 문제다. 이는 특히 지식재산권의 경우에 뚜렷하다. 이 경우 특허에 포함되는 것과 포함되지 않는 것의 경계가 끊임없이 논쟁의 대상이 되는 모습을 볼 수 있는데 여기에는 그럴 만한 이유가 있다. 21세기 경제에서는 지식재산권이 어떻게 정의되는지가 소득과 부의 분배, 시민의 행복, 그리고 혁신의 속도와 패턴에 큰 영향을 미친다. 기술과 경제의 변화에는 때때로 지식재산권에 적용되는 규칙을 새로 정의하는 일이 필요하며 이러한 변화는 최근 수십 년 동안 자주 발생했다.

3장에서는 공유지의 인클로징(enclosing)에 대해 논의했는데 이는 흔히 경제적 효율성을 높이고 그 남용을 방지하기 위한 것으로 알려져 있다. 그러나 지식재산권 연구자인 듀크대학교(Duke University)의 제임스 보일(James Boyle)이 지적했듯이 지식재산권의 상당 부분은 지식공유지(intellectual commons)의 인클로저에 기초하고 있다. 이러한 지식 일부는 심지어 이전에 공공영역에 존재했을 수도 있다.[26] 이러한 현대의 인클로저 운동은 지식의 전달, 사용, 그리고 생산마저 방해하여 경제적 효율성을 저해하기 때문에 과거의 인클로저 운동보다 더욱 나쁘다. 지식생산에서 가장 중요한 투입요소는 지식 자체다. 이를 특허로 막는 것은 다른 사람들이 그것을 사용할 자유를 침해하는 것이다.

현재와 같이 제정된 지식재산권이 혁신의 속도를 늦추고 가격을 높인다는 증거가 점점 더 많이 제시되고 있다. 2013년 미국 대법원이 만장일치로 자연발생 유전자로는 특허를 받을 수 없다고 판결했을 때 하나의 자연 실험이 진행되었다. 솔트레이크시티에 위치한 미리어드제네틱스(Myriad Genetics)는 유방암과 관련된 두 가지 핵심 유전자에 대한 특허를 보유한 채 시장지배력을 이용하여 다른 회사의 검사를 제한했다. 이 회사의 검사는 다른 곳에서 개발된 검사만큼 효과적이지 않았고 가격도 엄청나게 높았다. 그 당연한 결과로 여성들이 불필요하게 사망했다. 다시 한 번 다른 회사가 저렴한 가격으로 자체 유전자 검사를 제공할 권리를 부정하는 미리어드의 배제의 자유와 이 여성들의 생존권 사이에 트레이드오프가 나타났다. 그 특허가 제거되자 시장에 더 나은 검사 방법이 더 저렴한 가격에 출시되어 빠른 혁신이 이루어졌다.[27]

에이즈가 유행하는 동안 지식재산권의 제약적 효과는 강력하게 입증되었다. 제약회사들은 생명을 구할 치료제에 원가의 몇 배에 달하는 가격을 매겼다. 가격이 너무 비싸서 많은 환자가 이를 감당할 수 없었다. 저렴한 가격으로 치료제를 생산하고 판매할 능력과 의지가 있는 기업과 국가 들이 있었지만 특허권자들은 사실상 여러분의 생명보다 우리의 이윤이 더 중요하다고 말했다. 그 필연적 결과로 수천 명이 불필요하게 목숨을 잃었다.

재산권의 다른 측면과 마찬가지로 이 분야에서도 자연법은 존재하지 않는다. 개인은 특정 특허로 발생하는 소득에 본질적 권리를 가지지 않는다. 물론 특허제도에 따라 그들의 수입은 달라질 것이다(특허 제도는 특허의 기간, 범위, 강제적 라이선스 발급 조건의 엄격성, 부당한 가격책정에 대한 제한, 그리고 공개 요건의 엄격성 등에 의해 정의된다). 다른 법과 규정의 경우와 마찬가지로 우리는 무지의 장막 뒤에 숨은 대안적 제도의 결과를 평가할 수 있는데 각 제도는 누군가(혁신가)의 자유를 제한하는 동시에 다른 사람(그 지식재산권을 활용할 수 있거나 지식의 더 큰 확산으로 이익을 얻을 사람)의 자유를 확대한다. 예를 들어 의약품의 특허 기간이 더 길다면 제약회사는 더 많은 이윤을 창출할 수 있지만 의약품이 필요한 사람들은 더 높은 독점가격을 더 오랫동안 지불해야 하는 대가를 치르게 되며 약을 살 수 없는 환자가 사망할 가능성도 있다. 미국과 전 세계에서 현재 시행되는 지식재산권 제도를 살펴볼 때 우리는 이렇게 질문할 수 있다. 과연 이러한 제도는 무지의 장막 뒤에서 나타날 가능성이 높은 제도와 어느 정도 부합하는가? 그리고 그것은 어느 정도까지 단순히 권력정치(power politics)의 산물일까?

전반적으로 권력정치가 지배적이라는 점이 분명하다. 이는 코로나19 팬데믹 기간에 그 어느 때보다 더욱 분명히 드러났다. 팬데믹 초기에 인도와 남아공은 다른 국가들이 코로나19 관련 지식재산권을 사용할 수 있도록 지식재산권 면제(waiver)를 요청했지만 지식재산권 규정을 감독하는 세계무역기구(World Trade Organization, WTO)는 코로나19가 전 세계를 휩쓰는 상황에도 이를 허용하지 않았다. 그 결과 부유한 국가는 백신을 접종할 수 있었지만 가난한 국가에서는 백신 아파르트헤이트가 발생했다. 그로 인해 가난한 국가들의 수많은 사람이 코로나19에 걸려 입원하고 불필요하게 사망했다. WTO의 지식재산권 면제 거부로 코로나19 감염이 더 오래 지속되고 더 많이 변이되어 선진국에도 잠재적 피해를 입혔음은 거의 명백하다. 여기서 WTO는 트레이드오프에 관한 결정을 내린 것이다. 제약회사의 이익이 수십억 명의 후생보다 우선했고 착취의 자유가 생존의 자유를 이겼다.

기업의 이익은 우리가 사용하는 언어에 성공적으로 영향을 미쳤다. 우리는 특허와 저작권에 대한 이러한 소유권 주장을 지식재산**권**이라 부르며 이러한 재산 형태를 권리로 격상시킨다. 마치 이 기업들은 지식재산권의 제한이 우리가 소중히 여기는 다른 권리의 박탈과 마찬가지로 자유의 박탈이라고 주장하는 것처럼 보인다. 그러나 지식재산권의 경계는 언제나 제한적이고 모호하며 그 경계가 어디까지인지 논의하고 규정하는 것은 사회의 몫이다. 나는 나중에 WTO의 일부가 될 지식재산권 조항[무역관련 지식재산권협정(Trade-Related Aspects of Intellectual Property Rights, TRIPS)]이 논의될 때 백악관 경제자문위원회에 있었다. 내가 보기에 분명 이 조항들은 미국이나 세계의 혁신 속도를 극대화하기 위해서도 아니고 무지의 장막 뒤에서 사회의 후생을 극대화하기 위해서도 아니며 단지 주로 제약과 엔터테인먼트 산업을 중심으로 몇몇 기업의 이익을 극대화하기 위해 (너무 보기 흉하게 보이지 않도록 몇 가지 제약 조건을 붙이고) 선택되었다. 저작권법에는 미키마우스보호법(Mickey Mouse Protection Act)이라는 조롱 섞인 조항이 있었는데 이는 디즈니에게 도움이 되기 위해 포함된 것으로 보였다. 이 조항은 창작자 사후에도 미키 마우스 브랜드를 수년간 계속 보호하여 중요한 문학가의 작품에 접근하고자 하는 학자들이 막대한 비용을 지불하도록 만들었다. 디즈니는 다른 사회 구성원들을 희생시키면서 추가 혜택을 누렸다. 미키 마우스의 초기 버전은 2024년 1월 1일 마침내 공개되었다.[28]

대부분의 경제학자들은 특허나 저작권의 수명을 특정 시점 이상으로 연장하면 인센티브를 유발하는 이익은 거의 없지만 독점 기간이 길어져 사회적 비용이 커질 수 있다고 주장할 것이다. 사람들은 대부분 미키 마우스 조항의 경우 저작권이 추가 독점으로 인한 비용을 정당화할 시점을 훨씬 넘어섰다는 데 동의할 것이다.[29]

결론

이 책의 핵심 주제는 상호연결된 사회에서 어떤 이의 자유도 따로 떼어 놓고 볼 수 없다는 것이다. 한 사람의 자유를 확대하면 다른 사람의 자유가 축소된다. 우리는 일반적으로 누구의 자유가 더 중요한지 판단해야 한다. 이러한 판단은 때로 쉬울 수도 있고 때로는 어려울 수도 있다. 이 장에서는 일반적으로 쉬운 사례인 착취에 초점을 맞추었다. 약간 치밀한 분석이 필요한 한 가지 영역은 독점이윤이 추동하는 혁신으로 사회의 이익이 발생할 수 있는 지식재산권과 관련된 것이다. 그렇다면 우리는 두 가지 질문을 던져야 한다. 첫 번째는 더 많은 독점권(더 많은 착취권)이라는 문제가 혁신으로 인한 사회의 이익으로 상쇄되는 자유의 균형에 관한 것이다. 여기서 나는 현재의 제도를 무지의 장막 뒤에서 발견할 수 있는 제도와 비교했을 때 그것이 단순히 정치권력의 적나라한 사용의 결과임이 분명하다고 주장했다. 두 번째 질문은 더 나아가 더 많은 지식을 생산하고 그 지식의 과실에 사람들이 더 쉽게 접근할 수 있도록 우리의 혁신 시스템을 조직하는 더 나은 방법이 있는지 묻는 것이다. 즉 그렇게 심각하게 자유의 균형 문제에 직면하지 않아도 되는 다른 경제적 제도는 없을까? 특히 건강 분야에는 (보편적이지는 않지만) 그런 제도가 존재한다. 정부는 연구자에게 자금을 지원하거나 혁신가에게 상금을 제공할 수 있다. 물론 혁신가에게 부여되는 독점권인 "실시권(right to exploit)"을 상금으로 생각할 수도 있지만 이는 시장을 크게 왜곡하고 비효율적이다. 현금 상금이 더 효율적이고 (지출된 달러당) 더 효과적일 것이다.[30] 아이러니한 점은 현재의 제도가 최악의 상황을 만들어 낸다는 것이다. 정부는 화이자와 모더나(Moderna)의 코로나19 백신의 기반이 된 mRNA 플랫폼 연구의 대부분을 공적자금으로 지원했고 백신 개발을 위한 많은 즉각적인 지출도 마찬가지였다. 하지만 제약회사에게 그것을 이용하는 완전한 권한이 주어졌다. 대부분의 비용과 위험은 공공이 부담하고 제약회사는 높은 가격책정으로 인한 비용 대부분을 공공자금으로 충당하며 이윤을 얻었다. 정부는 이미 백신의 연구개발 비용 대부분을 지불했음에도 화이자와 모더나에 높은 백신 가격을 지불했다.

더욱 일반적으로 기업이 착취할 자유를 제한함으로써 얻는 사회의 이익은 분명하다. 많은 우파들은 아무에게도 시장지배력이나 정치권력이 없으며 모든 사람에게 완벽한 정보가 주어지는 환상세계에 살고 있다. 여기서는 아무도 다른 사람을 이용할 수 없다. 물론 반경쟁적 착취를 일삼는 기업들이 경쟁법에 따라 기소되면 고액의 연봉을 받는 경제학자들이 이 기업들을 변호한다. 그들은 가령 시장지배력을 확대하고 강화하는 것 외에 아무것도 하지 않는, 명백하게 착취로 보이는 행동을 보고도 그렇지 않다고 주장한다. 그들은 어떤 불가사의한 이유로 명백하게 반경쟁적인 행위가 실제로는 경제적 효율성을 높인다고 주장한다. 변호사와 경제학자로 구성된 팀은 매년 수억 달러를 받으며 실은 분명히 시장지배력을 남용하는 행위가 시장경제의 불가사의함이 나타난 것에 불과하다며 법원을 설득한다. 그들은 그렇게 명백한 시장지배력을 가진 기업들의 높고 지속적인 이윤을 다르게 설명하기 위해 열심히 노력한다.

100년보다 더 이전에 미국은 대기업이 일반인을 착취하는 행위를 제한하는 법률을 통과시켰다. 그러나 그 이후 기업친화적인 법원은 그 법들을 재해석하여 기업이 착취할 권리를 확대하고 특정 행위가 착취임을 증명하는 것을 점점 더 어렵게 만들었다.

현재의 제도가 자유의 균형을 적절하게 맞추지 못하고 있다는 사실은 이제 분명해졌을 것이다. 이는 우리가 도전해야 할 과제를 제시한다. 과연 더 나은 대안이 있을까? 3부에서 제시되는 대답은 분명 그렇다는 것이다. 하지만 우리는 먼저 지난 세기 동안 경제학자들이 거의 무시해 왔던 질문들을 다루어야 한다. 우리의 경제체제는 사람들을 어떻게 형성할까? 그것은 규제가 필요한 정도나 정부가 잘 기능하는 사회를 위해 필요한 규제를 부과할 때 우리가 느끼는 강제감에 어떤 영향을 미칠까?

2부 자유, 믿음, 선호, 그리고 좋은 사회 만들기

Economics
and
the
Good
Society

**THE
ROAD
TO
FREEDOM**

이 책의 1부에서는 트레이드오프, 외부효과, 공공재, 그리고 조정 문제 등 경제학자들의 표준 도구들을 통해 자유에 대해 살펴보았다. 또한 모든 사회가 제약을 가해야 하며 어떤 경우에는 제한적 강제로 모든 사람이 더 잘사는 반면 어떤 경우에는 한 사람은 이익을 얻고 다른 사람은 손해를 보는, 한 사람의 자유가 다른 사람의 부자유가 되는 트레이드오프가 나타날 수 있다고 설명했다.

비록 그것이 한 차원 또는 다른 차원에서 자유를 제한하는 사태를 수반하더라도 자유를 전반적으로 향상시키는 규제, 세금, 그리고 지출을 설계하려면 분석과 추론이 필요하다. 그것은 자유라는 불특정하고 모호한 개념에 대한 게으른 이념적 헌신에 의존하는 것이 아니라 이론과 증거를 결합해야 한다. 우리는 결핍으로부터의 자유, 두려움으로부터의 자유 같은 부정적 자유와 자신의 잠재력을 발휘할 자유, 번영할 자유 같은 긍정적 자유에 모두 관심이 있다. 우리는 정치적 자유뿐만 아니라 경제적 자유에도 관심이 있다. 자유는 우리가 좋은 사회를 만들기 위해 노력하는 데 중요한 구성요소다.

하지만 자유에는 그 이상의 의미가 있다. 부모로서 우리의 노력 대부분은 자녀를 좋은 사람, 정직하고 근면하며 공감 능력을 갖춘 사람으로 키우는 것이다. 자녀로서 우리는 부모의 이러한 노력을 알아차리기 어렵다. 비록 이러한 노력이 완벽하게 성공하지 못하더라도 그것은 결과적으로 영향을 미친다. 따라서 우리가 완전히 정의된 선호와 믿음을 가지고 이 세상에 태어났다고 가정하는 표준적 경제모형은 잘못되었으며 이는 나아가 다음과 같은 당면한 질문을 포함하여 사회와 우리가 그것을 어떻게 생각하는지에 중요한 시사점을 가진다. 우리는 자유에 관해 어떻게 생각해야 할까? 예를 들어 어떤 사람들에게 자유를 부여하고 다른 사람들에게는 제약을 가하는 것은 서로 다른 개인을 형성하고 시간이 지남에 따라 다른 사회를 형성한다. 이 다양한 체제에 관해 생각할 때 우리는 장기적인 사회적 결과를 고려해야 한다.

경제학자들이 **내생적 선호와 믿음**(endogenous preferences and beliefs)이라고 부르는, 개인이 가변적이라는 인식은[1] 21세기 경제학의 중요한 발전 중 하나다.[2] 인지적 관점이라 부를 수 있는, 사람들이 세상을 보는 방식은 자신의 경험, 동료, 부모, 지도자, 그리고 교사와 미디어를 포함한 수많은 타인에 의해 형성된다. 앞서 사용한 경제학자들의 용어를 빌리자면 **사회적 외부효과**가 존재한다.

200년 동안 주류경제학은 개인이 "미리 형성된(preformed)" 존재일 뿐 아니라 무한히 합리적이고 정보가 풍부한(심지어 정보를 얼마나 잘 아는지에 대해서도 합리적인) 존재인 것처럼 가정하고 발전되었다. 표준모형은 각 행위의 비용과 이익을 (일반적으로 물질적 측면에서) 따져 보는 냉철한 계산기로 인간을 묘사했다. 경제학자들은 자신과 상호작용하는 사람들과 자신이 연구해야 할 대상이 모형에 묘사된 인간과 크게 다르다는 것을 알면서도 그런 가설을 고집했다는 점에서 다소 정신분열증에 걸린 이상한 종(species)처럼 보였다. 그들이 모형에서 **가정한** 인간은 **대부분의** 사람들보다 훨씬 더 이기적이었다. 그러나 흥미롭게도 일부 연구는 경제학자들도 대체로 (모형에서 가정한 것처럼) 완벽하게 이기적이지는 않더라도 정말로 그들이 이론에서 가정한 개인과 상대적으로 더 비슷하다고 보고한다. 특히 그들은 다른 사람들보다 더 이기적이었다. 게다가 학생들은 경제학을 오래 공부할수록 경제학이 가정하는 이상적인 사람과 더 비슷해졌다. 그들은 현대 경제학의 초석인 완벽한 이기적 개인의 정체성을 점점 더 많이 가지게 되었다.[3]

경제학자들은 또한 모든 개인이 완벽하게 이성적이고 완벽하게 일관된 선택을 한다고 가정했다. 20세기 후반, 인지 및 수학 심리학자 아모스 트버스키(Amos Tversky)와 심리학자이자 행동경제학자인 대니얼 카너먼(Daniel Kahneman)의 연구를 통해 경제학자들은 비합리성의 체계적 패턴을 탐구하기 시작했다.[4] 그러나 이 연구는 인지적 한계에 관심을 집중했다. 카너먼이 그의 베스트셀러 『생각에 관한 생각(Thinking, Fast and Slow)』에서 설명했듯이[5] 우리는 종종 빠르게 생각해야 하고 충분히 추론할 시간이 없다. 따라서 우리는 (휴리스틱이라고 불리는) 단순한 경험법칙(rules of thumb)을 사용하고 이는 우리의 결정과 판단에 일관되고 측정 가능한 "편향(bias)"을 초래할 수 있다. 무한히 합리적인 개인으로부터 벗어나는 이탈에 관한 연구를 행동경제학(behavioral economics)이라고 부른다. 물론 모든 경제학은 사람들이 실제로 어떻게 행동하는지를 설명하기 위해 행동에 관한 것이어야 한다. 무한히 합리적이고 절대적으로 이기적인 개인을 가정한 경제학자들의 표준모형은 사람들이 어떻게 행동하는지를 잘 설명하지 못하는 경우가 많다는 것이 밝혀졌다.[6]

21세기 행동경제학은[7] 경제학자들의 표준적 가설로부터 벗어나는 핵심적 이탈이 단지 개인들이 인지적 한계가 있으며 때로는 너무 빨리 결정을 내려야 한다는 것뿐 아니라 그들이 자신이 원하는 것을 불완전하게 알고 있으며 원하는 것이 변할 수 있다는 점이라고 주장했다. 표준경제학에서 개인이 원하는 것이 불변이라는 가설은 내가 이미 설명했듯이 사람들이 완벽하게 합리적이지 않다는 사실만큼 거의 명백하게 허구다.

이 책의 2부에서는 자유에 대한 이해, 그리고 그것을 의미 있는 방식으로 가장 잘 증진할 방법에 대한 이해에 적용되는 현대 행동경제학의 통찰에 관해 살펴볼 것이다.

8장

사회적 강제와 사회적 결속

우리는 모두 사회적 동물이고 다른 사람들이 우리를 어떻게 생각하는지에 민감하다. 우리가 "용인할 수 있다"고 생각하는 것은 우리 사회에 의해 형성된다. 어떤 사회에서는 쓰레기를 버리거나 팬데믹 기간 동안 마스크를 쓰지 않고 다니거나 길거리에 침을 뱉거나 여성이 바지를 입도록 허용되는 반면 다른 사회에서는 이러한 행동이 허용되지 않는다. 각 사례에서 개인이 할 수 있는 행동을 제한하는 규범이 정부의 벌금보다 덜 제한적이라 할 수 없고 경우에 따라서는 훨씬 더 제한적이라고 말할 수 있다. 그런 의미에서 규범은 강제적이라 볼 수 있다.

이 장에서는 우리가 믿음을 형성하는 방식, 사회적 강제와 관련이 있는 곤경과 위험에 대해 자세히 살펴볼 것이다. 나는 해결하기 어려운 몇 가지 질문을 제기하지만 더욱 분명히 드러나는 점은 현재의 자본주의 형태—신자유주의적이고 고삐 풀린 자본주의—가 좋은 사회의 정반대를 나타낼 뿐 아니라 실제로 자본주의를 약화시키는 방식으로 사람들을 형성한다는 것이다.

믿음과 선호의 사회적 형성

21세기 행동경제학은 선호가 내생적이며—즉 우리의 경험에 따라 바뀔 수 있으며—대부분 **사회적으로** 결정된다는 점을 강조한다. 우리가 누구인지는 부모와 교사의 영향을 크게(전적으로는 아니더라도) 받아 우리의 주변 사람들에 의해 정해진다.

부모와 교사는 세대를 거쳐 가치관을 전달할 뿐 아니라 젊은 이들을 사회화하여 자신의 행동이 다른 사람에게 어떤 영향을 미치는지 그들이 더 잘 인식하도록 만든다. 아이들은 "네가 대접받고 싶은 대로 남에게 대하라" "정직이 최선이다" "악을 행하지 않는 것이 좋지만 악을 의도하지 않는 것이 더 좋다" 같은 교훈을 배운다. 아이들은 좋은 사람은 이러한 교훈에 따라 행동한다고 배운다. 부모와 교사가 성공적이라면 이렇게 타인을 배려하는 행동은 본질적으로 개인의 정체성의 일부가 된다. 물론 이러한 사회화가 성공적으로 이루어지는 정도에는 한계가 존재한다.

19세기에 공교육을 광범위하게 지원한 것은 상당 부분 신흥 산업경제에 적합한 인력을 양성하기 위한 것이었다. 사람들이 직장에서 적절하고 효율적으로 행동할 수 있도록 충분히 사회화될 필요가 있었기 때문이다.[1] 이러한 행동에는 규칙적인 정시 출근처럼 일상적인 것들부터 다른 사람의 지시를 받아들이고 심지어 환영하는 것, 위계 조직과 그 안에서 자신의 위치를 수용하는 것처럼 더 큰 것들까지 포함된다. 때때로 우리는 이 과정을 개인의 "사회화" 과정이라고 부른다.

따라서 학교는 단순한 기술 전수와 인적자본 창출 이상의 역할을 한다.[2] 학교는 경제가 작동하는 데 필요한 규범과 국가정체성, 경우에 따라서는 종교정체성을 포함한 가치관을 심어 주려 노력한다. 과거를 미화하는 방식으로 역사를 가르치고 국가가 저질렀을 잔혹 행위는 덮어 버린다. 이 모든 것은 특히 특정 상황과 특정 시기, 예를 들어 국가가 외부의 적으로부터 위협받을 때 개인을 형성하고 그들의 미래 행동에 영향을 미치려는 시도다. 우리 경제학자들은 사람들 **대부분**이 현실에서 어떻게 행동하는지가 아니라 우리가 모형에서 가정한 대로 학생들을 형성한다. 하지만 경제학자들이 가령 개인들이 철저하게 이기적이라는 가정에 기초한 경제학 필수 과목을 매년 모든 학교에 개설하도록 설득하는 데 성공한다면 우리는 분명 더 큰 이기심을 가진 사회를 만들어 낼 것이다.[3]

교육은 또 다른 역할을 한다. 교육은 "사회적 공유지", 즉 그것을 논의하는 공통어를 포함하여 세계를 바라보는 공통의 방식을 만들어 낸다.[4] 우리는 사회적 존재이며 서로 소통하기를 원하고 서로가 필요하다. 모든 교육시스템이 이 공통의 이해를 만들어 내는 데 도움을 주지만 좋은 교육시스템은 차별화된 의미를 가능하게 하는, 뉘앙스가 한결 풍부하고 더 넓은 공통의 이해를 제공한다. 이는 단순히 말한 내용에 대한 공통의 이해에 관한 것이 아니라 앞서 언급했듯이 말하지 않은 내용에 대한 규범을 포함하여 규범의 형성에 관한 것이다.

또래압력(peer pressure)과 사회규범은 행동 형성에 중요한 역할을 한다. 규범이 지시하는 것과 다르게 개인이 행동하면 속한 집단에서 기피당하고 배제될 수 있는데 이는 고통스러운 일이다. 또래압력의 역할은 아마도 정체성을 찾기 위해 분투하는 10대 청소년들에게서 가장 분명하게 드러나지만 더 미묘하게는 우리 삶 전체의 일부다. 또래압력은 엄청난 힘을 발휘할 수 있으며 어떤 개인이 특정인을 배제하는 집단에 참여하지 않으면 그 방관자는 심지어 따돌림을 당할 수도 있다.

외부효과의 내재화와 사회적 결속의 유도

어떤 경우에는 앞에서 설명한 메커니즘을 통해 사회가 믿음과 선호를 사회적으로 형성하여 뚜렷하고 커다란 이익을 실현한다. 때로는 규범이 외부효과를 해결하는 데 일조할 수 있다. 우리 자신의 정체성에 기초한 것이든 또래압력과 사회규범의 결과이든 타인을 고려하는 행동은 쓰레기 투기, 음주, 그리고 난폭운전의 감소로 이어질 수 있다. 규범은 여성에 대한 폭력을 억제하거나 인내를 장려하듯 좋은 사회의 다른 요소를 만들고 유지하는 데도 중요할 수 있다. 오늘날 육식을 하지 않고 비행기를 덜 타고 실내온도를 낮추는 등 불필요한 온실가스배출에 반대하는 새로운 규범이 지구를 구하는 데 매우 중요한 역할을 하고 있다.

이러한 규범이 외부성을 **내재화**하는 데 성공하여 우리로 하여금 자신의 행동이 다른 사람에게 어떤 영향을 미치는지 고려하도록 만드는 만큼 외부효과를 해결하는 데 강제적으로 여겨질 공적 개입은 필요하지 않을 것이다.

잘 행동하라는 또래압력 때문이든 공감 때문이든 자신의 행동이 다른 사람에게 어떤 영향을 미치는지 고려하는 것은 사회적 결속이나 사회적 연대의 일부로 생각할 수 있다. 이러한 친사회적 행동은 우리를 규정한다. 스스로를 선량한 시민으로, 각자의 역할을 다하는 공동체의 일원으로 생각하는 것이다. 우리가 선량하게 행동하도록 강요당하는 게 아니다. 우리 존재의 일부가 가령 자연재해가 발생했을 때 이웃을 돕거나 헌혈을 하는 것처럼 타인에 대한 존중을 보여야 한다고 요구하는 것이다.

사회적 결속이 존재하는 정도만큼 사회의 선을 위해 행동하라는 요구는 강제가 아니다. 이를테면 기차에서 노약자나 장애인에게 자리를 양보하라는 규정은 강제가 아니다. 가난한 사람들을 돕는 데 기여하라는 요구, 달리 말하면 재분배를 지원하기 위해 세금을 납부하라는 것도 강제가 아니다. 우리는 이런 일을 스스로 할 수도 있지만 좋은 사회의 핵심인 공동의 번영을 만드는 데 누구도 무임승차자가 될 수 없도록 우리가 함께 힘을 합칠 때 사회 전체가 더 나아질 수 있다.

실제로 개인이 규범을 자신의 가치로 **완전히** 받아들인다면 이러한 행동을 요구하는 규제는 어떤 제약도 부과하지 않을 것이다. 사람들은 쓰레기를 버리거나 노인에게 버스 자리를 양보하지 않는 행동으로 규범을 위반하고 싶지 않을 것이다. 이때 구속력이 없는 제약은 사실상 제약이 아니다. 잘 기능하는 사회에서는 사회화(선호의 사회적 형성에 핵심적인 부분)를 위한 노력의 대부분이 개인이 외부효과를 내재화하도록 유도하는 것을 수반한다.

하지만 개인들 사이의 규범의 전파는 불완전하다. 어떤 사람들은 규범을 완전히 받아들이지 않을 것이고 그러면 또래압력과 사회적 강제에 의한 제약이 개인의 행동의 자유를 제한하는 것처럼 보일 수 있다. 아이러니하게도 이러한 관점에서 볼 때 쓰레기를 버리지 말라는 규제로 인한 자유의 상실은 사회적 선호의 불완전한 전파와만 관련이 있다. 쓰레기를 버리지 않는 규범을 받아들이지 않은 사람만이 쓰레기 투기 금지 규제로 인한 자유의 상실을 느낄 것이다.

도널드 트럼프는 부모와 교사가 실패하고 개인이 사회화되지 않을 때 어떤 일이 일어나는지 잘 보여 준다. 규범, 또래압력, 그리고 전통이 정상적으로 작동하던 시기에는 대통령이 윤리적으로 할 수 있는 일을 규정하는 강력한 법률이 필요하지 않았다. 거의 모든 대통령이 제약의 범위 내에서 행동했다. 하지만 트럼프와 그의 뻔뻔함은 우리가 대통령의 한계를 법과 규정에 포함하여 더욱 정확하게 규정하도록 강제할지도 모른다.

외부효과의 내재화를 넘어서는 사회적 결속

사회적 결속은 외부효과의 내재화를 넘어서는 방식으로 사회의 기능을 향상시킨다. 4장에서 우리는 공공재와 사회적 협력의 이점에 대해 논의했는데 사회적 결속은 공공재에 대한 지지를 강화하고 협력을 촉진한다. 사회적 결속은 부유층도 공공재를 위해 재분배를 어느 정도 받아들일 수 있도록 만들고 자선 활동을 장려할 수 있다. 사회적 결속과 이로 인해 나타날 낮은 수준의 불평등은 결국 잘 기능하는 사회의 특징인 필연적인 정치적 타협을 촉진한다.

또 다른 보이지 않는 손

규범은 외부효과를 내재화하고 사회적 결속 의식을 발전시켜 사회의 기능을 돕는다. 생활수준을 유지하고 발전시키는 복잡한 생산물을 생산하기 위해 수많은 개인들이 모여 함께 작업하는 현상은 특히 경제학자들이 오랫동안 관심을 가져온 주제였다. 앞서 살펴보았듯 애덤 스미스는 이 복잡한 시스템이 어떻게 작동하여 우리가 필요하고 원하는 상품을 생산하는지에 관한 질문에 대한 해답 하나를 제시했다. 그에 따르면 사익 추구가 사회의 행복으로 어떻게든 이어진다.[5] 현대 경제학자들은 이러한 생각을 더욱 구체화했다. 그 과정은 정보가 전달되는 가격체계를 통해서 이루어지며 따라서 개인의 사익 추구는 사회의 이해와 일치한다.

사람들이 세계를 바라보는 공유된 관점과 규범은 또 다른 보이지 않는 손을 제공하는데, 이는 내가 앨리슨 디머릿(Allison Demeritt), 칼라 호프(Karla Hoff)와 함께 쓴 새 책에서 강조하는 내용이다.[6] 앞에서 지적했듯이 우리 모두가 쓰레기를 버리지 않는 규범을 공유한다면 그에 관한 규제나 사람들이 쓰레기를 투기하지 않도록 유도하는 가격 인센티브도 필요 없을 것이다. 우리는 도시를 깨끗하게 유지하는 방식으로 행동하는 것이다. 규범과 공유된 관점은 두 가지 의미에서 보이지 않는다. 그것들은 보이지 않게 만들어지고 우리가 의식하지도 못하는 사이에 우리 존재의 일부가 된다. 또한 보이지 않게 기능하여 우리의 중요한 일부가 되고 우리는 생각조차 하지 않고 보통 그것들을 따른다.

자유와 책임

1장의 논의는 자유에 책임이 따른다는 오랜 전제를 다시 한번 떠올리게 한다. 부모는 자녀에게 "**책임 있게 행동하면** 더 많은 자유를 줄 것"이라고 말한다. 물론 그 의미가 아이들이 구속 없는 자유를 가진다는 것은 아니다. 부모와 자녀 사이에는 무언의 원칙과 규칙들이 존재한다. 어떻게 보면 더 넓은 의미의 가족인 공동체에도 마찬가지다. 가족의 규칙에 따라 행동하도록 부모가 자녀를 가르치려는 것처럼 사회는—종종 부모를 통해—모든 시민이 이를테면 타인에게 미치는 외부효과를 고려하여 책임 있게 행동하도록 그들을 형성하기 위해 노력한다.

 법학과 경제학에는 규범과 사회적 (타인을 고려하는) 행동을 유도하는 법률과 규정의 상대적 이점과 다른 방식들의 상대적 이점에 관해 광범위한 논의가 존재한다. 물론 모든 상황에서 무엇이 적절한지 정의하기란 불가능하다. 규범은 법률이나 규칙보다 더 모호할 수 있고 모호성 자체가 행동을 제한하는 데 **일반적으로** 도움이 될 수 있다. 법률이나 규정으로 정의된 명확한 선이 있다면 이를 어기려는 경향이 존재할 것이다.

밀턴 프리드먼은 이러한 관점을 극단적으로 취하면 어떤 일이 벌어지는지 보여 준다. 그는 정부가 노동자의 처우나 환경오염을 규제하지 않는 한 기업은 국가로부터 주어진 자유를 최대한 발휘하여 이윤을 극대화해야 한다고 생각했다. 기업이 노동자를 제대로 대우하거나 환경에 신경 써야 할 도덕적 의무는 없었다. 프리드먼은 도덕성을 뒤집어 기업경영자가 이윤극대화 외에 다른 일을 하는 것은 잘못이라고 주장했다. 그에 따르면 "기업의 사회적 책임은 단 하나로 기업의 자원을 사용하여 이윤 증가를 위한 활동에 종사하는 것"이다.[7]

어떤 상황에서는 규제나 시장 인센티브보다 사회적 규범을 통해 협력을 유도하는 편이 더 쉬울 수 있다. 경제학자 유리 그니지(Uri Gneezy)와 알도 루스티치니(Aldo Rustichini)가 논의한, 이스라엘의 한 보육원에서 실시된 유명한 실험[8]이 이를 잘 설명해 준다. 이 보육원에서는 부모가 모든 어린이를 데리러 올 때까지 직원들이 남아 있어야 했기 때문에 부모가 저녁에 정시에 오는 것이 중요했다. 보육원은 부모들이 더 규칙적으로 정시에 오도록 유도하기 위해 지각에 벌금을 부과했다. 그러나 기대와는 반대로 그에 대한 반응으로 부모의 지각이 오히려 **늘어났다**. 이전에는 정시에 도착하는 규범이 존재했던 것이다. 이제 사회적 의무가 경제적 관계로 전환되면서 부모들은 지각으로 인한 추가 비용이 자신에게 돌아오는 혜택보다 큰지 작은지를 판단했고, 많은 경우 더 작다고 판단했다.

이와 관련된 우려는 규칙과 규정이 도덕성과 그 외의 친사회적 행동을 밀어낸다는 것이다. 우리는 벌금 때문이 아니라 다른 사람을 배려하기 위해 쓰레기를 버리지 않을 때 스스로에게 더 좋은 기분을 느낄 것이다.

믿음, 선호, 그리고 사회적 외부효과

우리의 선호와 믿음이 타인과의 관계 속에서 형성된다는 사실은 근본적인 사회적 외부효과를 발생시킨다. 만약 우리가 정직하지 못하면 그 행동의 직접적 결과(그것 자체가 외부효과)뿐만 아니라 간접적 효과도 발생한다. 사회에 대한 신뢰가 낮아지고 다른 사람들이 부정직하게 행동할 가능성이 높아져 사회의 전반적인 기능이 약화될 수 있다. 긍정적 행동 역시 수많은 실험[9]이 보여 주는 바와 같이 연쇄반응을 일으킬 가능성이 높다. 무상으로 친절을 베풀면 다른 사람들도 무상으로 친절을 베풀 가능성이 높아진다. 정직이 정직을 낳아 사회에 대한 신뢰를 키우는 것이다.

다른 외부효과와 마찬가지로 정부가 긍정적인 사회적 외부효과를 장려하고 부정적 외부효과를 억제하는 것은 설득력 있는 일이다. 정부는 시장 및 비시장 메커니즘을 통해 이를 실행한다. 정부는 특히 사기나 광고 속 거짓말 같은 부정직한 행동을 처벌하고 세금제도를 통해 자선행위에 보조금을 지급한다. 정치 지도자들은 자신의 지위가 주는 발언권(bully pulpit)을 이용하여 그들이 친사회적이라 간주하는 행동을 권고한다.

3부에서는 경제 및 사회 체제의 설계가 이러한 외부효과의 정도에 어떤 영향을 미치는지 논의하고 신자유주의적 자본주의가 부정적 외부효과를 조장하고 결국 더 이기적이고 덜 정직한 사회를 만들었다고 주장할 것이다.

사회통제, 사회신용, 광고, 그리고 개인의 자유

개인의 사회화가 더 나은 시민이 되거나 직장에 더 잘 적응하게 해 준다면 박수를 보내겠지만 사회화에는 문제 요소도 있을 수 있다.

첫째, 또래압력은 종종 외부효과를 유발하는 활동을 억제하거나 친사회적인 행동을 장려하기 위한 것이 아니다. 그중 몇몇은 예를 들어 배타적 행동을 강요하는 등 사회적 폐해를 초래할 수도 있다. 젊은이들 사이에서 무질서한 식습관이나 왕따 같은 다른 문제 행동을 조장할 수도 있다. 미국에서 또래압력은 의심할 여지 없이 인종차별적이고 배타적인 짐크로(Jim Crow, 과거 미국 남부에서 흑백 인종 분리를 강제하던 법—옮긴이) 체제를 촉진했다.

신자유주의 경제학자들은 이런 차별이 지속될 수 없다고 말했다. 노벨경제학상을 수상한 경제학자 게리 베커(Gary Becker)가 악명 높은 저서 『차별의 경제학(The Economics of Discrimination)』 [10]에서 주장하기를 경쟁적 경제에서는 차별이 발생하기 불가능하지는 않다 해도 어렵다. 차별받는 사람들의 임금은 낮을 것이고, 따라서 그들이 생산하는 상품도 더 저렴할 것이다. 그는 편견 없는 사람들이 충분히 많다면 이러한 노동자와 그들이 생산하는 상품으로 수요를 전환시킬 것이라고 주장했다. 그러면 곧 차별이 사라진다는 것이다. 시카고대학교, 즉 저소득층 흑인 거주지역 한 가운데에 자리 잡은 고립된 백인 거주지역에서 교수 생활을 한 베커에게는 이러한 논리를 바로 눈앞에서 벌어지는 엄청난 차별과 조화시키는 것이 어려웠을 수도 있다. 그러나 베커에게는 해답이 있었다. 흑인 노동자가 적은 임금 때문에 차별받는 것처럼 **보인다면** 그것은 틀림없이 그들이 그에 상응하는 품질의 노동서비스를 제공하지 않기 때문일 것이다.

교육의 제공에 차별이 존재했다는 점은 잠시 제쳐 두자. 베커는 **완전**경쟁과 사회적 유동성의 신화적 세계에 살았다. 그러나 그가 글을 쓰던 당시에도 경제학자들은 그런 세계로부터의 작은 일탈이 어떻게 커다란 결과의 차이를 가져오는지, 그리고 경제적 처벌이 어떻게 차별적 제도를 강제할 수 있는지 연구하고 있었다. 그들은 베커와는 정반대의 결론에, 명백한 사실에 더 부합하는 결론에 도달했다. 개인이 짐크로 체제를 거부하고 차별을 거부한다면 본인이 차별을 비롯한 처벌을 받을 수 있다는 것이었다. 비차별주의자를 처벌하지 않았던 사람도 처벌을 받을 것이었다. 이런 식으로 편견을 갖지 않았던 많은 이들조차 차별적 사회규범을 위반했다는 이유로 받게 될 처벌이 두려워 차별적 균형상태가 유지될 수 있다. 또래압력에 반영되는 사회적 제재가 경제적 처벌만큼 또는 그보다 더 효과적일 수 있다. 경제적 처벌이 [무릎 손상(kneecapping, 사살하는 대신 고의로 무릎 관절을 훼손하는 제압 방식—옮긴이), 린치, 방화가 아닌] 불매운동으로 제한되는 경우에는 특히 그렇다. 짐크로는 약간 약화되었을 뿐 이를 강제하던 남부의 법률이 폐지된 이후에도 지속되었다.

이러한 주장은 흔히 잘 기능하는 사회의 필수 요소로 생각되는 사회적 자본(social capital)에 관한 주장과 동일하다. 사회적 자본은 사람들이 서로에 대해 가지는 신뢰를 포함한다. 그것은 또한 사람들이 함께 잘 기능할 수 있도록 해 주는 사회규범과 사회공유지(social commons)도 포함할 수 있다. 일부 규범은 긍정적일 수 있지만 그 외의 규범은 긴밀하게 연결된 집단이 그 집단에 속하지 않은 사람을 배제(차별)하는 등 배타적일 수도 있다.[11]

따라서 규범은 더 많은 사람이 더 자유롭게 느끼는 더 잘 기능하는 사회를 만드는 데 도움이 될 수 있지만 항상 그런 것은 아니다. 규범과 그로 인해 발생하는 또래압력은 숨 막히고 제약이 될 수 있으며[12] 경우에 따라 좋은 사회와 정반대의 결과를 낳을 수 있다.[13]

조지 오웰식 사회?

개인을 사회적으로 순응하도록 형성하여 디스토피아를 만들려는 조지 오웰(George Orwell)식 시도에 대한 근거 있는 두려움이 존재한다. 기업이 현대 행동경제학과 사회심리학의 통찰력을 이용하여 사람들이 앞서 언급한 사회화—가령 사람들이 정기적으로 정시에 출근하도록 하는 것—를 넘어 기업 이익에 부합하게 행동하도록 만들 수 있다는 우려는 오래전부터 존재해 왔다.[14]

오늘날 이는 더 이상 추측의 문제가 아니라 현실이다. 정확하게 완벽한 통제는 아니지만 적어도 사회의 일부를 특정 방향으로 움직이게 만드는 것이다. 중국에는 시민들이 "사회적" 계좌를 가지는 사회신용(social credit) 시스템이 존재한다. 이 시스템에서는 국가가 바라는 대로 행동하면 시민들에게 신용이 적립되고 그렇지 않으면 깎인다. 대규모 감시에 기초한 이 시스템에는 사람들이 중국의 지도자가 원하는 방식으로 행동하도록 인센티브를 제공하려는 의도가 있다. 그러나 진정한 의도는 내재화된 사회적 규범을 만드는 것이다. 중국은 소련이나 나치 독일의 시스템보다 더 나은, 국가가 주도하는 목표를 향해 시민에게 동기를 부여하는 시스템을 개발하려고 시도하고 있다. 이는 명시적 강제에 덜 의존하고 자발적 "협력"의 성공에 더 의존하여 반대와 저항이 더 작은 시스템이다.

서구인들은 이러한 조지 오웰의 『1984』의 21세기 버전에 혐오감을 느끼지만 그들은 민간부문 기업들이 더 교묘할 뿐 비슷한 결과를 만들어 내도록 용인한다. 기업은 오로지 이윤의 증가를 위해 소비자들이 더욱 이성적이라면 하지 않을 행동을 취하도록 유도하는 광고를 제작한다. 재산을 도박으로 탕진하라는 유혹을 받는 강박적인 도박꾼은 어떤 의미에서 얼핏 강제적이지 않은 이 방법에 의해 행동의 자유를 잃어버린 것일까? 어떤 의미에서 그는 유혹을 무시할 "자유"가 있었다. 하지만 다른 의미에서 유혹하는 이들은 그가 저항할 가능성이 낮다는 것을 알고 있었다.

이런 유인행위로 발생하는 사회적 폐해는 매우 크다. 어린이와 성인에게 가공식품을 먹도록 유인하여 소아 및 성인 당뇨병 유행에 기여한 식품회사, 마약 위기에 기여한 새클러[Sackler, 마약성 진통제를 판매한 제약회사 퍼듀파마를 소유한 억만장자 가문—옮긴이] 소유의 제약회사, 또는 소비자 몰래 제품의 중독성을 높인 담배회사를 생각해 보라. 이러한 사례는 모두 개인의 자유에 대한 비강제적 위협으로 생각될 수 있다.

인스타그램은 행복하고 성공적인 10대들의 삶에 관한 매혹적인 비전을 홍보한다. 물론 아이들도 그 일부가 되고 싶어서 행복하고 성공해 보이는 자신의 사진을 게시한다. 충분히 많은 사람들이 그렇게 하면 하나의 규범이 만들어진다. 대부분의 사진이 꾸며졌음을 모두가 알지만 아이들은 자신이 그런 삶을 살고 있지 않음을 알기에 불안해진다. 이제 소셜미디어가 청소년의 불안과 우울증을 유발하는 역할이 잘 알려져 있다. 사용자들이 서로 '좋아요'를 누른 사진을 공유하는 소셜미디어 플랫폼의 설계는 이러한 영향을 강화한다.

나는 반사회적 행동을 제한하기 위해 자유시장에 대한 공공의 개입이 필요하다고 믿는다. 이러한 개입은 새클러 가문의 기업의 자유를 제한하지만 사회의 행복을 증진하는 식으로 다른 사람들의 자유를 확대한다. 때때로 누구의 자유를 확대하고 누구의 자유를 제한할지 판단하기란 쉽다. 수많은 사람의 마약중독을 유발한 새클러 가문의 자유를 옹호할 사람은 거의 없을 것이다. 다른 경우에는 더욱 어려운 일이다. 예를 들어 소셜미디어와 광고의 경우 우리는 언론의 자유와 관련된 함의에 관해 고려해야 한다. 이 책의 뒷부분에서는 무지의 장막 뒤에서 이러한 문제를 생각하는 롤스의 사고틀, 또는 애덤 스미스의 공정한 관찰자 접근법이 이렇게 평가하기 어려운 사례에서 실제 판단을 내리는 데 어떻게 도움이 될 수 있는지 논의할 것이다.

개인의 자율성과 또래압력: 철학적 논쟁

또래압력과 순응주의적 사회규범을 어떻게 볼 것인가에 관해 논쟁이 존재한다. 정부의 규제가 자유의 상실을 초래하는 만큼 또래압력도 자유의 상실을 초래할까? 또래압력은 변하기 어렵고 흔히 보이지 않게 작동한다는 점에서 아마도 규제보다 더 나쁜 강제의 한 형태일까?

일부 철학자들은 순응주의적 사회규범을 규제와 같은 식으로 바라보면 **안 된다고** 주장한다. 우리는 지각이 있는 인간이며 적어도 어느 정도는 다른 사람의 영향을 받을 것인지, 얼마나 받을 것인지 판단할 수 있다.[15] "이성"을 통해 자신의 선호나 행동, 타인의 선호를 평가하여 특정한 선호와 믿음이 어떤 방식으로든 바람직하지 않은지 여부를 판단하는, 집단에 대항하는 개인은 항상 존재해 왔다. 이성의 능력은 사람의 주체성에 매우 중요한 부분이다.[16] 우리는 우리 자신의 장기적 이익을 위해 무리를 따라야 **하는지**(이는 특히 청소년의 또래압력에 중요하다), 아니면 사회의 행복을 위해 무리를 따라야 **하는지**(이는 도덕적 추론을 수반한다)에 대해 판단할 능력이 있다. 컬럼비아대학교의 철학자 아킬 빌그라미(Akeel Bilgrami)는 이렇게 말했다. "지배적 사회규범을 수용한다는 것은 우리가 자신의 이성을 통해 훈련받거나 익숙해지도록 스스로 허용하는 것이다. 그렇기 때문에 개인의 자율성과 표준경제학의 관점에서 핵심적인 자기고려(self-regardingness) 사이에는 본질적이거나 근원적인 연관이 없다."[17]

하지만 빌그라미는 이 주장을 너무 멀리 끌고 가는 것일 수 있다. 우리는 세상을 바라보는 관점을 자유롭게 선택하지 않는다. 우리의 관점은 완전히는 아니더라도 대부분 환경에 의해 결정되고, 특히 가장 성장하는 시기에는 부모나 우리를 키우는 사람에 의해 대부분 결정된다. 우리의 관점과 믿음은 대부분 무의식적으로 형성된다.[18] 개인이 지배적 사회규범에 대해 의식적으로 훈련받거나 익숙해지도록 스스로 "허용"했다고 해도 규범을 거부하는 데 수반되는 잠재비용의 부담에 관해 말하자면 사람마다 제약을 서로 다르게 느낄 수 있다. 개인의 배경, 사회적 지위, 그리고 권력이 개인이 규범에서 벗어나게 해 주는 "예산"을 심각하게 결정하며 특히 그 비용이 상당할 때는 더욱 그렇다. 우리 모두에게 지배 규범에 의문을 제기할 동등한 능력이 있다고 해도 그에 따라 행동할 자유는 전혀 균등하게 배분되어 있지 않다.

게다가 보이지 않는 힘에 의해 우리의 관점이 형성될 때 과연 개인이 다른 관점을 선택할 **능력**이 있을까? 아마도 인문교양교육의 결과로 **일부** 개인이 세상을 보는 특별한 관점을 인식하고 심지어 자신이 어떻게 그렇게 보게 되었는지 이해하게 되었다고 한들 모든 사람에게 그것을 이해할 능력이 있다는 뜻은 아니다. 특히 "관점의 형성"에 대해 배운 적이 없는 경우 더욱 그렇다.[19] 설사 사람들이 그것을 이해하게 된다고 해도 많은 사람은 자신이 무리에 대항할 위치에 있다고 느끼지 못할 수 있다.[20] 그들에게 사회적 강제는 진정으로 자유의 상실을 의미한다.

믿음의 형성과 신자유주의적 자본주의의 생존 가능성

지금까지 나는 사회가 개인을 형성하는 방식에 관해 많은 예를 제시했다. 그러나 더욱 미묘하지만 똑같이 널리 퍼져 있는 다른 방법도 많이 존재한다. 자본주의하에서 우리는 그들이 어떻게 돈을 벌었는지에 관해 많은 관심을 기울이지 않고 돈을 많이 번 사람들을 존경하는 경향이 있다. 조금 더 깊이 살펴보면 미국의 많은 대부호 가족이 시장지배력의 남용(록펠러), 아편 강매(새클러 가문), 또는 아편이나 노예 거래 같은 착취와 악행을 통해 부를 축적했다는 사실을 알 수 있다. 물론 거기에는 한계가 있는 것도 사실이다. 이제 새클러 가문은 비난받고 있고 그들이 부당하게 얻은 재산의 수혜자였던 미술관에서 그 이름이 삭제되었다. 노예를 이용하여 재산을 모은 일부 사람들도 마찬가지다. 그러나 노예와 아편 거래로 부를 쌓은 다른 많은 사람의 이름은 부의 기원이 역사의 안개 속으로 사라지면서 주요 대학의 유명한 건물들을 계속 장식하고 있다.

시장이 우리를 형성한다

현대 행동경제학은 우리의 경제환경이 어떻게 우리를 형성하는지 자세히 설명한다. 개인을 무자비한 경쟁이 특징인 환경에 가져다 놓으면 그들은 더욱 경쟁적으로 변하고 협력과 협동이 필요하고 보상을 받는 환경에 가져다 놓으면 더욱 협력적이고 협동적인 사람이 된다. 하나의 중요한 상황에서 보상받는 행동은 개인의 성격에 적어도 부분적으로 뿌리를 내리고 다른 상황으로 확산된다. 그러면 그것은 조직과 제도의 설계와 행동에 반영되어 더욱 광범위한 결과를 가져온다.

미국의 많은 소규모 은행은 은행에 돈을 예치하거나 대출을 받은 고객들이 공식적으로 소유하는 협동조합이다. 이를 신용조합(credit union)이라 부른다. 신용조합은 예치된 돈을 받아 조합원에게 대출해 준다. 2008년 금융위기는 협동조합이 수익 중심의 일반 은행과 어떻게 다르게 행동할 수 있는지 보여 주는 사례를 제공했다. 전반적으로 신용조합은 웰스파고(Wells Fargo)나 골드만삭스처럼 평판이 좋아 보이는 민간영리은행에 만연했던 부당한 관행, 사기, 그리고 차별 등에 관여하지 않았다.[21] 그 결과로 신용조합은 상대적으로 금융위기를 훨씬 잘 견뎌 냈고 위기 이후에도 고객을 훨씬 잘 대했다. 가령 대형 은행이 대출을 대폭 축소하는 동안에도 신용조합은 중소기업에 대한 대출을 계속했다.[22]

때때로 금융부문의 특징이었던 한 푼이라도 더 벌기 위해 "진실을 감추거나" 노골적으로 거짓말하는 행위가 우리 사회의 고질적 병폐가 되었다. 그것은 우리 경제에서 중심적 역할을 해 온 잘못된 정보와 허위정보를 퍼뜨리는 조직적 운동의 핵심으로 다음 장에서 논의할 것이다. 이렇게 한 분야에서 다른 분야로 부정직이 옮겨 가는 것은 예상할 수 있는 일이다.

행동경제학자들은 수익 창출이 행동에 어떤 영향을 미치는지도 연구했다. 자녀를 늦게 데려가는 부모에게 벌금을 부과했지만 아무 소용이 없었던 이스라엘 보육원을 생각해 보라. 하지만 이런 수익 창출이 계속되면 개인의 생활방식을 형성하기 시작하는 데 사회로서 우리가 사회 문제에 대해 생각하는 방식도 이렇게 형성되어 왔다.

따라서 학생들의 성적이 나쁠 때 잘 훈련된 신자유주의 경제학자에게는 쉬운 해결책이 존재한다. 학생들의 성적이 좋을 때 교사에게 더 나은 보상을 제공하여 그들이 더 열심히 일하도록 유인하는 것이다. 하지만 이 방법은 효과가 없었는데 별로 놀라운 일이 아니다.[23] 추가 급여가 교사들에게 이미 낮은 자신의 급여를 상기시켰을 수 있다. 많은 교사에게는 사회적 동기가 있었고 이들은 가난한 지역사회의 아이들과 일하고 싶어서 교사를 직업으로 택했다. 인색한 급여 인센티브는 이러한 사회적 관계를 금전적 관계로 바꾸어 어쩌면 근무 의욕마저 떨어뜨릴 수 있다. 보다 효과적인 개입은 교사를 존엄성을 가질 자격이 있는 전문가로 인정하여 존중하고 노조를 통해 집단적으로 행동할 권리를 강화하는 것일지 모른다. 교사들은 전문가로서 더 나은 교육환경과 더 나은 시설을 요구하기 위해 이러한 권리를 활용해 왔다. 미국에서 교사노조 조직률이 가장 높은 몇몇 주에서 교육시스템의 성과가 가장 훌륭하다는 것은 놀라운 일이 아니다.[24]

잘 작동하는 시장을 위한 신뢰와 정직의 중요성

시장경제는 제품이 판매자의 주장과 같고, 노동자가 본인의 주장과 같이 일하며, 회사의 근무 조건이 광고와 같고, 대출자가 대출금을 상환할 것이고, 회사 경영진이 자금을 훔치지 않을 것이라는 신뢰에 크게 의존한다.[25]

한 사람이 다른 사람을 희생시키면서 자신의 이득을 취할 방법은 무궁무진하다. 신뢰의 남용을 방지하기 위한 법과 규정이 있지만 현실에서 모든 경우에 정당한 대가를 받기 위해 우리가 법정으로 가야 한다면 사회는 마비될 것이다. 다행히도 대부분의 개인은 기본적으로 정직하고 신뢰할 수 있으며 근면하게 행동하도록 교육받는다.[26]

자본주의는 스스로를 파괴할 것인가?

이 질문과 우려는 고삐 풀린 자본주의가 실제로 자본주의의 기능을 약화시키는 방식으로 개인을 형성하는 것은 아닌가 하는 것이다. 우리가 알고 있는 자본주의가 장기적으로 지속될 수 있을까? 부모와 학교가 정직하고 배려하며 지적으로 호기심 많은 시민을 만들기 위해 열심히 노력하는 만큼 우리의 자본주의 체제에는 이러한 노력을 약화시키고 자본주의 체제 자체의 기능을 방해하는 식으로 개인을 형성하는 반대의 힘이 작용하는 것이 아닐까?

자본주의는 이기심과 물질주의를 조장한다. 무자비한 이기심은 종종 부정직으로 이어지고 부정직은 신뢰를 약화시키며 신뢰의 실패는 경제체제의 기능을 약화시킨다. 우리는 2008년 금융위기에서 이것이 어떻게 작동하는지 목격했다. 정부가 고삐 풀린 자본주의와 상충되는 방식으로 대규모로 개입하지 않았다면 금융부문이 붕괴하고 경제 전체가 무너졌을 것이다.

그 경제체제는 지지자들이 주장하는 것처럼 효율적이지 않을 뿐 아니라 지속될 수도 없고 안정적이지도 않다. 다시 말하지만 금융시스템은 강력한 정부의 규제(아마도 현재보다 더욱 강력한 규제)가 없을 경우 민간영리은행의 대출 관행이 지나치게 위험하고 때로는 사기를 치는 경향이 있기 때문에 이들이 금융시스템을 불안정하게 만든다는 것을 잘 보여 준다.[27]

전 세계적으로 무절제한 물질주의는 세계 경제가 지구 자원의 한계를 넘어서는 결과를 초래하고 있지만 우리는 아직 세계경제가 그 한계 내로 되돌아갈 만큼 물질주의를 충분히 억제할 사회적·정치적 결속을 이루어 내지 못하고 있다.

상황은 더욱 나빠지고 있다. 현재의 불안정한 신자유주의적 자본주의 체제는 자연스레 과도한 불평등과 만연한 착취로 이어진다. 착취는 우리 시스템의 도덕적 정당성을 약화하고 불평등은 정치적 분열과 불안정을 초래하여 결국 시스템의 경제적 성과를 악화시킨다.

이 책의 주제와 밀접한 관련이 있는 자본주의의 또 다른 측면이 존재한다. 자본주의와 그것이 사람들을 형성하는 방식이 사람들의 행동의 자유를 상당 부분 박탈할 수 있다는 주장이다. 자본주의하에서 일어나는 일은 모든 사람이 사회에서 자신이 해야만 하는 역할을 아는 일부 전통 사회에서 일어나는 일과 비슷하다. 전통 사회에서는 사람들이 그 역할에서 벗어난다면 사회적 제재가 엄청나므로 일탈이 거의 일어나지 않는다. 물론 그들의 잘 정의된 역할 내부에는 어느 정도 자유가 존재한다. 여성은 저녁 메뉴를 선택할 수 있지만 그 저녁을 요리할지 여부는 선택할 수 없다.

마찬가지로 자본주의하에서는 부유한 자본가라 해도 때때로 상상하는 것보다 자유가 적을 수 있다. 만약 그가 자본가처럼 행동하지 않기로 선택한다면 자신의 정체성과 자신이 누구인지에 대한 인식을 잃게 될 것이다. 우리의 다원주의적 자본주의 체제에서 살아남으려면 그는 노동자들에게 최소한의 임금을 지급하는 것 외에 다른 선택의 여지가 없다고 생각해야 하며 무자비해야 한다. 그가 더 관대하다면 기업의 생존과 확장에 필요한 이윤이 줄어들 것이다. 그는 자기가 없었다면 직원들이 일자리를 잃게 되어 상황이 더 나빠질 것이며 직원들이 현재보다 더 나은 제안을 받았더라면 지금의 일을 수락하지 않았을 것이라고 스스로를 위안할 수 있다. 말할 필요도 없이 모든 자본가가 그런 식으로 행동하면 체계적 결과가 발생하게 된다. 임금이 전반적으로 낮아지고, 따라서 생활이 가능한 수준 이하의 임금을 지급할 수밖에 없다는 자본가들의 주장은 어떤 의미에서 옳다.

물론 현실에서 부유한 자본가는 가난한 노동자보다 자유롭게 행동할 자유가 훨씬 더 많다. 그는 집에 가져가는 돈을 줄여 노동자들에게 더 많은 돈을 줄 수 있으며 같은 금액을 사업 확장에 사용할 수도 있다. 하지만 그가 부유하지 않은 동네의 작은 집에서 살면 성공한 자본가로서의 정체성이 훼손되고 다른 자본가들과의 신뢰에도, 사업의 성공에도 악영향을 미칠 수 있다. 이런 의미에서 그는 자신이 선택의 여지가 제한되어 있다고 인식하며 이는 어떤 의미에서 맞는 말이다.[28]

결론

이 장에서는 역사와 주변 환경에 의해 관점이 형성되는, 사회 구성원이 되는 과정에서 필연적 부분인 개인의 **암묵적** 형성을 중심적으로 살펴보았다. 다음 장에서는 개인을 형성하려는 보다 명시적인 시도, 특히 미디어를 통한 개인의 형성에 대해 생각해 볼 것이다. 또한 AI와 플랫폼 자체의 발전과 같은 기술혁신이 가격을 통해 희소성에 대한 정보를 전달하고 모든 개인이 동일한 가격에 직면하는 시장경제의 효율성의 기초를 약화시키고 있다는 점을 강조할 것이다.

이 분석이 조금이라도 사실이라면 그것은 자본주의, 적어도 지난 반세기 동안을 지배해 왔던 신자유주의적 자본주의는 지속 가능한 경제 및 정치 제도가 아니라는 것을 더욱 강력하게 시사한다. 변화가 나타날 것이다. 그러나 자연스러운 진화의 과정이 더 좋을지 나쁠 것인지는 아직 대답하기 어렵다.

이 장의 핵심 교훈은 우리가 경제와 그 외의 제도장치의 설계에 관해 생각할 때 그것들이 어떻게 우리라는 개인들에게 영향을 미치며 어떻게 우리가 서로 함께 행동하는지를 주의 깊게 고려해야 한다는 것이다. 우리 인간은 유연하게 변할 수 있다(malleable). 신자유주의적 자본주의는 더 나았던 시기에는 잘 생각하지 못했던 방식으로 우리를 형성해 왔다. 그러나 우리는 "더 나은" 개인으로 형성될 수도 있다. 그러려면 다른 경제체제가 필요할 것이다.

9장

개인과 믿음의 공동 형성

이전 장에서는 어떻게 우리가 우리 사회에 의해 종종 무의식적으로, 그리고 적극적으로 인식하지 못하는 사이에 형성되는지 설명했다. 우리는 또한 우리에게서 돈을 벌려고 시도하는 민간부문에 더욱 노골적으로 영향을 받는다. 이 장에서는 우리를 형성하려는 이러한 노력이 어떻게 중요한 의미에서 우리의 자유를 제한할 수 있는지, 더 넓게는 어떻게 좋은 사회를 만드는 것과 반대인 경우가 많은지 살펴볼 것이다.

여기서 우리의 논의는 경제적 자유와 정치적 자유를 모두 다룬다. 예를 들어 누가 정보(잘못된 정보와 허위정보를 포함하여 가장 넓은 의미에서 이 용어를 사용한다)가 유통되는 지배적 방식을 통제할 권리를 가질까?

거대 기술기업과 소셜미디어 플랫폼은 전 세계 민주주의에 아직 완전히 해결되지 않은 어려운 과제를 제시했다. 현행 제도 하에서 이러한 플랫폼은 사회와 경제가 작동하는 방식에 대한 우리의 일반적 이해를 의미하는 메타내러티브(metanarrative)를 설정하는 막대한 힘이 있다. 폭스뉴스(Fox News)를 비롯한 우파 플랫폼 및 매체가 조장하는 내러티브에 따르면 규제, 제한, 또는 책임은 없거나 최소한 매우 제한적이어야 한다.[1] 이러한 견제가 없는 상황에서 이들의 시장지배력과 메타내러티브 설정력은 더욱 커질 수밖에 없다. 이들의 비즈니스모델과 책임성 부재는 수많은 사회적 폐해를 낳고 시장경제의 효율성 전반을 약화시킨다. 새로운 착취의 자유가 생겨났고 나머지 사회 구성원의 자유가 축소되었다.

언론의 자유 원칙에 대한 미국의 헌신은 미국의 핵심 자유 중 하나인 수정헌법 제1조에 구체화되어 있다. 그러나 일반적으로 이러한 문제에 가장 극단적인 입장을 취하는 미국을 포함한 모든 정부는 언론의 자유를 제한하고 있다. 사람이 많은 극장에서는 "불이야!"라고 외칠 수 없다. 아동성착취물을 유포할 수 없다. 더 좁게는 진실성 있는 광고에 관한 법률이 존재한다. 언론의 자유는 이 책에서 논의한 다른 자유와 마찬가지로 절대적인 것이 아니다. 사회의 행복을 증진하기 위해 경계를 정해 둔 사회적 구성물로서 가장 까다로운 문제 중 일부는 이러한 경계를 정하는 것과 관련이 있다. 그러나 이는 단순히 우리가 무엇을 언제 말할 수 있는가의 문제가 아니다. 소셜미디어의 출현은 미국 건국의 아버지들이 생각하지 못했던 새로운 문제인 바이럴 문제(virality, 정보가 바이러스처럼 빠르게 확산되는 현상—옮긴이)를 제기했다. 정부는 정보(또는 허위정보)가 확산되는 속도에 영향을 미치는 조건을 부과할 수 있으며 부과해 왔다. 내가 아는 한 어떤 국가에서도 바이럴에 대한 제한을 헌법으로 보장하고 있지 않다.

세상이 진화함에 따라 허용되거나 보호되는 발언 및 바이럴에 관한 규칙을 변경하는 것이 필요하고 바람직할 수 있다. 나는 이것이 오늘날의 상황이라고 생각한다. 개인과 사회가 어떻게 형성되는지에 대한 새로운 이해가 결합되어 현재의 기술은 잘못된 정보와 허위정보를 위험할 정도로 널리 퍼뜨리게 되었다. 오래된 규칙은 이제 시대에 뒤떨어졌다. 과거의 규칙에 기초하여 그것의 사회적 이익과 사회적 폐해를 평가해 보면 이제 너무 자주 폐해가 더 커지게 되었다.

이 장은 건강한 민주주의를 보장하기 위해 필요한 것은 사상의 자유시장일 뿐이라는 우파들 사이에서 유행하는 생각이 무엇이 잘못되었는지 설명하며 시작할 것이다. 그리고 미디어, 특히 소셜미디어의 시장지배력을 살펴보고 이러한 시장지배력과 관련된 사회적 폐해가 기존의 상품과 서비스보다 훨씬 더 큰 이유를 설명할 것이다. 하나의 이유는 민주주의가 훼손되고 있기 때문이다. 그리고 우리는 대규모 소셜미디어 플랫폼의 시장지배력을 억제하고 사회적 폐해의 범위를 줄이기 위해 그들을 어떻게 규제할 수 있는지 살펴볼 것이다.

사상의 자유시장

사상의 자유시장에서는 최고만이 승리한다는 생각이 인기가 있다. 이에 따라 경쟁시장에서 가장 효율적인 최고의 생산자가 살아남는 것처럼 사상시장에서도 최고의 사상만이 살아남는다고 말하는 사람들이 있다. 그들은 단순히 사상을 세상에 내놓기만 하면 증거에 가장 부합하고 이론적으로 가장 일관된 최고의 사상이 승리할 것이라고 말한다. 꽃 100송이가 피면 가장 아름다운 꽃이 선택되리라는 것이다.[2]

이 주장은 잘못된 비유와 오해된 분석에 기초하고 있다. 이 비유는 사상(믿음, 세계관)시장이 철강, 의자, 그리고 음식 등의 시장과 비슷하다는 것이다. 이러한 견해를 지지하는 사람들은 또한 의자 등을 거래하는 상품시장이 효율적이라 믿는데 나는 이러한 견해를 반박했다. 경제학은 이미 사적인 상품시장이 **언제나** 비효율적이라고 가르쳤는데, 사상시장의 효율성을 옹호하기 위해 시장의 효율성에 호소하는 것은 최소한 이상한 일이라고 할 수 있다.

사상시장의 효율성에 대한 믿음, 즉 최고의 사상이 승리할 것이라는 믿음은 충분히 이성적이고 정보를 잘 갖춘 개인이 상품시장에서 좋은 제품과 나쁜 제품을 구별할 수 있는 것처럼 좋은(건전한) 사상과 허튼소리를 구분할 수 있다고 가정한다. "매수자위험부담"은 소비자에게 책임을 지우고 기업이 잘못된 정보와 허위정보, 개인의 취약성을 이용하여 착취할 넓은 길을 열어 준다. 상품의 경우 소비자는 광고된 대로 작동하는 제품을 원한다. 반면 믿음의 경우 개인은 적어도 일시적으로나마 자신의 자존감이나 정체성을 강화하기 때문에 거짓을 믿고 싶을 수 있다. 또는 그들은 단순히 오도될 수도 있다.

상품시장이 효율적이라고 해도 상품과 정보 및 지식 사이에는 근본적 차이가 있다. 이 차이는 지난 세기 동안 정보경제학이 발전하는 기초였다.[3] 이 연구의 핵심적 통찰 하나는 불완전한 정보가 존재할 때 시장은 **특히** 효율적이지 않을 가능성이 높으며 아주 약간의 정보 불완전성이 매우 큰 차이를 만들어 낸다는 것이다. 당연하게도 사상시장은 선험적으로 완전한 정보가 존재할 수 없는 시장이다. 만약 모든 사람이 모든 것을 안다면 사상시장에 내놓을 것이 전혀 없을 것이다. 게다가 앞서 지적했듯이 승리하는 기업은 가장 효율적이거나 가장 인기 있는 기업이 아니라 단지 정보우위를 더 잘 활용하는 기업일 수 있다. 따라서 사상시장에서는 착취의 기회가 특히 매우 커 보인다.

사상시장을 **경쟁적** 상품시장에 비유하는 것은 다른 몇 가지 면에서도 문제가 있다.

투명성과 공시법: 기만할 자유는 어떻게 타인의 자유를 박탈하는가

경쟁적이고 자유로운 시장의 첫 번째 원칙은 투명성이다.[4] 가령 공모 증권을 발행하는 기업은 증권거래위원회(Securities and Exchange Commission, SEC)의 공정공시 요건 및 기타 공시 요건을 통해 정보에 대한 동등한 접근을 보장해야 한다.[5] 미국의 규정은 일반적으로 기업이 발행하는 증권에 대해 중요한 모든 관련 정보를 진실하게 공개하도록 요구한다.

이는 "진실, 오직 진실만을 요구하지만 반드시 **모든** 진실을 요구하는 것은 아니다"라는 명제를 넘어선다("진실, 모든 진실, 오직 진실만을" 말하겠다는 법정 증인 선서를 바꾼 말로 모든 진실을 말하지 않고 일부 사실을 숨겨도 된다는 의미다—옮긴이). 암묵적으로 규제당국은 투자에 심각한 하방위험(downside risk)이 있음을 알면서도 그것을 공개하지 않는 것이 사실상 거짓말이라는 견해를 취한다. 이 관점은 기본적으로 구매자에게 모든 정보의 책임을 지우는 매수자 위험부담을 거부한다. 판매자는 합리적 구매자가 알아야 할 사항을 알고 있다면 그것을 반드시 공개해야 한다.

이를테면 은행은 때때로 정보를 공개하지만 오해의 소지가 있거나 도움이 되지 않는 방식으로, 많은 대출자가 완전히 이해하지 못하는 방식으로 정보를 공개하기도 한다. 대출기관은 취약한 사람들을 착취하기 위해 실제로 부과되는 금리를 모호하게 만드는 방식으로 금리를 제시한 오랜 역사가 있다. 오늘날 법은 대출기관이 실제 실효금리를 공개하도록 요구한다.[6]

공개 요건과 이러한 요건이 계속해서 강화된 이유는 몇 가지로 정당화할 수 있다. 경제이론은 시장이 잘 작동하여 그 옹호자들이 주장하는 사회적으로 효율적인 결과를 도출하기 위해 좋은 정보(투명성)가 필요한 이유를 설명해 왔다. 그리고 기업이 중요한 정보를 자발적으로 공개하지 않을 이유도 설명해 왔다. 앞서 이미 살펴본 사례는 기업이 특히 자사 제품에 대해 주장하는 내용과 현실 사이에 차이가 있을 때 진실을 종종 모호하게 만들려고 한다는 것을 보여 준다. 독일의 자동차 제조업체인 폭스바겐은 실제보다 높은 연비 등급을 받기 위해 어떤 일을 했는지 공개하기를 꺼렸고 이는 결국 악명 높은 디젤게이트 스캔들로 이어졌다.[7] 기업들은 개인의 비합리성과 취약성을 악용하는 방법을 점점 더 많이 터득해 왔다. 기업이 자유롭게 거짓말을 할 수 있다면 그런 악용은 더욱 쉬울 것이다. 기업들은 소비자를 더 잘 속이고, 구매자에게 모든 정보가 있었다면 구매하지 않았을 상품과 서비스를 종종 부풀린 가격에 구매하도록 유도하는 방법을 배웠다. 양심의 가책이 없는 똑똑한 기업들은 현대 심리학과 행동경제학의 통찰을 활용해 왔다. 이러한 통찰은 사람들이 체계적으로 비합리적이라서 건강, 대출, 저축, 그리고 투자 등에서 "열등한" 선택이라는 결과를 낳게 된다는 점을 보여 주었다.[8] 표준화된 공시 내용을 제시하면 다양한 제품 또는 투자기회의 상대적 장점을 더 잘, 더 적은 비용으로 평가할 수 있게 된다.

게다가 일부의 정보만 제공하는 것은 다른 시장 참여자에게 비용을 부과한다. 이런 경우 이 기업들은 진정한 의미에서 정보 생태계의 오염자라 할 수 있다. 정보환경의 오염은 다른 오염과 마찬가지로 오염자가 고려하지 않은 비용을 사회에 부과한다. 우리는 잘못된 정보와 허위정보로부터 진실을 걸러 내기 위해 시간과 노력, 때로는 돈을 들여 그 악영향을 되돌리려 한다. 그리고 진실한 정보를 제공하는 기업들은 이를 전달하는 데 더 큰 어려움을 겪는다.[9] 거짓을 걸러 내는 데 비용이 든다는 사실은 필터링이 제한된 범위에서만 이루어짐을 의미한다. 시장은 자체적으로 이 문제를 해결하지 못한다. 이러한 실패는 명백하다. 부정확하거나 거짓된 정보가 우리 주변에 얼마나 넘쳐 나는지 살펴보라. 모두가 피해를 입기 때문에 이는 공공"악"(public "bad")이다.

그러나 오해를 유발하는 정보를 탐지하고 이를 바로잡는 것은 공공"재"(public "good")이다. 거짓과 비진실의 생산과 유포를 막거나 이를 약화시키기 위해 노력하도록 사람들에게 **개인적으로** 돈을 지불할 수는 없을 것이다. 공공의 행동이 없다면 오해를 유발하는 허위정보에 대응하려는 노력의 공급이 부족해질 것이다.[10]

잘못된 정보, 허위정보, 그리고 사기는 앞에서 이야기했던 다른 외부성과 관련된 피해만큼 실질적 자유의 상실을 초래하기 때문에 법률이 이를 규제해야 한다는 강력한 주장이 존재한다. 그러한 법률이 절대주의적으로 해석되면 언론의 자유에 대한 침해로 간주될 수도 있지만 여기에는 기업이 관련 정보를 공개하도록 요구하는 규제가 포함될 것이다.

계약의 자유, 착취의 자유, 그리고 "진실"기관의 중심성

그러나 잘못된 정보나 허위정보에 대한 법과 규정이 있다면 적어도 높은 신뢰성이 있는, 무엇이 진실인지 규명할 방법이 있어야 한다. 이를 우회할 길은 없다. 잘 기능하는 사회는 진실을 평가하기 위해 사회적으로 합의된 방법이 **있어야 한다**. 예를 들어 계약, 재산, 범죄행위, 그리고 공중보건과 관련된 특정한 핵심 영역에서 사람들이 진실에 대해 서로 다른 견해가 있어선 안 된다.[11]

나는 5장에서 시장경제의 원활한 작동에서 계약과 계약집행의 중요성에 관해 논의했는데 실제로 계약집행은 우파가 정부가 수행해야만 한다고 생각하는 몇 안 되는 일 중 하나다. 그러나 한쪽 당사자가 단순히 계약조건을 준수했다고 주장하거나 상대방이 준수하지 않았다고 주장할 수 있다면 계약은 무의미할 것이다. 계약 분쟁은 합리적으로 정직한 당사자들 사이에서도 빈번하게 발생한다. 진상을 규명하고 어느 주장이 옳은지 알 방법이 존재해야만 하고 이것이 바로 우리의 법체계가 시도하는 바다.[12]

계몽주의 이후 수 세기 동안 우리는 독립적인 법원, 연구 및 교육기관, 그리고 전문가 협회 등 진실을 합리적으로 평가하는 기관들을 발전시켜 왔다. 현대 공화당의 반대자들과 전 세계의 비슷한 동료들이 등장하기 전까지는 이 기관들에 대한 광범위한 합의가 존재했다.[13] 우리가 진상을 규명하고 검증하는 기관들에 대한 신뢰를 회복하지 못하면 지속적이고 잘 기능하는 사회나 생산적인 경제를 갖기 어려울 것이다.

지난 200여 년 동안 우리는 법적 분쟁이 발생했을 때 진실을 규명하기 위해 공적이고 독립적인 법원에 의존해 왔다. 이해가 충돌하고 자신의 행복이 그의 판결에 달려 있는 사람에 의해 분쟁이 해결되기를 바라는 사람은 분명 없을 것이다. 그것이 바로 독립된 공공 사법부가 필요한 이유다. 사법부 판결은 핵심적인 공공 기능이다. 하지만 기업부문의 일부 구성원은 법원을 회피하고 **사적**중재(private arbitration)를 통해 분쟁을 해결하고자 한다.

예를 들어 강력한 기업들은 소비자가 자사 제품을 구매하고 분쟁이 발생하면 공공법정 대신 중재를 이용해야 한다고 주장한다. 왜 그럴까? 중재는 기업이 불균형하게 과도한 영향력을 행사하는 영역이라서 기업이 소비자를 착취할 권력을 교묘하게 강화하기 때문이다. 보증은 기업이 제품의 품질을 보장하는 중요한 수단이다. 만약 제품의 품질이 주장된 만큼 좋지 못하면 소비자는 돈을 돌려받을 수 있다. 그러나 구매자는 보통 아주 작은 글씨로 적힌 세부조항을 읽고 숨겨진 중재조항을 찾아낼 변호사가 없다. 하지만 이러한 조항을 삽입하는 기업이 많아질수록 품질보증의 가치는 떨어지고 소비자는 품질보증이 진짜인지 쉽게 알 수 없게 된다. 그러면 보증은 품질을 보장하는 효과적이지 않은 수단이 된다. 작은 글씨로 된 중재에 관한 세부조항은 경제환경에서 일종의 오염을 나타낸다.[14]

기업들은 이 모두가 기본적인 자유, 즉 계약의 자유의 일부라고 주장한다. 그들은 계약서에 원하는 내용을 무엇이든 삽입할 권리가 있으며 상대방은 서명하거나 서명하지 않을 권리가 있다고 말한다. 그러나 다르게 표현하면 이 모두는 착취할 자유의 일부라고 할 수 있다. 정의롭고 좋은 사회는 착취의 자유를 금지하는데, 이는 기업이 이러한 "자유"를 남용하여 고객을 착취하고 고객의 자유를 축소하는 경우 사회가 계약의 자유를 제한해야 한다는 뜻이다. 이는 5장의 핵심적인 요지인 모든 사회에서 계약의 자유가 제한됨을 보여 주는 또 다른 사례다. 좋은 사회는 특히 계약의 자유가 남용될 경우 착취의 자유가 확대될 수 있다는 점을 우려하며 자유의 균형을 유지한다. 그러나 이 경우 계약조항은 기업이 주도하는 중재로 사회의 기능을 이전하여 기업에 유리한 편향적 결과를 초래하기 때문에 사회의 "진실 규명"에 대한 신뢰성을 약화시킨다.

디지털 대기업이 "계약의 자유"를 남용하는 사례는 이뿐만이 아니다. 정부가 금지하지 않는 한 그들의 서비스 약관은 우리가 플랫폼을 사용함으로써 그들이 수집한 정보를 사용하고 판매할 무제한적 권리를 그들에게 부여할 수 있다. 우리는 그들이 무료로 서비스를 제공한다고 생각하지만 그들은 **우리의** 정보를 공짜로 얻었기 때문에 자신이 승자임을 알고 있다. 물론 서비스 약관의 위반 여부에 대한 분쟁이 발생하면 기업들은 공적 법원이 아닌 기업 중재인에게 달려간다.

강제와 협박

시장이 잘 작동하려면 적어도 한 요소가 더 필요한데, 바로 강제와 협박을 사용하지 않는 것이다. 안타깝게도 협박과 강제의 사용—가령 소셜미디어상의 규제되지 않는 트롤링(사람들의 감정적인 반응을 유발하거나 주목받기 위해 인터넷에서 일부러 선동적이거나 불쾌한 내용을 올리는 행위—옮긴이)—은 이제 일상이 되어 버렸다.

2020년 애니아 시프린(Anya Schiffrin)과 나는《파이낸셜 타임스(Financial Times)》에 기고한 글「페이스북은 사상시장을 이해하지 못한다」에서 자유로운 사상시장이라는 개념에 관한 논의를 다음과 같이 결론지었다.

> 요컨대 완전한 투명성, 참여자에게 책임을 묻는 메커니즘, 그리고 동일한 정보 송신 및 수신 능력이 없으며 끊임없는 협박이 존재한다면 자유로운 사상시장은 존재할 수 없다. 현대 경제학의 중요한 통찰 하나는 개인적 인센티브와 사회적 인센티브가 종종

잘 일치하지 않는다는 것이다. 잘못된 정보를 퍼뜨리려는 사람들이 이에 대응하기를 바라는 사람들보다 더 많은 비용을 기꺼이 지불할 의사가 있다면, 투명성보다 불투명성이 더 이익이 된다면, 또 우리가 단순히 지금과 같은 상황을 내버려두기로 한다면 잘 기능하는 사상시장은 나타나지 않을 것이다.[15]

소셜미디어의 시장지배력

소셜미디어 기업이 누리는 엄청난 이윤은 경쟁이 부재하다는 강력한 신호다. 보통 이렇게 큰 이윤은 새로운 기업들의 시장진입을 유도하여 이윤이 줄어들 것이다. 그러나 그런 일은 일어나지 않았다.

마찬가지로 일론 머스크가 트위터(Twitter)를 인수하고 콘텐츠 검열을 포기하겠다고 위협한 후 광고주들은 불쾌하거나 브랜드에 맞지 않는 트윗 옆에 광고가 게재될 위험 때문에 트위터를 떠났다. 사용자들은 거세게 불만을 표시했고 다른 플랫폼으로 옮겨갈 것을 논의했다. 하지만 이 책이 출간된 현재 (X라고 이름이 바뀐) 트위터는 그 모든 결점과 결함에도 여전히 정부와 기업 관계자들, 공공영역의 사람들이 소통하는 지배적 매체로 자리 잡고 있다. 그리고 트위터에 대한 커다란 불만에도 막대한 자금을 지원하여 트위터를 스레드(Threads) 앱으로 대체하려는 메타의 시도조차 단지 제한적 성공을 거두었을 뿐이다.

그 핵심적 이유는 간단하다. 네트워크외부효과와 승자독식의 구조 때문이다. 페이스북 같은 플랫폼에 존재하는 가치는 다른 사람들이 그 플랫폼에 존재한다는 것에 달려 있다. 처음에는 모든 사람이 최고의 플랫폼으로 몰려들어 그 플랫폼만이 살아남을 수 있다. 시간이 지나면서 그것이 (예를 들어 새로운 기술을 도입한 혁신적 플랫폼에 비해) 상대적으로 비효율적이고 사회의 이익은커녕 사용자의 이익에도 도움이 되지 않아도 여전히 지배적 위치를 유지할 수 있다.

그러나 소셜미디어 기업의 막대한 시장지배력과 수익의 성장에는 또 다른 요소가 존재한다. 소셜미디어 기업의 비즈니스모델은 플랫폼에서의 상호작용을 통해 얻은 정보를 수집, 활용, 그리고 축적하는 데 기반을 두고 있다. 플랫폼은 사용자 데이터의 가치를 수익화했다. 그들은 그들이 지닌 방대한 양의 정보를 효율적으로 사용함으로써 더 많은 참여를 유도하는 방식으로 메시지(특히 광고)를 타기팅할 수 있었고 이를 통해 더 많은 정보를 만들어 냈다. 주의력과 시간은 희소한 재화이기 때문에 "더 나은" 타기팅은 사용자에게 더 관련성이 높은 메시지를 전달하여 구매로 이어지게 함으로써 사람들이 더 높은 수준의 행복을 누리게 한다고 볼 수도 있다. 불행히도 이는 더 나은 타기팅의 목적이 아니다. 더 나은 타기팅의 목표는 더 높은 이윤인데 이는 광고주로부터 수익성 있는 구매를 더 많이 유도함으로써 발생하는 광고수입으로부터 나온다. 판매로부터 나오는 이윤의 증가는 보다 효과적인 가격차별—즉 소비자마다 다른 가격을 책정하는 타기팅 가격책정—을 통해 가능하다. 이를 통해 기업은 소비자잉여를 더 많이 확보하는데 이는 개인이 실제로 지불해야 하는 금액보다 더 많이 지불할 의향이 있는 금액을 의미한다. 또한 도박중독자처럼 플랫폼이 약점을 악용하는 사람들에 대한 판매를 비롯하여 판매 증가로 인해서도 이윤이 증가할 수 있다. 광고주의 이윤 증가는 디지털대기업의 광고수입 증가로 이어져 이 기업들의 이윤을 증가시킨다.

플랫폼이 정보를 축적하여 경쟁사보다 더 효과적으로 소비자를 타기팅할 수 있게 되면 이윤이 증가하고 경쟁사에 대한 경쟁우위가 더욱 강화된다. 구글과 아마존 같은 디지털대기업은 다른 기업보다 더 많은 정보를 보유하고 있고 이러한 정보우위를 활용하여 직접 판매나 광고에서 경쟁우위를 확보할 수 있다. 정보를 축적하는 것은 개별 기업에게 이익이 되지만 두 배로 비효율적이다. 정보에 사회적 가치가 있는 만큼 정보를 쌓아 두면 정보를 수집한 플랫폼 이외의 다른 사람은 그것을 충분히 활용하지 못한다. 그러나 이는 또한 플랫폼에 시장지배력을 부여한다. 데이터는 특히 인공지능 분야에서 중요하고 가격이 거의 책정되지 않은 자원이기 때문에 악순환이 발생한다. 대규모 플랫폼은 더 많은 데이터를 수집하여 경쟁사에 대해 경쟁우위를 점하지만 그것이 꼭 다른 사람들에게 더 나은 서비스를 제공할 능력이나 의지를 반영한 것은 아니다.[16] 그러면 방금 설명한 것처럼 이 기업들의 시장지배력이 강화된다.

플랫폼 내 불완전경쟁의 특별한 폐해: 경제 전반의 경쟁 약화

물론 정보의 효율적 사용과 반경쟁적 정보의 축적, 그리고 프라이버시 문제 사이에는 긴장이 존재한다. 사람들이 프라이버시를 우려하는 이유 하나는 앞서 지적했듯이 정보공개가 악용될 수 있기 때문이다. 표준적인 경쟁시장에서는 특정 개인의 소비자선호에 관한 정보는 가치가 없다.[17] 그러나 시장지배력이 있는 현실세계에서 정보는 기업에게 엄청나게 가치가 있고 기업의 이윤을 크게 증가시킬 수 있다.

플랫폼이 사용자로부터 수집한 정보의 활용으로 인해 자원배분이 어느 정도 개선되었는지는 규명하기 어렵지만 한 가지 분석결과는 분명하다. 이러한 정보를 사용하여 고객마다 다른 가격을 부과하는 가격차별이―모든 가구와 기업이 동일한 가격에 직면함을 전제하는―경쟁시장의 효율성에 관한 표준적 주장을 약화시킨다는 것이다.[18] 이러한 가격차별은 보통의 소비자에게서 부유한 기업으로 자원을 이전하는 데 지나지 않으며 동시에 효율성을 감소시키고 불평등을 증가시킨다.

플랫폼은 검색엔진과 이메일의 형태로 가치 있는 서비스를 제공해 왔다. 그러나 그들의 비즈니스모델은 재화와 서비스의 제공이나 생산에서 효율성 상승이나 사용자의 요구를 더 잘 충족하는 재화와 서비스의 생산이 아니라 착취와 광고에 기초하고 있다. 플랫폼은 검색결과 페이지 상단에 유료 광고를 게재하는 구글의 사례에서 보이듯 수익을 높이기 위해 검색 기능의 품질을 기꺼이 희생하기도 한다.

혁신의 엔진이라고 흔히 생각되는 비즈니스모델이 재화와 서비스의 생산이 아닌 광고에 기반을 두는 경제에는 근본적으로 이상한 점이 있다. 더 훌륭하고 더 착취적인 광고시스템을 통해—소비자지출에서 더 많은 몫을 차지하며—달성하는 "지대 추출" 금액에는 한계가 있기 때문에 이는 막다른 골목이다. 물론 기업이 소비자지출에서 더 많은 몫을 추출할수록 개인이 필요하고 원하는 상품과 서비스의 실제 생산비용에 들어가는 몫은 줄어든다.

이 비즈니스모델은 행복을 향상하기보다 기업의 착취를 강화하는 데 더 초점을 맞춘다. 그것은 좋은 경제나 좋은 사회의 기반이 될 수 없다.[19]

미디어에서 시장지배력이 중요한 이유: 다양한 사회적 폐해

위에서 설명한 시장지배력은 경제를 왜곡하고 보통 사람들로부터 기업소유주에게 자원을 이전시켜 불평등을 심화시키는 통상적인 시장지배력의 문제—더 높은 가격과 더 큰 이윤—를 만들어 낸다. 그러나 미디어부문의 시장지배력은 사적 수익이 사회적 수익과 현저하게 다를 수 있다는 사실과 관련된 몇 가지 다른 중요하고 부정적인 영향을 미친다.

이 산업의 맥락에서 시장지배력은 정보가 우리 사회에 전달되는 경로에 대한 평등하고 공정한 접근이 부재함을 의미한다. 충분한 자금을 가진 정치적 이해관계자들이 봇이나 다른 수단을 사용하여 소셜미디어에 정보를 넘쳐흐르게 할 수 있다. 이는 자유시장이 아니며 초기 소셜미디어가 정보공간을 민주화한다며 옹호되던 것과 매우 다른 모습이다. 기업들은 돈을 써서 시민들이 보고 듣는 것을 형성하고, 시민들이 보고 듣는 것은 사회를 형성한다.

시장지배력은 또한 플랫폼이 무엇이 증폭되고 무엇을 누구에게 타기팅할지 결정하는 규칙인 알고리즘을 통제함을 의미한다. 마크 저커버그(Mark Zuckerberg)와 일론 머스크는 자신들이 규칙을 만든다는 사실을 숨기지 않는다. 명백한 거짓말이 유포될 것인지, 언제 유포될 것인지를 그들이 결정한다. 코로나19 팬데믹의 한가운데서 소셜미디어 플랫폼은 백신에 대한 거짓정보를 전파하여 돈을 벌 수 있음에도 그렇게 하지 말라는 사회적 압력을 받았다. 그들은 거짓정보를 전파하지 않을 힘이 있다는 것을 보여 주었다. 하지만 그들은 다른 분야에서는 그러한 자제력을 보여 주지 않았다. 예를 들어 저커버그와 머스크는 정치인의 허위진술을 유포하기로 결정했다.

여러 사회적 폐해와 많은 사람이 비강제적 자유의 축소라고 부를지도 모를 (사이버괴롭힘과 같은) 다양한 측면이 존재하는 소셜미디어 세계에서 우리는 한 사람의 자유가 다른 사람의 부자유라는 딜레마에 다시 한번 직면한다.

소셜미디어 플랫폼은 서로 다른 사용자에게 서로 다른 정보를 더 잘 타기팅할 수 있도록 해 주는 AI의 발전과 인간행동 및 정보처리에 대한 새로운 이해를 모두 활용할 수 있게 되었다. 소셜미디어 플랫폼은 서로 다른 믿음을 강화하는 분리된 온라인커뮤니티를 만들어 내는 능력을 발전시켜 이전에는 불가능했던 방식으로 정보구조를 파편화하고 양극화를 더욱 심화시켰다.

온라인 플랫폼은 사회적 파편화를 악화시켰을 뿐 아니라 잘못된 정보와 허위정보가 빠르게 확산되는 문제도 심화시켰다. 정보의 바이럴은 잘못된 정보에 대한 "해독제"가 설계되는 속도보다 더욱 빠르게 잘못된 정보가 확산될 수 있음을 의미한다. 누가 어떤 메시지를 받는지에 대해서 투명성이 존재하지 않기 때문에 해독제를 효과적으로 개발하여 적절한 시간 내에 전달하기란 불가능하다.

소셜미디어 기업은 폭력 선동과 혐오발언 확산을 가능케 하고 반사회적 행동을 유도해 왔다. 자신이 중립적이라는 그들의 주장은 명백히 거짓이다. 이들 기업의 알고리즘은 앞서 언급했듯이 수익을 높이고 양극화를 심화하는 방식으로 어떤 메시지를 누구에게 홍보할지 결정한다.[20] 양극화를 축소하거나 사회적 조화를 강화하는 결과를 가져오는 대안적 알고리즘이 있을 수도 있다. 그러나 사익에 도움이 되는 것과 사회적으로 바람직한 것이 일치하지 않는다.

잘못된 정보와 허위정보의 성공에 관한 설명

잘못된 정보와 허위정보의 성공처럼 주요 영역에서 매우 상반된 견해가 지속되는 현상은 어떤 개인의 합리성 모형으로도 설명하기 어려워 보인다. 경제학자들의 표준모형에서는 (가령 백신 반대론 같은) 비과학적 정보가 아무 영향을 미치지 않는다. 하지만 현실세계에서는 실제로 영향을 미친다는 증거가 존재한다.

과학적 사안에 대해서도 믿음의 차이가 큰 것은 개인의 제한된 합리성을 강조하는 행동경제학에 의해 부분적으로 설명될 수 있다.[21] 예를 들어 행동경제학은—기존 믿음과 일치하는 정보를 찾고 여기에 더 많은 비중을 두는 반면 믿음과 일치하지 않는 정보는 무시하는 성향인—확증편향(confirmation bias)의 중요성을 강조해 왔다. 그 결과는 우리가 양극화에서 시작하면 결국 더 양극화되는 결과를 낳게 된다는 것이다.

또한 21세기 행동경제학은 지난 장에서 논의한 바와 같이 믿음의 형성도 강조해 왔다. 물론 마케터들은 오랫동안 개인의 믿음에 영향을 미치는 방법을 이해하기 위해 노력해 왔다. 대부분의 광고는 정보를 제공하는 것이 아니라 사람들의 열망과 취약점을 이용한다. 말보로맨 광고가 상징적이다. 1950년대에 시작되어 수십 년간 큰 성공을 거둔 이 광고 캠페인은 말보로를 피우면 거친 카우보이가 된다고 많은 단어로 말하지 않았다. 이는 도시에 사는 대다수 흡연자와 무관한 정보다. 대신 거대 담배기업인 필립모리스가 선택한 방법은 이미지를 만드는 것이었다. 말보로 담배를 피우는 남자가 **진짜** 남자라는 이미지였다. 물론 흡연으로 사망할 수 있다는 정보는 빼기로 했다.[22] 일부 사람들은 이 담배의 성공이 카우보이의 이미지 덕분이라고 말한다. 광고주의 임무는 사람들이 제품을 구매하도록 유도하는 것이고 그들은 이 일을 매우 잘한다. 광고 효과가 워낙 뛰어나다는 것이 분명하므로 기업들은 매년 수천억 달러를 광고에 지출하는 행동을 정당화한다.

양극화가 수익성이 있는 이유

플랫폼은 양극화, 즉 "참여를 통한 참여"를 기반으로 자신들에게는 이득이지만 나머지 사회에는 재앙이 되는 성공적 전략을 고안해 냈다. 사람들의 집단은 서로 다른 것에 분노하기 때문에 플랫폼의 비즈니스모델은 각 사용자에게 분노를 불러일으킬 만한 정보를 제공하는 것이다. 그러나 정보생태계의 분열은 자연스럽게 사회양극화로 이어진다. 특정 집단은 그들의 믿음이나 부당함을 강화하는 정보를 제공받는다. 이들의 뉴스피드에는 이를 반박하는 기사나 정보가 포함되지 않는다.

믿음이 상호의존적이기 때문에 이러한 효과는 증폭된다. 우리의 믿음은 우리와 상호작용하는 사람들의 믿음에 영향을 받는다. 특히 정보 전달자가 그 정보를 문화적 맥락에 새겨 넣는 방식으로 프레임을 짜는 데 성공하는 경우라면 더더욱 그렇다.[23] 공화당원이 공화당원에게 불균형적으로 더 많이 이야기하면 그들의 특정한 세계관이 강화된다. 그들이 보는 증거와 그것에 대한 해석은 그들이 이전에 가지고 있던 믿음을 강화한다. 민주당원도 마찬가지다. 이는 양극화를 더욱 증폭시킨다.[24] 그렇기 때문에 기후변화의 현실을 믿는지 아닌지를 결정하는 더 중요한 요인은 (예상했을지도 모르지만) 교육 수준이 아니라 소속 정당이다.[25]

이러한 믿음의 상호의존성은 더 큰 이윤을 추구하는 소셜미디어 회사들이 관심을 기울이지 않는—또는 더 정확하게는 그들이 자신의 이익을 위해 이를 활용하는 데만 관심을 기울이는—명백한 사회적 외부효과를 발생시킨다(이 기업들은 전송되는 콘텐츠의 부작용과 알고리즘이 양극화를 악화시킨다는 사실을 인지하고도 별다른 조치를 취하려 하지 않았다).

기술과 정책의 변화는 사회분열의 정도에 영향을 미친다. 2차 세계대전 이후 텔레비전이 새로운 정보를 제공하는 주요 수단이었던 시대에는 미국에는 주요 국영 TV네트워크가 세 곳만 존재했고 모두 폭넓고 편견 없는 정보의 제공을 목표로 했다. 뉴스 프로그램은 네트워크에서 공공서비스로 취급되었다(이러한 관행은 부분적으로 CBS의 〈60분(60 Minutes)〉 때문에 바뀌었는데 이는 뉴스 프로그램도 수익을 창출할 수 있음을 보여 주었다.) 공정성 원칙은 크게 다른 견해들의 방송 시간을 보장했다.[26] 다양한 정치적 스펙트럼에 걸쳐 시청자들은 적어도 비슷한 정보에 노출되었다. 사실에 대한 해석과 정책에 대한 시사점은 다를 수 있었지만 모든 시청자 또는 청취자는 동일한 사실을 접했고 이는 타협에 도달하기에 충분한 공통점을 제공했다.

그러나 1987년 미국 연방통신위원회가 공정성 의무를 폐지하고 케이블TV와 인터넷이 등장하면서 믿음이 서로 다른 사람들이 이미 자신의 세계관에 부합하는 뉴스를 소비하는 경향이 나타났다.[27]

시장지배력, 불평등, 그리고 사회의 메타내러티브 생성

그러나 플랫폼의 가장 큰 위험은 사회의 메타내러티브, 즉 인구의 상당수가 세상을 보는 방식을 형성하는 이야기와 이해를 만들어 내는 힘이다.

반복해서 언급했듯이 우리는 우리가 얻는 정보에 반응하며 현대사회에서 정보의 주요 원천은 소셜미디어를 포함한 미디어다. 국경을 넘으려는 난민들의 모습을 담은 동영상을 지속적으로 본다면—심지어 이런 일이 비교적 드물게 발생하더라도—이성적인 사람들이 이민이 중요한 문제라고 결론 내릴지도 모른다. 선호와 믿음이 완전히 합리적이지 않은 방식으로 종종 형성되는 세상에서 이러한 현상은 더욱 심각해진다. 예를 들어 이성적인 시청자는 폭스뉴스가 어떤 의제를 가지고 있으며 최소한 뉴스를 편향적으로 보도한다는 사실을 알기 때문에 폭스뉴스에서 듣는 발언을 모두 받아들이지 않을 것이다. 하지만 폭스는 일부 시청자의 선입견을 강화하는 노골적인 거짓말을 퍼뜨리다가 적발되었다. 나는 개인이 합리적으로 이성적일 때에도 이윤에 좋은 것과 사회에 좋은 것 사이에 현저한 차이가 있다고 논의했다. 하지만 개인이 전혀 이성적이지 않고 미디어가 믿음을 형성할 수 있다면 그 차이는 훨씬 더 커진다. 그 증거는 사람들이 미디어에서 보는 것이 중요하다는 것이다. 폭스뉴스 시청자들은 세상을 바라보는 시각이 왜곡되어 있다.[28]

사람들이 세상을 보는 방식은 자유를 포함한 모든 이슈의 핵심이다. 8장에서 살펴본 것처럼 사람들이 쓰레기를 버리는 것이 잘못이라고 생각하면 쓰레기를 버리지 않을 것이고 쓰레기를 버리지 않도록 강제할 필요도 없다. 반면에 사람들이 쓰레기를 버릴 권리가 있다고 생각하게 된다면, 즉 그것이 기본적 인권이라고 생각하게 된다면 우리는 환경을 보호하기 위해 일부 사람들이 강제적이라고 생각하는 법을 통과시켜야 할 수도 있다.

미디어는 대중이 세상을 바라보는 관점을 만드는 데 막강한 힘이 있다. 미디어는 정부가 해결책인지 문제인지, 물질적 인센티브가 중요한지, 기업에 대한 세금 인상이 투자를 위축시키고 대규모 실직으로 이어질 것인지에 대한 믿음을 형성한다.[29]

폭스는 2020년 대선을 도둑맞았다는 도널드 트럼프의 거짓 주장을 적극적으로 홍보하여 반대 증거가 엄청나게 많음에도 국민 상당수를 설득하는 데 크게 성공했다[이 사건에서 폭스는 도미니언보팅시스템(Dominion Voting Systems, 미국의 투·개표기 제조사로 트럼프의 거짓주장 때문에 폭스가 막대한 금액을 배상했다—옮긴이)과 7억 8700만 달러 배상에 합의하여 잘못된 주장의 책임이 일부 인정되었다]. 자신도 모르게 기존 미디어와 소셜미디어가 우리를 형성하는 방식에 희생됨으로써 우리는 자유의 중요한 요소를 잃게 된다.[30]

집단행동에 대한 믿음

어떤 행동과도 무관하게 단지 개인의 사적 믿음과만 관련된다면 이는 별 문제가 되지 않을 수도 있다. 사람들이 적상추와 청상추 중 어느 것이 더 건강에 좋은지만 달리 판단한다면 큰 문제가 아닐 것이다. 적상추를 지지하는 사람들이 적상추를 더 많이 먹을 수 있을 것이기 때문이다. 그러나 사회로서 우리가 특히 정부를 통해 집단적으로 내리는 결정 중에는 중요한 것이 여럿 있다. 정부는 항상 비효율적이고 민간부문은 항상 효율적이며 세금은 항상 해롭고 공공지출은 항상 낭비적이라고 보는 메타내러티브, 즉 관점은 작은 정부와 공공재에 대한 과소 투자로 이어질 것이다. 그것은 규제가 미흡하고 경제 성과가 저조하며 거의 확실히 더욱 분열될 사회를 낳을 것이다. 하지만 일부 언론은 이러한 관점을 우리에게 효과적으로 주입한다.

세계관의 차이는 집단적으로 내리는 결정에 나타나는 주요한 차이와도 관련이 있다. 정부가 해야 할 일, 제한하거나 허용해야 할 일을 두고 극심하게 양극화된 의견은 정치적 기능장애라는 결과를 낳았다.

우리가 그것을 통해 세상을 보는 관점은 불평등에 대한 정부의 대응을 포함하여 우리 모두가 하는 일의 "도덕적 정당성"을 규정한다.[31] 6장에서 나는 사실 가장 부유한 시민들의 소득 상당 부분에 도덕적 정당성이 거의 없다고 설명했다. 부자들은 언제나 모든 사람이 그들의 부의 도덕적 정당성을 인정하기를 원해 왔다. 왜냐하면 그 도덕적 정당성이 가난한 사람들에게 재분배하거나 공공재를 제공하기 위해 국가가 그들의 부를 빼앗을 권리를 약화시킬 수 있기 때문이다. 부자들은 자신에게 부가 있지만 다른 사람들에게는 빈곤과 박탈이 있다는 현실이 불가피하다고, 심지어 숙명적이라고 우리가 믿기를 원한다. 물론 종교개혁과 계몽주의 이전에 그것은 신의 은혜를 입은 것처럼 보이는 사람들의 눈을 통해 해석되는 "신의 뜻"의 문제였다. 자본주의 시대에 그것은 부자들의 노력과 근검절약에 대한 "정당한 보상"이었고 신자유주의는 낙수경제(trickle-down economics)라는 개념을 제시하며 부자들에 대한 관대함이 모두에게 혜택을 줄 것이라 주장했다.[32]

그러나 이는 다음과 같은 질문을 제기한다. 부유층은 어떻게 나머지 사회 구성원들이 이러한 아이디어를 받아들이도록 만들었을까? 이에 대한 완전한 해답은 이 책의 범위를 벗어나지만 이 절의 중심 전제가 부분적으로나마 답해 준다. 그것은 엘리트 중 적어도 일부가 미디어를 장악하여 사회적 메타내러티브를 형성하는 데 불균형적으로 큰 영향력을 행사한다는 것이다. 그들은 사회를 바라보는 관점을 만들었는데 그 관점을 통해 우리의 복잡하고 지저분한 현실이 그들이 보는 대로만 표현된다. 그들은 어떤 이야기가 전달되고 어떤 거짓이 사용자에서 사용자로, 또는 사용자 수백만 명에게 순식간에 전달되게 할지를 결정한다.[33]

이러한 불만은 오랫동안 제기되어 왔다. 그러나 기술변화와 인간행동에 대한 이해의 향상, 기존 경쟁법의 느슨한 집행과 급속한 기술 변화에 대한 법의 느린 적용이 결합하여 일부 선택된 소수가 메타내러티브를 형성할 전례 없는 힘을 가지게 되었다. 미디어가 매우 집중되어 있고 소셜미디어가 개인의 생각을 형성하는 메시지로 개인을 타기팅하는 데 매우 효과적이라는 사실은 미디어에서 부유층의 권력이라는 잘 알려진 문제를 악화시켰다.[34]

2000년 아르헨티나의 대규모 채무불이행 사례를 살펴보자. 《파이낸셜 타임스》와 많은 금융 엘리트는 이와 관련하여 간단한 이야기를 제시했다. 아르헨티나는 연쇄 채무불이행 국가였고 어떻게든 채무불이행이 아르헨티나의 유전자에 새겨져 있다는 것이었다. 그렇다면 그것은 다음과 같은 타당한 의문을 제기한다. 금융계의 모든 사람이 그것을 뻔히 알면서 왜 아르헨티나에 그렇게 많은 돈을 빌려줬을까?

내 생각에는 사실에 더 가까운 다른 설명이 존재했다. 그것은 금융부문이 근시안적이고 탐욕스럽다는 것이다. 우파 대통령 마우리시오 마크리(Mauricio Macri)가 취임하고 시장친화적 개혁을 약속했을 때 금융엘리트들의 이데올로기는 이러한 개혁이 아르헨티나를 변화시킬 것이라고 생각했다. 마크리가 더 나아가 국가가 합리적으로 감당할 수준을 훨씬 뛰어넘는 고금리채권을 제시했을 때 그들은 이것이 합리적인 금융적 결정인지 깊이 생각하지 않고 채권을 매입했다. 마크리가 그들을 속인 것인데 그들은 그 사실을 인정하고 싶지 않았기 때문에 아르헨티나를 비난하는 편이 더 나았다. 물론 결국 이 일로 가장 큰 대가를 치른 것은 아르헨티나 국민들이었다.[35]

하지만 우리는 어떤 이야기가 우세했는지 알고 있다. 아르헨티나가 연쇄 채무불이행 국가였다는 첫 번째 이야기였는데 이는 채권단과 연결된 금융엘리트들이 관련 언론을 대체로 통제했기 때문이었다. 그 결과 선진국의 많은 시민들, 특히 관련 엘리트들은 인지적으로 포획되었다.

이것이 확대된 형태가 바로 우리가 직면하고 있는 문제다. 많은 국가에서 전통 미디어와 소셜미디어 모두의 통제가 매우 집중되어 있으며 가장 큰 부자들의 손에 불균형적으로 장악되어 있다.[36] 그 결과로 사회 전반의 많은 사람이 초부유층에게 이익이 되는 경제를 편리하게 지지하는 이야기를 믿게 된다.

미디어가 충분히 다양하지 않으면 지배적 서사에 대응할 능력이 제한된다. 그러나 미디어가 어느 정도 다양한 경우에도 앞서 설명한 양극화 효과로 인해 일부 매체가 반론과 "진실한" 사실을 제공할지언정 그들의 영향력은 부족할 수 있다.

미디어 거물들은 규제와 과세로부터의 자유를 비롯해 우리가 자유를 어떻게 바라보아야 하는지에 대한 메타내러티브를 형성하려고 노력해 왔다. 특히 신자유주의가 승리한 시대에 이들은 매우 성공적이었고 자유에 관한 그들의 프레임은 널리 받아들여졌다.

규제의 필요성에 대한 여론의 확산

소셜미디어의 영향력(그리고 그 영향력이 얼마나 심각하게 잘못되었는지에 대한 증거)을 고려하면 아마도 놀라운 일이지만 소셜미디어를 규제해야 한다는, 즉 소셜미디어 기업의 자유를 제한하여 사회의 행복과 타인의 자유를 증진해야 한다는 여론이 점점 더 커지고 있다. 이 영역에서는 개인적·사회적 비용 및 편익의 차이가 너무 커서 다른 부문—이를테면 자동차 제조업체의 시장지배력에서 비롯된 차이—의 차이는 사소하게 보인다.

흥미롭게도 메타 같은 기업의 이윤추구 정신은 너무 강해서 예를 들어 특정 행위를 금지하는 프라이버시 관련 규정이 있는 곳에서도, 심지어 회사가 이를 개선하기로 합의한 경우에도 이 기업은 마치 법 위에 있는 것처럼 행동해 왔다. 이로 인해 메타는 벌금 수십억 달러를 내야 했다(그러니 규제가 없거나 시장이 기업 스스로에 의해 규제된다면 어떻게 될지 상상해 보라).[37]

소셜미디어 회사에 의한 자유의 상실은 보통 눈에 보이지 않기 때문에 더욱 심각하다. 사람들은 때때로 자신도 모르게 평소에는 하지 않을 행동이나 믿음을 유도하는 방법을 잘 아는 기업들의 먹잇감이 된다. 그들은 자신도 모르는 사이에 자유의 일부를 상실해 왔다. 이는 우리의 선택이 명백히 제한되었을 때와는 조금 다른 자유의 상실이다. 이는 사회적 강제나 또래압력과도 다소 다르다. 그러나 우리가 그 순간에 인식하지 못한다 해도 그것은 엄연히 자유의 상실이다.

위의 주장은 소셜미디어와 디지털플랫폼이 기존 미디어보다 더 엄격하게 규제되어야 함을 시사하지만 실제로 이 기업들은 덜 규제받고 있다. 미국에서는 플랫폼이 나쁜 행동을 하도록 거의 **권장되고** 있다. 커뮤니케이션품위법(Communications Decency Act) 230조(1996)는 일반 미디어와 달리 플랫폼 기업들이 플랫폼을 통해 전송하는 콘텐츠에 대한 책임을 면제해 준다. 가령 전통 미디어는 명예훼손 및 사기 법에 따라 소송당할 수 있지만 소셜미디어는 그렇지 않다. 당초 신생산업의 발전을 촉진하기 위해 고안된 이 법적조항이 책임 소재 없이 잘못된 정보나 허위정보의 바이럴 확산을 초래했다. 이러한 사실이 점점 더 분명해졌음에도 불구하고 이런 확산을 막기란 불가능하다고 판명되었다.[38] 다시 한번 거대 기술기업의 정치적 힘과 미국 정치에서 돈의 역할을 고려할 때 이는 놀라운 일이 아니다.

사회에 더 잘 봉사할 규칙과 규정을 고안하기란 쉽지 않지만 가능한 일이다. 모든 사회적 폐해는 막을 수 없어도 이를 완화하기 위해 더 많은 일을 할 수 있다. 가령 EU는 소셜미디어의 사회적 해악을 규제하기 위해 디지털서비스법(Digital Services Act,

DSA)을 채택했다. 이러한 규제를 설계할 때 핵심적인 질문은 언론의 자유를 강조하는 민주적 틀 안에서 어떻게 하면 피해를 방지할 수 있느냐는 것이다. 미국을 포함한 여러 사회는 언론의 자유에 대해 절대주의적 입장을 취하지 않았다. 앞서 언급했듯이 미국에서는 사기(이 거짓말이 피해를 초래하는 상업적 맥락에서 보자면 "속임수"), 허위광고, 아동성착취물, 그리고 사람이 많은 극장에서 "불이야!"라고 외치는 행위 등을 금지한다. 일부 국가에서는 혐오표현을 금지한다. 이 모든 상황에서 한 사람의 자유는 다른 사람의 자유를 침해할 수 있으며 규제가 없을 경우 사회적 비용이 크다는 인식이 존재한다. 분명 소셜미디어의 잘못된 정보와 허위정보로 인한 피해가 클수록 모든 규제의 설계에 수반되는 균형은 개입이 더 많은 쪽으로 변한다.

어떤 생각을 말하고 전파하는 것은 다른 사람의 행동에 영향을 미치기 때문에 단순히 무언가를 생각하는 것과는 다르며 실제로 그것이 의도인 경우가 많다. 물론 타인에게 영향을 미칠 권리를 보호하는 일은 민주주의의 핵심적인 부분이다. 언론과 출판의 자유를 박탈하는 것은 정치적 억압의 핵심이므로 정부는 그런 권리 제한에 신중해야 한다. 절대주의자들은 권리에 대해 말 그대로 질서를 사실상 강요하는데 이들에게는 사회적 결과와 상관없이 언론의 자유에 대한 권리가 다른 모든 권리를 지배한다. 그러나 맥락이 중요하기 때문에 어떤 사회도 이러한 극단적 입장을 취하지 않았다. 홀로코스트가 있었던 독일이나 노예제도, 린치, 그리고 대규모 차별의 역사가 있는 미국 같은 나라에서 인종 및 민족과 관련된 혐오발언을 금하는 조치는 이해할 수 있다. 백신에 대한 잘못된 정보와 허위정보의 확산을 "정치적 발언"으로 해석하는 것은 무리다. 거의 모든 사람이 부정직한 발언을 무시한다면 그것은 기껏해야 제한적인 사회적 폐해를 낳을 것이므로 용인될 수 있다. 하지만 많은 사람이 그런 허튼소리를 믿는 세상에서는 그러한 정보의 확산이 막대한 사회적 폐해를 초래할 수 있다. 무엇을 제한해야 할 것인가는 상황에 따라 결정될 것이다.

특히 정보(또는 허위정보)가 확산되는 속도와 메시지의 타기팅을 제한해야 하며 알고리즘의 투명성을 요구해야 한다는 주장이 강하게 제기된다. 바이럴에 관한 조항이 아직 만들어지지 않았기 때문에 미국 헌법에는 분명히 이를 논의하는 조항이 존재하지 않는다. 이는 헌법을 원래 의도에 따라 해석하려는 시도가 얼마나 어리석은지를 보여 주는 또 다른 예시일 뿐이다.

미디어와 플랫폼의 시장지배력 규제

부분적으로 발언의 자유와 언론의 자유에 대한 우려 때문에 소셜미디어의 다양한 사회적 폐해를 규제하기란 어려운 일이다. 그러나 시장지배력을 규제하는 것은 어느 정도 용이하다. EU는 진화하는 기술환경을 규제하기 위해 포괄적 접근방식을 취해 왔고 2022년에 도입된 디지털 시장법(Digital Markets Act, DMA)을 통해 시장지배력을 제한하려고 노력하고 있다. DMA는 개인정보 및 사회적 폐해에 대한 EU의 다른 조치를 보완한다.[39]

EU와 미국의 입장 차이는 미국 정치에서 거대 디지털기업의 영향력이 크다는 것으로 주로 설명될 수 있다. 현대 경제학의 핵심 주제는 경제력과 정치권력 사이의 연관성이다. 경제력이 집중되면 정치권력도 집중되고, 집중된 경제력을 강화하는 정책으로 이어진다.[40] 이 경우 사회적 결과는 20세기 초 독점금지법이 공격했던 석유와 담배 같은 산업의 시장지배력과 관련된 폐해보다 더욱 심각하다.

거대 디지털기업, 특히 소셜미디어의 시장지배력을 제한하고 이들이 수집한 정보가 기업에 제공하는 시장지배력의 강화를 제한하기 위해 몇 가지 손쉬운 조치를 취할 수 있다. 지난 수십 년 동안 공공정책은 가격차별이 어떻게 효율성(그리고 형평성)을 저해하는지 인정했다. 1936년 로빈슨-패트먼법(Robinson-Patman Act)은 기업이 가격을 차별할 수 없다고 지적하고 이를 불법화했다. 대신 가격의 차이는 비용의 차이로 정당화되어야 했다. 그러나 안타깝게도 시장은 **본질적으로** 경쟁적이기 때문에 왜곡된 가격차별의 여지가 거의 없다고 주장한 자유시장 경제학자들의 영향으로 미국 법원은 수십 년 동안 이러한 조항을 집행하지 않았다. 이는 사회적 후생을 증진하기 위해 기업의 착취할 자유를 제한하는 또 다른 규제이기 때문에 이제 법원이 나서야 할 때다.

특히 거대 기술기업이 누리는 정보적 이점은 연방거래위원회와 법무부가 집행하는 주요 독점금지법인 셔먼법과 클레이튼법이 규제하려 한 독점 또는 담합의 이득과 질적으로 다르다. 정보에 대한 차별적 접근이 이점을 부여하는 환경에 맞춰 특별히 고안된, 새로운 세대의 독점금지법이 필요하다는 점은 분명하다.[41]

신자유주의적 자본주의의 미래

이 장의 논의는 현재와 같은 형태의 자본주의의 미래에 시사점을 제시한다. 금세기 초에는 재능 있는 젊은이들 다수가 사회의 행복을 향상시키는 재화와 서비스, 지식을 생산하는 대신 금융업에 진출하는 데 우려했다. 2008년 금융위기로 금융부문의 우위가 무너진 후 가장 재능 있는 젊은이들은 기술 분야로 대거 진출했다. 뭔가 **실제로** 일하는 것처럼 보였고 이들 기업의 엄청난 이윤을 보면 매우 대단한 일처럼 보였다.[42] 그러나 이 시점에서 우리는 재능이 가장 넘치는 이 젊은이들이 더 나은 광고 기계를 만드는 것 이상으로 일하지 않는 이 경제체제의 장기적 생존 가능성에 의문을 가져야 한다.

우리의 논의는 민주주의의 미래에도 시사하는 바가 있다. 우리는 소셜미디어를 포함한 미디어가 최고가격을 써내는 입찰자에게 개방한, 불충분하게 통제된 시장경제의 결과를 목격하고 있다. 이는 기본 현실에 대한 공감대조차 형성되지 않는 사회의 양극화를 발생시킨다. 현대 경제학의 핵심 메시지는 정보가 공공재라는 것이다. 우리는 민주주의에서 정보를 잘 아는 시민의 중요성을 오랫동안 인식해 왔지만 많은 국가는 그것이 의미하는 바를 진지하게 받아들이지 않았다. 이는 정부가 독립적이고 다양한 미디어를 지원해야 한다는 뜻이다.

극단적인 보수적 의제를 가진, 왜곡된 민간미디어가 제공하는 잘못된 정보나 허위정보에 완전하게 대응하기란 불가능할 수 있다. 하지만 더욱 다양하고 독립적인 미디어는 어느 정도 견제를 제공할 수 있다. 특히 북유럽을 비롯한 여러 국가는 민주주의가 언론의 다양성과 독립성을 만들어 낼 수 있음을 보여 주었다.

사상은 항상 경쟁하기 때문에 게임은 끝나지 않았다. 그러나 우리는 바람직한 방향으로 나아가고 있지 않으며 이에 대한 조치를 취해야 한다. 인간의 주체성, 깊은 의미에서 자유를 상실할 정도로 정부가 우리를 통제하는 조지 오웰식 세상에 대한 두려움이 오랫동안 존재해 왔다. 이제 우리는 특정 민간부문 기업이 우리를 형성하는 거의 오웰적인 권력을 갖는, 과거와는 판이하게 다른 디스토피아에 접어들고 있다. 이 권력은 다른 사람들을 설득해 그들이 계속 견제받지 않도록 하는 권력을 포함한다. 그러나 이런 상황을 끝낼 시간은 아직 남아 있다. 우리에게는 이러한 강력한 혁신이 사회에 도움이 되도록 만드는 수단이 있다. 필요한 것은 집단적 의지뿐이다.

10장

관용, 사회적 연대, 그리고 자유

지금까지 살펴본 사례에서 규범은 타인에게 외부효과를 미치는 개인의 행동과 관련된 것으로, 사회가 외부효과를 내재화해 사회적 후생을 증진하는 방식이다. 그러나 많은 사회에서 규범은 그것을 넘어 타인의 행복에 직접 영향을 미치지 않는 행동과 심지어 믿음에도 영향을 미치려 한다.[1]

그 자체로 많은 사람이 공유하고 내가 동의하는 사회규범인 계몽주의적 가치는 타인의 믿음이 개인의 행복에 영향을 미치도록 허용해서는 안 되며 그렇든 말든 다른 사람들이 스스로 원하는 믿음을 자유롭게 선택할 수 있어야 한다고 말한다. 특히 공공정책은 확실히 다른 믿음을 가진 사람을 차별하지 말아야 한다. 이와 비슷한 태도가 그 행동이나 영향에 자발적으로 동의한 사람에게만 영향을 미치는 행동에도 적용된다. 동의하는 성인 간의

성행위는 동의가 복잡한 문제이기는 하지만 관련된 당사자, 오직 그들만의 문제다.[2]

이러한 관용은 계몽주의의 핵심이었을 뿐 아니라 19세기에 자유에 관해 글을 쓴 존 스튜어트 밀과 다른 사람들에게도 핵심 주제였다. 이 저술가들은 내가 현대 경제의 핵심이라고 주장한 외부효과에 대해 짧게 언급했지만 관용이라는 개념에 대해서는 매우 상세하게 설명했다.

관용의 부재는 계몽주의 이전 수 세기 동안 유럽이 전쟁으로 황폐화되었을 때 명백하게 드러났다. 부분적으로는 종교갈등이 원인이었다(많은 사람들은 더 깊은 경제적 문제가 심층에 있다고 생각하지만). 다른 종교적 믿음에 대한 편협함으로 각국은 특정 집단을 추방하고 개종을 강요했으며 때로는 그들의 경제적 행복을 억압했다. 미국에 도착한 초기 이민자 집단 일부는 고국의 종교적 편협함이나 박해를 피해 이주한 사람들이었다. 이런 자유는 미 공화국의 건국자 일부가 생각했던 자유라는 개념의 기초가 되었다. 초기 식민지 개척자 일부는 국교가 있을 때 국가가 다른 종교를 가진 시민을 억압하는 경향이 있음을 목격했다. 이러한 역사적 경험이 종교의 자유와 정교분리에 대한 요구로 이어졌다.

미국에서는 이러한 문제가 광범위한 사회적 합의를 통해 잘 해결된 것처럼 보였다. 그러나 오늘날 미국을 비롯한 전 세계에서 가장 뜨거운 논쟁의 일부는 이 문제들을 둘러싸고 벌어진다. 나는 자라면서 정교분리를—종교 교육에 대한 국가 지원 금지와 함께—미국의 기둥이자 종교의 자유를 보장하는 제도적 구조의 일부로 받아들였다.[3] 나는 일련의 법원 판결을 통해 이것이 의문시되는 날이 올 줄은 생각하지 못했다. 동시에 물론 합리적 예외가 있음을 이해했지만 언론의 자유를 또 다른 기둥으로 생각했다. 결국 나는 계몽주의적 관점이 여전히 옳으며 생각이나 믿음이 아닌 행동이 공적개입의 대상이어야 한다고 주장할 것이다. 하지만 나는 특정 맥락에서는 발언 자체가 중대한 사회적 결과를 초래할 행동의 한 형태임을 이해하게 되었다.

두 가지 중요한 차이점

관용에 대해 생각할 때 두 가지 중요한 구분이 유용하다. 첫 번째는 검증할 수 있는 사상과 형이상학적이고 검증할 수 없는 사상 사이의 구분이고, 두 번째는 생각과 행동 사이의 구분이다.

종교 대 과학

오늘날의 구분은 250년 전에 널리 퍼져 있던 구분과 매우 다르다. 일부는 (가령 생명이 언제 시작되었는지에 관한) 종교적 신념에 뿌리를 두고 있지만 대부분은 경제체제와 사회체제의 기능에 관한 것으로, 암묵적으로는 권리들 사이의 트레이드오프에 관한 것이다. 종교적 차이는 형이상학적인 것으로 검증의 대상이 아니며 증거로 해결될 수 없는 신앙의 문제다. 그러나 과학에서는 그렇지 않다. 갈릴레오 갈릴레이(Galileo Galilei)는 태양계에 대한 믿음 때문에 종신형을 선고받고 가택연금을 당했지만 그를 비난한 사람들의 지구 중심적 견해와 달리 그의 견해에는 우리가 지금 인정하는 과학적 타당성이 있었다. 진화나 기후변화에 대한 과학적 증거가 일부 사람들에게는 불편할 수 있지만 그 증거는 압도적이다. 누구든 믿고 싶은 것을 믿을 수 있지만 그렇다고 우주의 본질이 바뀌지는 않는다. 우리는 우주에서 아름다운 구형 행성 지구를 촬영한 사진을 본 적이 있지만 여전히 지구가 평평하다고 믿는 사람들이 존재한다. 다른 사람에게 해를 끼치는 행동으로 이어지지 않는 한 우리는 그들의 믿음을 용인할 수 있다.

경제체제와 사회체제도 마찬가지다. 우리는 예산의 균형이나 다른 공공정책이 어떤 결과를 가져올지 어느 정도 확신할 수 있다. 그리고 의회가 세금과 지출을 정하는 법안을 통과시킨 다음 지출과 세금의 차이로 발생하는 적자와 부채를 별도의 법안을 통과시켜 제한하려는 것은 명백히 부조리하다. 적자는 단순히 의회가 승인한 지출과 의회가 부과한 세금의 차액을 의미한다. 지출 6조 1000억 달러와 세금 4조 4000억 달러를 정하면 적자는 1조 7000억 달러가 된다. 간단한 계산이다. 재정적자가 1조 달러를 넘지 않아야 한다는 법을 통과시킨다고 해서 이 계산이 바뀔 수는 없다. 이는 단지 다음 질문을 제기할 뿐이다. 세 가지 수치(지출, 세금, 그리고 적자) 중 어느 것을 무시해야 할 것인가? 마찬가지로 부채는 적자를 더한 결과일 뿐이다. 작년 부채가 21조 달러였고 올해 적자가 1조 7000억 달러라면 내년 부채는 22조 7000억 달러가 될 텐데 이 또한 간단한 계산이다. 의회가 부채가 22조 달러를 초과해서는 안 된다는 법을 통과시킨다고 해서 이 계산이 바뀔 수는 없다. 단지 다음 질문을 제기할 뿐이다. 세 가지 수치

(현재 지출, 현재 세금, 그리고 부채한도) 중 어느 것을 무시하거나 변경해야 할 것인가? (이는 1897년 미국 주의회가 원의 둘레와 반지름의 비율인 파이를 3.1416이 아니라 3.2, 3.24, 3.236 또는 3.232로 해야 한다는 법안의 통과를 고려했던 것과 비슷하다. 단순히 어떤 법을 만든다고 해서 세상의 현실이 바뀌지는 않는다.)[4]

분명 상당한 논란이 여전히 남아 있기는 해도 경제 과학의 발전으로 우리의 이해는 향상되었다. 우리는 그 과정에서 발생하는 트레이드오프가 어떻게 평가될 수 있는지에 대해 동의하지 않을 수도 있지만 서로 다른 규칙과 권리의 배분에 따른 결과를 추론할 수 있다. 총기를 소지할 권리가 결과적으로 무고한 사람을 더 많이 죽게 만든다는 것은 분명하다. 이 경우 희생자들은 생존권을 빼앗긴 것이다. 우파는 그 권리가 무기를 소지할 권리와 총기가 그 소유자에게 주는 즐거움보다 덜 중요하다고 주장하는 것처럼 보인다.

생각 대 행동

계몽주의적 관용의 개념을 이해하는 데 더 근본적인 구분은 생각과 행동의 차이와 관련이 있다. 행동으로 옮기지 않는 생각은 다른 사람에게 직접 영향을 미치지 않으므로 제한해서는 안 된다. 아킬 빌그라미는 기독교의 가장 큰 폭정 중 하나가 "간음하지 말라"라고 말하는 것을 넘어 (「마태복음」에서) "너희는 '간음하지 말라'고 했다는 것을 들었느니라. 그러나 나는 너희에게 이르노니 누구든지 여자를 보고 음욕을 품는 사람은 이미 마음속으로 간음한 것이다"라고 말한 것이라 주장했다. 그 이전에도 십계명에서는 이웃의 집이나 아내, 종, 소, 나귀, 그리고 그 밖에 "네" 이웃의 소유물을 탐내지 말라고 가르쳤다(「출애굽기」 20장 17절 참조). 탐내는 것은 내면의 생각과 관련된다.[5]

우리는 분명 모든 생각을 행동으로 옮기지 않으며—인간의 주체성은 우리가 무엇을 할지를 결정하는 능력에 관한 것이다—계몽주의적 가치는 생각의 자유를 제공하지만 그러한 행동이 타인의 자유에 부정적 영향을 미칠 때는 행동의 자유를 제공하지 않는다.[6]

관용의 한계

오늘날의 세계에서는 최고의 과학에 근거하여 입증되는 잘못된 믿음이 행동으로 옮겨질 때 관용은 한계에 도달한다. 나는 사람들이 온갖 어리석은 믿음을 믿는 것을 용납할 수 있다. 그것이 그들의 기분을 좋게 만든다면 그렇게 할 수 있다. 그러나 객관적으로 **우리에게** 부정적 영향을 미치는 믿음에 근거한 행동에 대해서는 어떻게 생각해야 할까? 물론 이것이 바로 외부효과의 표준적인 경우다. 사람들이 잘못된 믿음 때문에 특정 방식으로 행동한다는 사실이 우리가 트레이드오프에 대해 생각하는 방식에는 영향을 줄 수 있지만 그로 인한 피해를 다르게 만드는 것은 아니다. 만약 그들의 행동의 이유가 과학적 증거와 모순되는 믿음이라면 우리는 해를 끼칠 수 있는 그들의 자유의 상실에 더 작은 가중치를 부여할 수 있다(나는 그래야 한다고 생각한다).

살균제를 마시면 코로나19를 치료할 수 있다고 믿었던 사람들을 생각해 보라. 미국 대통령까지 나서서 잘못된 치료법을 홍보했다. 우리는 살균제를 마시는 사람은 누구나 그러한 믿음에 따라 행동한 결과를 감수해야 한다는 자유방임적 태도를 취할 수 있다. 그러나 그 결과를 감수하는 것은 혼자가 아니다. 결과적으로 그가 입원하게 되면 의료비의 상당 부분을 사회가 부담하게 된다. 잘못된 믿음이 행동으로 옮겨지면 금전적 외부효과도 발생한다. 그의 고통에 공감하여 고통받는 가족과 친구 들에게도 외부효과가 나타난다. 효과적인 약을 복용하지 않고 살균제를 마시면 질병이 오래 지속되어 타인이 질병에 걸릴 가능성이 높아진다. 이는 또 다른 외부효과다. 물론 살균제를 마시고 스스로 치료하는 행동을 막는 가부장주의적 요소가 있지만 안전벨트 및 헬멧 착용에 관한 법률과 약물 제한 등 우리가 가부장주의를 보이는 다른 분야도 존재한다.[7] (다시 한번 이러한 가부장주의에 대한 완전한 정당화나 그 결과에 대한 분석은 이 책의 범위를 벗어나지만 우리가 초점을 맞추는 자유의 범위와 분명히 관련이 있다.)[8] 외부효과가 존재하는 한 살균제를 마시는 행동을 막는 데는 사회적 정당성이 존재한다.

관용에는 여전히 다른 한계들도 있다. 편협한 사람을 우리는 어느 정도까지 용인해야 할까? 다시 말하지만 이 질문을 다루는 것은 이 짧은 책의 범위를 넘어설 것이다.

관용과 집단행동

그러나 몇 마디 이야기하고 싶은 한 가지 이슈가 있다. 나는 믿음에 대한 관용과 타인에게 피해를 주는 행동으로 이어지는 믿음에 대한 관용은 별개임을 강조했다. 21세기 사회에서 집단행동의 중요성에 관해서도 설명했다. 사회가 어떤 행동을 취해야 하는지에 대한 견해는 물론 믿음의 영향을 받는다. 어떤 사람이 말도 안 되는 것을 믿는다면 말도 안 되는 행동에 투표하고 말도 안 되는 사상을 내세우는 정치지도자를 지지할 수도 있다. 이것이 바로 믿음으로부터 외부효과가 발생하는 맥락이다.

오늘날 사회를 특징짓는 이념적 분열은 불행히도 현대 과학에 반대하는 한쪽의 믿음과 관련이 있다. 예를 들어 기후변화는 현실이고 그것이 대기 중 온실가스 증가와 관련이 있으며 막대한 비용을 낳는 기상이변으로 이어진다는 압도적 증거가 존재한다. 우리가 과학을 믿는다면 이에 관한 서로 다른 모든 견해에 동일한 가중치를 부여해서는 안 된다는 사실을 믿어야 한다. "누가 감히 뭐라고 말할 수 있겠는가?"라고 단순히 선언할 수는 없다. 그런 의미에서 과학은 근본적으로 비민주적이며 이것이 오늘날의 세계에서 과학이 마주한 문제의 일부다. 기후변화를 부정하는 사람들을 만나면 종종 "나는 스스로 생각해요"라는 말을 듣곤 한다. 이렇게 말하는 많은 사람이 과학의 엘리트주의, 즉 어떤 견해는 옳고 다른 견해는 틀렸다고 말하는 외관상의 권위주의를 불쾌하게 여긴다. 물론 기후변화에 대한 증거만큼 그 증거가 명확하지는 않은 경우도 있기는 하다.[9]

이전 장에서 나는 디지털플랫폼이 사회적 폐해를 초래할 때 잘못된 정보와 허위정보를 유포하거나 유포를 조장하는 행동을 제한해야 한다고 주장했다. 이 기업들은 (종종 검증이 가능한 잘못된 정보에 기초해) 검증할 수 있는 이 잘못된 믿음에 영향을 받아 중요한 집단적 결정을 내려야 할 때 사회적 폐해를 초래한다. 개인이 잘못된 정보를 믿는 경우―많은 사람이 거짓말과 거짓정보를 식별하지 못하는 것이 명백한 경우―그 정보의 유포를 제한해야 할 수도 있다. 팬데믹 기간 동안 우리는 그렇게 했다. 그렇지 않았다면 어리석고 사회적으로 해로운 일이었을 것이다. 우리는 사람들이 스스로 믿는 바에 대해서는 완전한 관용을 가져야 하지만 그 관용은 믿음이 행동으로 전환될 때 제한되어야 한다. 다른 사람에게 영향을 미치기 위한 발언은 분명히 "행동"이다.

미국인들은 수정헌법 제1조에 명시된 언론의 자유를 옹호하지만 여전히 여러 제한이 존재한다. 세상이 변화함에 따라 우리는 이러한 경계를 끊임없이 새로 정의한다. 그리고 새로운 사회적 폐해와 사회적 폐해를 야기하는 새로운 방식을 알게 되면 우리는 제한의 비용과 편익의 균형을 재검토하고 그에 기초하여 새로운 제한을 부과해야 한다. 국가마다 이러한 균형을 맞추는 방식은 다르다. 미국에서는 정치지도자에 대해 거의 모든 발언을 할 수 있지만 싱가포르나 다른 많은 국가에서는 비방으로 간주되는 발언을 하면 감옥에 갈 수도 있다. 영국에서는 개인의 명예를 훼손하는 사실을 적시하면 심각한 결과를 초래할 수 있다. 진실이라고 해서 변호되지 않는다. 미국에서는 진실이 변호될 수 있다. 대부분의 국가에는 사기죄에 대한 법률이 있기 때문에 단순히 "나는 내 마음대로 말할 권리가 있다"고 말할 수 없다. 미국을 비롯한 많은 국가에는 광고의 진실성을 규제하는 법률이 있다. 그리고 대부분의 국가에서 폭동의 선동은 대개 발언에 불과함에도 범죄다. 때로는 "강제된 발언", 즉 기업이 특정 사실을 공개해야 하는 경우도 존재한다. 기업이 단순히 "나는 내가 판매하는 제품이 암을 비롯한 건강 문제를 일으킨다는 사실을 공개하지 않을 권리가 있다"라고 선언할 수는 없다. (선거번복과 같은) 범죄를 저지르기 위한 공모는 실패하더라도 불법이지만 일반적으로 그러한 공모의 중심에는 토론, 즉 발언이 있다.

따라서 모든 사회가, 언론의 자유를 보장하는 사회조차도 자유가 해가 될 때 그 자유에 제한을 가한다는 것은 분명하다. 앞서 언급했듯이 잘못된 정보나 허위정보로 광범위한 사회적 폐해가 발생해서 정부가 이런 정보의 유포를 제한하려는 것은 이해할 수 있다. 그러나 이를 위해서는 위험한 허위와 진실을 구분할 제도적 틀이 필요하다.

이것은 본질적으로 이전 장에서 제기한 질문과 같다. 어떤 진술이 진실이 아닌지 우리는 어떻게 판단할 수 있을까? 그중에서 어떤 것이 유해할까? 우리는 이러한 관용의 한계를 어떻게 제도화할 수 있을까? 코로나19 사태 당시에는 (염소를 마시면 낫는다는) 허위진술을 쉽게 확인할 수 있었고 그러한 진술의 사회적 폐해도 쉽게 확인할 수 있었다. 소셜미디어 플랫폼도 이런 허위정보를 상당 부분 걸러 낼 수 있음을 보여 주었다. 이 성공 사례들은 우리가 할 수 있는 일의 극단적 사례라 할 수 있다. 플랫폼들이 협력하여 무엇이 사실이 아니고 무엇이 해로운지 과학적 합의를 이루었던 것이다.

불행히도 플랫폼 기업들은 종종 협조적이지 않았는데 실제로 그들은 잘못된 정보의 단속에 대한 책임이 있다는 생각에 대체로 저항하며 그 결과로 발생할 피해로부터 책임지지 않을 자유를 요구해 왔다. 그들의 콘텐츠 조정(content moderation) 활동은 대부분 규제 또는 사용자층의 요구로 이루어져 왔다. 어떤 사람들은 정치인이 해로운 거짓말을 하는 경우 이를 삭제하는 행위가 그들의 책임을 넘어설 뿐 아니라 정치인이 독설과 거짓을 퍼뜨릴 권리를 비롯한 정치적 기본권의 침해라는 입장을 취해 왔다. 그것이 정치적 검열이 될 것이라는 주장이다. 따라서 대통령이나 상원의원이 코로나19 백신접종 중에 백신에 마이크로칩이 들어 있다는 허위주장을 하면 플랫폼이 해당 "정보"를 전송하고 알고리즘이 심지어 이를 홍보하여 허위발언이 널리 퍼지도록 도울 수도 있다. 내가 생각하기에 이는 잘못된 것이다. 정치인의 표현의 자유와 나머지 사회 구성원의 피해 받지 않을 자유 사이에서 잘못된 균형을 맞추는 것이다. **최소한** 정치인의 허위주장이 증폭되어서는 안 되며 그 주장의 허구성과 그로 인해 발생할 피해에 대해 주의를 환기시켜야 한다. 알고리즘은 편집메커니즘으로 기능하여 사용자에게 주목받을 내용을 결정한다. 이 경우 알고리즘은 그것을 증폭되지 않도록 할 책임이 있다. 정치인의 발언을 누구나 읽을 수 있도록 그의 웹사이트에 게시하도록 허용하되 그것이 전부여야 한다.

과학 분야―나는 여기에 기후변화도 포함한다―에는 어느

정도 확신을 가지고 사실로 알려진 것과 그렇지 않은 것을 판단하는 프로토콜이 잘 정립되어 있다. 하지만 다른 많은 분야에서는, 심지어 사회과학 분야에서도 그렇지 않다. 이러한 분야에서 거짓되고 혼란스러운 사상의 유포를 제한할 방법은 없다. 우리는 어둠의 세력, 거대한 음모, 그리고 과학적으로 증명할 수는 없지만 분명히 해로운 영향을 미칠 다양한 생각을 믿는 사람들이 있는 세상에서 살아가야만 할 것이다.[10] 과학을 믿는 우리는 더 많은 정보를 얻고 더 이성적인 대중을 만들기 위해 할 수 있는 일을 해야 한다. 사상의 시장이 완벽하게 작동하지 않는다는 현실을 생각하면 사상의 전쟁터가 더 나아지리라는 보장은 없다. 슬픈 진실은 세상이 지금보다 더 분열될 수 있다는 점이다. 우리 사회는 결국 과학, 이성, 계몽주의적 가치의 관점들이 보편적으로 받아들여지지는 않더라도 적어도 사회적 합의의 기초를 제공하는, 이들 가치에 헌신하는 사회, 아니면 어떤 식으로든 계몽주의 이전의 세계에 갇혀 있는 사회로 귀결될 수 있다. 후자의 경우, 과학과 기술은 (소련에서 제한적인 방식으로 그랬던 것처럼) 계속될 수 있지만 사회적 영향력은 가령 더 나은 스마트폰, 전기자동차, 그리고 로켓 개발 같은 부문에만 국한될 것이다. 미국이 결국 두 번째 범주에 속하게 된다면 두 배로 슬플 것이다.

무지의 장막 뒤에서 관용에 대해 생각하기

내가 주장해 온 사회적 의사결정에 대한 접근 방식, 즉 애덤 스미스의 공정한 관찰자의 관점이나 존 롤스의 무지의 장막 뒤에서 문제를 생각하는 것은 관용의 한계를 생각하는 데 도움이 될 수 있다. 만약 무지의 장막 뒤에서 내가 부자로 태어날지 가난하게 태어날지, 종교의 광신자나 세속적인 과학자가 될지 모른다면 내가 던질 수 있는 하나의 질문은 관용에 대한 다양한 관점이 시민적 화합에 어떤 영향을 미치느냐는 것이다. 내전은 누구에게도 결코 좋은 일이 아니며 가족 구성원들이 서로를 공격하는 상황은 치명적이지 않다고 해도 누구에게도 유쾌하지 않다. 자신과 다른 견해에 대한 관용이 너무 적으면 갈등은 거의 불가피하다. 그러나 같은 맥락에서, 특히 편협한 사람들에 대한 관용이 지나치게 많아도 갈등이 나타날 것이다. 편협함을 억제할 사회적 압력이 필요하다. 관용의 규범이 있는 사회—특히 타인에게 직접적인 영향을 미치지 않는 행동에 대해 관용적인 사회—에서만 민주주의 시스템이 잘 기능할 충분한 사회적 화합이 나타날 수 있다. 미국 내 일부 지역을 포함한 일부 국가에서는 이 규범이 더 이상 존재하지 않는 것이 분명하다.

관용을 사회가 잘 기능하는 데 필요한 수단으로서 **기능적으로** 생각할 때 나는 관용을 그 자체로 거의 근본적인 가치로 생각하는 계몽주의적 관점을 포기하는 것이 아니라는 점을 강조하고 싶다. 나는 다만 이러한 접근 방식이 관용의 한계를 정의할 때 나타나는 몇 가지 불가피한 난제를 깊이 생각해 보는 데 도움이 된다고 제안한다.

자유, 평등, 그리고 박애

"자유(liberté), 평등(égalité), 그리고 박애(fraternité)"는 프랑스혁명의 구호였다. 이는 평등과 연대, 즉 사회적 결속을 자유와 밀접하게 연결시킨 타당한 구호였다. 나는 평등, 더 정확하게는 부자의 희생으로 가난한 사람의 소득을 늘리는 것은 또한 가난한 이의 자유를 증대하고 부자의 자유를 축소한다고 주장했다. 나는 이러한 변화가 부분적으로 사회적 결속을 높이기 때문에 사회의 후생(societal welfare), 아마도 심지어 최상위계층의 복지마저 향상시킬 것이라고 믿는다. 프랑스 혁명가들은 사회적 연대 자체가 미덕이며 사회가 잘 기능하기 위해 필요하다는 것을 깨달았다.

혁명을 촉발한 프랑스의 상황처럼 소수가 호화롭게 사는 반면 그 외 사람들이 굶주린다면 연대는 존재할 수 없다. 사회에 불평등이 너무 심각하면 서로 다른 계층의 사람들이 아무리 노력한다 해도 같은 관점을 통해 세상을 바라보기 어렵다. 사회는 거의 필연적으로 양극화될 것이다. 나는 미국을 비롯한 오늘날 많은 국가의 양극화가 부분적으로는 극심한 불평등에 기인한다고 주장했다. 사회를 더 평등하게 만드는 정책이 더 많은 시민에게 더 큰 연대와 내가 정의한 더 큰 자유를 가져다줄 것이라고도 주장했다. 연대가 강화되고 양극화가 줄어들면 사람들은 세상을 더 비슷하게 볼 수 있게 되고, 그러면 어떤 진술과 행동이 진실이 아니고 사회적으로 해로운지, 그런 진술의 유포를 다른 가치들과 일관성을 유지하며 어떤 식으로 제한할 수 있는지 등 사회가 직면한 어려운 문제에 대해 더 많은 합의에 도달할 수 있을 것이다.

미국과 영국의 많은 지역사회는 노예소유주와 (미국의 경우) 노예제를 유지할 권리를 위해 싸운 사람들의 동상을 어떻게 처리할지의 문제에 직면해야만 했다. 내가 다녔던 옥스퍼드대학교 올소울스칼리지에는 건축가 니콜라스 호크스무어(Nicholas Hawksmoor)가 1751년에 지은 아름다운 도서관이 이전에는 이 도서관에 기부한 사람의 이름을 따서 코드링턴도서관(Codrington Library)으로 알려졌다. 크리스토퍼 코드링턴(Christopher Codrington)은 서인도제도에서 노예들이 일하는 농장을 소유해 큰 돈을 벌었다. 2020년 그 도서관의 이름은 올소울스칼리지 웹사이트에 설명된 대로 "코드링턴이 남긴 유산의 문제점을 해결하기 위한 조치"의 일환으로서 단순히 "도서관"이 되었다.[11] 그러나 옥스퍼드대학교는 코드링턴 동상을 철거하는 대신 노예로 끌려간 사람들의 이름을 전시하고 그 시대의 노예제도에 대한 이야기를 다시 들려주는 것으로 타협점을 찾았다.

이처럼 우리는 연대를 더욱 약화시키고 사회를 양극화시키는 일련의 골치 아픈 갈등에 직면해 있다. 미국에서는 솔로몬의 결정처럼 지적 타협을 대표하는 현명한 사법적 판단을 내릴 수도 있었을 대법원이 당파적 양극화의 또 다른 도구가 되었다.

계몽주의적 관용은 어디에서 오는가?

이 장에서는 계몽주의적 관용의 여러 차원을 살펴보았다. 더 나은 사상이 지배할 것이라는 진화론적 관점이 옳든 그르든 계몽주의적 가치가 **결국** 승리하든 그렇지 않든 그 점은 중요하지 않다.

존 메이너드 케인스의 말처럼 장기적으로 보면 우리 모두는 죽는다. 현실은 이러한 가치들이 인구의 상당수에게 공유되지 않는다는 것이다. 그 가치들을 유지하는 것은 끊임없는 투쟁이다. 클린턴 행정부의 한 동료의 말에 따르면 그는 당시 매일 계몽주의에 관해 다시 논쟁해야 하는 것처럼 느꼈다.

관용이라는 계몽주의적 가치를 깊이 있고 보편적으로 수용하기란 어렵다. 그것은 특정한 사고방식에 대한 헌신을 수반하며 인간은 가치를 공유하지 않는 사람들을 피하려는 자연스러운 성향이 있는 것처럼 보이기 때문이다. 게다가 독점화된 미디어는 항상 계몽주의적 관용이라는 생각을 촉진하지는 않는다. 그것은 거대 미디어와 그 소유주의 이익에 부합하지 않을 수도 있다.

그럼에도 우리가 확장하기 위해 가장 열심히 노력해야 할 자유의 모든 차원 중에서 이것이 가장 중요하다.

결론

이 책의 2부에서는 우리의 믿음과 선호가 형성된다는 점을 강조했다. 좋고 정의로운 사회는 부유층과 대기업이 우리의 믿음과 선호를 형성하는 데 그렇게 많은 권력을 부여하지 않을 것이라 믿는다. 그것은 비용이 많이 들고 해로우며 소셜미디어의 출현은 그 문제를 더욱 악화시켰을 뿐이다. 같은 맥락에서 미디어의 시장지배력은 경제의 다른 영역에서보다 훨씬 더 해로운 것이다.[12]

관용—그 믿음이 타인에게 해를 끼치는 행동으로 이어지지 않는 한 사람들이 원하는 것은 무엇이든 믿을 자유—은 자유에 대한 계몽주의적 관점의 핵심이다. 표현의 자유는 그러한 견해가 아무리 일반적 의견에 반하더라도 그것을 전할 권리를 의미한다. 그러나 우리는 문제가 그렇게 간단하지 않음을 보았다. 과학, 진실 추구, 진실을 평가하는 기관의 창설도 계몽주의의 핵심이다. 어떤 결정은 집단적으로 이루어져야 한다. 우리는 온실가스배출을 무제한으로 허용해야 할까? 팬데믹 같은 공중보건 위기는 어떻게 관리해야 할까? 이 경우 과학적으로 잘못된 정보, 특히 타기팅된 잘못된 정보나 허위정보가 바이럴로 퍼져 나가면 위험하고 파괴적인 결과를 초래할 수 있다. 이러한 상황은 21세기 민주주의가 헤쳐 나가야 할 위험한 파도이고 자유에 대한 절대주의적 입장은 도움이 되지 않을 것이다.

3부에서 다룰 주제인 좋은 사회란 무엇이고 어떻게 만들 수 있는지에 대해 생각할 때 우리는 경제체제와 사회체제가 어떻게 우리를 형성하고 누가 우리와 우리의 믿음을 형성할 권리—자유—를 가지는지 살펴보아야 한다.

현재의 경제제도가 제대로 기능하지 않고 있으며 적절한 방식으로 자유의 균형을 맞추지 못하고 있다는 광범위한 공감대가 존재한다. 다음 장들에서는 이러한 실패를 더 잘 이해하고 어떤 국내적·국제적 시스템이 좋은 사회를 만들 가능성이 더 높은지, 또는 적어도 오늘날의 고장난 세계보다 그러한 열망에 더 가까운 사회를 만들 수 있는지 명확히 보이고자 한다.

3부 어떤 경제가 좋은, 정의로운, 자유로운 사회를 만들어 내는가?

Economics
and
the
Good
Society

**THE
ROAD
TO
FREEDOM**

내가 처음 경제학을 공부하게 된 동기가 된, 이 책의 기본 질문은 어떤 경제체제가 좋은 사회에 가장 도움이 되는가라는 것이다.

이 질문에 대해 실패한 대답들의 긴 역사가 있다. 봉건주의의 특징은 권력과 부의 높은 집중, 낮은 경제성장, 그리고 느린 사회적 진보였다. 공산주의는 물질적 재화에서 더 큰 안정과 더 많은 평등을 만들어 내는 데 성공했지만 낮은 경제성장, 모든 차원의 자유의 부재, 권력의 집중, 그리고 공산주의 지도자들이 인정하는 것보다 더 큰 생활수준의 불평등과 같이 다른 측면에서 실패했다.

지난 40년 동안 서구에서 지배적인 경제체제였던 신자유주의는 이전 수십 년보다 더딘 성장과 더 많은 불평등을 가져왔기 때문에 점점 더 경제적 실패라고 생각되고 있다. 그러나 나는 또한 그 실패가 더욱 심각하다고 주장했다. 신자유주의는 사회의 양극화를 심화시켰고 이기적이고 물질주의적이며 종종 정직하지 못한 시민을 만들어 냈으며 신뢰를 약화시키는 결과를 가져왔다. 신**자유주의**는 이름에 자유라는 개념을 내포하고 있음에도 많은 사람에게 **의미 있는** 자유를 제공하지 못했다.

가장 많은 사람들이 함께 번영하고 가장 폭넓은 자유를 누릴 더 나은 방법을 찾으려면 우리는 좋은 경제란 무엇이며 그것과 좋은 사회의 관계는 무엇인지 깊이 생각하고 질문해야 한다.

어려운 질문 회피하기: 과학인 척하기

지난 세기 동안 경제학자들은 이 어려운 질문을 회피하려 했다. 표준적 이론은 사람들이 완전히 **형성된** 상태로 세상에 진입한다고 가정한다. 우리가 사회를 구성하는 방식이 우리가 어떤 사람인지에 영향을 미치지 않는다는 것이다. 그런 경우조차도 경제학자들은 누군가의 처지를 더 나쁘게 만들지 않고는 그 누구도 더 처지가 나아질 수 없는 제한된 상황에 분석의 초점을 맞추었는데 이를 파레토 기준(Pareto criterion)이라고 부른다.

모든 주장이 과학적으로 검증되거나 논리적 또는 수학적 증명이 가능해야 한다고 주장하는 **실증주의** 경제학의 의제는[1] 선호의 본질과 사람들 사이의 비교에 대한 판단을 회피하려고 했다.[2] 경제학자들은 사회정의에 대한 논의를 피했다. 그들은 누가 더 자격이 있는지, 사람들이 자신의 소득을 유지할 도덕적 권리에 대해 이야기하려 하지 않았다. 그들은 제프 베이조스 같은 초부유층이 어떻게 소득을 획득했는지 상관없이 그 돈이 생존 자체를 의미하는 빈곤층에게 돈을 이전하는 것이 도덕적 또는 사회적 관점에서 바람직하다고 말하려고도 하지 않았다. 경제학자는 아마도 이렇게 말할 것이다. 나는 그 돈을 이전하는 것이 바람직한지 아닌지에 관한 나의 생각은 알지만 그것은 나의 가치일 뿐이다. 기술자로서 나는 내 가치관을 다른 사람에게 강요할 수는 없다. 1달러가 어떤 사람에게 더 큰 사회적 가치인지 평가할 과학적이거나 객관적인 방법은 없다.

경제가 효율적이고 가능한 낮은 비용으로 상품을 생산하여 그것을 가장 가치 있게 생각하는 소비자에게 제공하는 한 소득 대부분이 소수에게 돌아가는 경제가 소득이 더 평등하게 분배되는 경제보다 나은지 판단하는 것은 철학자들에게 남겨졌다. 소득 분배는 경제기술자가 아닌 정치적 과정의 책임이었다.[3] 2장에서 언급했듯이 로버트 루커스 같은 학자는 경제학자들이 불평등에 대해 논의조차 하지 말아야 한다고 주장했다. 나는 분명히 루커스가 틀렸다고 생각한다. 주어진 양의 재화가 더 균등하게 분배되는 사회가 그 재화가 소수의 사람에게만 돌아가는 사회보다 더 정의롭고 더 좋은 사회다. 나는 그 이유를 설명하는 일관된 방식을 제시했다. 그런 사회는 롤스의 무지의 장막 뒤에서 사람들 대부분이 선택할 사회일 뿐 아니라 더 많은 사람이 더 많은 자유와 그들의 잠재력을 실현할 기회가 더 큰 사회이기도 하다.

실증주의 경제학의 의제는 한계가 있었다. 누구도 더 나빠지지 않는 경우에만 정부개입을 허용하는 파레토 기준은 도덕적 판단과 공공정책을 이끌기에 전혀 충분하지 않다. 기업이 착취할 권리나 오염시킬 권리, 잘못된 정보나 허위정보를 유포할 권리가 있어야 하는지 판단하지 않고는 많은 것을 말할 수 없다.

정책은 트레이드오프와 도덕적 판단을 수반한다. 비록 착취자와 투기꾼 들만이라도 일부 사람들은 반사회적 행동을 금지하는 규제로 인해 피해를 본다.[4] 앞에서 나는 담배 광고와 합성마약 판매를 제한하거나 소아당뇨병을 유발하는 식품을 제한하는 정부조치에 찬성한다고 주장했다.[5] 이러한 개입이 바람직하다는 광범위한 합의는 경제학자들의 (**일부** 사람들은 더 나아지지만 아무도 더 나빠지지 않는) 파레토 개입에 대한 집착이 잘못되었다는 결론에 힘을 실어 줄 뿐이다. 지난 75년간의 기술자적 접근 방식은 막다른 골목에 이르렀다.[6]

2부의 주장은 출생 시 선호가 고정되어 있다고 가정하는 표준경제학적 접근법의 또 다른 한계도 드러냈다. 선호는 변할 수 있고 실제로 변한다. 우리가 누구인지는 경제체제의 영향을 받는다. 경제적 분석은 각각의 가능한 결과를 가장 잘 달성할 정책을 설명할 수 있지만 우리가 원하는 바를 알지 못하면 대안적 정책 중에서 무엇이 궁극적으로 더 바람직한지 확인할 수 없다.[7,8]

선호가 내생적이고 변화하는 세상에서 우리는 경제학자들이 회피하려 했던 더 깊은 질문을 던져야 한다. 경제는 사회에 봉사해야 하며 좋은 경제는 좋은 사회를 만드는 데 도움이 된다. 그러나 좋은 사회란 무엇을 의미할까? 물론 경제학자만이 이 질문에 답할 수 있는 것은 아니며 사회 전체가 이 문제를 해결해야 한다. 이 질문은 우리의 민주적 담론과 대화에서 가장 중요한 자리를 차지해야 한다. 여기서 "좋은 사회"의 의미를 완전히 설명할 수는 없지만 그것의 몇 가지 측면에 대해 언급하고자 한다.

내가 보기에 (다른 조건이 동일하다면) 더욱 평등한 사회가 격차가 큰 사회보다 나으며 협력과 관용이 탐욕과 이기심, 편협함보다 근본적으로 더 낫다는 것은 직관적으로 명백하다. 최근 수십 년 동안 미국 사회에는 후자의 극단적 버전이 나타났는데 이는 정말 혐오스러운 일이다.

물론 경제학자들이 파레토 기준에 의해 제한되어 있는 실증주의적 의제를 넘어설 때 그것을 명확히 하는 것이 중요하다. 언제나 그렇듯 경제학자들은 분석의 기초가 되는 가정을 명시해야 한다. 경제학자들은 좋은 사회가 평등과 관용을 포용하는 이유를 이해하는 데도 유용할 수 있다. 예를 들어 경제학자들은 신뢰가 어떻게 사회적 협력, 경제적 성과, 그리고 사회 전반의 행복을 향상하는지, 평등과 관용이 어떻게 신뢰를 향상시키는지 보여 줄 수 있다.[9] 그러나 신뢰, 관용, 그리고 사회정의에 기반한 사회에 대한 주장은 경제적 성과를 향상시키는 데 도움이 된다는 것 이상을 의미한다. 우리가 만나는 모든 사람에게 속을까 봐 걱정할 필요가 없다면 삶은 훨씬 더 나아지고 스트레스는 줄어들 것이다.

여기에 제시된 아이디어는 우리가 좋은 사회에서 바라는 또 다른 것이 무엇인지 생각하는 데 유용할 것이다. 예를 들어 나는 사람들이 자신의 잠재력을 발휘하고 만족스러운 삶을 영위하는 데 기여하는 긍정적 자유에 관해 언급했다. 좋은 사회의 핵심 속성은 이것이 사회의 모두는 아니더라도 상당수에게 해당한다는 것이다.

우리는 경제나 정치에서 어느 누구도 권력을 행사하지 않고 근본적 변화가 없는, 조화롭지만 정적인 균형 속에서 사회를 바라보던 19세기 경제학자들의 시각이 아니라 끊임없이 진화하는 세상의 맥락에서 이것을 살펴보아야 한다. 이러한 낡은 전통은 오늘날에도 경제학계에서 여전히 강하게 지속되고 있다. 그러나 우리가 그런 세상에 살고 있지 않음은 분명하다. 좋은 사회는 우리가 이러한 변화에 관해 배우고 정의롭고 공평한 해결책, 적응, 대응책을 찾도록 구조화되어 있다.

실용적 철학의 문제로서 우리는 모든 가능한 좋은 사회가 어떤 모습일지에 대한 질문에 대답할 필요는 없다. 우리는 우리가 서 있는 곳에서 시작해야 한다. 우리는 정직, 친절, 타인에 대한 배려, 협동심, 그리고 공감을 존중한다. 우리는 고통과 박탈감, 불공정 등을 싫어한다. 이런 미덕은 시간과 공간이 다르며 경제적·정치적·사회적 구조가 다른 거의 모든 사회에서 공통적인 미덕이라는 점에 주목할 만하다.[10] 우리는 타고난 공정성에 대한 감각, 위험에 대한 일반적인 회피 성향, 최소한 일정 수준의 안전에 대한 욕구 등 여러 사회에서 볼 수 있는 보편적 특성을 인식하고 있다. 이러한 미덕을 키우고 지속 가능한 방식으로 이러한 욕구를 충족시킬 사회적·경제적 제도가 있을까? 나는 있다고 믿는다.

11장

신자유주의적 자본주의: 왜 실패했는가

어떤 경제가 가장 많은 사람에게 의미 있는 자유를 제공하는지를 답하기 전에 우리는 신자유주의적 자본주의(줄여서 신자유주의)가 왜 실패했으며 왜 그렇게 심각하게 실패했는지 생각해 보아야 한다. 신자유주의를 옹호하는 사람들은 그 이유 중 하나로 우리가 신자유주의를 실제로 시도해 보지 않았기 때문이라고 주장한다. 이 주장의 절반은 맞다. 우리는 순수한 신자유주의를 시도해 본 적이 없다. 만약 그랬다면 상황은 훨씬 더 나빴을 것이다. 경제적 성과는 더 약해지고 불평등과 양극화, 정치적·경제적 불안정은 더 커졌을 것이다.

밀턴 프리드먼은 자본주의를 보존하기 위해 지난 40년간의 부드러운 신자유주의보다 더 자유로운 자본주의가 필요하다고 제안했다. 이러한 체제에서 공교육은 사교육을 위한 바우처로 대체될 것이다. 공적퇴직 프로그램은 사적연금으로 대체될 것이다. 공영교도소는 민영화될 것이다. 이 논리를 더 발전시키면 연방정부가 자금을 지원하는 군대는 러시아의 바그너 그룹(Wagner Group) 같은 용병군대로 대체될 것이다.

자유시장을 옹호하는 사람들은 자유시장이 불완전하더라도 자유 자체가 자정메커니즘을 작동시킬 수 있다고 주장한다. 나는 이것이 사실이 아닌 이유를 설명할 것이다. 신자유주의적 자본주의는 자정 작용과 거리가 먼, 스스로를 파멸시키는 체제다.

신자유주의의 실패에는 단지 전통 경제학보다 더 많은 문제가 존재한다. 신자유주의적 자본주의는 지속 가능한 정치 및 경제 체제가 아니다. 자본주의에 대한 비판가들은 200년 동안 이렇게 주장해 왔지만 오늘날 우리는 왜 이것이 사실인지 더 잘 이해하게 되었다고 생각한다. 지속 가능하지 않은 체제는 유지될 수 없다. 변화가 나타날 것이다. 문제는 그 변화가 올바른 방향으로 나아가도록 하기 위해 우리가 무엇을 할 수 있느냐는 것이다.

신자유주의의 실패

역사의 거대한 아이러니는 경제이론이 시장의 한계를 이해하는 데 도움을 주던 바로 그때 신자유주의가 세계적인 이데올로기가 되었다는 것이다. 신자유주의의 실패에 대한 모든 논의는 이 한계에 대한 논의에서 시작해야 한다. 나는 그 점을 이 책의 여러 부분에서 다루었지만 가장 중요하게는 3장의 외부효과에 관한 논의에서 다루었다. 하지만 시장실패는 외부효과를 훨씬 뛰어넘는다.

아래 표에는 몇 가지 중요한 시장실패와 이에 대해 어떻게 대처해야 하는지에 관한 신자유주의적 관점, 그 대응의 결과, 내가 더 적절한 대응책이라고 생각하는 사례를 요약해 놓았다. 나는 이미 논의된 것 외에도 주요 시장실패를 성공적으로 해결할 수 있고 실제로 해결한, 시장경제의 작동에 대한 다양한 개입의 세 가지 사례를 강조할 것이다.

경쟁과 착취

21세기 미국의 신자유주의는 적어도 한 가지 비판적이고 흥미로운 방식으로 유럽의 신자유주의와 다르다. 유럽 자유주의자(liberal)들은 효과적 경쟁이 존재할 **때만** 시장이 잘 기능한다는 점을 인식하고 있고 일반적으로 시장 자체가 꼭 경쟁적이라고 믿지 않는다. 미국에서 지배적인 신자유주의 사조는 시장이 본질적으로 경쟁적이라고 생각한다. 이러한 관점은 법적 기준에 반영되었고, 따라서 법정에서 기업의 행위가 반경쟁적이라고 주장하는 사람은 커다란 입증책임을 진다.

이러한 견해를 주장한 시카고학파의 경제학자들과 변호사들은[가장 유명한 인물은 로버트 보크(Robert Bork)][1] 오늘날 미국에서조차 널리 거부되는 비현실적 가정을 세웠다. 그럼에도 그것들은 인기를 끌면서 대법원 판결에 포함되었다. 이는 변화가 나타나려면 입법이 필요하지만 현재 상황에서는 그것이 거의 불가능에 가깝다는 것을 의미한다.

내가 보기에는 정부가 (독점금지법이라 알려진 경쟁법을 통해) 시장경쟁을 유지하는 데 중요한 역할을 한다는 증거가 압도적이다.[2] 이러한 문제는 막대한 시장지배력을 갖고 이를 남용해 온 아마존과 구글 같은 거대 기술기업의 성장과 함께 점점 더 큰 관심사가 되었다.

거시경제학

자유시장의 가장 명백한 실패 사례 하나는 실업률이 치솟고 생산이 급락하는 대공황과 대불황(Great Recession, 2008년 글로벌 금융위기로 인한 심각한 경기침체—옮긴이)처럼 이따금 발생하는 심각한 경기침체다. 대불황은 정부개입이 없었다면 훨씬 더 재앙적이었을 것이다. 그러나 신자유주의자들과 현대 거시경제학의 주요 흐름은 시장이 효율적이며 관찰되는 경기변동은 경제에 가해지는 충격에 대한 효율적 반응에 지나지 않는다고 주장한다. 폐쇄적인 경제학자 모임에 속하지 않는 외부인들이 보기에는 주요한 거시경제학파가 실업 같은 것은 존재하지 않으며 고용의 변동이 효율적·자발적으로 여가를 즐기기로 결정한 개인의 인원수 변화를 반영한다고 실제로 주장한다는 것이 믿기지 않을지도 모른다.[3] 이 학파는 진지하게 받아들여지고 대학원에서 가르치며 노벨상 수상자를 다수 배출했다(거시경제학 중에서 실물경기변동이론(real business cycle, RBC)에 기초한 새고전학파의 주장을 의미한다—옮긴이) 또 다른 주요 경제학자 집단은 피해자를 비난하는 학파에 속한다. 이들에 따르면 실업은 노동자가 너무 높은 임금을 요구하기 때문에 발생한다. 임금만 완벽하게 유연하다면 경제는 효율

시장실패	신자유주의 정책 입장
외부효과 　환경 　공중보건 　지식 　경제 예를 들어 금융기관의 과도한 위험감수는 나머지 사회에 높은 비용 부과(대불황)	시장에 개입하지 않음(이미 규제가 있는 경우 규제완화) (코즈의 정리에 따르면 재산권이 적절히 배분되면 시장이 <u>스스로 해결</u>)
공공재와 조정 실패	민간부문에 맡김 정부개입 시에는 민간생산에 의존 (코즈의 정리에 따르면 시장이 공공재 문제를 효율적으로 해결)
불완전한 정보	민간부문에 맡김(의무 공개조항 없음, 매수자위험부담)

결과	진보적 자본주의 정책

과도하게 많은 부정적 외부효과, 과도하게 적은 긍정적 외부효과
    과도한 오염
    더 심각한 팬데믹
    너무 적은 혁신
 	
막대한 비용이 드는 금융위기와 경제위기
	규제, "교정과세", 정부 투자는 다음 결과를 낳음
	• 더 나은 환경
	• 더 나은 팬데믹 통제
	
	파급효과가 큰 혁신을 촉진하기 위한 산업정책(아마도 무역 제한을 포함)
	
	금융규제(은행 지급능력을 보장하는 미시정책과 경제안정 및 완전고용에 초점을 맞춘 거시정책 모두)

교육·보건·기술·인프라에 대한 과소투자
    더딘 성장
    평등 감소, 기회의 평등 감소
 	
민영화된 기업은 사회적 목표를 희생하며 이윤을 추구(민영교도소)
 	
민영화와 민관협력은 종종 손실의 사회화와 이익의 사유화를 의미
	공공투자
	
	때로는 (민간공급을 동반한) 공공자금 지원, 때로는 공공생산

불충분한 정보공개로 최적이 아닌 왜곡된(지대추구) 자원배분과 착취가 나타남	정보공개 의무화 정보 비대칭성과 그 밖의 착취를 방지하는 (소비자·금융·노동) 규제 기업책임을 묻는 책임법, 피해자 권리 강화를 위한 집단소송제 강제중재에 대한 제한

시장실패	신자유주의 정책 입장
불완전한 위험시장 중요한 위험에 대한 보험 부재	시장에 맡김 금융자유화와 자본시장 자유화 같은 정책의 결과로 인한 위험에 무관심(시장이 위험을 완벽하게 관리하므로)
불완전한 자본시장(신용 할당, 차입 또는 주식 발행의 어려움)	관련성을 부정(시장에 맡김)
거시경제 변동(거시경제적 외부효과, 예: 기업이 과도한 부채를 져 과도한 변동성 발생)	시장은 충격에 최적으로 반응하며 충격을 발생시키는 데 아무 역할이 없음 실업은 노동자가 지나친 고임금을 요구하여 발생한다고 간주(피해자 탓하기), 노동시장 유연화로 실업에 대응

결과	진보적 자본주의 정책
불안정의 결과로 행복(그리고 생산성) 상실 혁신도 저해할 수 있음	(무역, 금융 등) 모든 정책에 유발된 불확실성과 높아진 변동성을 고려

건강보험 부재로 인한 건강 악화와 생산성 저하	사회보험 · 사회적 보호
	    안전망프로그램
	    실업보험
	    퇴직프로그램
	    건강보험

과도한 경제변동성, 변동성으로 인한 행복의 큰 상실	소득 조건부 대출(상환액이 소득에 따라 달라지는 경우, 가령 교육) 공공옵션
생산성 높은 투자가 이루어지지 않음(예: 소기업)	소기업 대출 사회적으로 유익한 환경투자자금을 조달하는 녹색은행 개발
사회적 자원의 일시적 불완전고용, 특히 실업으로 인한 행복의 대규모 손실	경제를 안정화하는 재정정책과 통화정책 자동안정장치 사회적 보호(실업보험)

시장실패	신자유주의 정책 입장
거시-인플레이션	중앙은행은 인플레이션을 목표로 삼고, 인플레이션이 2퍼센트 이상으로 상승하면 금리를 인상
경쟁의 부재	시장에 맡김, 시장은 본질적으로 경쟁적 (잠재적 경쟁, 시장진입을 위한 경쟁이 시장에서의 경쟁을 대체)
과도한 불평등	시장 또는 정치과정에 맡김

결과	진보적 자본주의 정책
큰 평균적인 산출갭(output gap, 경제의 잠재 산출과 실제 산출 사이의 차이) 높은 평균 실업률 "실물경제" 불안정(실제 생산의 불안정)을 대가로 한 가격안정	인플레이션 원인에 따른 대응 공급측 충격이 있으면 공급 공백 해결을 위해 재정정책이 필요

높은 시장지배력
높은 물가
낮은 실질임금
회복력이 약한 경제
혁신의 감소
	반독점 · 경쟁 정책
	   합병 제한
	   남용 행위 제한
	   암묵적 담합 제한
	   대안을 제공하는 공공옵션

높은 소득집중도와 더욱 심각한 부와 권력의 집중도 많은 빈곤층 인구 희망의 부재, 기회의 상실(절망의 죽음) 민주주의와 사회적 결속의 약화 전반적 경제 성과마저 악화	선분배(최저임금과 노동자를 지원하는 노동법, 시장소득의 평등성 제고와 같은 정책) 세금을 통한 재분배 공공지출 프로그램(교육, 의료보험)

적이고 실업도 나타나지 않을 것이다.

신자유주의는 시장을 보호하고 정부의 행동을 제한하기 위해 이 심오한 경제학자들의 교리를 받아들였다. 그 결과 가장 중요하고 심각한 경제변동의 근원이 시장 자체라는 사실을 인식하지 못했다. 이는 대공황, 대불황, 그리고 전 세계에서 시장 과잉으로 인한 수십 차례의 위기에서 우리가 배웠어야 할 교훈이다.

코로나19 팬데믹과 러시아의 우크라이나 침공의 여파로 세계 경제는 높은 인플레이션이라는 또 다른 문제에 직면했다. 근본적 문제는 총수요의 과잉이 아니라 공급의 제약과 수요의 변화였다. 시장은 회복력이 부족했다. 미국에서는 분유 부족 사태까지 발생했다. 자동차회사들은 자동차 생산에 필요한 반도체를 주문하지 못했고 그 결과 생산량이 줄어들어 공급 부족으로 자동차 가격이 치솟았다. 독일과 다른 유럽 국가들은 러시아 가스에 대한 의존도가 너무 높아져서 가스 공급이 줄어들자 에너지 가격이 급등했다. 유럽 기업들은 이러한 의존의 위험을 고려하지 않았는데 이는 내가 15년도 더 전에 쓴 책 『인간의 얼굴을 한 세계화(Making Globalization Work)』에서 경고한 바 있다. 당시 내게는 푸틴 치하의 러시아가 신뢰할 무역 파트너가 아니라는 사실이 분명해 보였다.

이러한 인플레이션과 실업 사태는 자유시장의 근본적 약점을 드러내는 동시에 정부의 역할과 재량권을 최소화하는 데 집중하는 신자유주의 정책 처방의 약점도 보여 준다. 신자유주의자들은 정부가 적자를 내지 않아야 하지만 적자를 내더라도 유럽처럼

GDP의 3퍼센트를 넘지 않아야 한다거나 거시경제 안정화를 위해 인플레이션이 2퍼센트를 넘을 때마다 금리를 인상하는 통화정책에 의존해야 한다는 등의—내가 보기에는 단순한—규칙을 정부가 준수하기를 원했다. 이러한 마법의 숫자는 허공에서 뽑아낸 것이다. 이러한 처방은 이론이나 증거에 근거하고 있지 않으며 특히 실질 GDP나 고용과 같은 **실물** 측면에서 안정을 가져온 적이 없었다. 많은 경우 신자유주의 정책은 재앙을 초래했다. 미국의 2008년 금융위기 직후에 발생한 유럽 경제위기에서 긴축에 대한 요구—정부지출의 대규모 삭감—는 심각한 경기침체를 유발했다. 이로 인해 일부 국가에서는 불황이라고 할 정도로 깊은 침체를 겪었고 그리스는 (이 책이 인쇄되는 현재) 아직 위기 이전 수준의 실질 GDP 수준을 회복하지 못하고 있다.

혁신의 속도와 방향

시장을 옹호하는 이들은 혁신이 만들어 내는 시장의 경이로움에 대해 이야기한다. 앞서 살펴본 바와 같이 최근 수십 년간 생활수준을 향상시킨 혁신 대부분은 기초과학의 토대 위에 서 있는데 흔히 정부가 자금을 지원하고 수행한 것이다.[4] 그러나 시장 자체만으로는 혁신이 불충분할 뿐만 아니라 잘못된 방향으로 혁신을 추진하는 경우도 있다. 우리는 탄소배출을 줄여 지구를 구하는데 혁신을 집중해야 한다. 그러나 그 대신에 세계적으로 이미 노동력이 과잉공급된 상황에서 생산과정에서 노동력, 특히 비숙련 노동의 필요성을 줄여 노동력을 절약하는 데 막대한 연구 노력이 투입되고 있다. 이러한 유형의 혁신은 사적비용을 절감할 수 있지만 이로 인한 실업과 불평등은 사회 전체에 막대한 비용을 부과한다.[5]

우리의 경제체제와 정치체제는 자정작용을 할 수 있을까?

신자유주의의 실패에도 특히 많은 우파들은 걱정하지 말라고 말한다. 그들은 우리의 정치·사회·경제 체제에 자정메커니즘이 내장되어 있다고 주장한다. 그들에 따르면 신자유주의의 과도한 폐해가 드러나면 이를 억제하기 위한 법안이 통과될 것이다. 여기서는 더 많은 규제를, 저기서는 더 적은 규제를, 여기서는 교육에 대한 투자를, 저기서는 다른 정책들의 조정을 통해 번영과 사회통합이 회복될 것이다. 그들은 신자유주의에 대한 근본적 비판이 순전히 과장되었다고 주장한다.

역사가들은 당연히 역사에 대해 "장기적 관점"을 취한다. 내가 전 세계의 민주주의 상황에 대한 우울한 시각을 제시하자 한 역사가는 장기적으로 독재정권이 망한다는 것도 사실이라고 말했다. 소련의 붕괴나 스페인의 프란시스코 프랑코(Francisco Franco), 포르투갈의 안토니우 데 올리베이라 살라자르(Antonio de Oliveira Salazar), 칠레의 아우구스토 피노체트를 생각해 보라. 라틴아메리카의 독재가 25년도 채 지속되지 못했다는 것은 사실이다. 그러나 지배엘리트를 중심으로 한 소비에트 독재는 거의 75년 동안이나 지속되었고 다른 독재와 과두정치로 빠르게 대체되었다. 중국의 비민주적 정권은 현재 75년 동안 지속되고 있다. 자정하는 힘이 작용할 수 있지만 그것은 때로는 느리게, 안심하기에는 너무 느리게 작동한다.

자정력에 대한 비관론에는 몇 가지 이유가 있다. 사회는 종종 느리게 반응하며 명백한 기능장애에도 사회적 경직성이 뚜렷하게 존재한다. 예를 들어 중국에서 전족은 여성에게 치명적 영향을 미쳤음에도 수 세기 동안 지속되었다. 느린 반응은 부분적으로 우리 각자가 믿는 것이 다른 사람들이 믿는 것에 의해 스스로를 강화하는 방식으로 영향을 받기 때문에 발생한다.[6] 모든 사람이 전족이 좋다고 믿는다면(또는 모든 사람이 믿는다고 내가 믿는다면) 내가 그것에서 어떻게 벗어날 수 있을까? 거의 모든 사회는 규범에서 벗어난 일탈을 억제하기 위해 노력한다. 너무 지나친 질문은 큰 불안을 야기한다. 이는 마치 사회가 규범으로부터의 일탈이 결국 더 나은 결과를 가져올지 더 나쁜 결과를 가져올지에 관계없이 사회적·경제적 비난의 형태(때로는 더 나아가 배제하는 행위)로 일탈에 대한 항체를 만들어 낸 것과 같다.

아마도 선진국의 대다수 사람들은 애덤 스미스의 보이지 않는 손의 일부 버전을 믿고 있다. 이는 부분적으로 거의 모든 전문가가 그것을 믿기 때문이고 전문가들은 부분적으로 그들이 알고 존경하는 거의 모든 다른 사람이 그것을 믿기 때문에 그럴 것이다. 소수의 학계 경제학자와 일부 좌파 급진주의자만이 그렇지 않다고 주장해 왔다. 이것은 전문가들이 세상을 보는 관점이며 당의 규율이 아니라 사회적 승인과 불승인 시스템을 통해 강제되는 생각의 사회적 강제다. 9장에서 설명했듯이 확증편향은 사람들 대부분이 자신의 선입견과 추정에 반하는 정보를 무시하게 만든다. 자유시장 옹호자들은 저소득층 미국인들의 지속적인 어려움을 목격했을 때 이를 체제의 근본적 결함의 징후로 보지 않았다. 대신 그들은 그것을 체제의 원칙에 따라 합리화했다. 피해자들은 충분히 열심히 일하지 않았고 충분히 저축하지 않았으며 올바른 방식으로 삶을 조직하지 않았기 때문에 그들에게 책임이 있다는 것이었다. 너무 많은 사람이 어려움을 겪고 있어서 이러한 설명이 설득력이 없어 보였을 때도 시장 중심의 사고방식을 고수하는 사람들의 대응은 경제구조의 근본적 변화 없이 사소한 정책 변경을 주장하는 것이었다.

물론 우리의 제도, 규칙, 규정은 이러한 지배적 관점을 반영하고 있으며 시스템의 여러 부분이 서로를 강화한다. 경제, 기술, 사회, 그리고 이 모든 것에 대한 우리의 지식이 변화함에 따라서 복잡한 시스템의 각 구성요소가 어떻게 변화해야 하는지 깊이 생각하기란 어려운 일이다. 예를 들어 나는 재산법, 특히 지식재산권법을 다시 생각해야 한다고 주장해 왔다. 이는 수 세기에 걸쳐 만들어진 시스템이다. 이 제도는 적응해 왔지만 보통 느리게만, 특히 오늘날의 변화 속도에 비해 너무 느리게 적응해 왔다.[7] 대안적 틀을 개념화하기는 어렵지만 그렇게 하는 경우 종종 세계를 낡은 관점으로 바라보는 기득권층의 저항에 부딪힌다.

앞에서 내가 대표적인 행동경제학자 중 한 명으로 소개한 대니얼 카너먼은 유명 저서 『생각에 관한 생각』에서 어떻게 개인이 종종 빠른 결정을 내리거나 빠른 판단을 내릴 필요가 있는지 설명한다. 사람들은 평균적으로 잘 작동하는 경험법칙을 사용하여 빠르게 생각하지만 좀 더 숙고할 기회가 있었다면 자신이 진정으로 원하는 것이 무엇이며 어떻게 판단했을지를 충분히 생각하지 못한다. 이는 사회에서도 마찬가지지만 사회의 경우 생각할 시간이 있을 때도 마찬가지다.[8] 공식적인 법률이나 사회규범에서 합리적 합의에 이를 수 있는 심사숙고의 변화의 속도는 우리 사회의 요구와 일치하지 않을 수 있다. 그동안 우리는 구시대적 경제제도를 사용하는 것이다. 이는 아마도 대법관 대다수가 노예를 소유한 부유한 백인 남성 헌법 초안 작성자의 관점에서 헌법을 해석하려고 시도하는 미국에서 특히 사실이다.[9] 헌법 작성자들 스스로가 부분적으로 그들의 기득권을 보호하기 위한 방법으로 헌법을 개정하기 어렵게 설계했다.

오늘날 자정 가능성에 대한 비관론

현재 국면에서 기존의 자정력은 특히 취약할 수 있다. 첫째, 그 실패에도 불구하고 신자유주의 이데올로기가 사회 깊숙이 자리 잡고 있다. 너무 많은 사람이 신자유주의 이데올로기를 보고 자랐고 그것을 믿고 있다.[10] 행동경제학은 이러한 믿음을 사회의 경직성의 원천으로 이해하는 데 도움을 주었다. 우리는 자신의 믿음과 일치하는 정보를 찾고 그에 반하는 정보는 무시한다.

    정부의 역할을 포함하여 사회의 다양한 문제에 관해 언제나 서로 다른 견해가 존재한다. 예를 들어 여론은 외부효과의 중요성과 이를 해결하려는 정부개입의 효과성에 대한 판단에 영향을 받는다. 그러나 이러한 논의를 시작할 때는 특정 사실에 대한 폭넓은 합의가 필요하다. 기후변화는 현실이다. 코로나19는 심각한 결과를 초래하는 전염병이다. 하지만 미국의 양대 정당 중 하나는 사실을 정면으로 마주 보고도 이를 부정하려는 정치인과 유권자들에 의해 장악되었다. 그들은 우리 사회의 초석이자 250년 전보다 오늘날 생활수준이 훨씬 높아진 이유인 과학의 신뢰성마저 부정한다. 조국이 극심한 기상이변으로 황폐화되는 상황인데도 공화당 유권자의 상당수는 기후변화를 부정하는 사람들이고 나머지 상당수는 기후변화를 최소한으로 인정하는 이들이다.

이러한 사회병리현상에 대해 많은 분석이 제시되었다. 이는 엘리트의 신뢰성과 제도에 대한 신뢰가 광범위하게 상실된 현상의 일부인데 미국을 포함한 전 세계 설문조사에서 잘 드러난다. 나는 이것이 하위 90퍼센트의 소득 정체라는 국가적 경제문제와 직접적 관련이 있다고 생각한다. 하위계층이 "엘리트들은 신자유주의 시장개혁이 더 빠른 성장으로 이어질 것이며 우리 모두가 그 혜택을 공유할 것이라고 약속했다. 그러나 그들이 심각하게 틀렸다면 이제 어떻게 그들을 신뢰할 수 있겠는가?"라고 생각하는 것은 당연하다. 지배적 패러다임이 인센티브에 초점을 맞추었기 때문에 상위층의 소득이 급등하는 동안 소득이 정체되거나 감소한 사람들이 이렇게 추론하는 것 또한 당연했다. "이는 단지 엘리트들이 경제를 잘못 이해한 경제학의 실수 문제가 아니다. 그들은 나머지 사람들을 희생시키면서 자신만의 이익을 위해 시스템을 조작하고 있었다. 그들은 그렇게 할 인센티브가 있었다."

하지만 경제학만으로 모든 것을 설명할 수는 없다. 다른 많은 국가에서도 비슷한 경제적 트라우마를 경험하고 포퓰리즘의 성장을 목격했지만 진실을 부정하는 컬트적 행태가 나타난 나라는 거의 없었다. 미국의 경우는 아마도 미국인들이 더 많은 것을 기대했기 때문에—아메리칸드림에 대한 믿음이 널리 퍼져 있었다—신자유주의로부터 기대하고 약속되었던 것과 실제 현실에서 제공된 것 사이의 차이가 더 컸기 때문에 그랬던 것으로 보인다.

게다가—그리고 이것이 내가 비관적인 두 번째 이유다—이 병리 자체가 그것의 자기영속화에 일조하는 조건을 만들어 낸다. 경제학에 대한 오해와 사실 앞에서 기꺼이 눈을 감아 버리는 태도가 결합되면 이미 도입된 경제 및 사회 정책이 지속 가능하지 않고 일부는 경제 상황을 악화시킬 가능성이 높아진다. 대기업과 부유층에 대한 트럼프의 2017년 감세는 그가 약속한 투자를 이끌어 내지 못했지만 재정적자와 사회불평등은 정말로 심화시켰다. 다행히 의회에서 비준되지 않았지만 기초과학 연구 예산을 대폭 삭감하겠다는 그의 제안은 진보의 토대를 약화시킬 수 있었다. 일반 시민의 경제 상황이 악화되면 포퓰리즘은 더욱 강화될 수 있다.

같은 맥락에서 보편적 이기심과 탐욕에 대한 신자유주의 공리가 틀렸다는 점은 증명이 가능하고 실제로 증명되었지만[11] 그것은 그 공리로 잘 설명되는 수많은 사람들을 만들어 냈으며 그들은 특히 이 시스템을 영속시키는 강력한 권력을 구성한다.

아마도 가장 중요한 것은 오늘날의 권력동학일 것이다. 현 상태를 영속화하는 것이 이익인 사람들이 정치체제에서 불균형적으로 강한 영향력을 행사하고 있다.[12]

미국의 상황에는 두 가지 특징적 측면이 존재한다. 미국에서는 대부분의 다른 민주주의 국가보다 돈이 더 중요한 정치체제가 권력동학을 더욱 악화시킨다. 미국 선거는 비용이 매우 많이 들기 때문에 선거에 더 많이 기부하는 기부자("정치적 투자"로 생각하는 것이 더 옳다)의 영향력이 더 커질 수밖에 없다. 로비도 주요 비즈니스가 되었다. 더 많고 더 나은 로비스트를 고용할 사람들의 목소리도 더욱 크게 들린다. 금융 같은 일부 분야에서는 기업이나 단체가 자신들의 이해관계에 잘 봉사한 전직 공무원에게 좋은 일자리를 제공하는 회전문 인사가 여전히 일반적 관행이다. 인센티브의 왜곡이 명백하다.

게다가 미국 헌법은 각 주에서 대통령과 상원의원 두 명을 선출하는 제도를 통해 인구가 적은 주에 더 많은 권한을 부여했고 시간이 지남에 따라 한 표 한 표가 갖는 암묵적 힘의 격차가 엄청나게 커졌다. 공화당원들이 부끄러움 없이 투표를 억압하고 선거구를 제멋대로 고치고 민주주의의 특징인 평화적 권력이양을 방해하면서 민주주의의 가치 자체가 의문스러워졌다.

게다가 새로운 기술은 권력을 공고히 하는 새로운 수단을 제공하고 이를 통제하는 소수의 사람에게 정치적 결과에 과도한 영향력을 행사할 추가 권력을 부여했다.[13]

변화는 어디에서 오고 어디로 우리를 데려갈까?

열악한 경제 상황, 특히 사회 내 여러 집단 사이의 큰 경제적 격차는 정책과 제도의 변화에 대한 요구를 불러일으킨다.[14] 하지만 변화의 방향이 항상 명확한 것은 아니다. 나쁜 사상이 무한히 공급되고 있다. 절망의 시대에는 사회가 이성적 선택, 좋은 사상과 나쁜 사상의 구분, 싹트는 사상을 솜씨 좋게 재구성하여 실현하도록 만드는 것 등을 가능하게 하는 심사숙고에 거의 참여할 수 없다. 그 결과, 위기로부터 촉발되는 사회변화가 항상 긍정적이지만은 않다. 대공황은 히틀러가 등장한 원인으로, 미국의 탈산업화는 트럼프가 등장한 원인으로 종종 지목되어 왔다. 민주주의의 번영을 바라는 사람들의 우려는 절망의 죽음(death of despair, 미국에서는 2000년대 이후 알코올, 마약, 그리고 자살 등에 따른 죽음이 중년의 저학력 백인 노동자계층에서 크게 증가했는데 이를 절망의 죽음이라 부른다―옮긴이)을 수반하는 심각한 불평등으로 대표되는 미국의 경제 상황이 계속된다면 트럼프보다 더 나쁜 선동가가 선출될지도 모른다는 것이다.[15] 신자유주의가 정치적으로 부상한 시기는 적어도 미국과 영국에서는 로널드 레이건 대통령이 당선되기 전 스태그플레이션과 탈산업화의 초기 징후가 나타난 스트레스의 시기로 거슬러 올라갈 수 있다.

물론 위기는 때때로 긍정적 사회변화의 기회를 포착할 순간이다. 미국의 대공황은 노동법과 사회보장제도를 포함한 뉴딜정책의 개혁으로 이어졌다.

요컨대 신자유주의와 그 후계자인 트럼프와 자이르 보우소나루(Jair Bolsonaro) 전 브라질 대통령 등 포퓰리즘 우파의 실패로 인한 경제적 스트레스가 사회변화를 위한 운동을 촉발할 수도 있다. 이러한 움직임이 우리 사회경제체제를 올바른 방향으로 전환할 수도 있다. 그러나 경제가 잘못된 방향으로 흘러갈 가능성도 그에 못지않게, 어쩌면 그보다 더 크다.

아마도 미국은 지도자들과 정부에 의해 용인되거나 바람직하다고 생각되는 행동에 미치는 영향력이 독특할 것이다. 미국은 상당한 정도로 다른 지도자와 국가가 기능하는 지적 환경을 만들어 낸다. 따라서 트럼프는 인도의 나렌드라 모디(Narendra Modi) 총리와 브라질의 보우소나루 같은 선동가들이 포퓰리즘 의제를 추진할 공간을 제공했다. 트럼프는 저어도 일부 국가에서 정치를 거의 확실하게 변화시켰고 이전에는 비민주적이라 여겨지던 아이디어가 수용될 수 있도록 만들었다. 결국 이들 나라는 새로운 세계적 기준으로 보면 그렇게 터무니없어 보이지 않았다. 빅토르 오르반 헝가리 총리의 비자유주의적 민주주의에 대한 개념은 트럼프가 아니었다면 비웃음과 함께 무시당했을지도 모른다.

1930년대 파시즘 시대, 1970~1980년대 라틴아메리카의 군사독재 시대, 1980~1990년대 신자유주의 시대라는 지적 물결이 전 세계를 휩쓸고 지나갔다는 사실은 분명하다. 오늘날의 세계에서 미국은 이러한 트렌드 설정에 큰 역할을 한다.[16]

이러한 현실은 우리가 미국 밖의 가능성에 대해 아마도 더욱 비관적인 시각을 가지도록 만든다. 미국이 점점 더 심각해지는 디스토피아를 바로잡지 않는다면 더 많은 국가에서 컬트적 정치지도자가 등장할 가능성이 있다. 이는 더 건전한 경제와 정치로의 회귀를 더욱 느리고 문제가 많은 과정으로 만들 것이다.

이러한 민주주의의 위기는 더욱 나쁜 시기에 찾아왔는데 우리가 기후위기에 동시에 직면하고 있기 때문이다. 포퓰리스트, 화석연료 산업, 이들에게 봉사하는 기업 이해관계자들 사이의 불경한 동맹은 지구의 한계 너머로 우리를 빠르게 떠밀고 있다.

때가 무르익었을지도 모른다: 낙관론의 메모

1장에서 언급했듯이 신자유주의의 특징은 대안이 없다는 주장이다. 신자유주의 지지자들은 자유화, 규제완화, 민영화, 긴축, 그리고 중앙은행의 무자비하고 한결같은 인플레이션 2퍼센트 유지라는 주문에 대해 진정한 대안이 없다고 말했다. 물론 대안도 있었지만 신자유주의자들은 어떤 대안적 정책도 모든 사람을 훨씬 더 나쁘게 만들어 후회할 것이라고 주장했다. 이러한 입장에는 큰 이점이 있었다. 경제의 관리뿐만 아니라 기본 규칙의 작성도 기술관료, 즉 경제학자에게 맡길 수 있었다는 것이다.

그들의 분석은 틀렸고 가장 중요하게는 국내적·국제적으로 모두 현실적 대안이 있었다. 앞서 신자유주의는 시장이 효율적이고 정부가 하는 일은 무엇이든 망칠 가능성이 높다는 **가정**에서 출발하는 사고방식이라고 설명했다. 경제 현실은 그렇지 않다. 전 세계적으로 성장률이 가장 높은 국가들에서 정부는 중요한 역할을 해 왔다. 모든 곳의 모든 이가 팬데믹 상황에서 경제를 살리고 코로나19를 억제하기 위해 정부에 의지했다. 그리고 그것은 놀랍도록 잘 작동했다. 그러나 이는 일회성이 아니라 항상 일어나는 일이다. 전 세계가 기후변화라는 실존적 위기에 직면한 현재, 정부의 행동 외에는 대안이 없다.

현재의 신자유주의 경제체제는 환경적·사회적·정치적·경제적으로 지속 가능하지 않다.

기득권 내부의 많은 사람은 시스템을 약간만 조정하면 된다고 주장한다. 기후위기에 직면하여 그들은 "녹색금융"에 관해, 민간금융시장의 힘을 발휘하는 것에 관해 이야기한다. 불평등위기에 직면해서는 교육시스템 개선에 대해 이야기한다. 일부는 최저임금을 인상해야 한다고 과감하게 주장하기도 한다(미국에서는 인플레이션을 감안한 실질최저임금이 60여 년 전과 동일한 수준이다).

그러나 나를 비롯한 많은 사람은 이 약간의 조정만으로는 충분하지 않을 것이라고 주장한다. 따라서 어떤 이들은 혁명이 필요하다고 말한다. 하지만 지난 두 세기 반 동안의 슬픈 역사는 혁명이 보통 성공적으로 끝나지 않았다는 것이다. 내가 보기에 유일한 답은 우리의 민주주의 체제가 허용하는 한 최대한 큰 변화를 추진하는 것이다. 미국과 그 밖의 민주주의 국가들은 급진적이라고 할 정도로 큰 변화의 시기를 겪은 동시에 그것은 혁명에 미치지 못했다. 이 급격한 변화의 예로는 미국의 뉴딜정책과 2차 세계대전 이후 영국의 복지국가 건설을 들 수 있다.

급진적 변화 외에 대안이 없다는 사실은 낙관론의 한 원천이다. 우리의 젊은이들도 마찬가지다. 우리 사회의 격차 중 하나는 세대 간 격차다. 젊은이들은 집을 사고 좋은 일자리를 얻기 위해 고군분투하고 있으며 부모 세대보다 경제적으로 더 잘살게 될 가능성이 낮다는 것을 알고 있다.[17] 기후변화의 현실이 그들이 물려받을 세상에 치명적 영향을 미칠 수 있다는 것도 알고 있다. 그 밖에도 여러 방식으로 그들은 물려받은 지적 유산에 의문을 제기하고 있다. 그 질문의 일부는 경제 및 사회 체제와 관련이 있다. 내가 여기서 제시하는 사상에 대한 강력한 지지와 내가 주장한 원칙에 대한 이해는 미국에서도 감지된다. 우리가 계몽주의적 가치를 지닌 자유민주주의의 횃불을 부분적으로나마 충분히 오래 타오르게 하고 그에 수반되는 경제를 보호할 수 있다면 다음 세대는 우리가 어떻게 보다 안정적이고 번영하며 지속 가능하고 공평한 세상을 만들 뿐 아니라 좋은(또는 적어도 더 나은) 사회로 나아가는 과정을 시작할 수 있을지 합의를 도출할 것이다.[18]

12장

자유, 주권, 그리고 국가 간 강제

자유와 강제에 관한 많은 논점은 언어가 때때로 약간 다르기는 하지만 개인 수준에서와 마찬가지로 국가 수준에서도 흔히 연관된 방식으로 전개된다. 국가들은 세계무역기구 설립과 같은 국제협약에서 주권의 상실에 대해 우려한다. 국제통화기금(International Monetary Fund, IMF)으로부터 자금을 지원받는 국가는 자금과 함께 제공되는 조건["조건부(conditionality)"라는 용어로 부른다]에 동의하도록 강요받는다고 느낀다. 이는 국가가 절실히 필요한 자금을 얻기 위해 지출을 줄이고 세금을 올리거나 규칙이나 규정을 변경하라는 요구들을 포함한다.

두 가지 상황을 구분하는 편이 유용할 것이다. 첫 번째는 진정한 강제, 즉 식민본국이 폭력으로 위협하며 통제권을 행사한 경우다. 식민지가 자신의 권리를 포기하는 협정에 서명했더라도 식민본국은 분명히 식민지의 자유를 침해하고 있었다. 협정은 단순히 허울에 불과했다.

두 번째는 서로에게 부정적 외부효과를 주지 않거나(기후의 경우처럼) 긍정적 외부효과를 더 쉽게 창출하기 위해(상호호혜적인 무역확대의 경우처럼) 상호이익을 위해 동등한 두 당사자가 맺는 협정이다. 두 경우 모두 각 당사자는 상대방이 비슷하게 행동할 경우에만 어떤 행동을 하거나 하지 않기로 합의한다. 어떤 차원에서는 행동의 자유가 제한되지만 상대방이 합의를 준수한다고 가정할 때 그 결과로 각자의 기회집합이 확장되면 다른 여러 측면에서 행동의 자유가 증가한다.

주권을 제한해도 동등한 당사자 간의 진정한 자발적 합의에는 강제가 없다. 이러한 협정은 5장에서 논의한 개인 간의 계약이 국제적 규모로 확장된 것과 같다고 볼 수 있다. 그러나 앞서 언급했듯이 겉보기에 자발적인 계약도 착취적일 수 있으며 특히 한 계약 당사자의 힘이 다른 당사자보다 더 강력한 경우 강제적으로 보일 수 있다. 이러한 힘의 불균형은 경제적·군사적 측면 모두에서 오늘날 전 세계에 만연해 있다.

지난 세기 동안 선진국과 신흥시장 및 개발도상국 간의 협정은 일반적으로 물리적 강제가 없는 자발적인 것처럼 보였고 상호이익이라는 수사를 통해 뒷받침되었다. 그러나 개발도상국들에서 협정이 항상 그런 식으로 인식되지는 않으며 (내 판단에 따르면 올바르게도) 그들은 실제로 일어나는 일이 경제적 강압이라고 종종 생각한다.

강제는 다양한 형태로 나타날 수 있다. 다른 상황에서라면 가질 수 있었던 기회를 박탈한다면 다른 상황에서라면 하지 않았을 일을 하도록 유도할 수 있다. 그는 강제적으로 느껴지는 행동을 하도록 "강요"되지 않지만 그것이 그에게 **남은** 최선의 선택이다. 그런 상황에서 그는 강제되었다고 말할 수 있다. 앞서 한 가지 예를 살펴보았다. 남아프리카 흑인들은 억압적 정권이 농업과 같은 외부 기회를 없애 버렸기 때문에 "자발적으로" 저임금으로 광산에서 일했다. 다른 선택의 여지가 없었던 것이다.

다른 국가에서도 비슷한 상황이 벌어졌다. 식민주의는 많은 국가에 박탈의 유산을 남겼다. 이 국가들에게 최선의 대안은 재정지원과 선진국의 대규모 시장에 대한 접근을 제공하는, 파트너십이라고 불리는 경제적 관계를 받아들이는 것이었다. 그러나 그 조건은 선진국에 유리했고 협상력이 더 평등한 세계에서는 나타나지 않았을 것이다. 지난 20년 동안 내가 쓴 많은 글은 국제협정의 착취적 성격과 국제경제기구의 착취적 운영, 상호 이익이 되는 공정한 협정이라는 수사와 대규모 금융 및 광산 기업, 최근에는 대규모 기술기업을 포함한 선진국 다국적기업의 이익을 증진하기 위해 작성된 불공정한 협정이라는 현실 사이의 괴리를 보여주려는 노력의 결과였다.[1]

많은 경우 국제협정은 개발도상국에 직접적 혜택을 거의 가져다주지 않았고 오히려 그들이 할 수 있는 일을 제한했다. 이러한 협정은 가난한 국가에게 충분히 상응하는 이득 없이 경제적 자유를 명백히 상실하는 결과를 가져왔다.

국제기구가 가난한 국가에 부과하는 제약을 정당화하기 위해 국경 간 외부효과를 이야기하는 경우도 있지만(외부효과가 있을 때 개인의 행동을 제약하는 규제에 관해 이야기했던 것처럼) 소규모 개발도상국이나 신흥시장으로부터의 외부효과는 일반적으로 미미한 반면 주요 선진국에 의해 발생하는 외부효과는 크다. 그러나 많은 협정이 어떤 식으로든 개발도상국과 신흥시장의 행동을 제한하려고 하면서도 선진국으로부터 기인하는 큰 외부효과에 대한 조치는 전혀 취하지 않는다. 이는 다른 무언가가 작용함을 시사한다. 크고 부유한 국가들은 협정을 이용하여 작고 가난한 국가들을 희생시키면서 자국의 이익을 증진한다. 더 나쁜 것은 협정이 보통 대기업과 부유층에 대해서는 완전하게 집행되지 않고 소기업과 빈곤층에 대해 집행된다는 것이다.

이러한 협정은 선진국의 자유를 확대하기 위해 개발도상국의 자유를 제약하는 권력정치를 나타내는 최신 표현에 지나지 않는다. 이는 앞서 설명한 아편전쟁의 결과와 다르지 않다. 아편전쟁은 중국이 위험한 마약으로부터 자국민을 보호할 능력을 제한했지만 서구의 아편 수출에 대한 자유무역의 권리를 확대했다. 더 정확히 말하자면 선진국에서 권력을 지닌 이들은 자국 정부가 파워엘리트의 이익을 확보하기 위해 그 권력을 사용하도록 보증하려 한다는 것이다. 이러한 정책은 선진국 대다수 시민의 복지에 반할 수 있고 종종 실제로 그렇다.

크고 부유한 국가가 작은 국가에 미치는 외부효과는 단지 무역에서만 나타나지 않는다. 수년에 걸쳐 미국의 통화정책은 전 세계적 외부효과를 만들어 냈다. 1981년 폴 볼커(Paul Volcker) 연방준비제도이사회 의장이 갑자기 금리를 20퍼센트 이상으로 인상한 정책은 라틴아메리카 부채위기를 촉발했다. 그러나 미국은 정책을 설계할 때 이러한 외부효과를 거의 고려하지 않았다. 그럼에도 IMF, 세계은행 등은 개발도상국에게 인플레이션에 초점을 맞춘 신자유주의적 지침에 따라 통화정책을 운영하도록 압력을 가했다. 이는 작은 국가의 통화정책으로 발생하는 전 세계적 외부효과가 크지 않더라도 인플레이션이 2퍼센트 이상 상승하면 원인과 관계없이 금리를 인상해야 함을 의미한다. 더 심각한 문제는 이 국제기구들이 개도국들이 그런 정통파적 정책을 따르는 조건하에서만 대출해 주도록 힘써 왔다는 것이다.[2]

작은 국가가 큰 국가에 외부효과를 발생시킨 예외 사례도 있다. 일부 국가는 기업과 부유층을 위한 조세회피 옵션을 제공하여 다른 국가의 세금 인상 능력을 약화시킨다. 이와 관련하여 케이맨제도, 파나마, 그리고 영국령 버진아일랜드가 악명이 높다. 가난한 나라들뿐만 아니라 룩셈부르크와 아일랜드도 유럽 내에서 같은 일을 해 왔다. 그러나 큰 국가와 그 국가 내의 (부동산 같은) 특수한 장소 및 부문도 조세회피와 탈세의 글로벌 중심지가 되어 다른 국가에 납부해야 할 세금의 탈취를 돕는다. 아마도 더 중요한 점은 부유하고 강력한 국가들이 이러한 조세피난처를 폐쇄하고 싶다면 자국민과 기업이 조세회피 서비스를 이용하지 못하도록 그저 제한하면 된다는 것이다. 조세피난처가 계속 유지되는 이유는 그것을 용인하는 편이 부유하고 힘 있는 국가의 일부 부유층과 권력층의 이해에 부합하기 때문이다.

지식재산

지식재산권 규제보다 국제적 규칙과 규정의 불균형을 더 잘 설명하는 것은 없을 것이다. 나는 7장에서 코로나19 당시 지식재산권 규제가 가난한 나라에서 코로나19 백신, 검사, 그리고 치료제를 생산할 기업의 자유를 제한하여 추가 입원자와 사망자가 수천 명씩 발생한 재앙적 결과에 관해 언급했다. 아이러니한 점은 전염병이 유행하는 동안 각국이 정당한 로열티를 지불하면 지식재산권에 자유롭게 접근할 수 있다는 국제적 합의가 이미 존재했다는 것이다. 가난한 국가들은 이 협정이 팬데믹 기간 동안 이윤보다 생명을 더 중요하게 생각한다는 의미라고 믿었는데 그런 이해가 없었다면 WTO 협정에 서명하지 않았을 수도 있다. 그러나 제약회사들은 시간을 끄는 법을 배웠다. 하루가 지연될 때마다 추가 사망자 수천 명이 발생하더라도 그들은 수백만 달러의 이익을 더 얻을 수 있었다. 유감스럽게도 독일, 스위스, 그리고 영국을 비롯한 주요 정부는 코로나19 팬데믹 기간 동안 제약회사를 지원했다.

생명보다 제약회사의 이윤을 우선시하는 서구의 결정은 오래도록 영향을 미칠 것이다. 코로나19 팬데믹 기간 동안 도움을 요청하는 목소리에 대한 서구의 잔인한 대응을 고려할 때 러시아의 침공에 맞서 우크라이나에 대한 많은 개발도상국의 지원이 줄어드는 것은 놀랍지 않다. 그러나 기후변화 같은 실존적 문제를 해결하기 위해 전 세계의 협력이 절실히 필요한 지금, 우리는 국제협정을 과거보다 훨씬 더 균형 잡힌 방향으로 다시 써야 한다.

글로벌거버넌스와 다국적기업에 대한 과세

국제적 환경에는 아마도 대부분의 잘 기능하는 민주주의 사회보다 더욱 분명하고 더 큰 힘의 불균형이 존재한다. 그리고 이러한 불균형은 전 세계적으로 의사결정이 이루어지는 방식에 반영된다. 개발도상국들은 중요한 테이블에 자신의 자리가 없으면 자신이 메뉴에 포함될 수 있다는 사실을 깨달았기 때문에 중요한 글로벌 협약에 관한 논의에 참여하기를 요구해 왔다. 그러나 테이블에 앉는 것만으로는 충분하지 않다. 마이크가 사실상 꺼져 있어서 아무도 듣지 않는 경우가 너무 많기 때문이다.

예를 들어 보자. 국제사회는 많은 소란스러운 토론과 함께 다국적기업에 대한 과세체계 개혁을 논의했다. 개발도상국들은 분명히 자금이 절실히 필요하다. 공장이 자신들의 나라로 이전하여 선진국 소비자들이 더 저렴한 가격에 상품을 구매할 수 있게 되자 개발도상국들은 스스로 일자리를, **그리고** 교육, 의료, 그 밖의 개발 목적을 위한 자금원을 확보했다고 생각했다. 그러나 다국적기업은 세계화를 악용하는 전문가가 되었다. 이들은 노동력이 저렴한 곳에서 상품을 생산하면서도 글로벌 규칙을 이용하여 어디에도 세금을 내지 않았다. 선진국의 공식 싱크탱크인 경제협력개발기구(OECD)는 이러한 시스템을 개혁하려는 절차를 시작했다. 하지만 신흥시장과 개발도상국의 우려가 충분한 관심을 받지 못한다는 많은 비판이 제기되자 OECD는 그 논의를 위한 "포용적" 프레임워크, 더 정확하게는 포용이라는 겉치레를 만들어 냈다.

개발도상국 대표들은 그들의 목소리가 여전히 들리지 않는다며 이 과정을 계속 비판했는데 OECD가 선진국들의 클럽이라는 점을 생각하면 놀라운 일이 아니었다. 결국 도출된 합의안은 개발도상국들의 주장을 확인해 주었다. 예를 들어 합의안에서 기업에 최저한세를 부과하여 **어딘가에** 세금을 내도록 요구한 것은 좋았지만 최저한세율은 라틴아메리카 평균세율의 절반 수준으로 매우 낮게 책정되었다.[3] OECD는 각국이 새로운 체제에 가입하도록 요구하면서도 새로운 체제가 가난한 국가들에게 어떻게 추가 수입을 창출할지에 관한 추정치를 공개하지 않았다. 독립적 추정에 따르면 그 금액은 미미한 수준이며 이 미미한 금액의 대가로 각국은 시간이 지나면서 그 잠재적 수입이 증가할 구글, 메타, 그리고 아마존 등에 대한 디지털세 부과를 포기해야 할 것이다.[4] (이러한 제한이 누구의 이해를 반영하는지는 분명했다. 바로 디지털 거대기업의 이해가 반영된 것으로, 그들의 입장은 미국 협상가들에 의해 잘 반영되었다.)

개발도상국들은 그 결과에 매우 실망하여 결국 경제력이 가장 중요하다 해도 자신들이 더 큰 목소리를 낼 수 있는 UN으로 세금 논의의 장소를 변경할 것을 요청했다. 그러나 미국은 장소를 바꾸면 자국의 영향력이 줄어들 수 있음을 알고 있었다. 세계는 이미 백신 아파르트헤이트와 중동 및 우크라이나에서 벌어진 두 전쟁으로 분열되어 있었지만 미국은 개발도상국과 선진국 사이에 또 다른 분열을 설계했다. OECD의 제안에 개발도상국의 실망감이 커지자 아프리카연합(African Union)은 OECD가 제안한 내용을 포함할 뿐 아니라 그것을 넘어서는 다양한 주제에 관한 조세협약 절차를 시작하기 위한 이니셔티브에 박차를 가했다. 이런 목적을 위해 만들어진 기구인 UN에서 이 중요한 문제를 논의하자는 데 세계의 지지가 높아졌지만 미국은 2023년 11월 다른 47개 주요 선진국과 함께 UN에서 이 절차를 시작하자는 합의에 반대표를 던졌다. 미국은 개발도상국 125개국의 폭넓은 지지를 받았던 역사적 합의를 막으려는 시도에 실패했을 뿐 아니라 역사의 잘못된 편에 서게 되었으며 다양한 전 세계적 문제에 대해 협력이 필요한 국가들을 다시 한번 소외시켰다.[5]

국제적 경제구조의 각 영역에 대해서도 비슷한 이야기를 할 수 있다. 이러한 문제들은 지난 25년 동안 나를 사로잡았다. 가난한 나라에 가해지는 제약(자유의 상실)과 부유한 나라에 주어지는 자유 사이의 불균형이라는 불공정에 대한 인식은 높아졌지만 이에 대한 조치는 너무나 미흡했다. 다음 세 절에서는 부채, 무역, 그리고 투자에 관해 살펴봄으로써 이에 관해 설명할 것이다.

부채의 사슬

찰스 디킨스(Charles Dickens)의 독자들은 19세기 시민들의 부채와 자유 사이의 연관성을 명확하게 이해할 것이다. 빚을 갚지 않은 채무자는 감옥에 가는 것으로 처벌받았다. 감옥에 갇힌 죄수 자신이 빚을 갚기 위해 할 수 있는 일은 거의 없었다는 사실은 상관이 없었다.[6] 다행히도 우리는 그 단계를 넘어섰고 채무자 감옥행(debtor prison)을 야만에 가까웠던 과거의 일부로 여긴다.

국제적으로도 100년 전보다는 오늘날 상황이 나아진 것처럼 보일 수 있다. 19세기에는 1882년 이집트와 1902~1903년 베네수엘라에서처럼 국가가 빚을 갚지 못하면 채권국이 무력을 사용하여 채무상환을 강요했다. 1930년대에는 뉴펀들랜드가 "법정관리"에 들어가 통제권이 채권자들에게 실질적으로 넘어갔고 2016년 푸에르토리코에서 민주적으로 선출된 정부가 부채 상환을 관리하도록 지정된 위원회에 사실상 종속되었다. 이런 사례들처럼 더욱 최근에는 국가와 지방이 부채 문제로 의미 있는 민주적 독립성을 잃을 수 있다는 사실을 알게 되었다.[7]

하지만 이러한 극단적 조치가 없더라도 과도한 부채에 시달리는 국가의 삶은 유쾌하지 않다. 채권자들은 국민에게 어떤 결과가 초래될지 거의 또는 전혀 고려하지 않고 빚을 최대한 많이 받아내기 위해 할 수 있는 일을 모두 한다. 이는 채권자들이 매력적인 조건으로 신용을 제공하거나 심지어 정부 공무원이나 민간 기업 임원에게 뇌물을 주고 차입하도록 하는 등 부채 위기를 만드는 데 적극적 역할을 한 경우에도 마찬가지다.

현대 사회에서는 개인이나 회사가 너무 많은 돈을 빌렸을 경우, 즉 은행이나 기타 채권자가 너무 많은 돈을 빌려주는 경우, 공식 파산절차가 존재한다. 채무가 재조정되어 사람들이 삶을 살아갈 수 있고 기업이 그렇게 할 재능과 지식이 있다면 다시 한번 새로 출발하여 성장과 일자리 창출을 할 수 있도록 채무가 재조정된다.

채권자들은 채무자의 과도한 대출이 무모하다는 점을 강조하지만 진짜 문제는 채권자에게 있다. 그들은 위험관리 전문가로서 개인, 기업, 또는 국가가 문제를 일으키지 않고 얼마를 빌릴 수 있는지 알고 있어야 한다. 우리는 그들이 일반인이나 가난한 개발도상국보다 기초적인 미시경제와 일반적인 거시경제에 대해 훨씬 더 많이 알고 있다고 가정한다. 대출은 자발적인 것이다. 만약 대출을 하지 말았어야 했다면 그 잘못은 차입자 못지않게, 아니 그보다 더 많이 대출자의 몫이라고 할 수 있다.

2부에서는 부유층이 어떻게 언론을 통제하고 우리의 경제체제에서 불균형적인 발언권을 행사하는지에 관해 언급했다. 여기서 논의하는 내용보다 그것이 더 분명하게 드러나는 곳은 없다. 서구 은행가들은 무모한 차입자이자 연쇄 채무불이행국인 아르헨티나의 이야기를 들려준다. 하지만 그들은 명백한 질문을 건너뛴다. 그것이 그렇게 분명했다면 그들은 왜, 2015년 마우리시오 마크리가 아르헨티나 대통령이 된 후 그랬던 것처럼 그렇게 많은 돈을 빌려주었을까? 분명한 대답은 탐욕이 위험평가를 압도했다는 것이다. 은행들은 고금리가 고위험의 신호일 뿐 아니라 아르헨티나가 그렇게 부담스러운 조건을 충족하기 어려울 것임을 거의 생각하지 않고 고금리를 선호했다.

국제적으로 부채를 갚지 못하는 주권국가에게는 파산법원 같은 제도가 없다. 국경을 넘는 부채를 해결하기란 국내 부채 문제를 해결하는 일보다 훨씬 더 복잡하기 때문에 이를 위한 프레임워크를 만드는 것이 매우 중요하다.[8] 그 결과로 발생하는 것은 채권자들이 대부분의 권력을 쥐는 순수한 힘겨루기다. 과거에는 채권자의 추심 대리인 역할을 하는 IMF를 통해 이들의 요구가 증폭되고 조정되었다.

제2차세계대전이 끝난 후 2020년경까지 수십 년 동안 과도한 부채를 진 국가들에 일어난 일에는 패턴이 존재했다. 이들은 제시된 조건에 동의하지 않으면 모든 신용대출이 차단될 수 있다는 위협을 받았다.[9] 신용과 외환보유고가 없는 국가들은 국민을 위한 식량이나 생산에 필요한 기타 수입품을 구매하지 못할 수도 있었다. 흥정과 협상의 쇼가 있었지만 결국 가식에 불과했다. IMF는 채무국이 얼마나 감당할 수 있는지에 관해 과도하게 낙관적인 시나리오를 작성하고 이에 기초하여 부채가 약간 탕감되었다. 그 대가로 채무국은 채권자들에게 부채를 갚기 위해 자국민으로부터 돈을 끌어내기 위해 최선을 다할 텐데 이는 보건, 교육, 인프라스트럭처, 그리고 기본 생계와 미래의 성장 전망에 필요한 지출의 축소를 의미했다. 때로는 세금 인상을 수반하는 극도의 재정 긴축은 채무국을 깊은 불황으로 몰아넣을 것이었다. 장밋빛 IMF 시나리오의 성장은 실현되지 않았고 몇 년 후 또 다른 채무불이행이 발생했다. 채무자 감옥행의 20세기와 21세기 버전이나 마찬가지인 상황이었다.[10]

이 모든 과정에서 IMF가 맡은 역할에 주목하라. 최악의 경우 채무국은 민간채권자들에게 돈을 갚아야 할 책임을 졌는데 IMF는 여기에 필요한 자금을 제공했고 국민들은 그 돈을 갚아야 했다. 은행가들이 자유로운 민간기업의 옹호자처럼 **보일지도** 모르지만 그것은 은행가들에게 이익이 될 때만 해당되는 이야기다. 개발도상국에서 민간부채가 대량으로 발생하면 채권자들은 정부가 민간부문의 부채를 흡수하도록 막대한 압력을 가한다. 따라서 선진국과 개발도상국의 (금융을 포함한) 민간부문 관계자들은 이윤을 공유한다. 반면 개발도상국 시민들은 이 모조(ersatz) 자본주의의 하방위험을 고스란히 떠안는다. 그리고 IMF는 이 모든 일이 확실히 일어나도록 하는 주모자다.

더욱 최근에는 (약 440억 달러의 사상 최대 IMF 대출을 수반한) 2020년 아르헨티나의 위기로 인해 월스트리트와 미국 재무부의 불만에도 상황이 개선된 듯 보였다. 재무부는 민주당 행정부하에서조차 때때로 월스트리트의 자회사로 묘사되기도 했는데 완전히 틀린 말은 아니었다. 2021년 아르헨티나의 부채구조조정에서 IMF는 정직한 브로커 역할을 수행하며 지속 가능한 부채 수준, 즉 상황이 잘 풀렸을 경우의 부채 수준에 관해 상세히 설명했다 (우크라이나전쟁, 팬데믹, 그리고 기후변화로 인한 가뭄으로 전 세계적 혼란이 본격화되기 전이었다).[11] 나머지 부채는 어떤 식으로든 탕감해야 했다. 월스트리트는 IMF의 배신처럼 보이는 행동에 격분했고 IMF가 실현할 수 있다고 말한 것보다 더 많은 달러를 아르헨티나에서 짜내려 했다. IMF 수장을 교체하려는 시도가 있었는데 일각에서는 이를 미국 재무부의 지원을 받은 쿠데타[12] 시도라고 생각했다.

이렇게 글로벌 부채시장이 개선되는 동안 일부 국가에서는 부채 문제가 악화되었다. 경제적·정치적 의제가 상충하는 더욱 다양한 채권자가 존재한다. 과거 은행 몇 곳이 테이블에 앉아 부채위기를 해결하기도 어려웠다. 오늘날에는 여러 국가의 수백에 달하는 채권자가 보통 다른 채권자의 이익과 충돌하는 각자의 이익을 위해 싸우기 때문에 훨씬 더 어렵다.[13] 채권자들의 진정한 이해관계는 금융시장으로 완전히 가려져 일부 채권자들은 협상 테이블에 남아 채무불이행의 모든 위험을 다른 채권자들에게 몰래 전가하고 있다.[14]

중국은 개발도상국 및 신흥시장 부채의 매우 중요한 채권자가 되었지만[15] 부채구조조정에 대한 의지는 거의 없는 듯했다. 중국은 미국의 민간은행만큼 강경한 협상가로 보인다.[16] 그러나 주요 채권자 한 곳이 채무구조조정에 의미 있게 나서지 않는다면 다른 채권자들도 거의 나서지 않을 것이다. 자신이 회수하지 않는 돈을 다른 채권자가 가져간다고 느끼길 바라는 채권자는 없기 때문이다.[17] 아이러니하게도 중국은 지정학적 이유로 많은 대출을 해 왔지만 중국의 강경한 정책은 평판의 심각한 손상을 가져왔다. 가장 유명한 사례는 스리랑카의 경우인데 스리랑카가 부채를 갚지 못하자 중국은 스리랑카의 주요 항구 하나를 인수했다.

분명한 것은 외국인에게 과도하게 부채를 지는 국가는 파우스트(Faust)처럼 영혼을 거는 협상에 빠지게 된다는 점이다. 그런 국가는 당장은 돈을 조금 더 벌 수 있지만 나중에 자유를 잃을 심각한 위험에 처하게 된다. 내가 세계은행의 수석경제학자였던 1997~1998년 위기 때 동아시아 국가들은 큰 대가를 치르며 이 사실을 배웠다.[18] 이 위기는 동아시아 국가들이 자본의 자유로운 흐름에 경제를 개방하면서 발생했는데 금융개방은 자본시장 자유화라고 불린 과정으로서 확장된 워싱턴컨센서스 의제, 즉 세계은행과 IMF, 미국 재무부가 개발도상국에 강요한 "개혁"의 핵심적인 부분이었다.[19] 월스트리트가 이 지역을 새로운 이윤창출의 개척지로 생각하면서 자금이 이들 국가로 자유롭게 유입되었다. 그러나 부분적으로 월스트리트가 대출이 너무 많다고 우려했기 때문에 분위기가 갑자기 바뀌었다. 각국에서 자금을 빼내려는 움직임이 쇄도했고 환율은 폭등했으며 차입자들은 약속한 금액을 갚지 못했다. IMF는 극단적 조건을 부과하여 사실상 외국의 민간채권자들에게 자금을 제공하고 해당 국가의 시민들에게 그 부담을 고스란히 지우는 전형적 역할을 수행했다. 시민들은 다시는 안 된다고 말했다. 다시는 한 국가의 자유의 핵심인 경제주권을 잃을 위험을 감수하지 않겠다고 말했던 것이다. 동아시아 국가들은 해외로부터의 차입을 줄이고 외환보유액(한 국가가 미국 단기국채, 금, 기타 유동 자산의 형태로 보유한 돈)을 증가시켰다.[20]

위기 사태가 아니더라도 부채는 개발도상국과 신흥시장에 영향을 미친다. 자유로운 자본 흐름은 국내적으로 민주주의의 목소리를 약화시킨다. 마음에 들지 않는 후보가 당선되면 국제금융가들이 자금을 회수하겠다고 협박하듯 자본은 월스트리트에 중대한 거부권을 부여할 수 있다. 이러한 위협은 충분히 신뢰할 만해서 유권자들은 보통 겁을 먹고 월스트리트가 선택한 후보 또는 최소한 월스트리트가 수용할 수 있는 후보에게 투표한다.

이것은 가상적 상황이 아니다. 루이스 이나시우 ("룰라") 다 실바[Luiz Inacio ("Lula") da Silva]가 처음 두 번 브라질 대통령 선거에 출마했을 당시 이런 일이 벌어졌다. 아이러니한 것은 그가 마침내 당선에 성공했을 때 외국 은행가들과 국내 엘리트들의 우려와는 정반대로 브라질을 엄청난 번영으로 이끌었다는 점이다.

수년 동안 월스트리트, 미국 재무부, IMF가 주도한 국제사회는 각국이 자본시장을 개방하고 자유화하여 자금의 유입과 유출에 대한 제한을 없애도록 강요했다. 이러한 움직임은 결국 각국의 민간기업들이 월스트리트의 부채 브로커들에 설득되어 가능한 한 많은 부채를 떠안도록 했다. 아이러니하게도 앞서 언급했듯이 상당 부분 **이들 국가의 자본시장 자유화로** 동아시아 위기가 막 발생하려는 시점에 1997년 홍콩 IMF 회의에서 개발도상국과 신흥시장에 이러한 정책을 강요하는 것을 용인하도록 IMF 헌장을 변경하려는 움직임이 있었다. 다행히도 그런 일은 일어나지 않았고 15년 만에 IMF는 입장을 바꾸어 때로는 한 국가로 들어오고 나가는 자금의 흐름을 제한하는 자본통제(capital control, 완곡하게 표현한다면 자본계정관리기법)가 유용하고 바람직한 도구가 될 수 있음을 인정했다.[21]

"자유롭고 공정한" 무역의 허상

국제무역을 규율하는 규칙은 국제경제구조의 핵심적인 부분이다. 그 취지는 무역을 호혜적으로 확대하여 각국이 규모의 경제와 비교우위를 활용하게 함으로써 생활수준을 높이는 것이다. 그 목표는 수입에 대한 제한과 수출에 대한 보조금을 제한하여 "공평한 경쟁의 장"을 만드는 것이다.

외국산 수입품이 넘쳐 나는 산업의 생산자와 노동자는 불행할 수 있다. 노동자들은 일자리를 잃고 기업은 파산할 수 있기 때문이다. 그 영향을 받는 지역사회의 부동산 가치는 급락한다. 그러나 이러한 무역협정을 옹호하는 사람들은 "버텨라. 장기적으로 보면 우리 모두는 이득을 보게 될 것이다. 소비자로서 우리 모두는 더 저렴한 수입품의 혜택을 누릴 것이다. 우리는 더 효율적인 외국 기업과 경쟁하려는 비생산적인 부문에서 더 생산적인 부문으로 노동자를 이동시킬 것이고 노동자들은 더 나은 일자리와 낮은 물가라는 두 배의 혜택을 누릴 것이다"라고 말한다. 하지만 선진국에서도 노동자들이 값싼 중국산 수입품과 경쟁하는 저생산성 부문에서 생산성이 높은 일자리로 이동하지 않는 경우가 매우 많다. 그 대신 생산성이 정확히 제로인 실업자로 전락하기도 한다. 이는 놀라운 일이 아니다. 신자유주의자들은 노동이 한 부문에서 다른 부문으로 이동하는 비용이 들지 않는다고 가정했지만 실상은 그렇지 않다. 지난 40년간 세계화가 진행되며 미국에서 어떤 일이 일어났는지 생각해 보라. 기존 일자리는 인디애나에 있고 새 일자리는 수천 마일 떨어진 시애틀에 있을지도 모른다. 기존 일자리는 자동차를 만드는 일이고 새 일자리는 소프트웨어 엔지니어를 위한 것일 수 있다. 충분한 지원이 있다고 해도 이사 비용은 말할 것도 없고 기술의 전환이 어려울 것이다. 그러나 신자유주의 이데올로기하에서 초점은 "시장을 자유화"하는 것이지 노동자의 적응을 지원하는 데 필요한 세금을 부과하는 게 아니었다. 따라서 노동자를 위한 지원은 거의 또는 전혀 없었다.

자유무역을 옹호하는 사람들은 일종의 신비로운 낙수효과를 통해—새로운 수출 능력의 혜택을 받는 사람들뿐 아니라—모든 사람이 더 잘살게 될 것이라고 주장했다. 그러나 표준적(신고전파) 경제이론조차도 지원과 이전지출이 없으면 무역자유화로 인해 일부 집단은 상대적이 아니라 절대적으로 상황이 더 나빠질 것이라고 예측했다.[22] 그 주장은 명백했다. 중국 같은 곳에서 비숙련 노동집약적 상품을 수입함으로써 우리는 미국의 비숙련노동에 대한 수요를 줄였다. 수출이 일자리를 창출했다면 수입은 일자리를 파괴했다. 미국이 수입한 섬유와 의류와 같은 상품은 노동집약적이어서 일반 수출품보다 비숙련노동력을 더 많이 사용했다. 이 경우 대략적으로 균형 잡힌 무역을 한다면 수입 증가에 상응하는 수출 증가가 수입 경쟁 부문의 일자리 손실만큼 비숙련 일자리를 늘리지 않는다. 따라서 비숙련노동자의 임금은 하락하고 비경제활동인구는 증가할 것이다. 그러나 내가 클린턴 행정부의 동료들에게 이러한 관측을 제시했을 때 그들은 어깨를 으쓱했다. 그런 연구는 학자들의 논문일 뿐 무역으로 모든 사람이 더 잘살게 되어야 한다고 **알고** 있는 진지한 정책결정자들은 이를 진지하게 받아들이지 않았다. 이데올로기와 이해관계, 신자유주의에 대한 믿음이 이론과 증거보다 우선했다.

그 결과는 잘 알려진 대로 탈산업화 과정의 가속화와 불만과 포퓰리즘의 발흥, 선동, 그리고 절망 등으로 이어진 이전 산업 중

심지의 불황이었다.

이 책의 관점에서 볼 때 가장 흥미로운 점은 특히 미국에서 이러한 협정을 추진하는 데 사용된 단어다. 앞서 살펴본 것처럼 국가 간 무역협정은 흔히 자유무역협정(free trade agreements)이라고 불렸고 옹호자들은 "자유롭고 공정한 무역"을 이야기했다. 그러나 사실은 어느 쪽도 아니었다. 무역협정은 대부분 다국적 대기업의 이해관계에 맞춰 관리되었다. 자유무역협정은 단순히 관세나 보조금을 금지하는 것으로, 개념적으로는 몇 페이지에 불과하다. 현실에서 무역협정은 특정 부문과 상품에 대한 특별대우로 인해 수백 쪽에 달한다.

가난한 나라가 부유한 나라와 격차를 줄일 수 있도록 해 주는 산업 보조금 같은 정책은 금지되지만 미국과 유럽연합의 강력한 농업 이해관계자들은 농업 보조금을 허용하라고 주장한다. 이는 농업에 의존하는 개발도상국 사람들 수억 명에게 그들이 판매하는 상품의 가격을 하락시켜 피해를 입힌다. 유럽의 젖소 한 마리가 개발도상국 수백만 명의 1인당 소득보다 더 많은 보조금(하루 2달러)을 받는다는 말이 있을 정도였다.

기본적이고 부가가치가 낮은 상품(토마토 대 통조림 토마토)의 관세를 낮추는 관세 구조도 개발도상국 부가가치산업의 성장을 억제하기 위해 고안되었다. 그것은 효과가 있었다. 식민주의가 공식적으로 종식된 지 반세기가 넘도록 식민지무역 패턴이 지속되는 이유 하나는 개발도상국이 여전히 1차상품을 주로 수출하기 때문이다. 이는 개발도상국들이 오랫동안 불만을 제기해 온 경제적 신식민주의의 한 사례다. 선진국들은 그들의 경제력을 이용해 이 낡은 시스템을 유지해 왔는데 이는 다국적기업의 관점에서만 생각하지 않는 한 도덕적·경제적으로 옹호될 수 없다.

무역 협상은 "라운드"로 진행된다. 각 라운드에서 협상의 모든 측은 자신들이 우려하는 모든 주요 사항을 테이블 위에 올려놓는다. 그들은 많은 것을 테이블에 올려놓고 서로 주고받는 과정을 통해 모두가 승자가 되어 협정이 국내에서 민주적으로 비준될 대타협을 이끌어 내기를 희망한다. 또한 승자가 패자보다 많거나 심지어 아마도 패자를 보상할 수 있기를 바란다. 예를 들어 우루과이라운드는 1986년 우루과이 푼타델에스테에서 시작되어 8년 후인 1994년 모로코 마라케시에서 타결되었다. 그 결과 1995년 세계무역기구가 설립되었다. 당시 협상 테이블에서는 지식재산권, 서비스 자유화, 농업 보조금, 섬유에 대한 관세, 그리고 그 외 여러 문제가 논의되었다. 2001년 11월 카타르 도하에서 9.11테러의 그늘 속에서 시작된 마지막 주요 글로벌 무역협상은 어떤 의미에서 앞선 우루과이라운드의 연장선상에 있었다. 우루과이라운드에서 선진국들은 원하는 것을 많이 얻었고 개발도상국들은 다음 라운드에서는 1차 라운드의 불균형이 시정될 것이라는 희망과 약속을 품고 협상에 임했다. 이는 모두가 인정하는 사실이었으며 이에 따라 새로운 라운드는 개발라운드(Development Round)라 불렸다. 그러나 선진국들이 약속을 잊고 자신의 입장을 강화하며 타협을 거부하는 데는 불과 몇 년밖에 걸리지 않았다. 아무런 진전이 없었고 결국 14년 후인 2015년 12월 개발라운드는 폐기되었다.

오바마 대통령에 이어 트럼프 대통령, 그리고 마침내 바이든 대통령이 분쟁을 판결하는 WTO 상소기구(appellate court)의 판사 임명을 막으면서 상황은 더욱 악화되었다. 미국은 규칙에 기반한 국제무역체제를 사실상 파괴했다. 바이든은 반도체와 기타 산업에 보조금을 제공하고 녹색전환에서 국내 생산자에게 특혜를 제공함으로써 규칙을 노골적으로 무시하여 트럼프와 같은 행보를 보였다.[23] 3장에서 언급했듯이 그 금액은 엄청났고 현재 1조 달러를 초과하는 것으로 추정된다.[24] 그리고 현재 항소법원은 존재하지 않는다. 국제무역의 규칙은 약하고 힘없는 사람을 위한 것이어야지 규칙을 만든 강자를 위한 것이면 안 된다는 것이 분명하다.

요컨대 신자유주의 규칙에 기반한 국제무역체제는 점점 더 위험한 희극처럼 보인다. 그것은 개발도상국 기업들이 코로나19와 에이즈에 필수적인 제품을 생산할 자유를 빼앗아 기업을 제약했다. 동시에 미국과 유럽의 제약회사들이 전 세계에 높은 가격을 책정할 자유를 확대했다. 그 결과는 똑같이 불균형적이었다. 개발도상국의 수백만 명이 불필요하게 그 질병들로 끔찍한 고통을 겪고 많은 사람이 사망했다.[25] 또한 그것은 개발도상국 기업들에게 보조금 지급을 제한하여 가치사슬에서 상위로 올라가고 더 발전된 제품을 생산할 개발도상국들의 능력을 수십 년 동안 억제하고 개도국들 대부분을 1차상품 생산자로 남도록 강요했다. 그러나 이제 미국은 뒤늦게 유럽과 함께 새로운 친환경 및 첨단기

술 일자리를 붙잡기 위해 막대한 보조금을 지급하고 국제협약은 아랑곳하지 않는다.[26]

투자 협정: 위장된 착취

많은 무역협정에는 투자자를 보호해야 한다는 투자 협정이 포함되어 있다.[27] 또한 여러 국가 사이에 양자간 협정 수백 건이 체결되어 있다. 이러한 협정은 원래 정부가 정당한 보상 없이 사유재산을 강제로 수용(expropriation)하는 것을 방지하기 위해 고안되었다.

현실에서 보상 없는 수용이 드물게 발생해 왔고 이를 우려하는 기업은 (보통 세계은행그룹의 한 부서 또는 미국과 다른 국가에서 이러한 목적으로 만든 특수 기관에서) 그 위험에 대한 보험에 쉽게 가입할 수 있다.

오늘날 이러한 협정은 단순한 수용을 훨씬 넘어 국내 기업에도 없는 권리를 외국인 투자자에게 부여한다. 이러한 협정은 일반적으로 수용을 광범위하게 정의한다. 환경오염 방지나 유아용 시리얼에의 플루토늄 사용 금지(실제로 이러한 협정을 추진한 어느 변호사가 사용한 사례다!)처럼 기업의 잠재적 이윤을 감소시킬 규제는 이윤을 감소시키기 때문에 부분적 수용으로 간주된다. 이 협정은 기업이 오염을 계속하거나 안전하지 않은 제품을 판매할 경우 기대할 수 있었던 이익만큼 보상을 받아야 한다고 요구한다. 이 금액은 근거가 없는 수치인데 때로는 수억 달러에 달하기도 한다. 투자 협정은 기업이 자신이 야기한 피해에 대한 비용을 지불하도록 강요하는 대신 정부가 부유한 다국적기업이 다른 사람들에게 피해를 주지 않은 것에 실질적으로 보상하도록 강요한다.

이러한 협정은 네 가지 이유로 더 심각한 문제를 일으킨다.

첫째, 이 조약은 경제체제와 정치체제에 일종의 비생산적이고 부당한 경직성을 가져다준다. 우리는 미래에 어떤 일이 일어날지 결코 알 수 없다. 기업이 생산한 상품이 독성이 있다고 밝혀질 수도 있다. 석면의 위험성이 발견되어 석면 제품이 불법화되었을 때 미국의 석면 산업이 외국 기업 소유였다면 투자 협정에 따라 미국 정부는 석면이 계속 합법이었을 경우 석면기업이 벌어들였을 이윤을 보상해야 했을 것이다.

마찬가지로 현재 우리는 이제 기후변화의 위험을 인식하고 있지만 정부가 화석연료를 제한하는 조치를 취할 경우 기존 투자 협정에 따라 지구를 파괴하지 **않는다는** 이유로 정부가 관련 기업들에게 3400억 달러를 보상해야 할 수도 있다.[28]

투자 협정은 협정 서명국 중 한 국가에 본사가 있는 외국 기업에 대해 해당 국가가 세금을 인상할 권한을 제한한다. 상황은 변화하며 정부는 세금을 인상할 권리를 가져야만 할 것이다. 예를 들어 팬데믹이나 기타 재난으로 어떤 국가가 더 많은 세수가 필요할 수 있지만 투자 협정에 따르면 정부는 국내 기업과 가구에 대한 세금은 인상할 수 있으나 외국인 투자자에 대해서는 세금을 인상할 수 없다.[29]

이것이 두 번째 반대다. 외국 기업이 국내 기업보다 더 많은 보호를 받으며 더 유리한 대우를 받는다. 이것은 공평한 경쟁의

장이 아니다.

셋째, 투자 협정이 외국 기업에게 명확한 의무와 책임 없이 권리만 부여한다는 것이다. 외국 기업들은 새로운 규제를 받지 않을 권리는 있지만 다른 사람에게 피해를 주지 않을 책임은 지지 않는다. 유명한 일이지만 멕시코의 한 도시가 유독성폐기물처리장을 폐쇄하려 하자 외국 기업이 소송을 제기했다. 그 기업은 사실상 오염을 일으키지 않을 책임이 없다고 주장했다.

그러나 이러한 협정에서 가장 위험한 부분은 분쟁에 판결을 내리는 방식이다. 국제적인 공공법원은 존재하지 않는다. 대신 민간기업이 국가를 제소한 후 중재인 세 명으로 구성된 패널이 임명된다[이 때문에 투자 협정은 보통 투자자·국가 분쟁해결(Investor-State Dispute Settlement, ISDS) 협정이라고 불린다]. 양측이 각각 한 명의 중재인을 지명하고 두 사람이 세 번째 중재인을 지명한다. 투자 협정에서 중재(arbitration)는 하나의 비즈니스가 되었다. 중재인은 게임을 잘 아는, 고액의 보수를 받는 변호사들이다. 이들은 소송을 제기한 기업으로부터 반복적으로 수임을 받기 때문에 불균형적으로 기업에게 유리한 판결을 내린다는 것이 놀랍지 않다. 또한 투명성을 포함하여 현대적 사법 절차와 관련된 규범이 전혀 지켜지지 않는다. 판결조차 비밀에 부쳐진다. 한 사건의 판사가 비슷한 사안으로 분쟁 중인 다른 사건의 원고를 대리하는 등 중재인의 이해관계가 상충될 수도 있지만 이를 공개할 필요도 없다. 심사나 항소기관도 존재하지 않는다.

부실한 절차는 부실한 결과로 이어진다. 개발도상국들은 외부의 객관적 관찰자가 아무 문제가 없다고 판단한 사건에서 수십억 달러를 지불해야 하거나 최선의 경우에도 회사가 투자한 돈을 회사에게 돌려주어야 했다. 한 유명한 사례에서 필립모리스는 2010년 우루과이를 상대로 우루과이 정부가 미국과 유럽 및 전 세계 수십 개국에서 담배 포장지에 표기하는 경고문구와 유사한 방식으로 담배가 건강에 해롭다는 사실을 기업이 포장지에 표기하라고 규정한 것과 관련된 이윤의 손실에 대해 소송을 제기했다. 이 경우에도 세 중재자 중 한 명은 우루과이에 반대표를 던졌다. 다른 두 중재자 중 한 명이 표를 바꿨다면 우루과이는 자국민에게 치명적인 제품에 대해 경고하기 위해 막대한 비용을 지불해야 했을 것이다.[30] 우루과이가 필립모리스에 배상해야 한다고 판결한 중재인은 1부의 표현을 빌리자면 기업이 마음대로 할 "권리"인 기업의 자유를 다른 모든 자유보다 우선시한 것이었다.

각국이 이러한 해로운 협정에 서명하는 이유는 기업이 선진국의 회유와 당근, 채찍을 통해—서명하지 않으면 그 국가는 투자를 받지 못한다는—경제적 위협을 가하기 때문이다. 다시 말하지만 두려움이 지배한다. 개발도상국들은 서명 후 투자가 이어진다는 증거가 거의 없는데도 협정에 동의하도록 회유당해 왔다.

흥미로운 점은 약소국이 이러한 협정에 서명하도록 설득하는 데 앞장섰던 선진국 미국이 갑자기 입장을 바꾸었다는 것이다. 트럼프 정부하에서 미국은 이러한 투자 협정이 미국의 주권을 침해한다고 판단했다. 미국, 캐나다, 그리고 멕시코 사이에서 관리되는 무역 체제인 1994년 북미자유무역협정(NAFTA)과 2020

년 이를 대체한 미국·멕시코·캐나다협정(United States–Mexico–Canada Agreement, USMCA)의 가장 큰 차이점은 (일부 예외 조항을 제외하고) 투자 협정 조항이 삭제되었다는 것이다.[31] 이유는 간단했다. 미국은 세금이나 규제를 변경하려는 경우 다른 국가의 기업이 소송을 제기할 수 있다는 사실을 깨달았고 실제로 이런 일이 발생했다. 미국의 파이프라인에 투자한 캐나다 기업들이 규제 당국의 승인을 받지 못하자 소송을 제기했다. 이는 앞서 언급한 비대칭성을 잘 보여 준다. 미국 기업은 미국의 규제 조치로 인해 피해를 입었다고 판단하는 경우 미국 정부에 대해 소송을 제기할 수 없지만 캐나다 기업은 소송을 제기할 수 있다. 이는 새로운 복잡성을 야기한다. 미국 기업이 캐나다에 자회사를 설립하고 캐나다 자회사가 미국에 투자하면 그 자회사가 미국 정부에 소송을 제기할 수 있게 된다. 투자 협정이 판도라의 상자를 연 것이다.

트럼프 정부는 투자 협정이 미국의 주권, 즉 행동의 자유를 침해한다고 간주했다. 그러나 우리가 앞에서 보았듯 모든 계약이 행동을 제한하는 것처럼 모든 국제협정은 한 국가의 행동을 제한한다. 동시에 협정은 다른 방식으로 행동의 자유를 확대할 수도 있다. 무역협정은 수입을 제한할 국가의 자유를 제한하지만 수출의 자유는 확대한다. 이것이 대부분의 규칙과 규정, 세금, 그리고 공공프로그램의 본질이다. 그것들은 어떤 분야의 자유를 확대하는 반면 다른 분야의 자유는 축소한다. 투자 협정은 "착취의 자유"를 확대하기 위해 고안된 규칙과 규정의 범주에 정확히 들어맞는다. 그것은 힘의 불균형에서 비롯된 결과이며 가난한 국가들은 서명하지 않으면 뒤처질 것이라는 근거 없는 두려움으로 인해 서명할 뿐이다. 하지만 그 결과로 기업은 사회 내 다른 집단을 희생시키면서 원하는 것을 얻게 된다.

민주주의, 권력, 그리고 글로벌 경제구조

이 장에서는 이 책의 중심 주제인 한 사람의 자유 확대가 다른 사람의 부자유로 이어질 수 있다는 것이 국제적 차원에서 어떻게 전개되는지 살펴보았다. 그것이 가난한 나라의 경제발전에 미치는 영향은 치명적이었다. 라틴아메리카는 1980년대 초 부채위기로 인해 잃어버린 10년을 겪었다. 아프리카의 많은 국가는 탈산업화 과정[32]으로 천연자원에 대한 의존도가 높아지고 그렇지 않을 경우에 비해 경제가 덜 다각화되고 회복력이 떨어지면서 잃어버린 25년을 경험했다.

그러나 이는 민주주의 발전에도 똑같이 해로운 영향을 가져왔다. 금융지원을 받는 대가로 이들 국가에 부과된 조건은 민간부문과 민영화를 강조하는 신자유주의적 자본주의의 한 버전을 강요하려 했다. 그 결과는 강력한 국가의 발전을 저해하여 21세기의 경제적 성공에 필요한 협력적 집단행동의 가능성을 약화시킨 것이었다. 앞서 언급했듯이 미국은 이제 산업정책을 수용했다. 그러나 개발도상국들은 이를 외면했기 때문에 산업을 발전시키거나 선진국과의 격차를 줄이는 데 도움이 되는 정책과 프로그램을 실행할 역량을 발전시키지 못했다. 게다가 개발도상국에 부과된 규칙은 국가 내의 권력불균형을 악화시키고 몇몇 경우 외국인에게 거부권을 부여하기도 했는데 이는 신식민주의의 최악의 모습이 드러난 것이었다.

효과적인 민주주의를 위해서는 기업의 권력을 제한하고 부의 불평등을 억제해야 한다. 그러나 IMF와 세계은행이 부과한 조건은 종종 노조의 협상력 약화, 누진세와 법인세의 억제를 수반했다. 세계은행은 수년 동안 기업친화적 환경을 조성했는지 여부에 따라 국가별 점수를 매기는 보고서인 『기업환경평가(Doing Business)』를 발행했다. 이 기관들은 기업친화적 환경의 의미를 정의하며 낮은 법인세, 제한된 규제, 그리고 친기업적 노사관계를 강조했다. 다른 말로 하면 이는 전적으로 신자유주의적 접근 방식이었다. 그들은 좋은 기업환경에 필요한 훌륭한 공공인프라나 잘 교육받은 노동력에도 중요한 가치를 매겼을 수도 있었다. 각국은 다국적기업의 투자에 매력적이지 않은 국가로 여겨지지 않으려고 기업하기 좋은 나라 목록에서 높은 순위를 차지하기 위해 경쟁했다. 사실상 세계은행과 IMF는 바닥을 향한 경주를 만들어 냈고 이 경쟁에서 승자는 다국적기업뿐이었다. 각국은 더 낮은 누진세, 더 나쁜 노동조건, 그리고 "더 나은" 무역 및 투자 협정으로 이들을 유치하려고 노력했다.

마지막으로 자본이 국가 안팎으로 쉽게 이동할 수 있도록 하는 자본시장 자유화는 개발도상국과 신흥시장 국가들을 그들의 관리능력을 넘어서는 변동성에 노출되도록 했을 뿐만 아니라 민주주의를 약화시켰다. 어떤 경우에는 자본자유화는 월스트리트와 글로벌 금융시장에 사실상 지도자 선출에 대한 거부권을 부여했다. 그리고 한 국가의 시민들이 용기를 내어 보다 진보적인 정치적 비전을 계획한다면 무자비한 처벌을 받거나 적어도 명백한 위협을 받게 될 것이다. 지원이 보류될 뿐만 아니라 외국인 투자와 자본 유입이 둔화되고 국내 자금이 해외로 이전될 것이다.

신자유주의 원칙에 따라 설계된 고삐 풀린 시장이 사실상 이들 국가의 정치적 자유를 박탈한 셈이었다. 밀턴 프리드먼은 경제적 자유와 정치적 자유를 함께 생각해야 한다는 점에서 옳았지만 그렇게 하면 그가 제안한 것과는 전혀 다른 해답에 도달하게 된다. 자본의 자유로운 이동을 제한하고, 투자 협정을 피하고, 금융기관을 엄격하게 규제하고, 과도한 경제력 집중을 막아야 한다. 이 모두는 정치적 자유를 유지하기 위해 경제체제가 제약을 받아야만 하는 방식들이다.

다른 세상은 가능하다

오늘날의 글로벌 경제구조는 대부분 신자유주의 전성기에 만들어졌다. 물론 그것은 제2차세계대전 이후 미국이 패권국으로 부상하고 이후 수십 년 동안 러시아의 힘이 무너진 당시 지정학적 권력의 현실을 반영했다.

그러나 이제 새로운 지경학(geoeconomics)과 새로운 지정학이 나타났다. 국가 내뿐만 아니라 국가 간에도 양극화가 존재한다. 이는 제2차세계대전과 베를린장벽 붕괴 이후 미국이 그토록 열심히 만들어 낸 국경 없는 세계, 즉 명백히 자국의 이익 또는 적어도 거대 다국적기업의 이익에 부합하는 규칙에 지배되는 국경 없는 세계와 다른 모습이다. 이제 국내외에서 여러 국가와 사람들이 신자유주의와 그 규칙에 의문을 제기한다. 예를 들어 개발도상국과 신흥시장의 사람들은 착취의 권리를 덜 수용한다. 이들은 내가 이 책에서 설명한 것처럼 자유시장이 다른 사람들을 희생시키면서 일부 사람들에게 자유를 준다고 생각한다. 그들은 자유와 권리, 책임 사이의 트레이드오프를 통해 결정이 내려지는 오늘날의 글로벌거버넌스 시스템에 공정성과 정당성이 결여되어 있다고 올바르게 생각한다. 단지 강대국의 목소리가 지배적일 뿐만 아니라 그 목소리가 너무 지나치게 대기업과 금융권의 이해관계에 부합하고 일반 시민의 이해에 맞지 않는다는 것이다.

이전 장에서 논의한 프레임워크는 일부 사람들의 이익과 그 외 사람들의 손실을 신중하게 균형적으로 평가하고 신자유주의 이데올로기를 배격하는 것으로 새 국가경제시스템의 토대를 제공한다. 또한 권리와 책임을 배분하는 동시에 자유의 균형을 맞추는 공정하고 정의로운 새 글로벌 경제구조의 토대를 마련한다.

이 장에서는 이러한 구조가 어떤 모습일지에 대해 자세히 설명할 수는 없지만 그 원칙들은 내가 이미 설명한 원칙들과 밀접하게 관련되어 있다. 이 장의 논의는 주로 변화해야 할 몇 가지 사항에 초점을 맞추었다. 예를 들어 투자 협정은 자국민의 이익을 위해 규제하거나 과세할 국가의 권리를 방해해서는 안 되고 지식재산권 조항은 혁신을 장려하고 모든 곳에서 모든 사람의 건강과 복지를 증진할 수 있도록 설계되어야 한다. 과도한 부채 문제를 해결하기 위해 채무자의 행복과 더욱 광범위한 사회의 이익을 고려하는 국내적 파산절차와 유사한 국제적 프레임워크가 필요하다. 우리는 반복적으로 발생하는 여러 위기의 발생 가능성을 낮추고 위기가 발생하더라도 덜 심각하게 만들 국제적 금융규제 시스템이 필요하다.

세 가지 일반적 원칙이 이 대안적 프레임워크의 기초가 되어야 한다.

첫 번째 원칙은 국제적 규칙이 다른 나라에 피해를 주지 않는 한(앞의 표현을 사용하자면 다른 나라에 심각한 외부효과가 발생하지 않는 한) 각국이 원하는 대로 행동할 수 있도록 허용해야 한다는 것이다.[33] 미국은 개발도상국이 자국으로 들어오고 나가는 자본이동을 제한하는 것이 어리석다고 생각할 수 있지만 이러한 제한은 전 세계에 영향을 미치지 않으며 만약 그 정책이 잘못되어도 그 국가와 국민만이 그 결과를 감당한다.[34] 자본시장 자유화가 성장과 안정을 촉진한다는 미국의 통념은 잘못된 것임이 밝혀졌다.[35] 자본통제의 부재는 글로벌 금융불안정을 초래했으며 이 잘못된 생각으로 가장 큰 대가를 치른 것은 바로 개발도상국들이었다.

두 번째 원칙은 공정성 또는 정의에 관한 원칙이다. 우리 모두는 그것이 무엇을 의미하는지 또는 적어도 어떤 것이 터무니없는 위반인지 직관적으로 알고 있다. 하지만 우리가 부유하고 강한 나라에서 태어났는지 가난하고 약한 나라에서 태어났는지 모른다고 생각하는, 존 롤스가 제시한 관점을 통해 그 문제에 관해 생각하는 것이 유용할 때가 많다.[36] 무지의 장막 뒤에서 우리는 다음 상황에 어떻게 대응할 수 있을까? 암 치료제가 있지만 전 세계적으로 약이 부족하며 우리나라에 있는 한 회사가 저렴한 가격으로 치료제를 생산할 능력과 의지가 있지만 지식재산권 규정으로 인해 치료제를 생산하지 못한다고 가정해 보자. 그리고 연구 비용의 95퍼센트를 공공자금으로 지원했다면? 대부분의 사람들은 분노할 만큼 충분히 공감할 것이고 정의로운 시스템이라면 그러한 상황에서 지식에 대한 접근과 사용을 제한하지 않을 것이라고 말할 것이다. 생명을 구하기 위해 그러한 지식에 접근할 자유는 잘못 설계된 특허시스템으로 인해 시장지배력을 행사해 타인을 착취할 자유보다 더 중요하다. 그것을 허용하는 지식재산권 제도는 불공정하고 부당한 것이다. 하지만 이것이 바로 우리가 가진 지식재산권 시스템이다. 글로벌 경제 및 금융 구조의 상당 부분도 이와 비슷하다.

오늘날의 경제구조를 주도하는 부유하고 강력한 국가들이 공정하고 정의로운 글로벌 구조를 만들려고 하지 않고 이를 막을 충분한 힘이 있다면 어떻게 할 것인가? 당연히 우리는 공정한 방향으로 나아가기 위해, 예를 들어 백신 아파르트헤이트에 맞서고 조세 정의를 위해 싸우고자 할 수 있는 일을 해야 한다. 내가 원하는 만큼은 아니지만 권력관계를 고려할 때 예상할 수 있었던 것보다 더 많은 성과가 나타났다. 그러나 또 다른 옵션이 존재한다. 기후변화같이 협력이 필수적인 분야에 초점을 맞추되 강자가 다른 사람들에게 자신의 의지를 강요하는 것을 제한하는, 글로벌 시스템의 작동을 유지하는 데 필요한 **최소한의** 협정을 위해 노력하는 것이다. 우리는 투자 협정이 필요하지 않다. 빅테크 및 빅데

이터와 관련된 무역협정은 기업의 이익을 증진하고 공익을 위해 이를 규제할 정부의 능력을 제한할 가능성이 크다.

세 번째 원칙은 이 책 전체를 관통하는 원칙이다. 경제적 합의에는 반드시 고려해야 할 사회적 비용이 존재한다는 것이다. 경제는 사회 밖에 존재하지 않는다. 우리는 자본시장 자유화를 통해 자본을 자유롭게 만든 정책이 전통적 의미의 경제적 비용뿐 아니라 경제적 및 정치적 자유의 비용도 수반함을 살펴보았다. 중요한 의미에서 IMF에 의존한 국가들은 그들의 경제주권을 잃었다. IMF에 의해 도입된 정책의 결과는 커다란 사회적 영향을 미쳤는데, 광범위한 교육의 중단은 많은 사람이 자신의 잠재력을 발휘할 자유를 가지지 못하게 되었음을 의미했다. 자본시장 자유화가 월스트리트에 사실상 거부권을 부여했기 때문에 정치적 자유도 축소되었다.

방금 설명한 세 원칙은 권력이 덜 중요해지고 개인이 더 중요해지는, 현재와는 매우 다른 국제 체제로 우리를 이끈다. 더 많은 균형이 존재하고 위선은 거의 확실하게 줄어들 것이다. 현재의 구조가 공정성보다 권력을 더 많이 반영한다는 것은 놀라운 일이 아니다. 그러나 외부효과와 같은 언어가 국제적 행동을 옹호하는 데 자주 사용되는 현실을 생각하면 외부효과를 비뚤어진 방식으로 취급하는 것은 아이러니한 일이다. IMF 구제금융은 전염성을 근거로 옹호된다. IMF의 개입이 없으면 한 국가의 위기가 전염병처럼 다른 국가로 확산될 것이라는 생각이다. 하지만 현실에서 강대국들은 외부효과와 규칙에 상관없이 마음대로 행동한다. 미국은 무역에서 국제적인 법치주의에 관해 이야기하지만 트럼프나 바이든이 부당한 관세를 부과하거나 반도체 산업에 보조금을 지급하거나 바이아메리카(Buy America) 조항을 통과시키며 이러한 규칙을 위반하더라도 아무런 조치가 취해지지 않는다. 그리고 미국은 WTO 상소법원의 판사 선출을 거부함으로써 법치주의 내에서 아무것도 할 수 없도록 만들고 있다. 미국은 또한 현재의 권력관계를 고려할 때 법치주의 밖에서는 아무것도 할 수 없다는 것을 알고 있다.

대부분 국가들과 그 안의 시민들이 행동하고 잠재력을 발휘할 자유를 확대하는 다른 세상은 가능하다. 이 장에서는 이러한 국제질서가 어떤 모습일지 간략하게 설명했다. 다음 장에서는 각국의 정책을 자세히 살펴볼 것이다.

13장

진보적 자본주의, 사회민주주의, 그리고 학습사회

나는 현재가 신자유주의의 실패가 너무도 명백해서 신자유주의가 폐기되는 역사의 순간이 되기를 바란다. 2022년 칠레 대통령이 된 가브리엘 보리치(Gabriel Boric)는 1차 투표 승리 전날 "칠레가 신자유주의의 발상지였다면 이제는 그 무덤이 될 것"이라고 말하며 그 정신을 잘 포착했다.

여기서 나는 모든 시민의 행복을 중심에 두고 물질적 재화를 넘어 안정감과 자유를 통합하는 진보적 자본주의(또는 활력을 되찾은 사회민주주의)라는 대안적 프레임워크에 대해 논의하고자 한다. 그것은 시민들이 의미 있고 창의적인 삶을 영위하는 것을 포함하여 인간의 번영을 경제체제와 사회체제의 목표로 삼는다. 이를 위해서는 건강, 교육, 그리고 일정 수준의 물질적 풍요와 안전이 필요하지만 그것만으로는 충분하지 않다. 우리는 때때로 잊고 있지만 경제는 사회를 위해 봉사해야 하는 것이지 그 반대가 아니다.

나는 모든 규칙과 규정, 법과 정책(program)들이 어떻게 경제와 사회를 형성하는지 강조해 왔다. 이렇게 짧은 책에서 각각의 틀을 모두 설명할 수는 없다. 다음 몇 쪽에 걸쳐서는 여섯 주제를 중심으로 진보적 자본주의에 대해 논의할 것이다. 권력, 불평등, 집단행동의 중요성, 그리고 개인을 형성하는 경제체제의 역할에 관한 몇몇 주제들은 이미 소개했다. 학습하는 사회와 풍부한 제도적 생태계를 갖춘 사회를 만드는 것과 관련해서는 암시만 제시했기 때문에 먼저 이 주제들에 관해 논의를 시작할 것이다.

학습사회 만들기

세상은 끊임없이 변화하고 있으며 예측할 수 없는 방식으로 변화한다. 이러한 관점은 초창기 경제학에 큰 영향을 미쳤고 오늘날에도 계속되고 있는 균형이론과 현저히 다르다. 우리는 언제나 변화와 학습이 일어나는 진화론적 관점을 통해 제도와 거버넌스 구조를 바라보아야 한다. 우리의 기술은 변화하고 있다. 우리의 취향도 변화하고 있다. 사회체제와 경제체제에 대한 우리의 이해도 변화하고 있다. 우리를 둘러싼 물리적 세계에 대한 이해도 변화하고 있다. 사실 우리 경제와 사회가 변하는 중요한 원천 하나는 과학의 발전을 통한 새로운 기술의 발견뿐 아니라 복잡한 정치·경제·사회 체제가 어떻게 작동하는지에 대해 더 많이 배우는 학습이다.[1]

사회과학자로서 우리는 변화의 결정요인과 방향을 이해하고

자 하며 정책결정자와 시민으로서 결코 완전한 통제권을 가질 수 없음을 알면서도 변화를 주도하고자 한다. 기껏해야 우리는 경제와 사회를 어떤 식으로든 조금씩 움직일 수 있을 뿐이다.

학습은 단순히 정규교육을 받는 것만이 아니라 평생에 걸쳐 이루어진다. 그러나 제도적 학습도 있는데 제도장치를 재설계하여 그 제도가 만들어진 목적을 더 잘 달성하고 다른 제도와 더 능숙하게 협력하도록 만드는 방법을 배우는 것이다. 우리는 제도가 내부에서 스스로를 변화시키고, 그것이 기능하는, 끊임없이 변하는 환경에 대응하도록 설계하는 방법을 배울 수 있다. 물론 일반적으로 어느 정도 학습은 이루어지지만 가능한 많은 정도는 아니다. 2008년 중앙은행들이 대공황 때보다 더 나은 성과를 거둘 수 있었던 것은 부분적으로 그 이전의 실패에서 교훈을 얻었기 때문이다. 그러나 대공황의 교훈을 배웠다고 주장한 벤 버냉키(Ben Bernanke) 연방준비제도이사회 의장 같은 경제학자조차도 실제로는 그렇지 않았다는 것이 대불황을 앞두고 드러났다. 버냉키는 앨런 그린스펀(Alan Greenspan, 버냉키의 전임 의장)과 대부분의 다른 연준 위원들이 대불황을 초래한 규제완화를 추진할 때 그들을 지지했다. 대공황의 주요한 교훈 하나는 규제가 불충분한 금융시장은 위험하다는 것이었다.

최근 몇 년 동안 미국은 경제의 방향을 설정하기 위해 산업정책을 수용했다. 미국은 이제 시장 자체만으로는 충분하지 않음을 인식하고 있다. 미국 정부는 또한 녹색 경제를 추진하고 코로나19 백신 개발을 지원했으며 미국이 해외산 반도체에 과도하게 의존하고 있음을 인식했다. 미국은 (군사부문을 제외하고는) 이런 정책을 이전에 시행해 본 적이 없기 때문에 배울 점이 분명히 많을 것이다. 실수도 있을 것이다. 그러나 대공황과 대불황에서 연준의 실패를 인정하는 것이 연준을 폐쇄할 이유가 아닌 것처럼 실수가 발견된다고 해서 그러한 정책을 포기할 이유는 없다. 가령 미국 정부는 2009년 테슬라에 5억 달러를 빌려주며 전기자동차 기술의 발전을 성공적으로 지원했다. 하지만 실수를 저질렀다. 가령 정부가 테슬라로부터 주식을 받겠다고 주장했더라면 쉽게 할 수 있었던, 성장으로 인한 잠재적 이익의 공유를 요구하지 못했다. 그랬다면 정부(그리고 미국 납세자)는 다른 기술 대출과 투자에서 발생한 손실을 충분히 만회할 수 있었을 것이다. 정부는 개인소득과 기업이윤에 대한 세금을 통해 이윤 일부를 회수하겠지만 계약에 이익공유 조항을 포함했을 때보다는 훨씬 적을 것이다. 여기서 얻을 교훈은 프로젝트를 잘 선택하는 것도 중요하지만 계약을 잘 설계하는 것도 중요하다는 점이다.

학습사회는 개인과 기관의 학습을 모두 수반하며 이러한 학습은 실제로 좋은 사회의 기본 목표인 인간 번영의 일부다.[2] 학습은 끝없는 과정이다.

앞에서 나는 표준적(신자유주의) 경제학의 균형 관점, 즉 변화 없이 균형상태인 조화로운 세상을 가정하는 관점과 종종 격렬한 갈등으로 특징지어지는, 우리가 사는 끝없는 변화의 세상을 대조했다. 우리는 마침내 우리가 지구의 경계에 정면으로 충돌하고 있다는 사실을 이해하기 시작했다. 우리는 적응해야**만 한다.** 선택의 여지가 없다. 그러나 최선의 방법은 거의 결코 분명하지 않다. 따라서 우리는 균형보다 적응에 초점을 맞춘 진화적 관점을 취한다. 나는 진보적 자본주의가 좋은 사회를 만드는 데 도움이 되는 방식으로 우리 경제의 진화를 촉진할 것이라고 믿는다.[3]

풍부한 제도적 생태계를 갖춘 분권화된 경제

우리의 경제체제는 다양한 경제 단위, 즉 수많은 기업과 기타(다양한 종류의) 조직이 무엇을 어떻게 할 것인지를 결정하는 분권화된 경제체제여야 한다. 100년도 더 전에 공산주의가 주장했던 것처럼 중앙에서 계획하기에는 세상이 너무 복잡해졌다.

많은 단위가 존재하면 자신의 역량과 기술, 그리고 타인들이 원하는 것에 대해 더 많이 배울 수 있다. 각 단위는 적절한 목표와 그것을 달성할 방법에 대해 서로 다른 계획을 가지고 실험을 한다.

최근 몇 년간 많은 논쟁은 공공(정부)기관과 민간(영리)기업의 상대적 역할에 관한 것이었다. 이러한 관점은 논의의 폭을 불필요하게 좁힐 수 있다. 잘 기능하는 경제나 사회는 공공기관과 민간영리기관뿐만 아니라 협동조합, 민간비영리기관 등 다양한 기관을 필요로 한다. 정부기관은 지역, 주 또는 지방, 국가, 그리고 세계 등 다양한 수준에서 운영되어야 한다. 이러한 기관들은 서로 견제와 균형을 발휘해야 하며 전반적인 거버넌스 구조는 권력과 그 남용을 제한해야 한다. 이 주제는 앞으로 더 살펴볼 것이다.

나는 경제의 많은 부분이 이윤에 의해 움직이지 않거나 움직일 수 없다는 점을 강조하고 싶다. 여기에는 편협한 이윤추구가 종종 왜곡된 결과를 초래하는 보건, 교육, 그리고 돌봄 분야가 포함된다. 민간교도소 시스템은 수감자의 재활이라는 핵심적 사명을 달성하는 데 실패했다. 미국의 경우, 국가 전반 많은 성취를 설명하는 가장 성공적인 기관은 훌륭한 연구 중심 대학으로, 하버드나 컬럼비아 같은 재단대학이거나 공립대학이다. 다른 나라에서도 최고의 대학은 옥스퍼드나 케임브리지(Cambridge) 같은 비영리재단이거나 프랑스의 **그랑제콜**이나 소르본(Sorbonne) 같은 국립기관이다. 마찬가지로 미국 금융시스템의 협동조합 부문[일반적으로 신용조합(credit union)이라고 한다]은 2008년 금융위기 전후로 공히 대체로 사회적 책임을 다한 유일한 부문이었다.

그러나 영리를 추구하는 기업들도 진보적 자본주의에서는 신자유주의에서와 다를 것이다. 이들의 정신은 우리 사회의 다른 구성원들이 어떤 대가를 치르더라도 주주의 부 극대화에 열중하는 현재의 기업들과 다를 것이다. 이윤을 추구하는 민간기업도 지금처럼 존경받지 못할 것이다. 그들은 다른 사람들이 해결하지 못하는 문제를 해결할 마법의 묘약을 가지고 있지 않다. 단지 어떤 문제는 이윤을 극대화하는 기업이, 어떤 문제는 다른 조직이 더 잘 해결할 수 있을 뿐이다.

권력, 경쟁 패러다임, 그리고 진보적 자본주의

앞서 언급했듯이 현대 경제학은 경제가 조화로운 균형을 이루는 완전경쟁 모형에서 출발한다. 경제는 본질적으로 경쟁적이기 때문에 경쟁정책은 필요하지도 않다.

여기서 신자유주의자들은 애덤 스미스로부터 크게 벗어난다.[4] 앞에서 나는 기업인들이 공익에 반하는 담합을 하는 경향에 대한 그의 우려를 언급했다. 스미스의 보수적 신봉자들은 스미스가 자신의 견해에 동의하는 범위 내에서만 그를 옹호한다. 사실 경제학자들이 그 단어를 사용하는 좁은 의미에서 경제는 자연적으로 경쟁적이지 않다. 경제학자들에게 진정으로 경쟁적인 경제란 어떤 기업도 가격을 인상하거나, 다른 기업에 계약 조건을 강요하거나, 다른 기업의 진입을 차단하여 이익을 빼앗기지 않도록 할 힘을 가지지 않는 경제다.[5] 우리는 이미 불미스러운 정보미공개(nondisclosure) 계약과 강제중재 조항부터 디지털대기업에서 가장 뚜렷하게 나타나는 지속적인 이윤에 이르기까지 오늘날의 세계에서는 이러한 조건이 사실이 아님을 확인했다.

진보적 자본주의는 권력이 존재하며 권력의 분배가 주요한 관심사임을 인정한다. 권력을 제한하는 것이 중요하다. 우리의 경제를 구성하는 주체들 내부와 그들과 시민들의 상호작용 사이에는 권력관계가 존재한다. 어떤 주체는 다른 주체를 이용할 수 있고 실제로도 이용한다.

권력관계는 경제, 정치, 그리고 사회를 이해하는 데 주요한 요소다. 미국 경제는 노예노동을 기반으로 구축되었으며 자유시장이라고 보기 어렵다. 미국의 법적 구조는 노예제를 시행하고 그 권력관계를 유지하도록 설계되었다.

권력관계는 불평등 심화와 시스템이 조작되었다는 광범위한 인식을 이해하는 데도 중요한데 이러한 인식은 민주주의와 그 제도에 대한 환멸과 포퓰리즘의 성장에 중요한 역할을 했다. 진보적 자본주의는 기업의 권력을 견제하고 (시장에 진입하는 신규 기업에 대한 금융과 기술의 이용 가능성을 높여서) 신규 기업의 진입을 촉진하며 노조의 조직을 장려하는 등 노동자 권리를 강화하여 더 나은 균형을 달성할 수 있다.

거버넌스

"거버넌스"라는 용어는 누가 어떤 의사결정을 내리고 목표가 무엇인지를 결정하는 규칙을 의미한다. 기업거버넌스는 기업의 의사결정에 영향을 미치는 규칙과 관련이 있다. 기업 관리자는 기업이 노동자, 고객, 주주, 그리고 이해관계자를 대하는 방식 등 회사의 모든 결정에 막대한 권한이 있다. 기업지배구조법은 이러한 권한을 명시하고 제한한다.

밀턴 프리드먼은 20세기 신자유주의적 자본주의의 핵심적 신조가 된 주주자본주의(shareholder capitalism)라는 아이디어를 제시했고 이는 많은 국가의 법률에 명시되어 있다. 이에 따르면 기업 경영자의 유일한 목표는 주주가치를 극대화하는 것이다. 경영자는 노동자, 고객, 지역사회, 심지어 환경마저 고려할 책임이 없다. 이러한 "이해관계자(stakeholder)"와 관련된 그들의 행동이 주가에 영향을 미치는 경우에만 예외다. 겉으로 보기에 이 원칙에는 무언가 문제가 있었다. 그것은 영화 〈월스트리트(Wall Street)〉에 등장하는 가상의 인물인 고든 게코(Gordon Gekko)와 "탐욕은

선"이라는 그의 정신을 숭배의 대상으로 만들었다. 애덤 스미스는 사익 추구가 사회의 행복으로 이어진다고 주장했을지 모르지만 그 주장을 바로 수정했다. 프리드먼은 그렇지 않았다.[6]

프리드먼이 1970년 《뉴욕 타임스(New York Times)》의 유명한 기사[7]에서 이 원칙을 천명했을 때에도 경제학자 샌디 그로스먼(Sandy Grossman)과 나는 다른 경제학자들과 함께 주주가치 극대화가 사회의 행복으로 이어질 조건을 분석하고 있었다. 우리는 이러한 조건이 극히 제한적이며 어떤 현실 경제에서도 충족되지 않는다는 것을 보였다. 그러나 《쿼털리 저널 오브 이코노믹스(Quarterly Journal of Economics)》와 《저널 오브 파이낸스(Journal of Finance)》 같은 학술지에 게재된 우리의 논문은 프리드먼의 기사보다 훨씬 영향력이 작았다.[8] 그는 자유시장의 사도였고 로널드 레이건과 마거릿 대처 같은 사람들이 듣고 싶어 하는 주장을 제시하며 엄청난 설득력을 발휘했다. 그는 이러한 주장을 뒷받침하는 분석이 있었는지에 관해서는 별로 신경을 쓰지 않았다.

주주자본주의는 기업 소유주들을 풍요롭게 하는 데 성공했을지 몰라도 사회 전체의 번영으로 이어지지는 못했다.

권력관계의 재조정

우리 사회의 모든 측면(가정, 기업, 경제, 그리고 정치)에서 권력관계를 재조정하는 것은 공동의 번영과 좋고 훌륭한 사회를 만드는 데 필수적이다. 오늘날의 권력불균형은 일반 시민의 자유를 제약하는 동시에 대기업의 자유를 확대했다. 사람들은 일상의 좌절감

속에서 이 사실을 절감한다. 실질적인 소비자 선택권은 없고, 각 기업은 분쟁의 강제중재나 과도한 수수료와 같은 끔찍한 규정을 내세우며 일제히 착취를 일삼고 있다. 게다가 "서비스" 담당자와 통화하려면 두 시간을 기다려야 하는 경우도 종종 있다.

7장에서 우리는 대법원이 어떻게 다른 모든 사람을 희생시키면서까지 대기업의 자유와 권한을 확대하는 쪽으로 균형을 더욱 기울이는지, 이로써 사람들이 사실상 동의하도록 강요된 중재와 관련하여 집단소송을 배제하는지 살펴보았다. 이것은 사소한 문제처럼 보일 수 있지만 권력관계는 시스템 내에서 각각의 규칙별로, 사례별로 만들어진다.[9] 따라서 오늘날 신자유주의적 자본주의를 진보적 자본주의로 대체하여 더 나은 균형을 만들어 내려면 경제체제와 법체계를 각각 규칙별로, 규정별로, 그리고 제도별로 재구성해야 한다. 나는 이 책 전반에 걸쳐서 무엇을 해야 하고 무엇을 할 수 있는지 여러 사례를 제시하려고 노력했다.

사회를 조직하기

나는 사회를 조직하는 방법에는 여러 가지가 있다고 반복해서 언급했다. 어떤 방식은 어떤 집단에 더 많은 권력을 부여하고 다른 집단에는 덜 부여하며 어떤 방식은 다른 집단을 희생시키면서 한 집단에 이득을 준다. 전통적으로 규칙은 강자가 강자의 이익을 위해 정한다. 이것은 용납될 수 없는 일이다. 진정한 민주주의는 이를 허용하지 않을 것이다. 나는 사회정의의 의미와 사회적으로 정의롭고 공정한 경제·정치·사회 체제가 어떤 모습일지, 즉 무지의 장막 뒤에서 선택되는 것이 무엇일지에 바탕이 되는 철학적 원칙을 적용하여 가능한 제도들 중에서 무엇이 최선일지 판단하는 대안적 근거를 설명했다. 이러한 사고방식을 가지고 그 함의를 깊이 생각하기란 어려울 수 있고, 그렇게 하는 과정에서 딜레마와 난관에 부딪힐 수도 있다.[10] 우리가 이 작업을 마쳤을 때 만장일치나 합의에조차 도달하지 못할 수도 있다. 그러나 나는 오늘날 우리가 목격하고 있는 견해들 사이의 간극을 좁히고 우리가 좋고 정의로운 사회를 향해 나아갈 수 있도록 해 주는 타협이 가능할 것이라고 생각한다.

견제와 균형

위에서 설명한 다양한 제도장치를 갖춘 분권화된 경제구조의 장점 하나는 이러한 다양성이 견제와 균형을 발휘할 잠재력이 있다는 것이다. 시민사회와 언론은 서로를 견제하고 영리기업과 정부에 대한 견제를 제공한다. 정치학에서 정부 내 권력분립에 대한 표준적 주장은 견제와 균형과 관련이 있지만 그에 못지않게 중요한 것은 사회에도 견제와 균형이 필요하다는 점이다. 실제로 형식적 구조가 어떻든 간에 영리민간부문에 과도한 권력이 있으면 부유하고 강력한 기업이 공공영역에서 부당한 영향력을 행사할 것이다.

경제적 분열, 권력, 그리고 사회정의

그러나 사회의 부와 소득이 과도하게 집중되어 있다면 견제와 균형도 제대로 작동하지 않을 것이다.

우리가 좋은 사회라고 주장되는 모든 체제의 필수 요소인 공동선을 위해 작동하는 시스템을 발전시키려면 모든 차원에서 평등, 특히 기회의 평등을 더욱 강화해야 한다(이는 모든 경제적 불평등을 없애는 것을 의미하지는 **않는다**. 이를 달성한 체제는 인센티브를 강화할 것이며 조금이라도 현실적이라면 인구의 상당수에게 물질적 인센티브가 중요함을 인정해야 한다).

특히 문제가 되는 것은 심화되는 권력불균형, 즉 부와 기업권력이 점점 집중되고 노동자의 권력과 소득이 박탈되는 것이다. 사회정의 의제는 진보적 자본주의의 중요한 부분이다. 그것은 소득과 부만이 아니라 여러 면에서 불평등 수준을 낮추기 위해 노력한다. 특히 다양한 착취로 발생하는 불평등에 주목한다.

기본 의료서비스에 대한 접근은 사회정의의 중요한 부분이며 (1948년에 채택된 세계인권선언에 명시된 바와 같이) 인간의 권리여야 한다.[11] 진보적 자본주의는 이를 인식하고 있으며 대부분의 선진국에서는 특히 소득과 부의 불평등이 심한 국가에서는 의료서비스를 제공하는 가장 공정하고 효율적인 방법이 공적 의료서비스의 형태이며 때때로 그것을 사적 제공으로 보완하는 것임을 깨달았다.[12] 그러나 미국의 많은 사람들은 이를 받아들이기 어려운 것처럼 보인다. 건강보험개혁법[Affordable Care Act, 정부 지원에 기초하여 기업과 개인의 건강보험 의무가입을 촉진함으로써 미국인의 건강보험 가입률을 높이기 위한 개혁법안으로, 오바마 정부 때인 2010년 시행되어 '오바마케어(Obamacare)'라고도 불린다—옮긴이] 통과 이후에도 현재의 시스템에서는 법의 취지와 반대로 많은 사람이 적절한 의료서비스를 받지 못하거나 의료서비스 제공자를 선택할 수 없는 상황에 놓여 있다. 그렇기 때문에 미국에서는 정부가 국민이 선택할 수 있는 의료서비스 제공자 중 하나가 되는 공적옵션이 매우 중요하다. 이는 선택권과 경쟁을 강화하여 시장 행위자의 착취를 제한하는 또 다른 방법이다.[13]

진보적 자본주의, 국가의 역할, 그리고 사회민주주의

중요한 점은 진보적 자본주의가 모든 집단행동에 더 큰 역할을 부여하며 모든 수준의 정부를 포함하여 민간부문과 집단행동 사이의 더 나은 균형을 만들어 낸다는 것이다. 공산주의는 한 방향으로 너무 멀리 나아갔고 레이건·대처주의는 다른 방향으로 너무 멀리 나아갔으며 클린턴, 블레어, 그리고 슈뢰더의 삼각구도가 보여 준 제3의 길은 불충분한 수정이었다. 그것은 공산주의와 시장경제가 사람들의 마음을 얻기 위해 경쟁하던 세계에서는 받아들여지지 않았을 수도 있는 정도로 신자유주의, 물질주의, 자유시장을 포용했고 사회정의 문제에 대한 관심이 부족했다. 실제로 투자 협정을 포함한 자유무역협정과 금융시장 자유화는 클린턴 행정부 시절 전성기를 누렸다. 자본이득에 대한 세금이 인하되어 부유층에게 압도적으로 혜택이 돌아갔다.[14]

집단행동은 다양한 형태로 나타날 수 있다. 집단행동의 예로는 NGO, 노조, 교회단체, 생산자 및 소비자 협동조합, 집단소송, 환경보호단체, 그리고 그 밖에 자신이 믿는 대의를 위해 노력하는 수많은 단체가 있다.

나는 이 책을 간단한 관찰로 시작했다. **한 사람의 자유는 다른 사람의 부자유다.** 외부효과가 만연해 있으며 고삐 풀린 시장의 직접적 부산물인 환경파괴 등의 외부효과를 관리하려면 규제를 포함한 공적 조치가 필요하다. 사실 모든 게임에는 규칙과 규제가 필요하다. 나는 여기서 권력의 집중과 일부 사람들에 의한 그 외 사람들의 착취를 억제할 규제의 필요성을 설명했다.

또 다른 중요한 관찰은 사람들이 혼자서는 이룰 수 없는 것을 함께 성취할 수 있다는 점이다. 그러나 많은 집단행동 영역에서 무임승차문제가 발생하기 때문에 좋은(효율적인) 결과를 얻으려면 정부만이 적절하게 강요할 일종의 강제력이 어느 정도 필요하다. 예를 들어 보조금 지급 등을 통해 자발적 집단행동을 촉진하는 것도 바람직할 수 있다.

11장에서는 시장이 그 자체로 비효율적이거나 다른 식으로 실패했기 때문에 집단행동이 바람직한 수많은 분야에 관해 설명했다. 여기서 나는 더욱 광범위하게 집단행동이 바람직하다는 것을 강조하고 싶다.

집단행동의 핵심 요소는 어린이와 미래, 연구에 대한 공공투자, 더 넓게는 사회적·물리적 인프라에 대한 공공투자의 확대다. 이러한 투자는 성장을 촉진할 뿐만 아니라 일반 시민의 기회(자유)를 향상시킬 것이다. 타인에 대한 자연스러운 공감은 우리가 부모의 소득과 교육에 따라 자녀의 운명이 좌우되는 현재의 시스템을 거부하도록 만들 것이다.

또 다른 핵심 요소는 시장을 포함한 삶의 변화무쌍함에 대한 사회적 보호인데 시장이 순화되고 길들여지더라도 마찬가지다.[15] 기술은 언제나 변화하기 때문에 소수의 노동자만이 안정적으로 직업을 유지할 수 있다. 그리고 건강의 재난이 닥치지 않을 것이라고 누구도 확신할 수 없다. 사회적 보호는 그 자체로 해방적이다. 사람들이 실패하여 빈곤층으로 전락하지 않도록 함으로써 그것이 없었다면 감수하지 않았을 위험을 자유롭게 감수할 수 있도록 해 준다. 그것이 바로 더 나은 사회적 보호시스템을 갖춘 사회가 실제로 더 혁신적일 수 있는 이유다.

정부실패

그러나 집단행동의 역할을 강조하는 이 관점에 대한 비판가들은 그것이 정부의 실패에 주의를 기울이지 않는다고 지적한다. 경제적 과정에도 결함이 있을 수 있지만 정치적 과정, 즉 정부의 의사결정 방식은 더 문제가 많다는 주장이다. 정부의 행동에 대해 비판하는 이들은 노골적인 부패가 없더라도 이는 사실이라고 주장한다. 정부의 정책과 지출이 장기적인 사회적 이익보다 단기적인 정치적 이득에 좌우될 수 있다는 것이다.

트럼프 행정부를 경험한 미국인이라면 누구나 정부와 정치의 실패에 대해 알고 있다. 나는 순진하지 않으며 특수한 이해관계가 아닌 경제발전과 사회정의를 증진하는 강력하고 효과적인 국가를 만드는 일의 어려움을 잘 알고 있다. 그러나 강력하고 효과적인 국가가 없을 때는 사회적·경제적 진보가 거의 또는 전혀 없었다는 것도 알고 있다. 50여 년 동안 경제학자로 일하면서 나는 가령 동아시아 국가들의 1인당 국민소득이 열 배나 증가한 것과 같은 몇몇 경제적 기적을 목격했는데 이러한 성공은 정부 정책과 직접적 관련이 있었다. 그러나 실패와 실망도 목도했다. 우리는 우리가 잘할 수 있는 만큼 또는 그랬어야 하는 만큼 거시경제를 잘 관리하지 못했지만 만약 단순히 경제를 시장에 모두 맡겼다면 나타났을 결과보다는 상황이 더 나았다.[16] 우리는 사회 전체의 이익을 증진하는 식으로 민주주의가 작동하도록 노력할 수밖에 없다. 때때로 여러 사회는 바로 그렇게 하여 상당한 성공을 거두었다. 우리는 성공과 실패로부터 모두 배워야 한다.

우리가 배운 두 가지 교훈은 경제력의 불균형이 정치권력의 불균형으로 이어진다는 것과 돈이 지배하는 정치는 필연적으로 부패할 수밖에 없다는 것이다. 많은 곳에서 신자유주의의 지배는 신자유주의 이념으로 이익을 얻는 특수 이익집단과 그들이 행사하는 정치권력과 관련이 있다.

우리는 또한 개방성과 투명성, 적응하는 학습기관, 적극적이고 다양한 언론을 포함한 견제 및 균형 시스템, 시민의 참여가 활발한 시민사회, 그리고 시민이 목소리를 낼 다양한 메커니즘 등 사회적·경제적 성공에 기여하는 몇몇 요소도 잘 알고 있다.

사람의 형성

마지막으로 더 나은 경제·정치·사회 체제의 설계를 위해 우리는 그것이 사람을 어떻게 형성하는지 인식해야 한다. 2부에서 강조했듯이 우리는 태어날 때부터 이미 형성되어 있는 것이 아니라 부모와 학교, 우리가 속해 있는 경제·정치·사회 체제를 포함해 우리를 둘러싼 환경에 의해 형성된다. 우리가 경제체제를 형성하려 할 때 이러한 영향을 의식할 필요가 있다. 앞서 언급했듯이 협동조합 제도는 더 많은 협조적 행동을 촉진할 수 있다. 지난 반세기 동안 우리가 가졌던 신자유주의 체제는 약속했던 공동의 번영을 이룩하지 못함으로써 그 자체로 실패했지만, 더욱 우려스럽게도 정직과 신뢰가 부족한 이기적이고 물질주의적인 사람들을 더 많이 만들어 냈다. 타인을 이용해 일상적으로 돈을 벌면서도 죄책감조차 느끼지 않는 세상은 어떤 세상이겠는가?

마거릿 대처는 1987년 인터뷰에서 "사회가 누구인가? 그런 것은 없다"라는 유명한 말을 남겼다. 하지만 바로 그 순간 영국의 지도자로서 대처는 사회와 시민을 형성하려고 노력하고 있었다. 대처는 좋은 사회와 정반대되는 비전을 제시했다. 신자유주의가 대처의 비전을 향해 사회를 움직이는 데 성공한 것이 신자유주의의 가장 큰 실패일지도 모른다.

개인과 사회로서 우리가 누구인지에 초점을 맞춘 사회정의 의제를 지지하는 추가적 논거들이 존재한다. 2부에서도 언급했듯이 불평등으로 인해 가장 부유한 시민들은 특권의식을 느끼고 가장 가난한 시민은 희망이나 포부 없이 절망 속에서 살아간다.

진보적 자본주의의 깊은 열망은 더 많은 공감, 더 많은 배려, 더 많은 창의성, 그리고 건강한 노력이 있으며 개인이 덜 이기적이고 더 정직한 사회를 건설하는 것이고, 이러한 특성들이 결국 더 잘 기능하는 경제와 사회를 만들어 낼 것이다.[17] 나는 내가 옹호하는 진보적 경제가 그렇게 하는 데 성공할 것이라고 믿는다.

결론

일부 비평가들은 "자본주의가 진보적일 수 있는가? 그것은 모순이 아닌가"라고 질문을 던진다. 내가 간략하게 설명한 체제는 "자본주의"라는 용어를 공유하더라도 현재의 체제와 크게 다른 것이다. 21세기 진보적 자본주의의 핵심인 "자본"은 물적자본이나 금융자본뿐만 아니라 인적자본, 지적자본, 조직자본, 사회적 자본, 그리고 자연자본 등 우리 경제의 토대가 되는 모든 자본을 포함한다. 실제로 자본주의라는 용어에 대한 이해의 폭을 넓히는 것이 필수적이고 이는 변화하는 우리 경제와 사회의 본질에 부합한다.

나는 우리가 앞서 간략히 설명한 원칙을 바탕으로 경제와 사회를 구축할 수 있다고 믿는다. 우리가 "이상적" 사회를 만드는 데 성공하지 못한다 해도 우리는 현재의 자본주의 형태보다 훨씬 더 나은 사회를 만들 수 있다.

14장

민주주의, 자유, 사회정의, 그리고 좋은 사회

자유에 대한 모든 논의는 누구의 자유를 말하는지에 대한 논의에서 시작해야 한다. 누군가가 다른 사람을 해칠 자유, 아니면 다른 사람이 해를 입지 않을 자유 중 누구의 자유 말인가? 총기소유자 대 총기폭력 피해자, 화학회사 대 독극물오염으로 고통받는 수백만 명의 사람들, 제약사 대 약을 살 돈이 없어 죽거나 건강이 악화되는 환자 등 여러 경우에서 우리는 너무 자주 균형을 맞추지 못했다. 우리는 누구의 자유가 승리했는지 알고 있다. 불의의 목록은 길고도 길다.

현재 시스템의 모든 실패와 불평등에도 많은 사람이 여전히 자유시장경제를 옹호하는 것은 놀라운 일이다. 의료보험 회사, 전화회사, 집주인 또는 항공사와의 거래에서 매일 겪는 좌절에도 말이다. 21세기 자본주의 아래서 살아가는 사람이, 더구나 무수한 폐해에 관해 들은 사람이 고삐 풀린 시장이나 "자유"기업의 필연적 효율성을 믿을 수 있다는 것은 이해하기 어렵다.

솔직히 말해 전 세계의 일반 시민들은 속임수에 넘어간 셈이다. 문제가 생기면 그들은 "시장에 맡기라"라는 말을 들어 왔다. 심지어 시장이 외부효과, 조정, 그리고 공공재 문제를 해결할 수 있다는 말도 들어 왔다. 이는 순전히 희망적인 생각으로 나는 그 이유를 설명했다. 잘 기능하는 사회에는 규칙, 규제, 공공기관, 그리고 세금으로 재원을 조달하는 공공지출이 필요하다.

이윤을 추구하는 민간기업이 아무런 해를 끼치지 않을 수 있고 완벽하게 효율적이라는 동화의 다른 측면은 정부가 탐욕스럽고 비효율적이라는 점이다.

착취의 자유가 확대된 CEO(그리고 주주)를 비롯한 많은 사람이 이런 이야기로부터 이득을 얻었다. 특히 공공서비스가 민영화되면서 그들의 주머니는 더 두둑해지고 그들의 권한은 더욱 커졌다. 부자와 권력자 들은 미디어를 장악했다. 이들이 지지하는 정치지도자들은 레이건의 "정부는 우리 문제의 해결책이 아니라 정부가 문제다"와 같이 기억에 남는 대사를 통해 이러한 메시지를 반복하고 증폭시켰다.[1]

한번 형성된 사고방식은 바꾸기 어렵다. 많은 미국인들은 수십 년 동안 통계가 매우 다른 현실을 보고했음에도 여전히 미국이 기회의 땅이라고 믿고 있고 아메리칸드림을 여전히 믿는다. 물론 미국은 기회의 땅이 되기를 열망해야 하지만 오늘날의 현실이 지지하지 않는 믿음, 즉 시장 자체가 오늘날의 문제에 대한 해결책이라는 믿음을 고수하는 것은 도움이 되지 않는다. 고삐 풀린 시장은 불평등, 기후위기, 그리고 미국의 합성마약 위기 등 우리가 직면한 중대한 문제를 많이 만들어 냈다. 자유로운 시장은 이러한 문제 중 어느 것도 해결할 수 없다. 그것은 지구온난화, 인공지능, 그리고 지정학의 재편 등 우리가 겪는 거대한 구조적 변화를 많은 사람을 뒤처지게 만들지 않고는 관리할 수 없다. 실제로 민간부문은 그 자체만으로 기후변화에 적절하게 대응할 수 없으며 특히 우리에게 필요할 정도로 시급하게, 그리고 녹색전환의 비용을 공평하게 분담하는 방식으로는 더욱 불가능하다.

이러한 깨달음은 전 세계에서 벌어지는 문화전쟁에도 통찰력을 제공할 수 있다. 왜 우파는 기후변화를 막는 데 필요한 조치에 그토록 완강하게 저항해야 할까? 그들은 왜 코로나19 팬데믹 동안 마스크 착용과 예방접종을 거부해야 할까? 그 답은 기후변화와 팬데믹이 자유시장 사고방식에 불편한 진실을 제시하기 때문이다. 만약 외부효과가 중요하다면 집단행동이 중요하고 시장에만 의존할 수 없다. 결국 그들은 생각을 바꾸기보다 현실을 무시하는 편이 낫다. 하지만 우리가 우리의 열망과 이상에 조금이라도 부합하는 사회를 만들려면 그들은 반드시 변화해야 한다.

분열된 사회에서 자유를 둘러싼 분쟁의 해결

사회가 누구의 권리가 더 중요한지 면밀히 검토하고 광범위하게 토론한 후에도 사람들이 여전히 서로 동의하지 않는다면 어떻게 될까? 거의 정의상 한 사회는 오직 하나의 권리 할당만을 할 수 있다. 시민들은 어떤 집단적 의사결정 메커니즘을 통해 그 할당에 집단적으로 동의해야 한다.

우리는 우리 사회를 지배하는 규제에 대해서도 집단적으로 결정해야 한다. 환경규제, 교통규제, 토지용도규제, 그리고 금융규제 등 우리 경제의 모든 구성요소에 대한 규제가 필요하다. 21세기 경제에는 복잡한 일련의 규칙과 규제가 필요하다.

우리 모두는 사람들이 함께 이성적으로 추론해 근본적 질문에 대한 일치된 답을 찾아내는, 같은 생각을 가진 사람들과 함께 사는 사회에서 살고 싶어 한다. 또한 모든 국가가 인권과 민주주의에 대한 우리의 견해를 공유하는 세상에서 살기를 원한다. 그러나 우리는 그런 사회에서 살고 있지 않다.

일반적으로 만장일치와는 거리가 멀지만 일부 소규모 공동체는 광범위한 합의를 이룰 수 있다. 하지만 규모가 큰 사회에서는 합의를 이루기 더 어렵다. 많은 핵심적 가치와 가정은 경제학자, 철학자, 그리고 수학자 들이 원초적이라고 부르는 것으로, 논쟁은 가능하지만 해결될 수 없는 기본 전제다. 하지만 함께 사는 것의 중요성과 최소한 제한된 수의 집단적 결정을 내려야 할 필요를 고려할 때 우리가 합의점을 찾기 위해 할 일이 없을지 질문해야 한다. 이에 답하기 위해서는 사회적 격차를 야기하는 요인과 격차가 확대된 이유를 이해하는 것이 도움이 된다.

소득과 부의 불평등의 역할

나는 그 해답의 상당 부분이 내가 지적한 신자유주의의 두 가지 문제, 즉 20세기와 21세기 신자유주의적 자본주의의 특징인 소득과 부의 격차 확대와 미디어로 인한 양극화현상과 관련이 있다고 믿는다. 설상가상으로 현재의 규칙은 부자와 엘리트 들이 정책과 사회적 내러티브를 형성하는 데 불균형적으로 큰 목소리를 낼 수 있도록 허용하고 있다. 이 모든 것들로 인해 시스템이 조작되고 불공정하다는 부유하지 않은 사람들의 인식이 강화되며 이는 분열은 치유하기 더욱 어렵게 만든다.

소득불평등이 커지면 사람들은 서로 다른 세상에서 살게 되고 서로 교류하지 않게 된다. 경제적 격차가 커지면서 양측이 가령 서로에 대해 어떻게 생각하고 느끼는지 등에 영향을 미친다는 증거가 많이 존재한다.[2] 사회에서 가장 가난한 사람들은 세상이 자신들에게 불리하게 만들어져 있다고 보고 야망을 포기한다. 가장 부유한 사람들은 특권의식을 가지게 되고 그들의 부는 시스템이 조작**되도록** 하는 데 도움을 준다. 그러나 경제적 격차에 대한 이 개인적 의견들은 사회적 격차를 확대할 뿐이다.

분열을 조장하는 미디어의 역할

소셜미디어를 포함한 미디어는 이러한 분열의 또 다른 원인을 제공한다. 미디어는 사회적 내러티브를 형성하는 막강한 힘이 있으며 사회양극화에 중요한 역할을 해 왔다. 앞서 언급했듯이 많은 미디어의 비즈니스모델은 분열의 조장을 수반한다. 예를 들어 폭스뉴스는 균형 잡힌 보도로 더 많은 시청자를 끌어들이기보다 왜곡된 보도에 열광하고 폭스**만** 시청하는 우파 시청자를 확보하는 편이 더 낫다는 사실을 깨달았다. 소셜미디어는 분노에 의해 참여를 유도하는 것이 수익성이 있으며 사용자마다 다른 정보를 제공함으로써 사회양극화를 초래하더라도 타기팅 대상을 효과적으로 세분화하는 알고리즘을 개발할 수 있다는 사실을 발견했다.

해결책으로서의 추론

이 책의 전제는 계몽주의의 핵심 가치인 **추론**(reasoning)과 그 추론에 기반한 담론이 문제의 복잡성을 더 잘 이해하고 공동선을 추구하는 과정에서 공통분모를 찾는 데 도움이 될 수 있다는 것이다. 예를 들어 자유의 의미와 본질에 대한 추론을 통해 우리는 자유지상주의 우파의 세계관은 한 사람의 자유가 다른 사람의 부자유임을 인정하지 않기 때문에 근본적으로 일관성이 없다는 결론에 도달할 수 있다. 나는 상호의존적인 현대 사회에서 자유에 대한 보다 일관되고 의미 있는 분석을 제시하려고 시도했다.

나는 좋고 훌륭한 사회를 구성하는 많은 핵심 요소와 어떤 경제체제가 그런 사회를 뒷받침하는지에 대한 광범위한 합의가 존재한다고 믿는다. 예를 들어 좋은 사회는 자연과 조화를 이루며 살아야 한다. 현재 우리의 자본주의는 이를 제대로 수행하지 못했지만 환경규제를 중시하는 진보적 자본주의는 이를 최우선 과제로 삼을 것이다.

좋은 사회는 개인이 번영하고 잠재력을 발휘할 수 있도록 만든다. 현재 우리의 자본주의는 인구의 많은 부분을 실패로 이끌고 있다. 진보적 자본주의는 선분배와 재분배를 통해 이 문제를 해결할 것이다.

좋은 경제체제는 사람들이 정직하고 공감하며 타인들과 협력하는 능력을 가지도록 장려한다. 현재의 자본주의 체제는 너무 자주 그 반대를 조장하지만 진보적 자본주의하의 풍부한 제도장치 생태계는 더 나은 결과를 가져올 것이다.

게다가 어떤 중요한 결정을 내리는 방법에 대한 합의가 없을 때 공리주의자·벤담주의자[19세기 철학자 제러미 벤담(Jeremy Bentham)의 사상을 따르는 사람들]와 존 롤스의 철학적 전통은 좋은 사회에서 어떤 규칙의 집합이 합당한지 생각하는 데 도움이 될 수 있다. 또한 사회를 구성하는 규칙의 총합에 관해 생각하는 최소한의 틀을 제공할 수도 있다.

정치는 집단적으로 무엇을 해야 하는지에 관해 큰 의견 차이가 있는 세상을 헤쳐 나가는 일이다. 어떤 경우에는 전체 패키지에 대한 합의인 복잡한 거래(horse trading)가 나타날 수 있다. 이 경우 어떤 사람들은 다른 사람들이 확신하지 못하는 다른 영역의 결정들을 그들이 받아들이는 대가로 자신이 잘못되었거나 적어도 이상적이지 않다고 생각하는 영역의 결정들을 수용한다. 전체 결과에는 조화가, 세부사항에는 불만이 존재한다. 시민들이 이러한 광범위한 합의로 인한 사회적 결속의 이점을 이해할 수 있게 되면서 결국에는 만장일치에 가까운 합의가 이루어질 수도 있다.

안타깝게도 현실은 그렇지 않은 경우가 많다. 해결할 수 없는 이견이 존재하기 때문에 일부 사람들은 우리가 집단적 의사결정의 공간을 좁혀야 한다고 주장한다. 나는 여기에 대가가 따른다고 설명했다. 연구개발, 교육, 그리고 의료 같은 공공재와 관련된 집단행동은 막대한 이익을 가져온다. 그러나 더욱 근본적으로 우리는 집단적 의사결정을 피할 수 없다. 따라서 우리를 통솔하는 공통의 규칙이 있어야 한다.

미국을 비롯한 몇몇 지역은 실패의 전형이다. 권력의 지렛대를 쥔 사람들이 정치적 합의를 찾거나 만드는 노력은 제한적으로만 하면서 권력을 유지·확대·확장하는 데 그들의 권력을 사용한다. 미국에서는 200년도 더 전에 만들어진 정치시스템이 일부 지역에 불균형적인 정치적 비중을 할당하고 게리맨더링(gerrymandering, 특정 후보나 정당에 유리하도록 선거구를 인위적으로 정하는 것—옮긴이)과 투표억압(voter suppression, 특정 유권자들의 투표 참여를 막아 선거 결과에 영향을 미치려는 정치 전략—옮긴이)을 통해 일부 시민의 권리를 부분적으로 박탈하는 권한을 주 정부에 부여하고 있다. 역사는 통치자와 피통치자 사이에 엄청난 불균형이 특징인 정부와 정치시스템은 민주주의의 외관을 갖추고 있더라도 생존할 수 없음을 오랫동안 가르쳐 왔다. 이런 경우 필연적으로 정부에 대한 신뢰와 정당성에 대한 믿음이 약화될 수밖에 없다.

나는 우리가 이념, 정체성, 그리고 절대주의적 입장의 영역에서 벗어나 건강한 토론의 영역으로 논의를 옮길 수 있다면 모든 사안에 대한 것은 아니라 해도 훨씬 더 광범위한 문제에 대한 합의가 도출되어 좋은 사회로 더 쉽게 나아갈 수 있을 것이라고 믿는다.[3]

신자유주의와 지속 가능한 민주주의

오랫동안 우파는 "자유"라는 주문을 마치 상표처럼 독점적으로 사용하려고 노력해 왔다. 이제 우파에 맞서서 자유라는 단어를 되찾아야 할 때다.

밀턴 프리드먼과 프리드리히 하이에크는 경제적 자유와 정치적 자유가 밀접하게 연결되어 있으며 전자가 후자를 위해 필요하다고 주장했다. 그러나 나는 이러한 사상가들과 그들과 비슷한 사람들의 영향을 받아 발전된 경제체제가 의미 있는 민주주의와 정치적 자유를 훼손한다고 주장했다. 의미 있는 정치적 자유는 어느 정도의 공동 번영을 보장하고 권력—돈—이 결과에 부적절한 역할을 하지 않는 진보적 자본주의 같은 경제체제의 맥락에서만 보장될 수 있다.

프리드먼과 하이에크의 주장 모두의 핵심은 자유롭고 고삐 풀린 시장이 그 자체로 효율적이라는 것이었다. 정부만 멀리 떨어져 간섭하지 않는다면 경쟁시장은 자생적이고 민주주의를 원활하게 유지하는 데 필요한 메커니즘이라고 그들은 주장했다. "노예"로의 추락을 막으려면 정부를 작게 유지하여 주로 재산권과 계약을 집행하는 데 사용하고 공공재 제공, 규제, 또는 재분배는 멀리해야 한다는 것이다.

나는 왜 그들이(그리고 그들의 견해를 공유하는 무수히 많은 사람이) 틀렸는지 설명했다. 시장 자체는 결코 본질적으로 효율적이지 않다.

더 강력한 민주주의 없는 자유시장은 지속될 수 있을까? 신자유주의적 자본주의가 스스로를 파괴하는 이유

신자유주의 경제는 비효율적일 뿐만 아니라 경제체제로서 지속될 수 없다. 신자유주의 시장경제가 스스로를 파괴할 수밖에 없다고 믿을 만한 여러 이유가 있다. 시장경제는 신뢰를 바탕으로 작동한다. 애덤 스미스는 사람들이 좋은 행동의 규범 대신 뻔뻔하게 사익만을 추구한다면 사회가 생존할 수 없다는 점을 인식하고 신뢰의 중요성을 강조했다.

> 이 일반적인 행동 규칙들에 대한 존중은, 적절히 말하자면 의무감이라고 할 수 있다. 이는 인간의 삶에 가장 큰 결과를 가져오는 원칙이자 인류 대다수가 자신의 행동을 지시할 유일한 원칙이다. …… 이 의무들을 얼마나 잘 지키느냐에 인류 사회의 존립 자체가 달려 있으며 인류가 일반적으로 이러한 중요한 행동 규칙들을 경외하지 않는다면 인류 사회는 무너지고 말 것이다.[4]

예를 들어 계약은 지켜야 한다. 모든 계약을 법원을 통해 강제집행하는 데 드는 비용은 감당할 수 없을 것이다. 그리고 미래에 대한 신뢰가 없다면 누가 저축을 할 것인가? 신자유주의적 자본주의의 인센티브는 사익과 물질적 행복에 초점을 맞추고 신뢰를 약화시키는 데 큰 역할을 했다(이는 2008년 금융위기 직전의 금융 부문에서 명백히 드러났다). 적절한 규제가 없다면 너무 많은 사람이 사익을 추구하는 과정에서 신뢰할 수 없는 방식으로 행동하고 도덕적인 것의 한계를 넘어 합법성의 경계를 넘나들 것이다. 우리는 신자유주의가 어떻게 이기적이고 신뢰할 수 없는 사람들을 만드는지도 보았다. 도널드 트럼프 같은 "사업가"가 다른 사람을 이용하면서 수년, 심지어 수십 년 동안 번영할 수 있다.[5] 트럼프가 예외가 아니라 표준이라면 상업과 산업은 멈춰 설 것이다.

우리는 경제력 집중을 막기 위해 규제와 법률도 필요하다. 우리는 기업이 담합을 시도하고 독점금지법이 없을 때 더 그렇게 할 뿐만 아니라 현행법 내에서조차 경제력이 집중되는 경향이 강하다는 것을 목격했다. 자유롭고 경쟁적인 시장이라는 자유주의적 이상은 정부개입이 없다면 사라질 것이다.

우리는 권력을 가진 사람들이 권력을 유지하기 위해 할 수 있는 일을 너무 자주 하는 모습도 보았다. 그들은 권력을 억제하거나 축소하는 것이 아니라 권력을 유지하고 강화하기 위해 규칙을 만든다. 경쟁법은 새로운 기술과 기업이 시장지배력을 확보하고 행사하는 새로운 방식에 대응할 수 없게 되어 껍데기만 남았다. 법의 집행도 약화되었다. 신자유주의적 자본주의 세계에서 부와 권력은 끊임없이 강화되고 있다.

신자유주의는 정치적으로 지속 가능하고, 지속 가능한 민주주의와 조화될까?

신자유주의는 경제적으로 지속 가능하지 않고 하이에크와 프리드먼이 주장한 것과는 정반대로 민주주의의 지속 가능성을 훼손한다.

우리는 적어도 정치에서 돈이 큰 역할을 하는 미국에서 부자에게는 더 많은 자유를, 가난한 사람들에게는 더 적은 자유를 보장하는 경제적·정치적 불평등의 악순환을 만들어 냈다. 경제력이 정치권력으로 변질되어 1인 1표라는 민주주의의 기본 가치를 훼손하는 방식에는 여러 가지가 있다. 현실은 일부 사람들의 목소리가 다른 사람들보다 훨씬 더 크다는 것이다. 일부 국가에서는 부유층이 더 많은 돈을 가지고 더 많은 표를 사는 것과 같이 표를 매수하는 노골적 행위가 벌어진다. 선진국에서는 부유층이 미디어와 다른 곳에서 자신의 영향력을 이용하여 내러티브를 만들고 그 내러티브가 통념이 되도록 만드는 가장 유리한 위치에 있다. 가령 그들은 부자와 권력자에게 이익이 되는 특정 규칙과 규제, 정부개입이 국익에 부합한다고 주장한다. 그리고 아주 흔하게 이것이 사실이라고 다른 사람들을 설득하는 데 성공한다.

공포는 권력자들이 다른 사람들이 자신들의 의제에 따르도록 설득하기 위해 사용하는 핵심 도구다. 만약 은행을 구제하지 않으면 경제시스템이 무너지고 **모두가** 더 나빠질 것이다. 만약 법인세율을 인하하지 않으면 기업들은 기업에 더 친화적인 다른 국가로 떠날 것이다.[6]

소수가 계약조건을 결정하는 사회가 자유로운 사회일까?[7] 소수가 주요 미디어를 통제하고 그 통제력을 이용하여 대중이 볼 뉴스를 결정하는 사회가 자유로운 사회일까? 서구인들은 나치와 공산주의자 들이 퍼뜨린 선전을 오랫동안 비판해 왔지만 우리는 머독식 선전의 악몽과 더 나쁘게는 머스크와 저커버그가 통제하는 소셜미디어가 원하는 무엇이든 퍼뜨리는 악몽의 영역에 갇혀 있다. 그 결과 우리는 가치뿐만 아니라 사실에 대해서도 동의하지 않으며 서로 다른 집단이 서로 다른 세계에서 살아가는 양극화된 세상을 만들었다.

신자유주의 경제로는 강력한 민주주의를 유지할 수 없는 또 다른 이유가 있다. 신자유주의는 오늘날 불평등의 주요 원인인 막대한 "지대", 즉 독점이윤을 발생시켰다. 특히 상위 1퍼센트에 속하는 많은 이에게는 이 시스템이 허용한 막대한 부의 축적을 중심으로 많은 것이 걸려 있다.

민주주의가 정치적으로 지속되려면 타협이 필요하지만 오늘날의 양극화된 사회에서는 중간 지대가 점점 더 어려워지고 있다. 신자유주의는 여러 가지 방식으로, 특히 거대한 경제적 격차를 만들어 내어 이러한 상황에 기여해 왔다. 경제력과 정치권력 모두의 측면에서 많은 것이 걸린 상황에서는 타협도 어렵다. 그러니 우파가 "승자독식" 태도를 취한 것은 당연하다. 부시 대통령과 트럼프 대통령이 뚜렷한 소수 대중의 지지를 받으며 취임했을 때 다소간 중도 우파 정책을 추구할 것이라고 생각했을 수도 있다. 그러나 아니었다. 그들은 선거에는 결과가 따르며 투표억압, 게리맨더링, 그리고 중층적 선거제도에도 불구하고 선거에서 승리하면 무엇이든 할 수 있는 전면적 권한을 부여받는다는 관점을 취했다.[8] 그들이 택한 정책은 불평등 심화가 미국의 핵심 문제 중 하나로 인식되었음에도 일반 시민을 희생시키면서 부유층을 위한 감세를 포함했다. 미국인의 기대수명이 나날이 낮아지는데도 성공한 의료서비스를 축소하려 했다. 이는 국가적 차원에서 실패했지만 많은 공화당 주에서는 성공했다.

타협의 부재는 정치, 정책, 프로그램의 불안정성을 초래하고 경제적·사회적으로 큰 결과를 초래한다. 커다란 소득격차는 정치의 커다란 분열로 쉽게 이어지기 때문에 사회적 연대의 부재와 정치적 분열은 종종 학자금부채에 관한 급격한 정책 변화나 가난한 가정을 위한 코로나 시기 기금의 갑작스러운 중단과 같은 정책의 불안정성을 낳는다. 정책의 변덕스러움은 그 자체로 경제에 악영향을 미친다. 경제적 환경(규제나 세금)에 대한 불확실성은 기업이 견조한 성장에 필요한 투자를 하지 못하게 만든다. 경제학자들은 종종 이러한 정책의 진자 진동을 비판하지만 근본적 문제는 보지 않는다. 사회적 분열이 더 작아도 정책 변화는 계속되겠지만 그 변화의 크기는 더 작을 것이고, 따라서 나쁜 결과도 더 작을 것이다.

가드레일

다시 말해 자유민주주의와 결합된 자유시장의 경쟁적 신자유주의 경제는 강력한 가드레일과 부의 불평등과 정치에서 돈의 역할을 억제할 필요성에 대한 광범위한 사회적 합의 없이 안정적 균형을 이룰 수 없다. 이 강력한 민주주의는 경쟁적이고 자유로운 경제를 유지하는 데 필수적이다. 오늘날 미국의 정치체제와 경제체제가 의미 있는 경제적·정치적 자유를 유지하기에 충분한 안전장치를 갖추고 있는지는 의문스럽다.

나는 시장지배력의 창출과 유지, 남용을 방지하기 위한 경쟁정책 같은 필수적 가드레일의 구성요소 일부에 대해 이야기했다. 미국의 모든 학생이 배우는 것처럼 견제와 균형은 정부에 필요할 뿐 아니라 사회 전반에도 필요하다. 광범위한 참여를 통한 강력한 민주주의 또한 필요한 요소의 일부인데 이는 투표억압과 관련된 법률과 같이 민주적 참여를 축소하려는 법률을 철폐하기 위한 노력을 의미한다.

이러한 가드레일과 견제와 균형은 시장지배력과 과도한 불평등을 억제하고 다양한 제도장치를 마련하는 진보적 자본주의의 핵심부이다. 이러한 가드레일을 제거하고 견제와 균형을 약화하여 불평등을 확대하려는 끊임없는 압력이 분명히 나타날 것이다. 이는 오늘날 가장 강력한 사회민주주의 국가에서도 마찬가지다.

미국에서는 가드레일이 상당히 흔들리고 있다. 《파이낸셜 타임스》의 수석경제평론가인 마틴 울프(Martin Wolf) 같은 사람들은 상황이 너무 심각하여 미국이 더 이상 민주주의 국가로 기능하지 못할 수도 있다고 우려한다.[9]

부와 권력, 그리고 불평등이 더욱 심화될 수 있는 모든 자본주의의 동학이 초래하는 위협에 대한 인식은 민주주의를 어떻게 유지할 수 있는지에 대한 해답의 일부다. 이 책의 목적 하나는 이러한 인식을 제고하는 것이다.

포퓰리즘으로 가는 길

신자유주의자, 더 나아가 급진 우파는 바로 그 자유라는 미명하에 소수를 위해 다수의 기회와 자유(정치적·경제적 모두)를 제한하는 정책을 옹호해 왔다. 신자유주의와 관련된 이 모든 경제적·정치적 실패는 많은 시민에게 피해를 입혔고, 그중 많은 이가 트럼프, 보우소나루, 푸틴, 그리고 모디와 같은 권위주의적 인물에 이끌려 포퓰리즘을 지지하는 것으로 반응했다. 이 정치인들은 무엇이 잘못되었는지 설명할 희생양을 찾고 복잡한 질문에 대해 단순한 대답을 제시한다.

우리는 결국 프리드먼과 하이에크의 주장과 정반대의 결론에 도달할 수밖에 없다. 그들은 아마도 고의적으로 역사를 잘못 읽었다. 하이에크와 프리드먼이 글을 쓸 당시 세계는 히틀러, 무솔리니, 그리고 스탈린 같은 한바탕 심각한 권위주의로부터 회복되고 있었는데 정부가 너무 큰 역할을 했기 때문이 아니었다.[10] 오히려 이 극악한 정권은 정부가 충분한 역할을 하지 못한 것에 극단적으로 반응하며 등장한 것이었다. 그때도 지금도 권위주의는 큰 정부를 지닌 사회민주주의 국가가 아니라 극심한 불평등과 높은 실업률로 특징지어지는, 정부가 너무 작은 역할을 한 국가에서 발흥한 것이었다. 우리는 가장 강력한 민주주의를 유지해 온 국가는 사회민주주의 국가, 즉 우리의 진보적 자본주의 비전에 가장 근접한 국가임을 확인했다. 신자유주의 교리를 채택한 국가들은 포퓰리즘과 예속으로 가는 길을 걸어왔다.

요컨대 하이에크와 프리드먼은 틀렸다. 자유로운 신자유주의 자본주의는 지속 가능한 민주주의와 정반대다. 하이에크의 유명한 저서 『노예의 길』은 너무 큰 국가가 자유를 상실하는 길을 닦고 있다고 주장했다. 오늘날에는 하이에크와 프리드먼을 비롯한 많은 우파가 옹호하는 자유롭고 고삐 풀린 시장이 우리를 파시즘으로, 과학과 기술의 발전으로 더욱 악화된 21세기식 권위주의, 즉 감시가 일상화되고 진실이 권력에 희생되는 오웰식 권위주의의 길로 이끌었음이 분명하다.

두 주요 정당 중 하나가 적극적으로 투표를 억압하고 권력을 획득하고 유지하기 위해 거의 무슨 일이든 하고 있기 때문에 많은 사람이 이 나라가 파시즘으로 향하고 있다고 생각하는 것이 이해할 만하다. 물론 21세기식 파시즘이 20세기 최악의 파시스트 국가들이 취했던 추악한 방향으로 나아갈지는 알 수 없는 일이다. 그러나 우리는 트럼프와 공화당의 일부 지도자들이 극단적 민족주의를 선동하고 인종주의와 권위주의에 은밀하게, 때로는 거의 노골적으로 호소해 왔다는 사실을 알고 있다.

미국이 가장 먼저 이 길을 가고 있지만 다른 나라들도 그리 멀지 않을 수 있다.

진보적 자본주의, 사회민주주의, 그리고 사회정의

내가 대안적인 길을 제시한 이유는 간단히 말해서 우리가 지금 가는 곳보다 더 나은 곳을 향해 가야 하기 때문이다. 이것은 평등, 사회정의, 그리고 민주주의에 초점을 맞추는, 자유와 진보적 자본주의(활력을 되찾은 사회민주주의) 의제 사이의 연관성을 다시 생각하게 만든다.

인문교양교육의 자유를 확대하는 역할

교육시스템, 더 넓게는 연구대학과 싱크탱크를 포함한 지식시스템은 필요한 가치관을 심어 주고 개인이 사회적 강제로부터 해방되도록 도와주며 자율성을 강화함으로써 지속 가능하고 자유로운 사회를 만드는 데 핵심 역할을 한다. 우리가 세상을 바라보는 관점은 주변 사람들과 우리가 경험하는 사건들에 의해 우리가 평소에는 인지하지 못하는 방식으로 영향을 받는다. 좋은 인문교양교육은 이러한 힘들을 이해하는 데 도움이 된다. 이를 통해 우리는 부모와 타인들이 우리에게 기대하는 사회에서의 역할을 맡을 필요가 없음을 알 수 있다. 우리의 선호가 어떻게 형성되는지, 또래압력에 어떻게 영향을 받는지 더 잘 이해하면 우리는 자유로워질 수 있다.

교육은 우리의 선호와 행동을 형성하는 데도 중요한 역할을 한다. 사회가 잘 기능하기 위해 이러한 특성이 얼마나 중요한지 더 잘 이해하면 우리는 더 협력적이고 신뢰할 수 있게 될 것이다.

인문교양교육은 현행 경제제도의 결함을 파악하고, 예를 들어 고삐 풀린 시장이 왜 해결책이 아니라 문제인지도 이해할 수 있게 해 준다. 그렇기 때문에 (제한된 성역할이나 시장우선주의 같은) 현재의 규범을 계속 유지하는 데 찬성하는 사람들이 그 장점과 상관없이 인문교양교육에 그토록 강력하게 반대하는 것이다. 이는 계몽주의적 가치에 기반한 강력한 교육시스템을 바탕으로 지식의 진보를 이룩한 미국에서조차 마찬가지다.

민주주의

진보적 자본주의 및 활력을 되찾은 사회민주주의 의제에서 민주주의는 매우 중요하지만 이를 회복하려면 사회정의도 회복해야 한다. 이는 중요한 질문을 제기한다. 정치와 미디어에서 과도한 불평등과 돈의 역할을 제한하는 것 외에 자본가들의 이해관계가 우리의 사회·경제·정치 체제를 왜곡하는 것을 막기 위해 우리가 할 다른 일은 없을까? 민주적인 진보적 자본주의를 더욱 지속 가능하게 만들거나 그 지속 가능성을 높이기 위해 우리가 할 일이 있을까? 마법의 공식은 없지만 우리가 할 수 있는 일이 몇 가지 있다. 우리는 사람들에게 민주적 가치를 더 깊이 심어 주려 노력하여 그들이 어떤 형태로든 권력의 집중을 경계하도록 만들 수 있다. 언론 자유와 다양한 언론과 미디어의 필요성에 대한 더 강력한 의지를 심어서 부유층이 불균형적인 발언권을 갖지 못하도록 할 수도 있다. 우리는 우리 사회의 견제 및 균형 시스템을 강화할 수 있다. 이는 단지 정부의 한 부문이 다른 부문을 견제하는 것이 아니라 민간영역, 공공영역, 그리고 시민사회영역이 서로를 견제하며 제4의 권력인 언론이 이 모두를 견제하는 것이다.

물론 우리는 어떻게든 민주주의를 지켜 내야 한다. 과거에는 다수가 소수의 권리를 억압하는 것을 우려했다면 오늘날 미국에서는 소수가 다수의 권리를 억압하는 것을 우려한다. 투표억압, 극단적 게리맨더링, 공화당 극단주의자들의 여러 반민주적 행동으로 인해 미국 민주주의가 위험에 처해 있다.[11] 미국의 정치과정에는 민주주의를 심화시키고 민주주의의 생존 가능성을 높일 여러 개혁이 필요하다.

미국예외주의

어쩌면 우리는 미국이 처한 상황에 놀라지 말아야 할 것이다. 미국은 현재 너무 분열되어 있어서 평화적 권력이양조차 어려운 나라고, 기대수명이 선진국 중 가장 낮으며 진실에 동의하지 못하거나 진실이 어떻게 확인되거나 검증될 수 있는지에 대해 합의할 수 없는 나라다. 음모론이 넘쳐 나고 계몽주의가 매일 새로운 논쟁의 대상이 되어야 한다.

미국의 모조자본주의와 결함이 있는 민주주의가 지속 가능한지 걱정할 만한 충분한 이유가 있다. 고상한 이상과 냉혹한 현실 사이의 부조화가 너무 크다. 미국의 정치체제는 무엇보다 자유를 소중히 여긴다고 주장하지만 여러 면에서 많은 시민의 자유를 부정하거나 제한하는 시스템이다. 진짜 위험은 신자유주의의 실패가 낳은 포퓰리즘이 이미 등장한 사람들보다 더 나쁜 선동가들을 만들어 낼 수 있다는 것이다.

우리는 이 길을 계속 갈 필요가 없다. 우리는 현재 시스템의 결함이 명백하고 대다수가 변화를 요구하고 있으며 사람들 대부분이 진보적 자본주의의 근간이 되는 가치, 정책, 그리고 프로그램에 동의하는 순간에 와 있다.

이 책에서 제시한 진보적 자본주의 의제와 진보주의자들이 자유라는 언어를 되찾는 일은 매우 시급하다. 진보적 자본주의는 시민의 실질적 자유를 극대화한다. 그러나 시간은 우리 편이 아니다. 기후위기를 고려하면 우리는 고삐 풀린 자본주의가 우리를 환경적 한계 너머로 밀어붙이는 방식을 무시할 수 없다. 그리고 불평등·포퓰리즘·민주주의 위기를 고려하면 우리는 민주주의의 이상이 어떻게 찢어지고 있는지 무시할 수 없다. 이 둘의 충돌은 특별한 위협을 나타낸다.

우파가 전파해 온 자유에 대한 신화를 성공적으로 해체하고 보다 정교하고 균형 잡힌 관점에 도달할 때 우리는 좋은 사회를 만들기 위한 가장 중요한 첫걸음을 내딛게 될 것이다. 그런 사회는 시민들의 자유가 번성하고 그들이 잠재력을 발휘하며 서로, 그리고 자연과 조화롭게 살아가는 사회다. 진보적 자본주의는 사람들이 공동선을 위해 협력하는 활기찬 민주주의를 건설하게 해 줄 것이다. 이것이야말로 진정으로 자유로운 경제체제이자 정치체제다.

감사의 말

이 책은 당면한 문제에 관한 내 평생의 학문적 연구를 발전시킨 것이기 때문에 내가 이러한 문제를 이해하는 데 도움을 준 모든 분께 사의를 표하기란 불가능할 것이다.

외부효과와 집단행동은 공공부문 경제학에 종사하는 모든 경제학자의 관심의 중심이자 내가 경력 초기에 개척하기 시작한 분야로, 나는 짐 밀리스(Jim Mirrlees), 피터 다이아몬드(Peter Diamond), 아그나르 산모(Agnar Sandmo), 제자인 토니 앳킨슨(Tony Atkinson), 리처드 아놋(Ricard Arnott), 그리고 제프 힐(Geoff Heal)을 비롯한 신공공재정학파(New Public Finance)의 젊은 학자들로부터 영감을 받고 함께 연구했다.

"자유"와 "권리" 같은 용어를 사용하여 이 논의에 직접적으로 참여한 경제학자는 소수에 불과한데 그중 두 명은 영향력이 뚜렷한 친구들이다. 바로 파르타 다스굽타(Parta Dasgupta)와 아마르티아 센이다.

나는 자유와 권리, 내가 논의한 트레이드오프에 관해 더 직접적으로 관심이 있는 변호사들로부터도 많은 것을 배웠다. 특히 다섯 명이 내가 여기서 논의하는 문제를 이해하는 데 중요한 역할을 해 주었다. 뉴욕대학교의 롭 하우즈(Rob Howse), 하버드대학교의 데이비드 케네디(David Kennedy), 국제지속가능발전연구소의 나탈리 베르나스코니 오스터왈더(Nathalie Bernasconi-Osterwalder), 미국경제자유프로젝트 리싱크트레이드(Rethink Trade)의 로리 월락(Lori Wallach), 그리고 내가 예일대학교에서 강의하던 시절의 동료였던 귀도 칼라브레시 등이 그들이다. 또한 내가 여기서 논의하는 이슈는 표준경제학을 훨씬 뛰어넘어 분명 정치학의 핵심을 다루고 있다. 나는 아나히 비덴브루크(Anahí Wiedenbrug), 에드워드 스티글리츠(Edward Stiglitz), 마이클 도일(Michael Doyle), 제이컵 해커(Jacob Hacker) 등 이 분야의 많은 사상가에게 다시 한번 큰 빚을 지고 있다.

나는 또한 여러 같은 질문에 관해 고민하는 라비 칸부르(Ravi Kanbur)와 오랜 시간 토론하면서 많은 도움을 받았다. 컬럼비아대학교 동료인 네드 펠프스(Ned Phelps)도 마찬가지다.

사회적 강제와 우리의 경제·정치·사회 체제에 의한 개인 형성이라는 맥락에서 자유의 개념을 재검토하는 이 책의 2부를 구성하는 데 칼라 호프와 앨리슨 디머릿보다 더 큰 영향을 준 사람은 없다. 그들은 특히 자유의 개념이 어떻게 개발에 영향을 미치는지에 관해 (행동개발경제학이라고 불리는 분야에서) 나와 함께 오랫동안 연구해 왔다. 이 책의 여러 부분에서 나는 우리가 곧 출간할 예정인 책을 참고했고 그 책에서 자유롭게 발췌했다.

이 책의 모태가 된 컬럼비아대학교의 자유에 관한 세미나에서 이 문제에 관해 발표하도록 나를 초대해 준 아킬 빌그라미와 조너선 R. 콜(Jonathan R. Cole), 책의 초고에 대해 상세한 의견을 제시해 준 아킬, 자유에 관한 800주년 기념 강연 시리즈의 일환으로 이 세미나를 대규모 강연으로 확장할 기회를 제공해 준 파도바대학교, 이 아이디어를 먼저 시험해 볼 수 있게 해 준 옥스퍼드대학교와 중앙유럽대학교(Central European University)에 특별한 감사를 표한다. 또한 45년 전에 내가 옥스퍼드에서 한 달 동안 가르치고 이 책과 관련된 문제에 대해 많은 철학적 대화를 나눌 기회를 제공해 준 산자야랄추모기금(Sanjaya Lall Memorial Trust)과 옥스퍼드 올소울즈칼리지에도 빚지고 있다. 그곳에서 데이비드 바인스(David Vines), 존 비커스(John Vickers), 그리고 빈센트 크로퍼드(Vincent Crawford)와의 대화는 특히 소중했다.

내 모든 책에서 그렇듯 컬럼비아대학교의 오랜 동료 브루스 그린월드의 영향은 특히 외부효과의 만연과 학습사회 구축의 필요성에 대한 이해에서 분명하게 드러날 것이다.

나는 지난 사반세기 동안 성공적 연구를 위해 지원과 환경을 제공해 준 컬럼비아대학교에 깊이 감사드린다. 자유로운 사회를 위해서는 좋은 대학이 필요하며 컬럼비아는 그 모범을 보여 주고 있다.

컬럼비아는 내가 이 문제에 대해 토론할 수준 높고 열정적인 학생들도 제공했는데 그중 몇몇은 이 프로젝트의 연구조교로 활동했다. 그러나 그들은 평범한 연구조교 이상이었으며 아이디어에 대해 토론하고 논의했다. 그중에서도 하리스 매틴(Haaris Mateen), 파리잣 랄(Parijat Lal), 그리고 리카르도 포메르 무뇨즈(Ricardo Pommer Muñoz)를 특별히 언급하고 싶다. 니킬 바사바파(Nikhil Basavappa)와 지나 마르코프(Gina Markov)도 연구를 수행하고 미주를 작성하는 등의 기여를 했다.

컬럼비아대학교의 내 사무실의 가브리엘라 플럼프(Gabriela Plump), 마리아나 팔룸보(Marianna Palumbo), 캐럴라인 피한(Caroline Feehan)은 모든 면에서 엄청난 지원을 제공했다. 특히 오랫동안 내 책의 편집자인 앤드리아 거윗(Andrea Gurwitt)이 이 프로젝트에 보여 준 열정과 헌신, 통찰력 있는 의견, 책의 각 장을 편집하고 다시 편집하고 또다시 편집하는 엄청난 작업에 대해 특별한 감사를 전하고 싶다.

40년 넘게 내가 긴밀하게 협력하며 작업해 온 영국과 미국의 출판사들이 있다는 것은 내게는 큰 축복이다. 이들은 아이디어가 구체화되는 과정과 집필이 진행되는 동안 나와 함께 일했다. 노턴(Norton)에서 나는 (노턴 대표도 역임한) 두 편집자 돈 람(Don Lamm)과 드레이크 맥필리(Drake McFeeley)보다 더 오래 이 출판사와 작업할 수 있었다. 나는 지난 10년 동안 나만큼이나 이 책의 아이디어에 열광했던 브렌든 커리(Brendan Curry)와 함께 일할 수 있어 기뻤고, 그는 공동 작업자인 캐럴라인 애덤스(Caroline

Adams)를 데려왔다. 두 사람은 함께 아이디어에 도전하고 구성을 개선하고 언어를 세밀하게 다듬었다. 책의 주요 메시지에 집중하라는 그들의 고집 때문에 은유적으로 말하면 수많은 페이지가 편집실 바닥에 버려졌지만 그 덕분에 훨씬 더 나은 책이 탄생했다고 믿고 또 그렇기를 바란다. 훌륭한 교정을 해 준 로라 슈얼(Laura Sewell)에게도 감사드린다. 영국에서는 앨런레인(Allen Lane)의 스튜어트 프로핏(Stuart Proffitt)이 다시 편집을 맡았는데 그의 예리한 편집은 오늘날 보기 드문 디테일과 품질이다. 함께 작업한 포니 미초풀루(Fonie Mitsopoulou)에게도 감사의 말을 전하고 싶다.

언제나 그렇듯 나는 이 아이디어가 세미나 논문으로, 강의로, 그리고 이제 책으로 나오기 훨씬 전에 함께 논의하고 토론했던 애니아에게 가장 크게 빚지고 있다. 애니아는 나에게도 읽기 쉬운 방식으로 글을 쓰는 방법을 가르쳐 주었다. 우리 둘 모두 이러한 아이디어가 민주주의의 핵심이며 민주주의가 제대로 작동하려면 널리 이해되고 받아들여져야 한다고 믿는다. 이 책이 그 임무에 성공한다면 그것은 전적으로 애니아의 덕이다. 애니아는 각 단계마다 초고를 다시 읽으며 메시지를 다듬는 데 도움을 주었다.

경제학은 트레이드오프에 관한 것이며 자유에 대해 생각한다는 것은 트레이드오프에 대해 생각한다는 것을 의미한다. 이것이 이 책의 핵심 메시지다. 그러나 트레이드오프는 이 책뿐만 아니라 모든 책을 쓰는 데 중요하다. 할 말은 너무 많은데 할 시간과 공간은 너무 적기 때문이다. 이런 책은 질문을 해결하는 것만큼

이나 질문을 제기해야 한다. 나는 이 주제의 구석구석을 파헤치며 모든 문장에 학술적 각주를 달아 학문적 작업의 표지를 남기고 싶은 유혹을 뿌리쳐야 했다. 하지만 이 주제는 나무만 보고 숲을 보지 못한다면 재앙이 될 수 있는 주제다. 실제로 우리는 무엇이 문제인지 그 범위를 제대로 이해하지 못한 채 자유라는 언어에 집착해 왔다. 그리고 불행히도 그것은 대가를 초래했다.

해제

좋은 사회를 향한 자유의 길

이강국 리쓰메이칸대학교
경제학부 교수

지난 겨울 한국의 민주주의와 자유가 심각한 위기를 맞았습니다. 연설에서 여러 번 자유를 강조했던 윤석열 전 대통령이 정치적 자유를 억압하는 계엄을 선포했습니다. 그러나 그는 시민들의 거센 저항에 직면했고 결국 탄핵당했습니다. 윤석열 정부는 경제정책에서도 정부의 경제적 역할을 축소하여 소수의 자유를 확대한 반면 수많은 시민들의 자유를 억압했습니다. 한국에서 우파는 오랫동안 자유가 정치적으로 주로 반공을 의미하고 경제적으로는 정부의 시장개입을 축소하는 것이라고 주장해 왔습니다. 그러나 이는 잘못된 자유의 개념으로 이제 진정한 자유의 의미와 그것을 확대하기 위해 무엇이 필요한지에 관해 깊은 성찰이 필요한 때입니다.

진정한 자유와 좋은 사회를 위한 경제학

스티글리츠 교수의 『자유의 길』은 바로 그런 분석을 제시하는 책입니다. 이 책은 21세기 경제학의 관점에서 자유에 대한 이해를 발전시키고 어떤 경제체제가 시민들의 자유를 확대할 수 있는지 논의합니다. 저자는 자유를 기회집합과 관련된 행동의 자유로서 공평, 정의 등의 가치와 연관된 확장된 개념이며 잠재력을 실현하는 자유를 포괄하는 넓은 의미로 이해해야 한다고 강조합니다. 그러나 미국에서는 우파가 자유라는 단어를 독차지하고 오도하여 감세와 규제완화 등을 통해 정부의 역할을 축소하고 고삐 풀린 시장과 신자유주의를 낳았습니다. 이 체제는 소수의 자유를 확대했지만 성장의 정체와 불평등의 심화, 경제불안정을 낳아 수많은 이들의 자유를 축소했습니다. 따라서 그는 시민들의 자유를 확대하는 좋은 사회를 만들기 위해 정부의 적극적인 경제적 역할과 권력의 균형에 기초한 진보적 자본주의가 필요하다고 역설합니다.

이 책은 먼저 1부에서 트레이드오프, 외부효과, 공공재, 조정 문제 등 경제학의 표준적 분석을 통해 자유와 강제에 관해 살펴봅니다. 상호의존의 세계에서 한 사람의 자유는 다른 사람의 부자유가 될 수 있는데 이는 기후변화와 같이 현대 경제에 만연한 외부효과와 관련이 있습니다. 저자는 무임승차문제를 고려할 때 정부의 규제와 같은 강제가 더 효과적으로 외부효과를 해결하고 자유를 증진할 수 있다고 주장합니다. 또한 신호등과 같이 집단행동이 공공재를 제공하거나 조정 문제를 수월하게 하는 경우도 강제가 자유를 확대할 수 있습니다. 예를 들어 부자에게 세금을 걷어 공공투자를 확대한다면 모든 시민의 삶을 개선하고 자유를 확대할 것입니다. 1부는 또한 많은 사람들의 자유를 확대하는 바람직한 사회계약에 관해 논의하고 재산권의 역사와 의미를 검토하여 시장소득의 도덕적 정당성이 얼마나 취약한지 설명합니다. 나아가 현재의 자본주의는 독점과 착취문제, 그리고 권력의 불균형이 심각하기 때문에 독점의 규제와 대항권력 강화가 필요하다고 주장합니다.

2부는 사람들의 믿음과 선호가 변화한다는 행동경제학의 통찰에 기초하여 자유에 관해 논의합니다. 저자는 또래압력과 규범의 역할을 살펴보고, 신자유주의적 자본주의와 같은 경제환경 자체가 이기심을 조장하고 신뢰를 약화시켜 자본주의를 약화시키는 방향으로 개인을 형성한다고 비판합니다. 한편 기업들이 고객을 착취하며 플랫폼기업이 시장을 장악하고 허위정보를 유포하여 정치를 왜곡하는 현실에서 정부의 규제가 필수적이라고 강조합니다. 또한 사회규범 중에서는 사람들이 믿음을 자유롭게 선택하고 다른 믿음을 가진 사람을 차별하지 말아야 한다는 관용이 자유를 위해 중요하다고 지적합니다.

3부는 어떤 경제체제가 더욱 평등하고 협력적이며 관용적인, 좋은 사회를 만들 것인지 질문을 던집니다. 신자유주의는 외부효과, 공공재와 조정실패, 거시경제 변동, 불평등 같은 시장실패에 대해 시장에 맡기라고만 제언했고 결과는 나빴습니다. 저자가 제시하는 대안은 규제와 경쟁 촉진, 세금에 기초한 공공투자, 그리고 불평등의 개선을 위해 정부가 적극적 역할을 수행하는 진보적 자본주의입니다. 국제적 차원에서도 더욱 정의로운 국제적 경제구조의 확립이 필요할 것입니다. 또한 저자는 신자유주의는 스스로를 파괴하며 민주주의와 양립할 수 없으며 민주주의를 위해 부와 권력의 집중을 막는 것이 중요하다고 강조합니다. 저자에 따르면 이렇게 진보적 자본주의를 확립하는 노력이 시민들의 실질적 자유를 확대하고 활기찬 민주주의에 기초한 좋은 사회를 가져올 것입니다. 현실에서도 정부의 역할이 모자랐던 국가들에서 민주주의가 위기를 맞고 포퓰리즘이 발흥했습니다.

이러한 논의에 기초하여 저자는 자유시장이 효율적이고 시장의 소득분배가 정당하다고 주장한 프리드먼과 하이에크의 우파 경제학을 강력하게 비판합니다. 시장은 언제나 불완전하며 정부의 개입은 노예의 길이 아니라 자유의 길이라는 이야기지요.

자유에 대한 포괄적인 해석과 현대 경제학의 방대한 연구에 기초하여 조세와 공공투자 같은 정부의 역할이 자유를 확대할 것이라는 이 책의 논의는 이론적·실천적으로 커다란 의의가 있습니다. 특히 재산권의 문제를 제기하고 시장에서 소득분배의 정당성을 비판하며 권력관계의 중요성을 강조하는 저자의 주장은 기존 주류경제학의 한계를 뛰어넘는 것으로 보입니다. 자유의 길을 밝히는 진보적 자본주의를 제언하는 이 책의 결론에는 많은 이들이 고개를 끄덕일 것입니다. 실제로 글로벌 금융위기 이후 경제학이 얻은 교훈은 긴축과 불평등이 경제에 나쁘다는 것이었습니다.

물론 논의가 더욱 발전되어야 할 지점들도 있습니다. 먼저 현실에서 정부도 관료주의나 규제의 비효율성, 그리고 정경유착이나 부정부패와 같은 여러 문제가 있다는 것에 주의해야 할 것입니다. 중요한 것은 단순히 큰 정부가 아니라 유능하고 깨끗한 정부이며 이를 위해 공공부문의 개혁과 함께 정부와 시장 사이의 적절한 균형이 필요할 것입니다. 정부의 힘이 상대적으로 컸던 한국에서 이는 더욱 중요한 과제입니다. 무엇보다 저자도 지적하듯 정부의 실패를 막기 위해 참여민주주의가, 그리고 시민사회와 언론의 감시를 통해 부패를 억제하고 정부를 민주적으로 통제하기 위한 노력이 필수적일 것입니다.

한편 이 책은 신자유주의 경제학에 대한 강력한 이론적 비판을 제시하지만 미국 경제의 현실은 생각보다 복잡해 보입니다. 실제로 1980년대 이후 금융규제가 완화되었지만 규제가 늘어난 부문들도 여럿 있었고 고소득층의 세금부담이 크게 감소하지는 않았다는 지적도 일각에서 제기됩니다. 또한 시장소득의 분배는 악화되었지만 정부의 복지지출이 증가하여 소득재분배 기능은 확대되었습니다. 정부개입을 축소해야 한다는 목소리가 컸지만 40년간 벌어진 현실의 변화가 단순하지는 않았던 것입니다. 물론 팬데믹 이후에는 산업정책과 보호무역 등 신자유주의 세계화와 반대로 정부의 역할이 커지는 새로운 패러다임이 나타났다는 것에 주목해야 할 것입니다. 하지만 진보적인 입장에서 재정확장과 공공투자를 실행했던 바이든 정부 이후 트럼프의 대통령 당선은 많은 이들에게 충격이었습니다. 저자가 주장하는 진보적 자본주의가 현실에서 정치적으로 선택받기 위해 구체적인 모습과 정책에 관해 더 많은 논의가 필요할 것입니다.

한국경제에 주는 시사점

한국인들은 대통령 탄핵으로 민주주의와 정치적 자유를 지켜냈지만 일부 극단적인 우파는 탄핵을 반대했고 극심한 정치적 대립이 나타났습니다. 이제 이 정치적 혼란을 극복하고 헌정질서를 회복해야 할 때입니다. 이와 함께 중요한 것은 시민들의 진정한 자유의 확대를 위해 어떤 경제체제를 지향할 것인지 고민하고 논의를 발전시키는 일입니다. 정치적 자유를 억압하려 했던 윤석열 정부는 경제적으로도 시민들의 자유를 억누르는 정책을 폈습니다. 윤석열 정부는 민간주도경제를 추진하며 감세와 재정긴축을 통해 부자와 대기업의 자유를 확대했지만 낙수효과는 없었고 경제가 악화되어 많은 시민들의 자유에 악영향을 미쳤습니다.

다음 정부는 이와 반대로 증세와 적극적인 공공투자를 통해 시민의 실질적인 자유를 확대하기 위해 노력해야 할 것입니다. 여전히 노인빈곤율이 선진국에서 가장 높고 청년들이 삶의 불안으로 세계 최저의 출산율을 기록하는 한국에서는 더욱 적극적인 정부의 역할이 필요합니다. 또한 민주주의를 억압하는 권력의 집중을 막기 위해 독점을 규제하고, 정치적·경제적 양극화를 막기 위해 불평등을 개선하기 위한 정책이 요구되고 있습니다. 그러나 집권이 유력한 민주당의 최근 경제정책 기조는 감세를 추진하는 등 보수적인 방향을 지향하고 있어서 우려가 들기도 합니다. 한국은 소득 상위 20퍼센트의 고소득층, 혹은 상위중산층의 실효근

로소득세율이 온갖 공제들로 인해 국제적으로 매우 낮은 현실입니다. 이러한 상황에서 한국에 필요한 것은 광범위한 증세와 사회복지 확대를 통한 소득재분배의 강화, 그리고 산업정책을 위한 정부의 공공투자일 것입니다. 우리가 지향해야 할 경제도 스티글리츠 교수의 제언처럼 정부가 외부효과와 조정문제 해결을 위해 시장에 적극 개입하고 약자를 보호하며 경제를 관리하는 진보적 자본주의가 아닐까요. 무엇보다 이러한 체제를 만들기 위해 권력의 균형을 만들어 내고 경제의 규칙을 공평하고 정의롭게 새로 쓰는 노력이 중요하다는 것을 잊지 말아야 합니다.

   6월에는 새로운 대통령을 뽑는 조기 대선이 실시될 것입니다. 한국 사회의 앞날을 둘러싸고 대통령 선거 과정에서 바람직한 경제정책과 경제체제의 방향에 관해 깊은 토론이 이루어져야 할 것입니다. 그 과정에서 자유의 길을 밝히는 진보적인 경제학을 제시하는 이 책이 좋은 길잡이가 될 것이라 믿습니다. 한국 사회가 정치적 혼란을 극복하고 좋은 사회를 향한 자유의 길로 나설 수 있기를 마음 깊이 희망합니다.

2025년 4월 4일
이강국

주

서문

1 그는 내가 1970년대 후반 올소울즈칼리지(All Souls College)의 드러먼드 교수직을 맡고 있을 때 내 동료였다.
2 Isaiah Berlin, *Four Essays on Liberty* (Oxford: Oxford University Press, 1969).
3 1장에서 "우파"의 의미를 더 정확히 정의할 것이다.
4 George W. Bush, "President Bush Discusses Financial Markets and World Economy," November 13, 2008, archived George W. Bush White House website, https://www.archives.gov/presidential-records/research/archived-white-house-websites.
5 Ronald Reagan, "Remarks Announcing America's Economic Bill of Rights," July 3, 1987, Ronald Reagan Presidential Library and Museum, https://www.reaganlibrary.gov.
6 여기서 그는 이러한 경제적 자유들이 "우리보다 먼저 살았던 미국인들이 구상한 것"이라고 근거 없이 주장하는 것처럼 보인다. 이는 우파가 그들의 현재 의제를 위해 역사를 다시 쓰고 헌법을 재해석함을 보여 주는 예다.
7 Ron Paul, "Concurrent Resolution on the Budget for Fiscal Year 2005," Congressional Record, vol. 150, no. 39 (March 25, 2004): H1561.
8 Rick Santorum, "Concurrent Resolution on the Budget for Fiscal Year 2005," Congressional Record, vol. 150, no. 39 (March 9, 2004): S2383.
9 Ted Cruz, "Five for Freedom," *National Review*, November 11, 2015.
10 이 규제완화에는 여러 측면이 있었는데 세부사항을 여기서 자세히 다룰 필요는 없을 것이다. 금융규제완화는 상업은행이 투자은행과 같은 활동, 즉 대공황 이후 금지되어 왔던 주식과 채권의 발행 등을 할 수 있도록 허용하는 것을 포함했다.

11   이들은 저마다 경제학자로 경력을 시작했지만 말년에는 경제학의 경계를 훨씬 넘어섰다고 보는 것이 타당할 것이다. 그럼에도 그들이 철학자와 정치학자, 정치활동가가 되었을 때조차 경제학적 사고방식은 그들의 사고와 논법에 큰 영향을 미쳤다. 그들이 경제학을 넘어섰다고 말하는 것은 비판이 아니라 찬사의 의미다.

12   가장 중요하게도 이것은 철학 문헌에서 광범위하게 다루어진 주제지만 내가 아는 한 경제학의 관점을 통해서는 그만큼 다루어지지 않았다. 예를 들어 Robert Nozick, *Philosophy, Science, and Method: Essays in Honor of Ernest Nagel*, Sidney Morgenbesser, Patrick Suppes, and Morton White, eds. (New York: St. Martin's Press, 1969); Isaiah Berlin, "Two Concepts of Liberty," in *Four Essays on Liberty*, 그와 관련된 방대한 문헌을 참조. 나는 이들 문헌을 다루겠다고 주장하지 않는다.

상충하는 권리(자유)들을 조화시키는 방법을 다루는 방대한 법률 문헌도 있다. 나는 예를 들어 Ronald Dworkin, *Taking Rights Seriously* (Cambridge, MA: Harvard University Press, 1977)와 Hurst Hannum, *Autonomy, Sovereignty, and Self-Determination: The Accommodation of Conflicting Rights* (Philadelphia: University of Pennsylvania Press, 1990) 같은 미국 헌법과 더 넓게는 인권과 관련된 방대한 문헌에 주목한다. 이 문헌들은 이들 주제를 사려 깊고 심층적으로 다루었다.

13   이 책의 또 다른 목표는 학문적인 것으로, 경제학이라는 학문을 한결 포괄적인 인지적 기획으로 만드는 것이다. 이는 특히 3부의 서론에서 분명히 드러날 것이다.

14   Friedrich A Hayek, *The Road to Serfdom* (London: Routledge, 1944).

15   1장에서 신자유주의의 상세한 정의를 제시할 것이다.

16   Milton Friedman, *Capitalism and Freedom* (Chicago: University of Chicago Press, 1962).

17   우리는 이 문제의 심각성을 올바르게 지적했다. 우리의 유일한 실수는 기후변화가 진행되는 속도와 그 결과의 규모를 과소평가한 것이었다.

18   이제 더욱 광범위한 행복경제연합(Wellbeing Economy Alliance)이 결성되었는데 이는 이러한 사상을 추구하는 시민사회 조직들의 연대다.

1장
서론: 위험에 처한 자유

1   나는 권위주의 체제는 단기적으로 어느 정도 성공할 수 있다고 해도 시민들이 원하는 것을 **지속 가능하게** 제공할 수 없을 것이라 믿는다. 즉 "자비로운" 독재자가 나라의 행복을 증진하는 데 성공한다고 해도 그의 후계자가 그렇게 할 것이라는 보장은 없고 현실은 그 반대다. 그러나 권위주의 체제에 대한 이러한 비판은 이 짧은 책의 범위를 넘어선다. 이 주제에 관해 방대한 문헌이 존재한다. 나 자신의 연구로

는 권위주의 체제에서 권력계승에 문제가 많다는 경향을 규명한 Raaj Sah and J. E. Stiglitz, "The Quality of Managers in Centralized versus Decentralized Organizations," Quarterly Journal of Economics 106, no. 1 (1991): 289–295 와 소련 제국 붕괴 이후 저술한 1994년 저작 *Whither Socialism?* (Cambridge, MA: MIT Press) 등이 있다. 나중에 나는 현재 지배적인 신자유주의 체제도 지속될 수 없음을 자세히 주장할 것이다.

2 "Legum denique idcirco omnes servi sumus ut liberi esse possimus," M. Tullius Cicero (66 B.C.), Pro Cluentio, trans. W Ramsay and G. Gilbert Ramsay, 3rd ed. (Oxford: Clarendon Press, 1876) pg. 121.

3 아니면 자선단체. 그러나 아래에서 설명하겠지만 우리는 무임승차문제 때문에 자선에 의존할 수는 없다. 한 사람의 자유가 다른 사람의 자선에 의존하는 것에 대한 반대 의견이 존재하는데 이는 이 책의 범위를 넘어서는 것이다.

4 특히 미국에서 자유주의라는 꼬리표를 전유한, 이따금 우파 자유지상주의자라 불리는 사람들은 더욱 그렇다. 이 용어의 모호함은 미국의 많은 자유지상주의자들이 스스로를 아인 랜드(Ayn Rand, 『파운틴헤드(The Fountainhead)』 『아틀라스(Atlas Shrugged)』 등을 쓴 영향력 있는 저자. 아인 랜드는 1987년부터 2006년까지 연방준비제도이사회 의장을 지낸 앨런 그린스펀(Alan Greenspan)이 자신의 추종자 중 하나라고 주장했다)의 추종자라고 생각하지만 아인 랜드는 자유지상주의와 거리를 두며 이런 글을 썼다(*Ayn Rand Answers: the Best of Her Q&A* [New York: New American Library, 2005]). "자유지상주의자들은 자본주의와 아나키즘을 결합합니다. 이는 신좌파가 제안한 그 어떤 것보다 더 나쁜 것입니다. 그것은 철학과 이념을 조롱하는 것입니다. …… 아나키스트는 좌파 지성계가 포기한 쓰레기입니다. 그래서 우파는 좌파가 버린 또 다른 쓰레기를 집어 들었습니다. 그것이 바로 자유지상주의 운동입니다." 아인 랜드는 계속해서 "자유지상주의자들은 괴물 같고 역겨운 사람들"이라고 말한다. 본문에서 "자유지상주의자"와 "자유지상주의"라는 용어를 사용할 때 이것들은 미국에서 지배적인 변종인 자유지상주의를 의미한다.

5 남부 노예소유주들도 노예제의 도덕적 부당성을 인식했다는 충분한 증거가 존재한다. 예를 들어 제퍼슨 대통령은 1806년 의회에 보낸 연례 메시지에서 노예 수입 금지를 기대하며 "아프리카의 무고한 주민들에게 오랫동안 계속되어 온 인권침해, 우리 나라의 도덕성, 명성, 최선의 이익이 오랫동안 금지하기를 열망해 온 인권침해"를 언급했다.

6 잘못된 정보와 허위정보의 차이는 간단하다. 둘 모두 틀린 정보이지만 허위정보는 고의적인 거짓정보다.

7 경제학자들이 말하는 "옵션"이란 예를 들어 개인이 누릴 수 있는 상품과 서비스의 집합처럼 전체적인 상세 목록을 의미하며 **여기에는 해당 상품과 서비스의 품질에 대한 전체 목록이 포함된다.** 다음 주석의 논의도 참조하라.

8 이사야 벌린을 비롯한 이들은 적극적 자유와 소극적 자유를 구분하는데, 전자는 무엇을 할 수 있는 자유이고 후자는 **무엇을 해야 하는지**에 관해 제약을 받지 않는 자

유다. Isaiah Berlin, *Liberty* (Oxford: Oxford University Press, 2002) 참조. 그러나 이 둘은 서로 너무 밀접하게 얽혀 있어서 이러한 구분은 제한적으로만 쓸모가 있다. 정부의 강제와 같은 많은 제약은 다른 사람의 자유를 확대하거나 자유가 제한되는 것을 막기 위해 필요하기 때문에 정당화된다.

9 많은 변화가 복잡한 방식으로 기회집합에 영향을 미쳐 일부 가능성을 없애고 다른 가능성을 열어 준다. 이러한 경우 우리는 어떤 경우에 다른 경우보다 행동할 자유가 더 많은지 말할 수 없다. 다만 이익과 비교하여 손실을 평가하고 개인이 어떤 상황에서 다른 상황보다 더 사정이 나은지 말할 수 있을 것이다. 아래에서는 이를 체계적으로 수행하는 방법론에 관해 논의한다.

10 많은 경제학자들은 결과에 도달하는 과정이 아니라 결과가 중요하다고도 주장할 것이다. 하지만 현대 행동경제학자들은 그렇지 않다고 주장한다. 개인은 자신이 특정 상품 묶음을 선택했는지 또는 그 상품 묶음이 자신에게 주어졌는지 신경을 쓸 수 있다. 또한 개인은 이번의 특별한 경우에는 결과가 동일하지만, 상황이 바뀌었을 때 누군가가 대신 선택해 주는 것보다 내가 직접 선택하는 것이 더 나은 결과를 가져올 것이라고 생각하기 때문에 과정에 신경을 쓸 수도 있다. 게다가 인간의 주체성 문제도 존재한다. 많은 사람들은 스스로 결정을 내리는 것은 본질적으로 좋은 일이며, 좋은 사회는 다른 사람에게 끼치는 피해처럼 우리가 이 책에서 내내 언급하는 제한사항을 전제로 하여 이를 허용하는 구조여야 한다고 주장할 것이다.

어떤 사람들은 **겉보기에** 개인에게 선택의 자유가 주어졌지만 부모와 같은 누군가가 제 마음에 들지 않으면 그 선택을 무효로 하거나 향후 선택권을 박탈하는 등 추가적 제약을 가할 수 있다면 그 사람은 진정한 선택의 자유를 누리지 못한다고 우려한다. 이러한 우려는 (현대 경제이론이 표준적으로 수행하듯이) 우리의 분석틀 내에 쉽게 수용될 수 있다. 중요한 것은 현재의 기회만이 아니라 현재와 미래 모두의 기회이며 현재의 선택이 미래의 기회에 영향을 미칠 수 있다는 점을 인식한다면 말이다. 개인이 "잘못된" 선택을 했을 때 발생할 수 있는 잠재적인 부정적 결과가 알려진 경우, 개인의 기회집합은 이를 인식한다. 개인의 기회집합은 그러한 잠재적 개입이 없을 때보다 더 많은 제약을 받게 된다. 이 분석은 불리한 결과가 **될 수 있는** 결과로 차례로 확장될 수 있지만, 그러한 결과가 있을지 그리고 그것이 무엇일지는 불확실하다.

11 2부에서 광범위하게 논의되는 현대 행동경제학은 우리가 문제를 설명하는(또는 틀 짓는) 방식이 실제 결과를 초래할 수 있다는 점에서 이는 옳지 않다고 주장한다. 특히 다음 리뷰 참조. Samuel Bowles "Endogenous Preferences: The Cultural Consequences of Markets and Other Economic Institutions," *Journal of Economic Literature* 36, no. 1 (1998): 75-111.

12 물론 이 논의가 제시하는 것보다 문제는 더 복잡하다. 아래에서 논의되는 많은 쟁점에 대해 자유지상주의자들은 서로 다른 견해를 가질 수 있다.

13 극단적인 "자유시장" 경제학자들은 경제는 **자연적으로** 경쟁적이고, 한 산업에 유일한 기업이 존재하는 경우에도 시장을 **위한** 경쟁이 시장 **내의** 경쟁을 효과적으로 대체한다고 주장해 왔다. 그러나 다음 장에서 설명하겠지만 이러한 주장은 "자유시장"

경제학의 다른 많은 교리와 마찬가지로 면밀한 검토에 의해 반박되었다.

14 비유하자면 개인이나 기업이 정부의 관대함으로부터 얻는 소득, 또는 사적이든 공적이든 부정부패를 통해 얻는 소득, 즉 정부계약에서 경쟁가격보다 높은 가격을 받거나 자연자원을 경쟁가격보다 낮은 가격에 공급받아 얻는 소득을 지대라고 하며 개인이 이러한 지대를 얻기 위해 투입하는 노력은 당연히 지대추구라 부른다. 이러한 시간과 노력의 지출은 비생산적일 뿐만 아니라 심지어 반생산적일 수 있다.

15 일반적으로 착취자는 피착취자보다 더 높은 소득과 더 많은 권력을 가지고 있다. 그러나 우리는 가난한 사기꾼이 부유한 노인에게 사기를 치는 경우에도 똑같이 불편해한다.

16 그리고 더 넓게 보면 어떤 합리적인 후생 기준으로도 그렇다.

17 Garrett Hardin, "The Tragedy of the Commons," *Science* 162, no. 3859 (1968): 1243–1248.

18 전통적인 경제학자들은 종종 "깊고" 불변의 선호와 정보에 따라 변할 수 있는 믿음을 구분한다. 그러나 21세기 행동경제학은 선호, 즉 우리가 좋아하고 원하는 것은 "정보"만이 아니라 경험, 심지어 드라마를 보고 캐릭터와 동일시하는 단순한 경험에 의해서도 바뀔 수 있다고 강조한다. Demeritt, Hoff, and Stiglitz, *The Other Invisible Hand* (forthcoming) and the works cited there, including Eliana La Ferrara, Alberto Chong, and Suzanne Duryea, "Soap Operas and Fertility: Evidence from Brazil," *American Economic Journal: Applied Economics* 4, no. 4 (2012): 131 참조.

19 경제학에는 비합리적인 설득에 관한 약간의 연구가 있다. 예를 들어 Andrew Kosenko and Joseph E. Stiglitz, "Robust Theory and Fragile Practice: Information in a World of Disinformation," in *The Elgar Companion to Information Economics*, Daphne R. Raban and Julia Wlodarczyk, eds. (Cheltenham, UK: Edward Elgar Publishing, 2024).

20 더 광범위한 논의는 Demeritt, Hoff, and Stiglitz, *The Other Invisible Hand* 참조.

21 Joseph E. Stiglitz and Bruce C. Greenwald, *Creating a Learning Society: A New Approach to Growth, Development, and Social Progress* (New York: Columbia University Press, 2014); Joel Mokyr, *The Enlightened Economy* (New Haven, CT: Yale University Press, 2009) 참조.

22 포르투갈, 아일랜드, 그리스, 그리고 스페인.

23 최근 스칸디나비아에서 포퓰리즘 단체의 성장은 정부가 이민자로부터 자국민을 보호하기 위해 충분히 노력하지 않았다는 인식과 일부에서 그 결과로 생각하는 범죄와 관련이 있다. 다시 말하지만 불만은 정부가 너무 많은 일을 했다는 것이 아니다. Jens Rydgren, "Radical Right-Wing Populism in Denmark and Sweden: Explaining Party System Change and Stability," The SAIS Review of International Affairs 30, no. 1 (2010): 57–71 참조.

2장
경제학자들은 자유를 어떻게 생각하는가

1. Adam Smith, IV:II in *The Wealth of Nations*, 1776.
2. Smith, Wealth of Nations, I:X.
3. 물론 홉스는 현대 규제 시대와 존 메이너드 케인스 이전에 질서유지를 위한 정부의 필요성을 주장하기 위해 글을 썼다.
4. 찰스 디킨스의 19세기 산업 영국에 대한 묘사는 모든 것이 좋은 것은 아니며 결국 시장이 모든 사람을 고양시키지 않음을 시사했다. 빈곤과 불결함, 환경 파괴가 만연했다. "시골에서는 비가 수천 가지의 신선한 향기를 만들어 냈을 것이고 빗방울 하나하나가 아름다운 형태의 성장이나 생명과 밝은 연관성을 가졌을 것이다. 도시에서 비는 악취만 풍기고 메스껍고 미지근하고 흙먼지로 얼룩져 비참한 하수구로 흘러들어갔다."(Little Dorrit [London: Bradbury & Evans, 1857], 30-31). "온갖 혐오스러운 빈곤의 모습, 모든 역겨운 오물, 부패, 쓰레기 같은 이 모든 것이 폴리디치 강둑을 장식하고 있었다."(*Oliver Twist* [London: Richard Bentley, 1838], 56).
5. 존 스튜어트 밀이 그중 한 명이었다. 데이비드 리카도(David Ricardo)와 윌리엄 스탠리 제번스(William Stanley Jevons)는 다른 영국의 영향력 있는 고전경제학자였다.
6. 정치권이 특히 1936년 이후 뉴딜정책의 지출 규모를 억제했기 때문에 경제가 완전히 회복된 것은 2차세계대전과 대규모 공공지출 이후였다. 전쟁은 또한 시장만으로는 달성하기 어려운 일, 즉 경제를 농촌의 농업경제에서 도시의 제조업 경제로 전환하는 데 성공했다.
7. 대략적인 지표로서 실질 GDP로 측정한 성장률은 1950~1980년에 연간 3.9퍼센트 증가했으며 1인당 실질소득은 2.5퍼센트 증가했다(U.S. Bureau of Economic Analysis, Real Gross Domestic Product, retrieved from FRED, Federal Reserve Bank of St. Louis, and U.S. Bureau of Economic Analysis, Real Disposable Personal Income: Per Capita retrieved from FRED, Federal Reserve Bank of St. Louis를 참조). 반면 다양한 추정에 따르면 1800~1960년에 미국의 1인당 소득 증가율은 연간 0.94~1.29퍼센트로, 이후 수치의 절반에서 3분의 2 수준이다. Thomas Weiss, "U.S. Labor Force Estimates and Economic Growth, 18001860," in *American Economic Growth and Standards of Living Before the Civil War*, Robert E. Gallman and John Joseph Wallis, eds. (Chicago: University of Chicago Press, 1992), 1978를 참조.
8. 구매력평가(purchasing power parity, PPP) 기준으로 중국 경제는 2015년경 미국 경제보다 더 커졌다. 그 이후로 중국에 대한 초당파적인 비판이 눈에 띄게 가속화된 것은 우연이 아닐 것이다. 미국이 적어도 이 널리 사용되는 기준으로 세계 2위가 되었다는 소식에 대한 중국과 미국 내부의 다양한 반응에 대한 대중적인 논의는 Joseph E. Stiglitz, "The Chinese Century," *Vanity Fair*, January 2015를 참조.
9. 이 민영화는 논란이 많았고(필자의 저서 『세계화와 그 불만(Globalization and Its

Discontents)』에서 설명했듯이) 실패로 판명되었는데, 민영화된 회사는 민영화 후 16년도 채 되지 않아 파산했다. 이는 미국 원자력규제위원회가 "우라늄 퇴적물이 있는 부품 관리 실패, 장비의 안전밸브 유지보수, 테스트 및 작동 부적절, 농축우라늄 보유 한도 20퍼센트 이상 초과"(US Nuclear Regulatory Commission, May 29, 1998, press release)로 인해 이 회사를 조사한 후였다.

10   그 이유는 경제학보다 정치와 더 관련이 있다. 미국 신민주당(New Democrats)은 과거의 일처럼 보였던 FDR의 뉴딜 정책과 거리를 두고자 했다. 공화당은 1970년대 인플레이션을 겪으면서 뉴딜 브랜드와 케인스주의 사상을 훼손하는 데 탁월한 성과를 거두었다. 유럽에서 중도좌파는 사회주의자 및 공산주의자와 자신을 구별하기 위해 노력했지만 소련의 실패로 이러한 입장이 무너졌다. 대서양 양쪽에서 중도좌파 정당들은 공산주의와 자유 자본주의의 극단 사이에서 "제3의 길"을 찾으려고 노력했다. 경제이론의 주요 흐름이 이러한 노력을 강화했다. 이 이론은 시장이 대체로 효율적 결과를 제공한다고 주장했다. 시장이 실패하는 경우는 제한적이었고 이러한 시장실패를 해결하기 위해 제한적 개입이 필요할 뿐이었다. 그러나 나의 연구는 이러한 아이디어를 반박하고 시장실패가 훨씬 더 만연하고 교정하기가 훨씬 더 어렵다는 것을 보였다.

11   3부에서 언급하듯 금융자유화는 불안정과 불평등에 기여했지만 성장에는 기여하지 않았다는 증거가 있음에도 불구하고 개발도상국에 강요된 정책 의제에는 금융시장 개방(자본시장 자유화)도 포함되었다.

12   "Statement of Aims," Mont Pelerin Society, https://www.montpelerin.org.

13   오랫동안 이 조직의 지도자들에는 하이에크와 프리드먼뿐 아니라 조지 스티글러(George Stigler), 게리 베커(Gary Becker), 제임스 뷰캐넌(James Buchanan), 존 테일러(John Taylor) 등 주요한 보수 경제학자들이 포함되었다.

14   "Statement of Aims," Mont Pelerin Society.

15   Francis Fukuyama, The End of History and the Last Man (New York: Free Press, 1992),를 참조.

16   로버트 라이히[Robert Reich, 당시 노동부 장관, 현재 캘리포니아주립대학교 버클리(University of California, Berkeley) 교수]와 나는 전자를 대표했고, 로버트 루빈(Robert Rubin)과 래리 서머스(Larry Summers)는 후자를 대표했다. 그러나 루빈은 복지 개혁안에 반대했지만 서머스는 불평등을 엄청나게 확대시킬 것으로 올바르게 예상된 양도소득세(capital gains tax) 인하를 선호했기 때문에 의견이 복잡하게 나뉘었다. 이 이야기에 대한 자세한 내용은 클린턴 행정부에 관한 나의 2003년 저작 *The Roaring Nineties: A New History of the World's Most Prosperous Decade* (New York: W. W. Norton, 2003) 참조.

17   이 용어는 "Neo-Liberalism and Its Prospects," Farmand (1951): 89-93에서 밀턴 프리드먼과 같은 이 아이디어에 대한 초기의 지지자들이 의식적으로 사용했다. 그러나 오늘날 이 용어는 비판가들에 의해 가장 두드러지게 사용되고 있다. 여기서 나는 신자유주의를 일련의 아이디어를 설명하는 문구로서 사용하지만, 그 관점의

한계에 관해 계속 논의할 것이다.
18 미국에서 진보적 민주당을 설명하기 위해 "자유주의자(liberal)"라는 용어를 사용하는 것은 다른 나라에서 일반적으로 사용되는 의미와 상반된다(그런 의미에서 이는 흔히 한글로 "리버럴"로 번역된다―옮긴이). 많은 국가에서 "자유주의(Liberal)" 정당은 신자유주의에 더 부합하는 정책을 옹호하는 정당이지만 일반적으로 경쟁 정책을 강력하게 옹호하고 대기업의 특수한 이익과 거리를 둔다.
19 즉 대규모 실업에서 매우 명백하게 드러나는 시장의 기능장애가 완전 고용에 가까운 경우에도 보통 눈에 잘 띄지 않는 형태로 존재한다. 시장 조정, 정보의 불완전성 및 비대칭성, 불완전한 자본 및 위험 시장 등으로 인한 문제는 항상 존재한다.
20 나는 2002년 저서 『세계화의 그 불만』에서 "시장근본주의(market fundamentalism)"라는 용어를 사용했는데 이는 곧 논의될 모든 이유 때문이다. 나는 노벨경제학 수상 당시의 강의를 포함해 이전의 글과 연설에서 이 단어를 더 광범위하게 사용했다. 조지 소로스(George Soros)를 포함해 여러 사람들은 이 단어를 나보다 이전에 사용했다. Richard Kozul-Wright and Paul Rayment, *The Resistible Rise of Market Fundamentalism: Rethinking Development Policy in an Unbalanced World* (London: Zed Books, 2008) 참조.
21 사실 그 시작은 가령 1970년대 후반 미국의 카터 대통령이 시작했던 규제완화 운동으로 더 거슬러 올라갈 수 있다.
22 Opportunity Insights, "National Trends," April 2, 2018, https://opportunityinsight.org/national_trends.
23 PBS NewsHour, "Majority of Americans Doubt Young People Will Be Better Off Than Their Parents, AP-NORC Poll Finds," October 4, 2022.
24 불평등의 기원과 그 영향에 관한 논의는 Joseph E. Stiglitz, *The Price of Inequality: How Today's Divided Society Endangers Our Future* (New York: W. W. Norton, 2012) 참조.
25 몇몇 이들은 이 정책들을 도입한 국가들의 2000년 이전의 나쁜 성과가 그 이후의 성공적인 성과에 의해 상쇄된다고 주장하며 워싱턴컨센서스 정책들을 옹호하고자 했다. 그러나 적어도 많은 경우에서 21세기 초반 나타난 이들 국가의 경제성장은 종종 높은 자원 가격에 기초한 단기적인 것이었다. 이 책이 인쇄되는 시기에, 특히 사하라 남부 아프리카 국가들이 워싱턴컨센서스 정책에 의한 너무 이른 탈산업화로 어려움을 겪고 있다는 사실에 대해 광범위한 합의가 나타났다.
26 미국 정부가 선정해 이행 과정에 조언했던 하버드대학교의 한 팀이 특히 문제가 많은 역할을 수행했다. 결국 미국 법정에서 그와 관련된 주요 인물들의 책임이 있다고 인정되었다. 이 이야기에 관한 자세한 내용은 David Warsh, *Because They Could: The Harvard Russia Scandal (and NATO Enlargement) After Twenty-Five Years* (CreateSpace Independent Publishing Platform, 2018) 참조.
27 시장은 완전경쟁, 즉 시장에 수많은 기업들이 존재해 어떤 기업도 가격에 영향력을 미칠 수 없다고 믿는 경우에만 효율적이라는 것이 밝혀져 있다. 만약 한 기업이 시

장가격보다 훨씬 높게 가격을 매긴다면 그 기업은 모든 고객을 잃을 것이다. 그러나 시장이 완전경쟁인 경우는 드물다. 대부분의 시장에는 충분히 적은 수의 기업들이 존재하여—경쟁이 충분히 제한적이고—어떤 대기업도 가격에 영향을 미칠 수 있다.

28 이 세미나에서 발표한 논문은 이후 "On the Optimality of the Stock Market Allocation of Investment," *Quarterly Journal of Economics* 86, no. 1 (1972): 25-60로 출판되었다. 당시 이러한 연구의 결과는 다음을 비롯한 일련의 논문들로 일반화되었다. Joseph E. Stiglitz, "The Inefficiency of the Stock Market Equilibrium," *Review of Economic Studies* 49, no. 2 (1982): 241-261; Bruce C. Greenwald and Joseph E. Stiglitz, "Externalities in Economies with Imperfect Information and Incomplete Markets," *Quarterly Journal of Economics* 101, no. 2 (1986): 229-264.

흥미롭게도 말년에 프리드먼은 《포린 폴리시 매거진(Foreign Policy Magazine)》의 편집자 마이클 허시(Michael Hirsh)와의 인터뷰에서 몇몇 중요한 쟁점에 대해 나의 견해에 동의했다. 예를 들어 허시에 따르면 프리드먼은 공산주의 붕괴 이후 러시아의 정책에 관해 이렇게 말했다. "나는 민영화, 민영화, 민영화를 이야기했습니다. 그러나 나는 틀렸습니다. 그(스티글리츠)가 옳았어요." *Capital Offense: How Washington's Wise Men Handed America's Future over to Wall Street* (Hoboken, NJ: Wiley, 2010).

29 경제학의 맥락에서 이러한 아이디어는 Karla Hoff and Joseph E. Stiglitz, "Modern Economic Theory and Development," in *Frontiers of Development Economics: The Future in Perspective*, Gerald Marvin Meier and Joseph E. Stiglitz, eds. (Oxford: Oxford University Press, 2001), 389-459에서 연구되었다.

30 이것은 나의 1994년 저작 『시장으로 가는 길(Whither Socialism?)』의 핵심 아이디어였다. Joseph E. Stiglitz, *Selected Works of Joseph E. Stiglitz: Volume V, Rethinking Welfare Economics and the Economics of the Public Sector* (Oxford: Oxford University Press, forthcoming) 참조.

31 나는 이를 동아시아 위기, 특히 당시 파산한 한국 기업들의 경우에서 생생하게 목격했다. Stiglitz, *Globalization and Its Discontents* (2002) 참조. 저명한 경제학자 조지프 슘페터(Joseph Schumpeter)는 그의 저작 *Capitalism, Socialism and Democracy* (New York: Harper & Brothers, 1942)에서 경기순환과 관련된 창조적 파괴의 과정이 경제성장을 촉진한다고 주장했다. 이론과 증거는 슘페터가 틀렸음을 보여 준다. 또한 Joseph E. Stiglitz, "Endogenous Growth and Cycles," in *Innovation in Technology, Industries, and Institutions: Studies in Schumpeterian Perspectives*, Yuichi Shionoya and Mark Perlman, eds. (Ann Arbor: University of Michigan Press, 1994), 121-156 참조.

32 샌퍼드 그로스먼(Sanford Grossman)과 나는 이론적으로 시장이 정보적으로 효율적이지 않다는 것을 보였다(Sanford J. Grossman and Joseph E. Stiglitz, "On the

Impossibility of Informationally Efficient Markets," *American Economic Review* 70, no. 3 [1980]: 393408; Sanford J. Grossman and Joseph E. Stiglitz, "Information and Competitive Price Systems," American Economic Review 66, no. 2 [1976]: 246 - 253). 이 결과는 이후 2013년 노벨경제학상을 수상한 로버트 실러(Robert Schiller)에 의해 실증적으로 확인되었다.

33 이 견해에 대한 최근의 강력한 옹호자는 하버드대학교 경제학과 교수(그리고 조지 부시 대통령의 경제자문위원회 의장)인 그레고리 맨큐(Gregory Mankiw)인데, 그는 "사람들은 그들의 기여에 상응하는 보상을 받아야 한다. 만약 경제가 어떤 외부효과나 공공재도 없는 고전적 경쟁균형으로 특징지어진다면 모든 개인은 자신의 한계 생산물의 가치만큼 벌 것이고 그 결과인 소득분배를 정부가 교정할 필요가 없을 것이다" 라고 썼다. N. Gregory Mankiw, "Spreading the Wealth Around: Reflections Inspired by Joe the Plumber," *Eastern Economic Journal* 36, no. 3 (2010): 285 - 298; N. Gregory Mankiw, "Defending the One Percent," *Journal of Economic Perspectives* 27, no. 3 (2013): 21-34 참조.

34 예를 들어 개인이 더 많이 일을 할수록 더 많은 소득을 획득하고 따라서 더 많이 세금을 내야 하는 소득세와 대조적이다.

35 Robert E. Lucas, "The Industrial Revolution: Past and Future," 2003 Annual Report Essay, Federal Reserve Bank of Minneapolis, https://www.minneapolisfed.org/article/2004/the-industrial-revolution-past-and-future. 루커스는 계속해서 이렇게 이야기한다. "현재의 생산을 다르게 분배하는 방법을 찾아 가난한 사람들에 도움을 줄 가능성은 생산을 증가시키는 명백하게 무제한적인 가능성과 비교할 바가 아니다." 그러나 그는 더 나은 소득분배를 실현하는 것이 성장을 저해한다는 것을 입증하는 데 실패했는데, 나의 저작 『불평등의 대가』와 다음 주석에서 언급하는 연구들을 포함하여 이후 수많은 연구들의 핵심 주장은 그 반대가 진실이라는 것이다. 즉 미국의 과도한 불평등은 성장을 저해한다. 또한 루커스가 인용한 성장의 과실이 존재한다면 그 상당 부분이 "낙수효과를 통해 (trickled down)" 적절한 시간 내에 하위계층으로 내려간다는 것을 증명하는 데 실패했다".

36 Federico Cingano, "Trends in Income Inequality and Its Impact on Economic Growth," OECD Social, Employment, and Migration Working Papers no. 163, Organisation for Economic Co-operation and Development, 2014; Jonathan D. Ostry, Andrew Berg, and Charalambos G.Tsangarides, "Redistribution, Inequality, and Growth," IMF Staff Discussion Notes (2014); Jonathan D. Ostry, Prakash Loungani, and Andrew Berg, *Confronting Inequality: How Societies Can Choose Inclusive Growth* (New York: Columbia University Press, 2019) 참조.

소득분배라는 주제가 효율성이라는 주제와 분리될 수 있다는 주장은 후생경제학 제2정리라고 불리는데, 이는 현실 경제에서는 충족되지 않는 매우 제한적인 가정하에서만 성립된다(후생경제학 제1정리는 그 조건하에서 경제가 효율적인 매우 제한적인 조건을 제시했다).

37   Friedman, *Capitalism and Freedom*, 32.
38   미국에서 코로나19 팬데믹과 관련하여 기대수명이 극적으로 감소했는데, 열악한 공공의료와 코로나19에 대한 대응 부족 모두를 반영하는 것이었다. 질병통제예방센터(Centers for Disease Control and Preventions)는 2023년 미국의 기대수명이 76.4세로 하락했다고 보고했는데 거의 20년 동안에 가장 낮은 수준이었다. 상세한 논의에 관해서는 Harvard School of Public Health, "What's Behind 'Shocking' U.S. Life Expectancy Decline and What to Do About It," April 13, 2023 참조. 대부분 선진국에서 불평등의 심화를 보고하는 많은 연구들이 존재한다. 2020년 퓨리서치센터(Pew Research Center)의 보고서는 이 연구들을 다음과 같이 요약한다. "소득불평등은 많은 방법으로 측정될 수 있지만, 어떻게 측정하든 미국의 경제적 불평등은 상승해 왔다."(Juliana Menasce Horowitz, Ruth Igielnik, and Rakesh Kochhar, "Trends in Income and Wealth Inequality," Pew Research Center's Social and Demographic Trends Project, January 9, 2020.)

OECD는 1980년대 중반 이후 25년 동안 전 세계 대부분 국가들에서 불평등의 확대를 상세히 보고하는데 미국은 불평등 수준이 가장 높고 가장 크게 상승했다 (OECD, "Focus on Inequality and Growth December 2014" [2014]). 몇몇 통계수치들이 미국의 불평등이 얼마나 심각한지 보여 준다. 미국의 상위 1퍼센트는 소득의 약 20퍼센트와 부의 약 40퍼센트를 보유하고, 2020년 상위 10퍼센트에 속하는 이들은 하위 10퍼센트에 비해 소득이 13.53배 더 높았다. 기대수명에도 큰 격차가 존재한다.

1부 해방과 자유: 기본원칙

3장
한 사람의 자유는 다른 사람의 부자유다

1   이는 총기에 의해 4명 이상이 사망한 사건으로 정의된다. "Mass Shootings," Gun Violence Archive, https://www.gunviolencearchive.org/mass-shooting 참조.
2   총기 폭력의 대부분은 자살과 살인에서 나온다. "Past Summary Ledgers," Gun Violence Archive, https://www.gunviolencearchive.org/past-tolls 참조.
3   미국과 영국의 총기 소유와 총기 사망에 관한 비교는 the Institute for Health

Metrics and Evaluation, "Global Burden of Disease Database"; GOV.UK, "Statistics on Firearm and Shotgun Certificates, England and Wales: April 2020 to March 2021"; Violence Policy Center, "Gun Ownership in America: 1973 to 2021," November 2021을 참조. 2021년 세계은행 기준 고소득 국가 중 미국은 총기 살인에서 7위이고 인구 1000만 이상 국가 중에서는 1위다. 2위 프랑스에 비해 19배나 더 많다. 총기 폭력은 또한 20세 이하 미국인 사망의 8퍼센트를 차지하는데 이는 인구 1000만 이상 다른 고소득 국가에 비해 2배 이상 많은 수치다. "On Gun Violence, the United States Is an Outlier," The Institute for Health Metrics and Evaluation, https://www.healthdata.org를 참조.

4 2008년 역사적인 대법원 판례를 만들어 낸 컬럼비아구 대 헬러(District of Columbia v. Heller) 사건은 총기 소유 권리를 훨씬 더 제한했던 과거의 해석을 변화시켰다. Justia Law, US Supreme Court, District of Columbia v. Heller, 554 U.S. 570 (2008) 참조.

5 니컬러스 스턴(Nicholas Stern) 경과 샬럿 테일러(Charlotte Taylor)와 함께 나는 기온이 3.5도 이상 높아지지 않는다면 기후변화의 가속화를 허용해야 한다고 주장한 [노벨상 수상자 윌리엄 노드하우스(William Nordhaus)와 같은] 몇몇 경제학자들의 분석에 대해 상세한 비판을 제시했다. 우리는 특히 위험을 고려하면 1.5도나 2도에 관한 세계적인 합의가 왜 올바른 것인지 설명했다. Nicholas Stern, Joseph Stiglitz, and Charlotte Taylor, "The Economics of Immense Risk, Urgent Action and Radical Change: Towards New Approaches to the Economics of Climate Change," *Journal of Economic Methodology* 29, no. 3 (July 3, 2022): 181-216 참조.

6 "US & Allied Killed and Wounded," Costs of War, 2021, Watson Institute for International and Public Affairs, Brown University.

7 그 수치는 450만에서 460만 사이로 추정되었다. Miriam Berger, "Post-9/11 Wars Have Contributed to Some 4.5 Million Deaths, Report Suggests," *Washington Post*, May 15, 2023.

8 J. E. Stiglitz and Linda J. Bilmes, *The Three Trillion Dollar War* (New York: W. W. Norton, 2008)을 참조.

9 Qi Zhao et al., "Global, Regional, and National Burden of Mortality Associated with NonOptimal Ambient Temperatures from 2000 to 2019: A ThreeStage Modelling Study," *Lancet Planetary Health* 5, no. 7 (July 1, 2021): e415-425.

10 예를 들어 David W. Eyre et al., "Effect of Covid-19 Vaccination on Transmission of Alpha and Delta Variants," *New England Journal of Medicine* 386, no. 8 (February 24, 2022): 744756; Stella Talic et al., "Effectiveness of Public Health Measures in Reducing the Incidence of Covid19, SARSCoV2 Transmission, and Covid19 Mortality: Systematic

Review and MetaAnalysis," BMJ 375 (November 18, 2021): e068302 참조. 그러나 많은 우파는 온실가스와 기후변화 사이의 관계를 부정하는 것처럼 이러한 행동과 질병의 발생 사이에 존재하는 관계를 부정한다. 세계는 복잡하고 둘 모두의 경우 다양한 요인들이 동시에 역할을 한다. 그 각각의 영향을 분석하는 것은 어려운 일이다. 예를 들어 기후변화 부정론자들은 한파를 지적하지만 그것은 지구온난화가 기후**변동성**(variability)과 관련이 있다는 사실을 무시하는 것이다. 실제로 일부 기후과학자들은 북극 온난화가 2021년 텍사스주의 기록적으로 추운 날씨를 가져온 소용돌이에 기여했다고 지적한다. 따라서 이와 마찬가지로 코로나19 확산에 영향을 미친 여러 요인들이 있지만 그것은 공기를 통해 전파되는 바이러스이기 때문에 **다른 요인들이 동일하다면** 위에 인용한 연구들이 보고하듯 환기, 마스크 착용, 사회적 거리두기가 중요하다.

11 더 정확히는 74.3퍼센트로 이 수치는 "Population: 1790 to 1990," in Population and Housing Unit Counts, US Census Bureau, US Department of Commerce, August 1993의 표4에서 왔다.

12 United Nations, Department of Economic and Social Affairs, Population Division, "2018 Revision of World Urbanization Prospects," 2019.

13 Sarah Manavis, "How a Lack of Zoning Messed Up Houston in More Ways Than One," City Monitor, June 19, 2017, updated July 19, 2021.

14 Janet Currie and Reed Walker, "Traffic Congestion and Infant Health: Evidence from E-ZPass," *American Economic Journal*: Applied Economics 3, no. 1 (January 2011): 6590.

15 한 금융기관이 이 복잡한 금융상품 일부를 통해 그 경쟁자의 파산에 사실상 베팅함으로써 금융시스템은 너무나 복잡하게 얽히게 되었다. 이러한 금융시스템은 수학의 최근 발전(네트워크이론이라 불리는 분야)을 통해서만 이해될 수준에 이르러 그 결과로 생겨난 시스템의 취약성을 보여 주었다. Stefano Battiston, Guido Caldarelli, Co-Pierre Georg, Robert May, and J. E. Stiglitz, "Complex Derivatives," *Nature Physics* 9, no. 3 (March 2013): 123125; Stefano Battiston, Guido Caldarelli, Robert M. May, Tarik Roukny, and J. E. Stiglitz, "The Price of Complexity in Financial Networks," *Proceedings of the National Academy of Sciences* 113, no. 36 (September 6, 2016): 1003136을 참조. 2008년에 이것이 어떻게 전개되었는지에 관한 설명은 J. E. Stiglitz, *Freefall: America, Free Markets, and the Sinking of the World Economy* (New York: W. W. Norton, 2010)을 참조. 금융위기가 발생하기 훨씬 전에 이 분야를 연구하던 우리는 이런 상호의존이 어떻게 금융시스템을 더욱 취약하게 만들었는지—심각한 시스템의 취약성이 존재했다—경고했다. 놀랍게도 앤디 홀데인(Andy Haldane)과 그의 영란은행 연구팀을 제외하고는 중앙은행가들은 이러한 연구를 대체로 무시했다. 이는 그들이 사실상 사익을 추구하는 은행가들의 행동이 결국 신중함으로 이어질 것이라고 사실상 **가정하는**—즉 자기규제가 경제를 보호하는 데 충분할 것이라는—더욱 전통

적인 경제모형에 집중했기 때문이다. Joseph E. Stiglitz and Bruce Greenwald, *Towards a New Paradigm in Monetary Economics* (Cambridge: Cambridge University Press, 2003)를 참조.

16 경제학자들은 한 개인이나 집단의 행동이 가격에 영향을 미치는 금전적 외부효과(다른 사람들이 영향을 받는 것은 가격에 미치는 이러한 효과를 통해서다)가 시장의 효율성을 저해하지 않는다고 생각했다. 1986년 그린월드와 스티글리츠의 연구인 "Externalities in Economies with Imperfect Information and Incomplete Markets"의 기여 하나는 이러한 금전적 외부효과가 일반적으로 비효율성을 낳음을 보인 것이었다.

17 물론 다른 가능성도 있다. 공공의료 프로그램의 자금을 조달하는 세금이 인상되거나 다른 질병의 치료에서 자원이 전용될 수 있다. 이 각각의 경우 흡연의 증가는 다른 사람들에게 영향을 미친다. 즉 여전히 외부효과가 존재한다.

18 Adam Smith, *The Theory of Moral Sentiments* (London: Printed for A. Millar, A. Kincaid, and J. Bell, 1759).

19 Adam Smith, *The Theory of Moral Sentiments* 서론을 참조.

20 이러한 실증적인 발견은 질병이 어떻게 전파되는지에 관한 우리의 이해와 완벽하게 일치한다. 질병예방통제센터가 설명한 것과 같이 "코로나19는 감염된 환자가 그 바이러스를 포함한 비말과 아주 작은 입자를 내쉴 때 확산된다". 다른 사람들이 이러한 비말과 입자를 들이마시거나 이 비말과 입자가 그들의 눈, 코, 또는 입에 닿을 수 있다." "COVID-19 and Your Health," Centers for Disease Control and Prevention, February 11, 2020, https://www.usa.gov/agencies/centers-for-disease-control-and-prevention 참조. 많은 우파들은 이러한 과학적 발견을 수용하지 않으려 했는데, 아마 그러면 그들이 중요한 외부효과의 존재를 인정해야 했기 때문일 것이다.

21 마찬가지로 우리는 낙태가 살인인지, 그리고 그렇다면 언제부터인지에 관해서도 논쟁한다. 수정 시점부터인가, 임신 후기부터인가?

22 금융 변수와 실물 변수 사이에는 미묘한 상호작용이 존재하기 때문에 현실은 이러한 단순한 설명보다 더 복잡하다. 예를 들어 정부부채의 증가는 민간투자를 구축할 수 있어서 실질자본의 수준을 낮출 수 있다. 그러면 세대 간 외부효과가 존재하지만 그것은 이러한 구축효과가 발생하는 정도에 따라 제한된다.

23 이것은 앞서 이 장에서 간략히 논의된 개념인 거시경제적 외부성의 한 예다. 과도한 민간차입의 경향은 위기 상황에서 정부가 민간기업들을 구제하는 경향이 있기 때문에 특히 심각할 수 있다. 이 경우 IMF가 민간채권자들에게 부채를 상환하는 데 필요한 달러를 제공하고 부유한 개인과 기업이 그들의 자금을 해외로 이전하는 것을 용이하게 만든다. 결국 국가는 IMF에 큰 부채를 지게 되지만 그로 인한 성과는 별로 없게 된다. 『세계화와 그 불만』에 언급된 이러한 역사적 패턴은 2019년 IMF가 아르헨티나에 440억 달러를 대출해 주면서 대규모로 반복되었다.

24 시카고대학교의 많은 경제학자들이 시카고학파에 속했지만(앞서 언급했던 게리 베커,

로버트 루카스, 그리고 조지 스티글러를 포함하여) 그 대학의 모든 경제학자들이 시카고학파에 속했던 것은 아니며 시카고학파의 많은 경제학자들은 다른 대학교 소속이었다.

25 코즈는 1991년 노벨경제학상을 수상한다. 그의 고전적 논문으로는 R. H. Coase, "The Problem of Social Cost," *Journal of Law and Economics* 3 (1960): 144가 있다.

26 대안적으로 한 사람이 모든 사과 과수원과 벌통을 매입할 수 있다.

27 즉 그들이 경제학자들이 흔히 가정하듯 **완벽하게 이기적이지는** 않다고 해도 그들 누구도 보통 다른 사람의 행복을 그들 자신의 것만큼 고려하지는 않는다.

28 Hardin, "The Tragedy of the Commons" 참조.

29 비록 그들이 단순히 토지를 빼앗아 간 것은 아니지만—그것을 가능하게 하는 법률이 있었다—토지를 사용하는 권리를 잃은 이들은 (본질적으로 그들의 재산권) 정치적 과정에서 아무런 발언권이 없었다.

30 그곳을 제외하고는 이전에 방목을 했던 사람들이 강제적으로 토지에서 퇴출되었다. 다음에 나오는 논의를 참조.

31 코즈는 아마도 (대체로 적절하지 않지만) 효율성을 달성하고 모든 사람의 처지를 개선할 방식으로서 공유지를 분할하는 식으로 재산권을 할당하는 대안적 방법이 있었다고 대답했을 것이다.

32 모든 사람의 처지를 개선하기 위해서는 독점자들의 몫을 전 세계 모든 사람에게 적절히 분배해야 했을 것이다.

    탄소 배출에 대한 배출권 거래제(cap-and-trade system)는 거래 가능한 오염권을 할당하여 대기오염을 원하는 양(즉 *상한*(cap))으로 제한하고 오염이 효율적인 방식으로 이루어지도록 보장한다. 이런 의미에서 이는 코즈식 재산권 체계를 실행하는 것으로 생각될 수 있다. 그러나 그것을 실행하는 것은 생각했던 것보다 더욱 어려운 것으로 판명되었다. 이는 부분적으로 이러한 재산권의 가치가 수조 달러에 달하고 그렇게 큰돈이 걸려 있는 상황에서는 정치가 필연적으로 중요한 역할을 하기 때문이다.

33 각 개인이 공공재를 얼마나 가치 있게 여기는지, 즉 대기의 소유자에게 오염물질 수준을 낮게 유지하기 위해 얼마나 지불할 의사가 있는지 알아내는 간단한 방법은 존재하지 않는다. 따라서 그 혜택으로부터 개인을 배제할 수 없는 공공재의 경우는 언제나 코즈의 해결책이 작동하지 않을 것이다. Joseph Farrell, "Information and the Coase Theorem," *Journal of Economic Perspectives* 1, no. 2 (December 1987): 113129; Eric S. Maskin, "The Invisible Hand and Externalities," *American Economic Review* 84, no. 2 (1994): 333-337 참조. 반면 다음에 논의할 공적인 규제 프레임워크에서는 정부가 통계분석을 수행할 수 있다. 예를 들어 정부는 특정한 개인에 대한 수치를 확인할 필요 없이 의료비용 감소와 기대수명 증가로 인한 사회적 이익을 계산할 수 있다.

34 일부 개인들이 타인을 고려한다면(즉 그들의 행동이 다른 사람들에게 미치는 영향을 고려한

다면) 이 문제는 어느 정도 완화된다. 비록 코즈와 그 학파의 다른 경제학자들은 완벽하게 이기적인 개인을 가정하고 논의했지만 일부나 아마도 많은 개인들이 그렇다. 그럼에도 불구하고 모든 개인이 완벽하게 이타적이지 않는 한 적어도 어느 정도의 무임승차문제가 존재할 것이다.

35 더 일반적으로 코즈의 해결책과 관련된 거래비용이 높을 수 있다. 예를 들어 민영화에는 비용이 따른다. 실제로 많은 민영화 사례들이 잘 진행되지 않았다. 다른 한계들은 Daniel Kahneman, Jack L. Knetsch, and Richard H. Thaler, "Experimental Tests of the Endowment Effect and the Coase Theorem," *Journal of Political Economy* 98, no. 6 (1990): 13251348; Robin Hahnel and Kristen A. Sheeran, "Misinterpreting the Coase Theorem," *Journal of Economic Issues* 43, no. 1 (2009): 215238에서 논의되었다.

36 명확하게 할 필요가 있다. 프리드먼이 이러한 아이디어(또는 그가 주장했던 다른 많은 아이디어들)의 주창자는 아니었다. 외부효과를 "교정"하기 위해 가격을 사용하는 주장은 케임브리지의 경제학자 A. C. 피구(A. C. Pigou)의 *The Economics of Welfare* (London: Macmillan, 1920)의 논의와 관련이 있다. 윌리엄 보몰(William Baumol)과 아그나르 산모는 형식적인 설명을 William J. Baumol, "On Taxation and the Control of Externalities," *American Economic Review* 62, no. 3 (1972): 307322; Agnar Sandmo, "Optimal Taxation in the Presence of Externalities," *Swedish Journal of Economics* 77, no. 1 (1975): 86-98에서 제시했다.

37 Milton Friedman, interview by Phil Donahue, The Phil Donahue Show, 1979.

38 예를 들어 신용할당으로 인해 일부 개인들은 단순히 대출을 받을 수 없고, 불완전한 위험시장으로 인해 개인들은 그들이 직면하는 모든 위험에 대한 보험을 구매할 수 없다. 이러한 불완전성이 존재하고 중요하다는 것은 명백할 뿐 아니라 지난 40년 동안의 경제이론은 왜 이런 현상이 발생하는지 설명해 왔다. 예를 들어 E. Stiglitz and A. Weiss, "Credit Rationing in Markets with Imperfect Information," *American Economic Review* 71, no. 3 (1981): 393-410 참조.

39 마틴 와이츠먼(Martin Weitzman)은 불확실성과 불완전한 위험시장이 존재하는 간단한 모델을 통해 이를 강력하게 보여 주었다. 만약 정부가 단순히 가격개입과 수량규제 중 하나를 선택해야 한다면 그는 수량규제가 선호되는 광범위한 상황들이 존재한다는 것을 보였다. 더 일반적으로 가격규제와 수량규제의 혼합이 선호될 수 있다. M. Weitzman, "Prices vs. Quantities," Review of Economic Studies 41, no. 4 (1974): 477-491 참조.

40 기술적으로 경제학자들은 이를 도구불확실성이라 부른다.

41 예를 들어 Elinor Ostrom, *Governing the Commons: The Evolution of Institutions for Collective Action* (Cambridge: Cambridge University Press, 1990): 90, 91102 참조.

42 추정에 따르면 영국 면적의 약 6분의 1이 인클로저 운동과 관련이 있다. Gilbert Slater, "Historical Outline," in *The Land: The Report of the Land Enquiry Committee*, 3rd ed., vol. 1 (London: Hodder and Stoughton, 1913) 참조. 실제로 "많은 [공유지]가 가축의 수(또는 "할당량"), 비료 주기, 질병 통제 등을 제하는 지역의 장원 법정이 정한 매우 상세한 규칙에 따라 관리되었다. 그러나 이 규칙들은 마을마다 상당히 달랐다". Simon Fairlie, "A Short History of Enclosure in Britain," Hampton Institute, February 16, 2020. 인클로저에 관한 페어리의 결론은 가슴 아픈 것이었다. "그것은 명백한 절도였다. 수백만 명이 관습적·법적으로 토지에 접근할 수 있었고 독립적인 생계의 기반이 있었다. 그러나 그들은 카프카적인 재판처럼 보였을 과정을 통해서 그것을 빼앗겨 버렸다."

흥미롭게도 스코틀랜드[인클로저뿐 아니라 농부들이 전통적으로 경작하거나 방목에 사용했던 토지로부터 강제로 쫓겨나는, 배제(clearance)라는 사건이 벌어진 곳] 몇몇 경우 방목의 수준이 증가했다. 빈곤층에게 강제로 부과된 새로운 재산권 체계가 효율성은 증가시켰을 수도 있고 아닐 수도 있지만 분명히 불평등은 심화시켰다.

43 Megan Hernbroth, "IRA Costs Could Balloon over $1 Trillion," Axios, March 30, 2023; Leslie Kaufman, "A Year into Biden's Climate Agenda, the Price Tag Remains Mysterious," Bloomberg, August 16, 2023; John Bistline, Neil Mehrotra, and Catherine Wolfram, "Economic Implications of the Climate Provisions of the Inflation Reduction Act," Brookings Papers on Economic Activity Conference Draft, Spring 2023 참조.

44 물론 이 모든 것은 기술 진화에 달려 있다. 현재는 발전소의 탄소배출량을 측정하거나 자동차의 오염물질을 측정하는 것이 상대적으로 쉬운 일이다(물론 이는 자동차 제조업체들이 의도적으로 오염물질을 잘못 기록하지 않는다는 것을 전제로 한다. 몇 년 전 폭스바겐은 디젤게이트 스캔들이라 불린 사건에서 그렇게 했다).

45 이것이 내가 니콜라스 스턴 경과 함께 의장을 맡은 2017년 탄소가격 고위 위원회의 핵심적인 메시지다. Joseph E. Stiglitz, Nicholas Stern, Maosheng Duan, et al., "Report of the High-Level Commission on Carbon Prices," International Bank for Reconstruction and Development and International Development Association/The World Bank, May 29, 2019 참조.

46 유사한 일련의 문제들이 전 세계적 차원에서도 발생한다. 개도국들은 자국의 발전을 저해할 탄소세나 규제를 받아들이기를 꺼린다. 그들은 공평함에 초점을 맞추어 대기 중 탄소 농도 증가의 대부분이 선진국이 벌인 행동의 결과이며 선진국이 탄소세와 규제 비용을 감당할 능력이 크다는 점을 강조한다. 개도국들은 지구온난화로 인해 가장 큰 피해를 입을 국가들임에도 불구하고 세계적인 탄소규제에 저항해 왔다. 앞서 설명한 것과 유사한 패키지가 적절한 대응책이다. 12장에서 이러한 국제적 문제들을 더 깊이 다룰 것이다.

4장
강제를 통한 자유: 공공재와 무임승차문제

1   이와 같은 전환적인 투자에서 정부가 중요한 역할을 하는 이유 중 하나는 비용 때문이다. 《사이언티픽 아메리칸(Scientific American)》의 전 편집장 마이클 모이어(Michael Moyer)가 말했듯이 "사실 어떤 민간기업도 인터넷과 같은 프로젝트를 개발할 능력이 없었을 것이다. 인터넷은 멀리 떨어져 있는 수많은 기관들의 수년간에 걸친 연구개발 노력이 필요했고 수십 년의 투자 이후에야 비로소 활성화되기 시작했다. 이와 같은 선견지명이 있는 인프라스트럭처 프로젝트들이 우리 경제가 지난 세기 동안 그렇게 많이 성장할 수 있었던 요인들 중 하나다."

2   Organisation for Economic Cooperation and Development (OECD), "Life Expectancy at Birth," in *Health at a Glance 2023: OECD Indicators* (Paris: OECD Publishing, 2023).

3   바이오엔텍은 코로나19 백신 개발을 지원하기 위해 독일 정부로부터 자금 4억 4500만 달러를 받았다. Hussain S. Lalani, Jerry Avorn, and Aaron S. Kesselheim, "US Taxpayers Heavily Funded the Discovery of COVID19 Vaccines," *Clinical Pharmacology and Therapeutics* 111, no. 3 (2022): 542–544 참조.

4   하수 수집을 지원하고 비용을 지불하는 데 정부가 필요하다고 해도 문제는 정부가 그 서비스를 민간기업에 외주를 주어야 하느냐는 것이다. 민영화와 민간위탁의 결과는 종종 실망스러웠고 몇몇 경우 재앙에 가까웠다. 미국의 교도소가 그 좋은 사례다. 비용을 절감했다고 해도 미미했고, 재범률은 증가했으며 비용을 절감하려는 과정에서 수감자들의 전반적인 복지는 오히려 감소했다.

몇몇 경우 영국 철도의 상당부분이 그랬듯 수십 년 동안의 민영화 이후 서비스가 다시 정부의 손에 돌아오기도 했다.

5   모든 공공재가 (비용 없이) 모든 사람들이 그 혜택에 접근할 수 있다는 의미에서 "순수한" 공공재는 아니다. 그러나 혜택의 대부분이 광범위하게 사람들에게 돌아간다면 이러한 주장은 여전히 성립된다. 순수한 공공재 개념은 경제학자 폴 새뮤얼슨이 1954년 최초로 공식화했다. Paul A. Samuelson, "The Pure Theory of Public Expenditure," *Review of Economics and Statistics* 36, no. 4 (1954): 387–389 참조. 정부가 제공한 재화의 대부분은 새뮤얼슨이 정의한 의미에서 순수한 공공재는 아니지만 정부개입이 없다면 과소공급이 나타날 것이라는 핵심적인 결론은 변하지 않는다. 이처럼 더욱 일반적인 경우에 관한 논의는 Anthony B. Atkinson and Joseph E. Stiglitz, *Lectures in Public Economics* (New York: McGrawHill, 1980; Princeton, NJ: Princeton University Press, 2015) 참조.

6   Joseph E. Stiglitz, "Toward a General Theory of Consumerism: Reflections on Keynes' Economic Possibilities for Our Grandchildren," in *Revisiting Keynes: Economic Possibilities for Our Grandchildren*, Lorenzo Pecchi and Gustavo Piga, eds. (Cambridge, MA: MIT Press, 2008), 41-87 참조.

7   "죄수의 딜레마"라는 단어는 협력이 붕괴되는 과정을 연구한 초기 설정들 중 하나와 관련이 있다. 함께 범죄를 저지른 범죄자 두 명을 생각해 보라. 만약 그들 모두가 자백하지 않으면 그들은 재판 때까지 6개월 동안 감옥에 갈 것이지만 유죄판결은 받지 않을 것이다. 그러나 검사는 둘 모두에게 다음과 같은 거래를 제시한다. 만약 당신이 자백하고 그 자백을 이용하여 다른 죄수에게 유죄를 선고하면(즉 다른 죄수는 자백하지 않는다면) 당신은 즉시 석방해 줄 것이다. 이 경우 자백하지 않은 죄수는 10년 형을 받을 것이다. 만약 둘 모두 자백한다면 둘 모두 2년 형을 받을 것이다. 이 경우 둘 모두가 자백하지 않는 것이 최선이지만 그것은 균형이 아니다. 만약 한 죄수가 다른 죄수가 자백하지 않을 것이라 믿는다면 그는 배신할 것이다. 그러나 그가 배신하고 다른 죄수는 배신하지 않는다면 다른 죄수가 실제로 벌을 받을 것이기 때문에 다른 죄수도 배신하는 것이 더 낫다. 따라서 둘 모두 배신하게 되고 둘 모두 2년 동안 감옥에 가게 된다.

8   어떤 상황에서는 일요일에 영업하는 상점이 일요일에 더 높은 가격을 책정하여 그날 일해야 하는 점주에게 보상하는 더 나은 균형이 존재할 수도 있다. 그러나 가격 라벨을 변경하는 데 비용이 많이 들거나 일요일에 쇼핑해야 하는 사람들에게 일종의 가격폭리 형태로 고객들이 이를 불공정하다고 생각할 수 있기 때문에 이는 가능하지 않을 수 있다. 더 일반적으로 분산된 시장균형은 효율적이지 않을 것이고 어떤 상점이 문을 열지 결정하는 정부개입이 복지를 향상시킬 수 있다. 하나의 사례는 일부 유럽 국가에서 매주 일요일마다 약국이 돌아가면서 문을 여는 것이다.

9   나는 다른 연구에서 마이클 루이스(Michael Lewis)의 *Flash Boys: A Wall Street Revolt* (New York: W. W. Norton, 2015)가 보여 주듯 투기꾼들이 남들보다 1초라도 먼저 정보를 얻고자 수백만 달러를 지출하는 주식 시장의 초단타매매가 정확하게 이러한 형태임을 보였다. 더욱 형식적인 분석은 Joseph Stiglitz, "Tapping the Brakes: Are Less Active Markets Safer and Better for the Economy?" Presented at the Federal Reserve Bank of Atlanta Financial Markets Conference: Tuning Financial Regulation for Stability and Efficiency, April 15, 2014 참조.

10 최적의 공공 공급에도 불구하고 투기꾼들이 다른 사람들을 이용하려 할 수 있는데, 이 경우 추가적으로 투기 방지를 위한 강제적 조치를 취해야 할 수도 있다.

11 협력이 유익하지만 공적인 개입이 없을 경우 지속될 수 없는 상황에 대한 이 논의가 모든 상황을 포괄하는 것은 아니다. 예를 들어 사슴 사냥이라 불리는 중요한 상황의 한 유형이 존재한다. 간단히 설명하자면 사냥꾼은 토끼를 사냥할 수도 있고 사슴을 사냥할 수도 있다. 사슴이 훨씬 더 가치가 있지만 사슴을 사냥하려면 협력이 필요하다고 가정한다. 협력이 없으면 사냥꾼은 토끼로 만족해야 한다. 그러나 강제적인 협력이 없다면 사냥꾼은 사슴이 오는 것을 확신하지 못하는 다른 사냥꾼이 아무것도 없는 것보다 낫기 때문에 토끼를 잡으려고 뛰어드는 것을 걱정할 수 있다. 그러면 근처에 있는 사슴을 놀라게 하여 도망가게 만들 수 있을 것이다. 높은 수준

의 신뢰가 없는 경우, 강제적인 협력(강제)이 두 사람 모두에게 더 나은 결과를 가져올 수 있다.

12 Kenneth J. Arrow, "An Extension of the Basic Theorems of Classical Welfare Economics," in *Proceedings of the Second Berkeley Symposium on Mathematical Statistics and Probability*, Jerzy Neyman, ed. (Berkeley: University of California Press, 1951), 507-532; Kenneth J. Arrow, "The Role of Securities in the Optimal Allocation of Risk-Bearing," *Review of Economic Studies* 31, no. 2 (1964), 91-96; Gerard Debreu, "Valuation Equilibrium and Pareto Optimum," *Proceedings of the National Academy of Sciences* 40, no. 7 (1954), 588-592; Gerard Debreu, *The Theory of Value* (New Haven, CT: Yale University Press, 1959) 참조.

13 2장에서 언급했듯이 시장근본주의는 시장이 효율적이라는 거의 종교적인 믿음, 즉 반대되는 증거와 이론이 있음에도 불구하고 흔들리지 않는 믿음을 말한다. 이 용어 사용의 역사에 대한 논의는 2장 주20 참조.

14 애로와 드브뢰는 시장의 효율성을 위한 충분조건을 제시했다. 이후 더 약한 조건을 찾으려는 시도가 오랫동안 이어졌지만 실패로 돌아갔다. 예를 들어 그들은 모든 위험시장을 가정했다. 2장 주28과 5장 주16에서 인용한 연구들은 완전한 위험시장이 없는 경우 경제는 본질적으로 결코 효율적이지 않다는 것을 보여 주었다. 문제는 애로와 드브뢰의 예상보다 훨씬 더 심각했다. 그들은 완벽한 정보를 가정했다. 그린월드와 나는 불완전하고 비대칭적인 정보가 있을 때는 언제나 시장이 효율적이지 않음을 보였다. Greenwald and Stiglitz, "Externalities in Economies with Imperfect Information and Incomplete Markets" 참조. 이와 유사하게 우리는 일반적으로 내생적 혁신이 있는 경제는 효율적이지 않다는 점을 보였다. Stiglitz and Greenwald, *Creating a Learning Society* 참조.

15 시장이 일반적으로 경쟁적이지 않다는 사실, 특히 이 이론가들이 일반적으로 가정했던 방식으로 경쟁적이지 않다는 사실은 잠시 제쳐 두자. 이는 7장에서 살펴볼 것이다.

16 이는 행동경제학의 여러 실험에서 확인되었으며 2부에서 상세히 논의할 것이다.

17 3장의 논의를 참조.

18 Finnish Tax Administration, "Finnish Citizens Understand the Significance of Paying Taxes—Young People Are a Bit Divided," *Tax Administration Bulletin*, May 11, 2021.

19 국가적 공공재가 국가 내의 모든 사람에게 혜택을 주듯 글로벌(또는 국제적) 공공재는 전 세계 모든 사람에게 혜택을 준다. 나는 "The Theory of International Public Goods and the Architecture of International Organizations," Background Paper No. 7, Third Meeting, High-Level Group on Development Strategy and Management of the Market Economy, UNU/WIDER, Helsinki, Finland, July 810, 1995에서 지금은 널리 사용되는 이 개념을 처음 소개했고 이후 몇

년 동안 일련의 논문에서 이를 자세히 설명했다. IFIs and the Provision of International Public Goods," *Cahiers Papers* 3, no. 2, European Investment Bank (1998): 116-134; "Knowledge as a Global Public Good," in *Global Public Goods: International Cooperation* in the 21st Century, Inge Kaul, Isabelle Grunberg, and Marc Stern, eds., United Nations Development Programme (New York: Oxford University Press, 1999), 308-325; "Global Public Goods and Global Finance: Does Global Governance Ensure That the Global Public Interest Is Served?" in *Advancing Public Goods*, Jean-Philippe Touffut, ed. (Cheltenham, UK: Edward Elgar Publishing, 2006), 149-164.

이 개념은 내가 수십 년 전에 탐구했던 개념, 즉 찰스 티부(Charles Tiebout)가 처음 연구한 지역 공공재라고 불리는, 작은 지역으로 혜택이 제한되는 공공재와 자연스럽게 유사했다. J. E. Stiglitz, "Theory of Local Public Goods," in *The Economics of Public Services*, Martin S. Feldstein and Robert P. Inman, eds. (London: Macmillan, 1977), 274-333; Charles Tiebout, "A Pure Theory of Local Expenditures," *Journal of Political Economy* 64, no. 5 (1956): 416-442 참조.

20 파리회의에서 국가들이 자발적인 약속을 했다는 것은 표준적인 경제이론이 주장하는 것처럼 국가들이 완전히 무임승차하지 않았다는 것을 보여 준다. 그러나 많은 국가들이 파리에서 한 약속을 지키지 않았다는 점에 유의해야 한다.

21 US Department of State, Office of Environmental Quality, "The Montreal Protocol on Substances That Deplete the Ozone Layer," https://www.stat.gov.

5장
계약, 사회계약, 그리고 자유

1 사회계약에 대한 초기 논의의 대부분은 주권자(왕)와 그의 신하 간의 관계라는 관점에서 논의되었다. 현대에서는 사회계약을 더 넓게 생각하여 정부에 어떤 권한을 위임할지 심사숙고할 때 시민들 사이에서 맺는 계약을 의미한다.

2 Adam Smith, *The Theory of Moral Sentiments*.

3 물론 문제는 개인이 정책에 투표할 때 사회에서 자신의 위치가 무엇인지 또는 어떤 위치가 될 것인지 알고 있다는 것이다. 그럼에도 불구하고 개인은 정의로운 사회가 무엇인지 생각할 때 롤스가 제시한 기준에 따라 추론할 수 있다.

롤스는 무지의 장막 뒤에서 정의를 평가하는 이러한 접근 방식에 소득과 부의 공정한 분배가 최하위 계층의 행복을 극대화해야 한다는 더욱 엄격한 기준을 결합했다. 이러한 견해는 널리 받아들여지지 않는다.

나는 공정하고 정의로운 해결책을 찾으려면 무지의 장막 뒤에서 그런 문제에 대해 생각할 필요가 있다는 롤스의 의견에 동의한다. 이 생각에는 우리가 여기서 모두 다룰 수 없는 미묘한 점이 많다. 무지의 장막 뒤에서 개인은 자신의 환경이 어떤지(부유할지 가난할지) 알 수 없을 뿐 아니라, 자신이 무엇을 좋아할지 또는 얼마나 위험을 회피할지 모른다. 이 모든 요인들로 인해 바람직한 사회제도에 대한 견해가 다를 수 있다. 선호가 내생적이라고 논의하는 이 책의 2부에서는 문제가 더욱 복잡해진다.

4 규칙을 설계할 때 가장 중요하게 고려할 점이 소득, 부, 권력의 분배에 미치는 영향이어야 한다는 개념을 받아들이기 위해 롤스의 논의까지 가서 불평등을 가장 가난한 개인의 복지를 향상시키는 정도 내에서만 받아들여야 한다고(예를 들어 부자에 대한 세율 인하는 그것이 추가적으로 수입을 늘려 가장 가난한 개인의 복지를 개선하는 데 사용할 경우에만 정당화될 수 있다) 주장할 필요는 없다.

5 무지의 장막 뒤에서도 특별한 상황을 제외하고는 만장일치가 이루어질 것이라고 확신할 수는 없지만, 적어도 이견의 정도는 줄어들 가능성이 높다.

6 Smith, I:X in *The Wealth of Nations*.

7 Smith, *Nations*, I:VIII.

8 "Justice Department Requires Six High Tech Companies to Stop Entering into Anticompetitive Employee Solicitation Agreements," US Department of Justice, Office of Public Affairs, September 24, 2010.

9 예를 들어 기업이 파산하는 경우 주주에게 유한책임을 부여하는 법적조항을 예로 들 수 있다. 지난 20년 동안 자유의 트레이드오프는 채권자의 자유가 확대되고 일부 채권자의 자유가 다른 채권자보다 더 커짐에 따라 채무자의 자유가 축소되는 방식으로 진행되어 왔다. 파생상품은 다른 청구권보다 우선권을 부여받았는데, 이는 다른 채권자를 희생시키면서 파생상품을 발행한 은행에 일종의 숨겨진 "보조금"을 지급하는 것이었다. 학교가 학생들의 삶의 전망을 향상시키는 교육을 제공하지 못했다 해도 학자금대출은 탕감될 수 없었다. 아이러니하게도 '파산남용방지및소비자보호법(the Bankruptcy Abuse Prevention and Consumer Protection Act)'이라는 명칭이 붙은, 은행들이 추진한 2005년 파산법의 조항들은 일종의 계약노예제를 도입했다. 은행이 노동자 임금의 4분의 1을 압류할 수 있고, 나머지 잔액에 대해 엄청난 금리를 부과하여 노동자가 아무리 노력해도 시간이 지날수록 부채만 늘어났다.

10 이는 집단소송이라 불리는 소송이다. 아래 논의를 참조하라.

11 강조하고 싶은 점은 그들은 일반적으로 우리가 여기서 사용하는 언어를 사용하지 않는다는 것이다. 그들은 자연법에 근거하거나 (그들이 읽는) 헌법이 시사하는 의미로 이렇게 주장하는 것처럼 보인다. 때때로 그들의 주장은 그러한 규칙이 경제가 작동하거나 잘 작동하기 위해 필요하다는 반쪽짜리 경제 분석에 근거하고 있다.

12 예를 들어 직접적인 공공생산이 사기업을 통한 공공조달 또는 민관 파트너십보다 더 나은지 여부. 유감스럽게도 이러한 파트너십 구조의 특징은 흔히 정부가 손실을 부담하고 민간이 이익을 얻는 구조다.

13 Richard M. Titmuss, The Gift Relationship: From Human Blood to Social

Policy (London: George Allen and Unwin, 1970).

14 원작 도서를 바탕으로 영화로도 제작된 『그녀가 말했다(She Said)』는 이 NDA가 어떻게 작동하는지를 생생하게 보여 준다.

15 그러한 차별을 묘사한 최근의 책은 Emily Flitter, The White Wall: How Big Finance Bankrupts Black America (New York: Atria/One Signal Publishers, 2022) 참조.

16 케네스 애로와 제라드 드브뢰는 경쟁시장이 효율적이라는 획기적인 논증에서 모든 위험에 대한 보험이 존재한다고 **가정했다**. 이는 시장 효율성의 **충분조건**이었다. 하지만 보험시장이 불완전한 경우 시장이 일반적으로 효율적인지 아닌지 확인할 수 없었다. 그 후 25년 동안 보험시장이 필요한지, 즉 위험시장이 완전하지 않더라도 그럴듯한 조건하에서 시장이 여전히 효율적인지 논쟁이 이어졌다. 그러다가 1986년 나는 존 지나코폴로스(John Geanakopolos), 헤라클레스 폴레마르차키스(Heracles M. Polemarchakis), 브루스 그린월드와 완전한 보험시장이 없는 시장은 본질적으로 효율적이지 않다는 것을 독자적 연구를 통해 증명했다. Geanakoplos and H. M. Polemarchakis, "Existence, Regularity, and Constrained Suboptimality of Competitive Allocations When the Asset Structure Is Incomplete," in *Uncertainty, Information and Communication: Essays in Honor of K. J. Arrow*, vol. 3, W. P. Hell, R. M Starr, and D. A. Starrett, eds. (New York: Cambridge University Press, 1986), 65-95; Greenwald and Stiglitz, "Externalities in Economies."

17 미국 투자자들이 미국으로 수출할 상품을 생산하기 위해 중국에 자금 투자를 고려할 때 직면하는 중요한 위험을 생각해 보라. 정치의 변동을 인식하는 신중한 투자자라면 누구나 미국이 반중국 입장을 취하고 관세를 부과하는 위험에 대비한 보험을 원할 수 있다(실제로 트럼프 행정부 시절에 일어났던 일이다). 예를 들어 1985년의 투자자라면 그러한 보험을 원할 것이고 장기투자를 위해 이 보험은 먼 미래까지 그러한 관세의 위험을 보장해야 할 것이다. 표준적 이론에 따르면 그러한 보험이 존재해야 한다. 하지만 이런 보험은 제공되지 않으며 따라서 이는 투자자들이 스스로 감수해야 하고 보험사로 이전할 수 없는 여러 위험 중 하나일 뿐이다. 보험이 없기 때문에 투자자들이 이러한 위험을 스스로 감수해야 한다는 사실은 분명히 실제적인 결과를 초래한다.

18 앤드루 와이스(Andrew Weiss)와 함께 쓴 나의 이전 연구(Stiglitz and Weiss, "Credit Rationing in Markets with Imperfect Information" 참조)는 왜 그런지 설명했다. 이 분석은 현재 널리 받아들여지고 있으며, 발표한 지 40년이 넘은 지금까지 어떤 허점도 발견되지 않았다. 실증적 문헌 또한 그 결론에 대해 압도적으로 지지한다. 하지만 우파는 이러한 현실과 그것이 가지는 강력한 함의를 무시한다.

19 그것이 사실이라는 것을 입증한 일반적인 이론은 마이클 로스차일드(Michael Rothchihld)와 함께 쓴 나의 이전 논문에서 제시되었다. Michael Rothschild and Joseph E. Stiglitz, "Increasing Risk: I. A Definition," Journal of Economic

Theory 2, no. 3 (1970): 225243, Michael Rothschild and Joseph E. Stiglitz, "Increasing Risk II: Its Economic Consequences," *Journal of Economic Theory* 3, no. 1 (1971): 66-84 참조.

20 Jacob Hacker, "Economic Security," in *For Good Measure: Advancing Research on Well-Being Metrics Beyond GDP*, Joseph E. Stiglitz, Jean-Paul Fitoussi, and Martine Durand, eds. (Paris: OECD Publishing, 2018).

21 개인들은 구직을 계속했다면 그들의 기술에 훨씬 더 잘 맞는 일자리를 찾았을 수도 있지만, 소득의 부족으로 인해 흔히 제안받은 거의 모든 일자리를 받아들일 수밖에 없다. 따라서 적절한 실업보험의 부재는 비효율성에 기여한다.

우파는 실업보험을 제공하면 또 다른 비효율이 발생할 거라 우려한다. 개인들이 일하는 대신 실업수당을 받으며 빈둥거릴 것이라는 주장이다. 이 주장은 코로나19 팬데믹 기간 동안 더 나은 실업수당 제공을 그들이 반대한 핵심적 이유였다. 주마다 실업수당 제공을 다르게 결정했기 때문에 팬데믹은 이러한 효과의 중요성을 시험해 볼 좋은 기회를 제공했다. 전반적으로 결론은 명확하다. 일을 꺼리게 하는 효과는 거의 없다는 것이다. Kyle Coombs, Arindrajit Dube, Calvin Jahnke, Raymond Kluender, Suresh Naidu, and Michael Stepner, "Early Withdrawal of Pandemic Unemployment Insurance: Effects on Employment and Earnings," *AEA Papers and Proceedings* 112 (May 2022): 85-90 참조.

22 거래비용이 매우 낮은 부분적인 이유는 이러한 프로그램들이 **보편적**이기 때문이다. 정부는 광고에 돈을 쓸 필요가 없다. 정부는 과도한 이윤을 얻을 필요도 없다. 게다가 사회보장 기여금은 세금과 함께 징수될 수 있어서 추가 관리 비용이 놀라울 정도로 낮다.

23 공공부문의 효율성을 평가하는 많은, 다소 논란의 여지가 있는 연구들이 있다. 호주의 학자금대출 프로그램은 어느 국가의 민간 프로그램보다 훨씬 더 효율적이다. 더 나은 조항들이 있고 차입자의 필요에 더 적절히 맞춰져 있다.

비효율적인 정부 프로그램의 사례는 여럿이지만 호주의 학자금대출 프로그램과 미국의 퇴직 프로그램은 효율적인 정부 프로그램이 존재할 수 있음을 보여 준다. 민간부문의 비효율성에 관한 사례는 많다. 2008년 금융위기 직전의 자본 배분 오류로 인한 손실과 그렇게 민간부문이 유발한 위기로 인한 손실은 엄청났다.

24 물론 일부 개인들은 공공 프로그램의 요구보다 더 적게 저축하고 싶거나 자신의 돈을 고위험 고수익 금융자산에 투자하기를 선호할 수 있다. 그들의 자유 손실은 다른 사람들의 자유 증가와 비교하여 고려해야 한다. 한 가지 더 고려할 측면도 있다. 이 개인들이 은퇴할 때 괜찮은 삶을 누리기에 충분한 소득이 없을 현실적인 위험이 존재한다. 그들은 빈곤선 아래에 있게 될 것이다. 훌륭한 사회는 그런 일이 일어나도록 허용할 수 없다. 따라서 무지의 장막 뒤에서 좋은 사회는 모든 사람이 은퇴 후에 최소한의 품위를 유지하며 살 수 있도록 충분한 돈을 안전하게 저축하고 투자하도록 보장해야 한다.

25 2009년 타운홀 미팅에서 오바마 대통령은 오바마케어를 추진하는 맥락에서 이렇

게 말했다. "저는 얼마 전 한 여성으로부터 편지를 받았습니다. 그녀는 이렇게 말했습니다. '나는 정부가 운영하는 의료서비스를 원하지 않습니다. 나는 사회주의식 의료를 원하지 않습니다. 그리고 내 메디케어를 건드리지 마세요.'"("Remarks by the President in AARP Tele-Town Hall on Health Care Reform," July 28, 2009). 카트리나 반덴 휴벨(Katrina vanden Heuvel)은 「내 메디케어를 건드리지 마세요!(Keep Your Hands Off My Medicare!)」라는 표제의 기사(*The Nation*, May 3, 2011)에서 대니얼 웹스터(Daniel Webster) 하원의원이 타운홀 미팅에 도착했을 때 '메디케어를 건드리지 마세요'라고 씌어진 피켓이 그를 맞이했다고 설명했다.

26 어느 한 순간에 정책결정자들은 당길 레버가 몇 개밖에 없다. 우리가 모든 것을 한꺼번에 바꿀 수 없음은 분명하다. 하지만 우리는 일련의 관련된 변화들을 생각해야 한다. 우리는 미래 정책의 변화 가능성을 포함하여 오늘 우리가 만드는 변화들이 국가의 미래 진로에 어떤 영향을 미칠 것인지 고려해야 한다.

27 Smith, *Nations*, I:XI.

6장
자유, 경쟁경제, 그리고 사회정의

1 나소 윌리엄 시니어는 1825년 옥스퍼드대학교 올소울스칼리지의 첫 번째 경제학 드러먼드 석좌교수였다. 나는 1976년에 부임한 열다섯 번째 석좌교수였다. 그는 카를 마르크스에 반대하는 글을 썼다.

2 대부분 국가에서 노예제가 폐지되었을 때 가장 중요하게 생각되었던 것은 노예들보다는 노예소유주의 "재산권"—그들의 재산은 당연히 도둑질한 것으로 볼 수 있음에도 불구하고—이었다. 영국이 노예제를 폐지했을 때 노예소유주들에게 2000만 파운드의 채무를 발행하여 관대하게 보상해 주었는데, 이는 영국 GDP의 약 5퍼센트에 달했다. 반면 영국 정부는 이전에 노예였던 사람들에게 아무런 보상도 제공하지 않았다. Michael Anson and Michael D. Bennett, "The Collection of Slavery Compensation, 1835-1843," Bank of England Staff Working Paper No. 1,006 (November 2022). GDP numbers from Gregory Clark, "Debt, Deficits, and Crowding Out: England, 1727-1840," *European Review of Economic History* 5, no. 3 (2001): 403-436 참조.

미국 정부의 약속이 더 나았지만—40에이커의 토지와 노새—미국은 그 약속을 지키지 않았다. William A. Darity Jr. and A. Kirsten Mullen, *From Here to Equality: Reparations for Black Americans in the Twenty-First Century*, 2nd ed. (Durham: University of North Carolina Press, 2022) 참조.

3 많은 선주민들은 또한 당신이 특정한 토지를 사용하지 않으면 당연히 그 땅을 사용하길 바라는 다른 사람이 사용하도록 허락하리라 생각했다. 이는 당신에게 정말로

그 토지가 필요하면 다시 돌려받을 것이라는 이해에 기초한 것이었다. 식민주의자들은 이러한 관대함을 이해하지 못했다.

4 우리 법체계의 다른 많은 측면들은 재산권을 정의하고 제한하며 다른 사람들에 비해 일부 사람들의 권리를 정의하는 데 도움을 준다. 파산법은 차용자가 채무 의무를 완전히 이행할 수 없을 때 어떤 청구자가 지불을 받는지를, 또 채무자가 채무에서 벗어날 수 있는 조건을 명시한다.

5 재산권이 사회적 구성물임을 더 보여 주는 것 외에 이 책의 메시지에서 그렇게 중심적이지는 않은 추가적인 복잡성이 존재한다. 일반적으로 우리는 자산 소유권이 통제권(자산을 어떻게 사용할지에 대한 권리)과 소득권(자산에서 나오는 수입에 대한 권리)을 수반한다고 생각한다. 하지만 때때로 이들은 분리된다. 예를 들어 일부 회사들은 이익의 할당된 부분을 받지만 통제권이 제한적이거나 전혀 없는 주식을 판매한다.

6 2020년 랜드연구소(RAND Corporation)의 연구에 기초한다. "이 연구는 미국에서 모든 형태의 인슐린을 제조하는 평균 가격(98.7달러)이 다른 모든 OECD 국가들(평균 8.81달러)보다 다섯 배에서 열 배 더 높다고 보고한다." Andrew W. Mulcahy, Daniel Schwam, and Nathaniel Edenfield, "Comparing Insulin Prices in the United States to Other Countries: Results from a Price Index Analysis," RAND Corporation, October 6, 2020 참조.

7 당연히 예상할 수 있듯 지주들은 토지를 적법하게 취득했다거나 도둑질에 대한 공소시효가 만료되었다고 주장하며 재분배에 반대할 것이다.

8 예를 들어 World Economic Forum, The Global Social Mobility Report (2020); Stiglitz, *The Price of Inequality*와 그 책에서 인용한 참고문헌을 참조.

9 OECD, *A Broken Social Elevator? How to Promote Social Mobility* (Paris: OECD Publishing, 2018).

10 Michael Sandel, *The Tyranny of Merit: What's Become of the Common Good?* (New York: Farrar, Straus and Giroux, 2020); Daniel Markovits, *The Meritocracy Trap: How America's Foundational Myth Feeds Inequality, Dismantles the Middle Class, and Devours the Elite* (New York: Penguin Press, 2019) 참조.

11 이러한 악순환을 설명한 것이 나의 책 『불평등의 대가』의 주요한 기여였다. 이는 사회가 심각한 경제적·정치적 불평등이라는 나쁜 균형에 빠질 수 있음을 시사한다.

12 시장소득의 평등을 높여 전반적인 소득분배 개선을 달성하는 것을 선분배라 한다. 특히 Stiglitz, *The Price of Inequality, and Jacob S. Hacker and Paul Pierson, Winner-Take-All Politics: How Washington Made the Rich Richer—and Turned Its Back on the Middle Class* (New York: Simon & Schuster, 2011) 참조. 나는 유럽과 미국에서 하나씩 연구 프로젝트 두 개를 주도했는데, 이는 더욱 평등한(그리고 많은 경우 더 효율적인) 결과를 만들기 위해 규칙과 규정이 어떻게 다시 쓰여야 하는지 질문을 던졌다. Joseph E. Stiglitz, with Nell Abernathy, Adam Hersh, Susan Holmberg, and Mike Konczal, *Rewriting* *the Rules of the American Economy: An Agenda for Growth and Shared Prosperity* (New York: W. W. Norton, 2015); Joseph E. Stiglitz, with Carter Daugherty and the Foundation for European Progressive Studies, *Rewriting the Rules of the European Economy: An Agenda for Growth and Shared Prosperity* (New York: W. W. Norton, 2020) 참조.

13　세계 시민들의 소득 차이의 약 60퍼센트는 그들의 국적에 의해 설명된다. 국적과 부모의 소득 계층을 합하면 약 80퍼센트를 설명한다. Branko Milanovic, *The Haves and HaveNots: A Brief and Idiosyncratic History of Global Inequality* (New York: Basic Books, 2010) 참조. 반대로 현재의 규칙하에서 소득이 낮은 일부 사람들은 그들이 다른 환경에서 태어났더라면 높은 소득을 가졌을 수 있을 것이다. 그들의 상대적인 강점이 더 많은 보상을 받았을 수 있다.

14　그리고 그 소득이 그 자체로 착취나 특권과 권력의 이점에 기초한 상속에서 나오는 경우에는 더욱 그렇다.

15　롤스는 불평등이 오직 가장 가난한 개인의 소득 및 복지를 개선하는 정도까지만 정당화된다고 주장했다. 즉 부자에 대한 세금은 그들의 소득을 재분배하기 위해(또는 빈곤층에 도움이 되는 공공재에 지출하기 위해) 세수를 극대화하는 수준이어야 한다. 그런 세금에도 불구하고 어느 정도 불평등이 존재할 수 있다. 내가 취하는 견해는 약간 덜 극단적인 것이다.

16　과세가 저축이나 노동을 감소시키는가라는 문제는 논란의 여지가 매우 크다. 우파는 큰 영향이 있다고 주장하는 반면, 진보파는 그 효과가 기껏해야 제한적이라고 주장한다. 레이건 대통령 시절의 소위 공급측 경제학자들은 세금이 너무 높아서 부자에 대한 세금을 낮추면 빈곤층을 더 많이 도울 수 있을 것이라고 주장했다. 그들은 실증적으로 틀렸다. 예를 들어 과세에 대한 노동 공급의 반응에 관한 연구는 빈곤층의 이득과 부자들의 손실에 대한 "합리적인" 평가에 기초하여 최상위 소득에 대해 더 높은 한계세율을 적용해야 한다고 주장한다. 선형적 소득세를 가정한 이 트레이드오프에 관한 단순한 모형에 관한 논의는 Joseph E. Stiglitz, "Simple Formulae for Optimal Income Taxation and the Measurement of Inequality," in *Arguments for a Better World: Essays in Honor of Amartya Sen, Volume I, Ethics, Welfare, and Measurement*, Kaushik Basu and Ravi Kanbur, eds. (Oxford: Oxford University Press, 2009), 535-566 참조. 최상위 소득 계층에 대한 최적의 한계세율에 관해서는 Emmanuel Saez, "Using Elasticities to Derive Optimal Income Tax Rates," *Review of Economic Studies* 68 (2001): 205-229; Peter Diamond and Emmanuel Saez, "The Case for a Progressive Tax: From Basic Research to Policy Recommendations," *Journal of Economic Perspectives* 25, no. 4 (Fall 2011): 165-190 참조.

17　이 제도에서는 한 해의 손실을 다른 해의 이윤을 상쇄하는 데 사용할 수 있다.

18　원래의 주장은 에브시 도마(Evsey Domar)와 리처드 머스그레이브(Richard Musgrave, 20세기 중반의 위대한 재정학자 중 한 명)의 유명한 1944년 논문에서 제시되었다.

"Proportional Income Taxation and RiskTaking," *Quarterly Journal of Economics* 58, no. 3 (1944): 388-422. 더 일반적인 형식화를 발전시킨 나의 이전 논문은 다음과 같다. "The Effects of Income, Wealth and Capital Gains Taxation on Risk-Taking," *Quarterly Journal of Economics* 83, no. 2 (1969): 263-283.

19 이론과 증거는 세율이 기업의 이윤에 미치는 영향이 투자, 고용, 혁신에 거의 영향을 미치지 않음을 보여 준다. 2017년 트럼프의 법인세 인하는 이를 잘 보여 주었다. 배당, 자사주 매입, CEO의 급여만 증가했던 것으로 보인다.

20 Cingano, "Trends in Income Inequality and Its Impact on Economic Growth"; Ostry, Berg, and Tsangarides, "Redistribution, Inequality, and Growth"; Ostry, Loungani, and Berg, *Confronting Inequality: How Societies Can Choose Inclusive Growth* 참조.

21 2부에서는 우리 경제의 특징이 어떻게 개인을 형성하는지 더 자세히 논의할 것이다.

22 예를 들어 UCLA 버클리에서 이루어진 독립적인 연구 일곱 건은 부잣집 아이들이 "법과 사회적 관습을 더 잘 어긴다"고 보고한다. Yasmin Anwar, "Affluent People More Likely to be Scofflaws," *Greater Good Magazine*, February 28, 2012.

23 만약 모든 사람이 필수품을 제공할 수 있는 충분한 소득에 대한 도덕적 권리가 있다고 믿는다면 특히 그럴 것이다. 무지의 장막 뒤에서 대부분의 사람들은 이에 동의할 것이다.

24 오늘날 푸에르토리코와 워싱턴D.C. 주민들은 대표 없는 과세(taxation without representation)에 직면해 있다. 워싱턴D.C.를 방문하는 모든 사람들은 이 사실을 끊임없이 상기하게 된다. 대부분의 워싱턴D.C. 자동차 번호판에는 "대표 없는 과세"라는 문구가 새겨져 있기 때문이다.

7장
착취할 자유

1 예를 들어 Gustavo Grullon, Yelena Larkin, and Roni Michaely, "Are US Industries Becoming More Concentrated?" *Review of Finance* 23, no. 4 (2019): 697-743; David Autor, David Dorn, Lawrence F. Katz, Christina Patterson, and John Van Reenen, "The Fall of the Labor Share and the Rise of Superstar Firms," *Quarterly Journal of Economics* 135, no. 2 (2020): 645-709; Thomas Philippon, *The Great Reversal: How America Gave Up on Free Markets* (Cambridge, MA: Belknap Press, 2019) 참조.

2 Mike Konczal, "Inflation in 2023: Causes, Progress, and Solutions,"

Testimony before the House Committee on Oversight and Accountability, Subcommittee on Health Care and Financial Services, March 9, 2023; Mike Konczal and Niko Lusiani, *Prices, Profits, and Power: An Analysis of 2021 FirmLevel Markups* (New York: Roosevelt Institute, 2022).

3 샌프란시스코의 제9순회 연방항소법원은 "도널드 트럼프와 이제는 폐쇄된 트럼프 대학에 의해 속았다고 주장한 학생들과의 2500만 달러 합의를 승인했다". Tom Winter and Dartunorro Clark, "Federal Court Approves $25 Million Trump University Settlement," NBC News, February 6, 2018.

4 글로벌 금융위기 이후 대형 은행들을 상대로 한 일련의 소송들은 체계적인 사기 패턴을 보여 주었다. 주택담보대출을 실행하고 이를 다른 기관에 넘기는 금융회사들은 일반적으로 일종의 "환불 보증"을 제공했다. 이는 주택담보대출이 설명된 바와 다르거나(예를 들어 주택소유자가 거주하지 않는 임대용 부동산인 경우) 주택담보대출 과정이 설명된 대로 이루어지지 않았을 경우(예를 들어 주택담보대출 정보의 정확성을 확인하고 대출이 특정 기준을 충족하는지 확인하는 일련의 검증들이 존재했다), 대출기관이나 "유동화 기관"(이러한 주택담보대출을 묶어 투자상품으로 만드는 투자 은행)이 모든 손실을 보상하거나 동등한 "양호한" 주택담보대출로 교체해 주는 것이었다. 그러나 은행들은 이러한 계약을 체계적으로 위반했다. 거의 모든 경우에서 은행들은 유죄판결을 받거나 (또는 합의해) 수백억 달러를 지불했다. 예를 들어 Matthew Goldstein, "UBS to Pay $1.4 Billion to Settle Financial-Crisis Fraud Case," *New York Times*, August 14, 2023; "Bank of America to Pay $16.65 Billion in Historic Justice Department Settlement for Financial Fraud Leading Up to and During the Financial Crisis," Office of Public Affairs, US Department of Justice, August 21, 2014 참조.

5 예를 들어 Liza Featherstone, *Selling Women Short: The Landmark Battle for Workers' Rights at Wal-Mart* (New York: Basic Books, 2009) 참조.

6 이는 아편전쟁(1839~1842, 1856~1860)이라 불린다. 이 무역으로 돈을 번 사람들에 대한 논의는 Amitav Ghosh, *Smoke and Ashes: Opium's Hidden Histories* (New York: Farrar, Straus and Giroux, 2023) 참조.

7 그것의 경제학은 단순했다. 서양은 중국이 생산하는 차, 도자기 등의 상품들을 원했고 중국은 유럽이 생산하는 것들을 거의 원하지 않았다. 무역 적자가 나타났고 아편 무역이 그 문제를 "해결"했다. 인도를 지배하고 있던 영국은 그곳에서 중국으로 아편을 수출할 수 있었다.

8 "Inflation-Adjusted Earnings in Motor Vehicles and Parts Industry Down 17 Percent from 1990 to 2018," *Bureau of Economic Analysis*, January 6, 2020.

9 실론에서 식민 당국은 인두세를 부과했고 만약 사람들이 이 세금을 납부할 만큼 충분히 벌지 못했다면 그들은 하루 동안 정부를 위해 일해야 했다.

10 Jonathan Crush, "Migrancy and Militance: The Case of the National Union of Mineworkers of South Africa," *African Affairs* 88, no. 350 (1989): 523 참조.

11 제약회사를 옹호하는 일부 사람들은 혁신에 필요한 연구를 유도하기 위해 높은 이윤이 필요하다고 말한다. 그러나 미국은 그러한 "혁신"이라는 명분이 없는 경우, 예를 들어 특허가 관련되지 않은 경우에도 이렇게 막대한 이윤을 허용하고 있다. 그리고 막대한 이윤이 혁신에 큰 영향을 미친다는 증거는 거의 없지만 약을 구할 수 없는 개인의 건강에는 큰 영향을 미칠 수 있다.

12 이와 관해 합리적인 "시장" 설명이 있을 수 있다. 시장 참여자들은 전쟁이 오래 지속될 것으로 예상하지 않았고 곧 가격이 하락할 것으로 가정했다. 그러나 분쟁 초기 몇 달이 지난 후 전쟁이 장기화될 것으로 보였다. 선물가격은 약간의 하락만을 보여주었다.

13 경쟁시장에서는 각각의 소규모 기업이 주어진 가격을 그대로 받아들이기 때문에 이러한 효과가 발생하지 않을 것이다. 그러나 앞서 언급했듯이 시장은 완벽한 경쟁과 거리가 멀다. 집단적으로 그들은 생산량을 빠르게 확대하면 이러한 이익이 잠식된다는 것을 이해했다. 팬데믹 이후 인플레이션의 맥락에서 암묵적 담합의 역할에 대한 간략한 논의는 Anton Korinek and Joseph E. Stiglitz, "Macroeconomic Stabilization for a Post-Pandemic World," Hutchins Center Working Paper No. 78, Brookings Institution (August 2022) 참조.

물론 특히 인프라스트럭처의 한계를 고려하면 서로 다른 에너지의 생산이 얼마나 빠르게 확장될 수 있는지에는 현저한 차이가 있다. 그러나 대부분의 설명에 따르면 미국의 일부 지역에서는 프래킹을 확장할 충분한 기회가 있었다. 놀랍지 않게도 석유회사들은 고유가라는 상황을 이용하여 더 많은 장기 임대 계약을 위해 로비를 펼쳤으며 석유와 가스 증산은 에너지 가격의 일시적 급등이 끝난 훨씬 이후에나 나타날 가능성이 높다.

14 사실 위기상황에서는 시장이 너무 느리게 반응하는 경우가 많다. 1950년 미국 정부는 중요한 시기에 자원을 징발하기 위해 국방물자생산법(Defense Production Act, DPA)을 제정했다. 트럼프 행정부는 팬데믹 기간 동안 이 법을 발동했다. 다른 국가들도 유사한 법률이 있으며 팬데믹 상황에서 이 법률을 비슷하게 사용했다. 미국은 우크라이나 전쟁으로 인한 물자 부족에 대응하기 위해 DPA를 발동할 수 있었고 실제로 발동했어야 했다.

또는 몇 년 동안 석유 또는 가스 가격을 보장하여 전쟁이 단기간에 끝나고 가격이 다시 정상 수준으로 하락할 위험을 제거하는 것처럼 더욱 제한적인 조치를 취하는 것도 효과적이었을 수 있다.

15 나는 반세기 전에 "Taxation, Corporate Financial Policy and the Cost of Capital," *Journal of Public Economics* 2 (1973): 134에서 이 사례를 설명했다. 그리고 이후 "The Corporation Tax," *Journal of Public Economics* 5 (1976): 303–311에서 덜 수학적이고 접근하기 쉬운 논의를 제시했다. 그 아이디어는 간단하다. 자본비용은 (현재 미국의 경우처럼 비용 처리를 통해 직접적으로 또는 감가상각 충당금을 통해 간접적으로) 공제가 가능하기 때문에 세금은 본질적으로 **순수한** 이윤(예를 들어 독

점 수익)에 대한 세금이며 기업이 이를 극대화하기 위해 무엇을 하든 법인세율을 t라 할 때 그것의 (1-t)배를 극대화하는 것과 동일하다. 이 세금이 왜곡적일 수 있는 한 가지 상황은 기업이 자본의 제약을 받는 경우, 즉 자금 부족으로 투자를 제약받는 경우다. 그러나 횡재세의 경우, 석유와 가스 회사들은 주주들에게 배당금 수백억 달러를 지급해 왔고 자본의 제약을 받지 않았다. 게다가 조세제도는 **신규** 투자에 대한 공제를 허용하도록 설계될 수 있다. 마크업을 높게 올리는 기업에게 세금을 부과하여 인플레이션을 유발하는 가격 인상을 억제하도록 설계될 수도 있다.

16 이러한 현상, 그리고 기업들이 오랜 기간 동안 지배력을 유지할 능력에는 여러 이유가 있다. 예를 들어 몇몇 경우 네트워크에 더 많은 개인이 참여할수록(플랫폼을 사용할수록) 개인이 네트워크에 참여하는 일의 가치가 더 높아지는 네트워크외부효과(network externality)가 발생한다. 일단 네트워크가 형성되면 이를 제거하기가 어려울 수 있다.

17 이러한 초기 비용을 감당할 기업은 한정되어 있으며 특히 소규모 잠재적 경쟁자는 그렇게 하기 어렵다. 또한 큰 초기 비용을 고려할 때 단일 기업(예를 들어 단일 전기회사)이 있는 경우가 효율적인 자연 독점의 경우처럼 소수의 기업만 존재하는 것이 바람직할 수 있다.

이 이야기에는 몇 가지 중요한 복잡성이 존재한다. 스타트업 기업들이 자체 데이터 센터를 구축할 필요가 없다는 점에서 스타트업에 유리한 클라우드컴퓨팅은 역설적으로 스타트업의 간접비용을 줄이는 동시에 아마존, 구글, 마이크로소프트에 더 많은 권한을 넘겨주었다.

18 나는 미국의 지배적인 항공예약 시스템인 세이버(Sabre)를 상대로 한 소송에 전문가 증인으로 참여했는데 배심원단은 독점력에 도전하려는 항공사의 좌석 가용성에 대해 거짓말을 하는 등 다양한 수법을 통해 시스템을 독점한 세이버에 유죄를 선고했다. *US Airways, Inc., for American v. Sabre Holdings Corporation*, 938 F.3d 43 (2d Cir. 2019).

19 이 원칙은 경합성(contestability)이라고 불렸다. William J. Baumol, "Contestable Markets: An Uprising in the Theory of Industry Structure," *American Economic Review* 72, no. 1 (1982): 1–15 참조. 그러나 매우 작은 고정 매몰 비용만 존재한다 해도 잠재적 경쟁은 현실의 경쟁을 대체할 수 없었다. Stiglitz, "Technological Change, Sunk Costs, and Competition"; Stiglitz and Greenwald, *Creating a Learning Society* 참조.

20 Partha Dasgupta and Joseph Stiglitz, "Uncertainty, Industrial Structure and the Speed of R&D," *Bell Journal of Economics* 11, no. 1 (1980): 128 참조. 기존 기업이 단순하게 모든 경쟁업체의 가격을 따라가겠다고 보장하면—더 나아가 경쟁업체의 가격보다 5퍼센트 더 낮추겠다고 하면—어떤 진입자도 가격 인하를 통해 시장점유율을 확보하려는 시도가 통하지 않음을 알게 될 것이다.

21 John Kenneth Galbraith, *American Capitalism: The Concept of Countervailing Power* (Boston: Houghton Mifflin, 1952).

22 *AT&T Mobility LLC v. Concepcion*, 563 U.S. 333 (2011); *Epic Systems Corp. v. Lewis*, 584 U.S. (2018); *Am. Express Co. v. Italian Colors Rest.*, 570 U.S. 228 (2013); *Lamps Plus, Inc. v. Varela*, 587 U.S., 139 S. Ct. 1407; 203 L. Ed. 2d 636 (2019) 참조.

23 이와 비슷하게 부당한 시장지배력의 행사이고 여러 면에서 사회적으로 더욱 해로운 것은 이전 장에서 논의된 계약서에 포함되는 비공개 조항들이다.

24 금융위기 이후 의회 증언에서 블랭크페인은 골드만이 "구매자 주의"라는 표준적인 표현을 사용하며 자신들의 행위를 공개하지 않은 것이 아무런 문제가 없다고 생각하는 것처럼 보였다. 회사는 잘못한 것이 없다고 주장했지만, 증권거래위원회의 고소에 따라 '실수'를 저질렀다는 것을 인정했고 당시 월스트리트 회사로서는 최고액의 벌금을 납부하기로 동의했다.

25 이 아이디어는 가장 효율적인 책임 시스템(예를 들어 사고에 대한 책임)이 "가장 비용이 적게 드는 사고 회피자"에게 부담을 지우는 것이라는 귀도 칼라브레시(Guido Calabresi)의 주장과 유사하다. Guido Calabresi, *The Costs of Accidents: A Legal and Economic Analysis* (New Haven, CT: Yale University Press, 1970) 참조.

26 James Boyle, *The Public Domain: Enclosing the Commons of the Mind, New Haven*: Yale University Press, 2008. 더 자세한 논의는 E. Stiglitz, Making Globalization Work (New York: W. W. Norton, 2006); J. E. Stiglitz, "The Economic Foundations of Intellectual Property," sixth annual Frey Lecture in Intellectual Property, Duke University, February 16, 2007; *Duke Law Journal* 57, no. 6 (2008): 1693–1724 참조.

27 *Association for Molecular Pathology v. Myriad Genetics, Inc.*, 133 S. Ct. 2107 (2013); 그 결정의 광범위한 결과에 관한 논의는 Regulatory Transparency Project, podcast, Roger D. Klein and Chayila Kleist, "Explainer Episode 5510 Years On: The Impact and Effects of AMP vs. Myriad," June 12, 2023 참조. 이 특허들의 옹호자들은 특허가 없었다면 그 지식이 애초에 생겨나지 않았을 것이라고 말한다. 해당 사례에서 그 주장은 명백하게 거짓이다. 인간게놈프로젝트는 모든 인간 유전자를 분석하고 있었다. 고작해야 그 지식은 몇 달 늦게 생산되었을 것이다.

28 Michael Cavna, "Mickey Mouse Is Finally in the Public Domain. Here's What That Means," *Washington Post*, January 1, 2024.

29 6장에서는 잘 작동하는 경쟁경제에 의해 창출된 소득과 부에도 내재된 도덕적 정당성이 존재하지 않는다고 주장했다. 일부에서는 혁신가들의 막대한 기여에 대한 보상이 필요하다며 혁신가들에 대한 예외를 주장하기도 했다. 이러한 견해에는 많은 반론이 있지만, 설사 그들이 보상을 받아야 한다고 생각하더라도 그 주장은 규모에 대해 아무것도 언급하지 않는다. 특히 20년 동안 혁신에 대한 독점적 권한을 행사할 자격이 있다는 철학적 · 경제적 논거는 없다. 정당성이 있다면 독점으로 인한 사회적 비용과 혁신으로 인한 사회적 이익의 균형을 맞추는 것과 관련이 있다.

개별 발명가의 한계적인 기여도를 파악하는 것조차 어려운 일이다. 아이작 뉴턴(Isaac Newton)의 유명한 말처럼 "내가 더 멀리 보았다면 그것은 거인들의 어깨 위에 서 있었기 때문이다". 코로나19 백신 개발의 공로를 인정받아야 할 사람을 살펴보면 이를 잘 알 수 있다. 펜실베이니아대학교(University of Pennsylvania)의 커털린 커리코(Katalin Kariko)와 드루 와이즈먼(Drew Weisman), 하버드대학교의 폴 크리그(Paul Krieg), 더글러스 멜튼(Douglas Melton), 톰 매니아티스(Tom Maniatis), 마이클 그린(Michael Green), 소크생물학연구소(Salk Institute for Biological Studies)의 로버트 멀론(Robert Malon) 등이 대표적으로 거론되고 있다. Elie Dolgin, "The Tangled History of mRNA Vaccines," Nature 597, no. 7876 (September 14, 2021): 318-324 참조. 그러나 물론 이들 중 누구도 금전적 보상을 받은 사람은 없었고 그 보상은 화이자와 모더나에 돌아갔다.

30 혁신의 동기를 부여하고 자금을 지원하는 상금 제도와 다른 시스템에 대한 자세한 논의는 *Stiglitz, Making Globalization Work* 참조.

2부 자유, 믿음, 선호, 그리고 좋은 사회 만들기

1 철학자 데이비드 흄(David Hume)은 선호와 인지(또는 믿음)를 구분한 것으로 유명하다. 그는 비록 (현대적 용어를 사용하자면) 세상이 끊임없이 변화하는 상황에서 상대적 빈도에 대한 우리의 판단이 "올바른지" 확신할 방법이 없을 수 있지만 인지는 이성의 지배를 받는다고 주장했다. 그러나 그는 선호는 그렇지 않다고 주장했다. 조지 J. 스티글러와 게리 S. 베커는 흄을 따라서 선호는 주어질 뿐 이성의 지배를 받지 않는다고 주장했다. "De Gustibus Non Est Disputandum," *American Economic Review* 67, no. 2 (1977): 7690. 흄의 유명한 슬로건은 "이성은 정념의 노예다"였는데, 이는 현대 행동주의의 확증편향 이론과 그것의 "허구의 균형(equilibrium fiction)"이라는 함의와 다르지 않은 견해다. Karla Hoff and Joseph E. Stiglitz, "Equilibrium Fictions: A Cognitive Approach to Societal Rigidity," *American Economic Review* 100, no. 2 (May 2010): 141-146. **객관적으로** 잘못된 믿음은 우리가 그 믿음에 반하는 정보를 무시하고 그 믿음과 일치하는 정보만 찾기 때문에 유지될 수 있다. 아래에서 더 자세히 논의할 주제인 양극화도 부분적으로 이러한 이유에서 비롯된다.

2 내가 이미 지적했듯이 이러한 현실을 **발견한** 것은 경제학자들이 아니며 이는 거의 분명하다. 경제학자들은 결국 이러한 통찰을 그들의 분석에 통합하기 시작했던 것이다.

3 Robert H. Frank, Thomas Gilovich, and Dennis T. Regan, "Does Studying Economics Inhibit Cooperation?" Journal of Economic Perspectives 7, no. 2 (1993): 159171 참조. 입처와 자가르미의 더욱 최근 연구는 실험실에서 경제학의 가정에 대한 짧은 노출이 있는 경우에 이러한 관계를 지지한다. John Ifcher and Homa Zarghamee, "The Rapid Evolution of Homo Economicus: Brief Exposure to Neoclassical Assumptions Increases Self-Interested Behavior," *Journal of Behavioral and Experimental Economics* 75 (2018): 55-65 참조. 반면 매사추세츠주립대학교에서 이루어진 연구는 경제학을 공부하는 학생들이 더 보수적이지만 경제학 공부가 학생들을 더 이기적으로 만들지는 않는다고 보고한다. 이는 그 학교에서 경제학을 가르치는 방식과 관계가 있을지도 모른다. 매사추세츠주립대학교 경제학과는 매우 진보적이라는 평판이 있는데, 이는 경제학을 공부한다고 해서 사람들이 필연적으로 더 보수적이 되는 것은 아닐 수도 있음을 의미한다. Daniele Girardi, Sai Madhurika Mamunuru, Simon D. Halliday, and Samuel Bowles, "Does Economics Make You Selfish?" University of Massachusetts Amherst Economics Department Working Paper Series 304 (2021) 참조.

4 그들의 선구적인 기술적 논문은 1979년에 출판되었지만 수년 동안 회람되었다. Daniel Kahneman and Amos Tversky, "Prospect Theory: An Analysis of Decision Under Risk," Econometrica 47, no. 2 (1979): 263-291. 나는 1973년 미시건대학교 사회과학연구협의회 세미나 이후 이 문제에 대해 논의를 시작할 행운을 누렸다.

5 Daniel Kahneman, *Thinking, Fast and Slow* (New York: Farrar, Straus and Giroux, 2011).

6 인지적 한계가 우리의 분석적 접근에 영향을 미치는 한 가지 방식이 있다. (선택의 자유를 주는 기회집합의 확대가 항상 더 나은 것이라는 우리의 견해와는 반대로) 기회집합이 더 넓을수록 선택하기가 더 어려우므로 일부 개인들은 더 제한된 선택지를 선호한다. 물론 개인들이 일반적으로 정말로 원하는 것은 자신과 비슷한 사람들의 선호를 알고 있어서 결국 선택되지 않을 것들을 미리 제거함으로써 결정 비용을 줄여 주는 식당이나 상점이다.

개인들이 고정된 선호를 가진 상황에서도 발생할 또 다른 복잡성이 있는데, 이는 경제학자들이 시간일관성(time consistency)이라고 부르는 것과 관련이 있다. 사람들은 내일 너무 많이 먹거나 중독성 있는 약물을 복용하고 싶은 유혹을 받을 것을 오늘 알고 있기 때문에 내일의 선택지를 줄여 오늘의 선호와 일치하는 방식으로 내일 행동하도록 강제하고 싶어 한다. 사이렌의 유혹을 이기기 위해 자신을 돛대에 묶은 율리시스의 이야기가 그런 사례다. 이 책은 이러한 복잡성을 깊이 다루지 않는다.

7 Demeritt, Hoff, and Stiglitz, *The Other Invisible Hand* 참조.

8장
사회적 강제와 사회적 결속

1. 예를 들어 영국의 사회학자 에밀 뒤르켐(Emile Durkheim)이 이 점을 강조했다.
2. 인적자본은 교육의 역할에 관한 경제학자들의 전통적 논의에서 중심적인 주제였다. 학교는 최근 연구에서 강조된 바와 같이 능력을 선별하고 신호를 보내는 것 이상의 역할을 한다. 개인을 형성하는 이러한 역할은 경제학의 표준적 논의에서 무시되었는데, 경제학자들의 표준모델은 개인의 선호가 태어날 때부터 고정되고 주어진 것이라 **가정했기** 때문이다.
3. 앞서 나는 경제학이 균형이 안 맞을 정도로 이기적인 사람들의 흥미를 끄는 듯하며 학생들이 경제학을 더 오래 공부할수록 더 이기적이 되는 것처럼 보인다고도 지적했다. 2부 서론의 주3을 참조.
4. Akeel Bilgrami, "The Philosophical Significance of the Commons," *Social Research: An International Quarterly* 88, no. 1 (2021): 203-239.
5. 스미스는 이것에 대해 거의 기적적인 면이 있다고 인정했으며 마치 보이지 않는 손에 의해 이루어진 것처럼 그 결과를 설명했다. 스미스에 대한 일부 해석에서 이 보이지 않는 손은 신학적 의미를 띤다. 그러나 1부에서 언급했듯이 현대 경제학은 자기 이익의 추구가 사회 전체의 행복으로 이어지는 것은 아니라는 주장에 대해 설명했다. 가격이 조정 메커니즘을 제공한다. 그러나 그것은 불완전하게 작동한다.
6. Demeritt, Hoff, and Stiglitz, *The Other Invisible Hand*.
7. 그는 1970년 《뉴욕 타임스 매거진(New York Times Magazine)》에 실린 어느 유명한 기사에서 이렇게 주장했다. "The Social Responsibility of Business Is to Increase Its Profits," September 13, 1970.
8. Uri Gneezy and Aldo Rustichini, "A Fine Is a Price," *Journal of Legal Studies* 29, no. 1 (2000): 117.
9. 개괄을 위해서는 Haesung Jung et al., "Prosocial Modeling: A Meta-Analytic Review and Synthesis," *Psychological Bulletin* 146, no. 8 (2020): 635-663 참조.
10. Gary S. Becker, *The Economics of Discrimination* (Chicago: University of Chicago Press, 2010).
11. 현대 게임이론은 한 집단이 다른 집단을 희생시키면서 이익을 얻는 이러한 균형이 어떻게 유지될 수 있는지를 보여 주었다. 사회적 자본과 그 영향의 일부에 관한 비판에 대한 논의는 J. E. Stiglitz, "Formal and Informal Institutions," pp. 59-68를 포함한 Ismail Serageldin and Partha Dasgupta, eds., *Social Capital: A Multifaceted Perspective* (Washington, DC: World Bank Publications, 2001) 참조.
12. 껌 씹기에 대한 싱가포르의 규제가 이를 잘 보여 준다.
13. 디머릿 등은 *The Other Invisible Hand*에서 확립된 규범이 변화하는 환경에 적응하는 능력을 저해하고 때로는 전족과 같은 역기능적 사회 관행도 유지하며 어떻

게 사회적 경직성을 야기하는지 더 자세히 논의한다. 또한 규범이 어떻게 변화하고 변화될 수 있는지, 그리고 적어도 일부의 경우에는 규범이 어떻게 처음 확립되는지도 탐구한다. 이는 특히 개인의 자유에 대한 사회적 강제의 영향을 고려할 때 중요한 질문들이지만 이 책의 범위 내에서 깊이 다룰 수는 없다.

14 2013년 데이브 에거스(Dave Eggers)의 소설 *The Circle* (New York: Knopf)은 세계 최대의 인터넷 회사 내부의 오웰식 기업 디스토피아를 묘사한다.

15 또는 적어도 우리 대부분은 그렇다. 인지능력이 제한적이거나 소시오패스와 같은 사회적 장애가 있는 사람들에 대해서는 의문이 제기될 수 있다.

16 아마르티아 센은 2009년 저서 *The Idea of Justice* (Cambridge, MA: Harvard University Press)에서 우리가 이러한 문제에 대해 추론할 능력이 있을 뿐 아니라 우리의 추론에 통합된 타고난 공감 능력과 공정함에 대한 이해가 있다고 주장한다. 그렇더라도 이것이 무임승차문제를 완전히 해결하지는 못한다.

17 개인 서신.

18 이것이 칼라 호프와 내가 "Equilibrium Fictions: A Cognitive Approach to Societal Rigidity,"에서 제시한, 예컨대 개인이 메타효용 함수를 극대화하는 선호 집합이나 신뢰, 정체성을 선택한다고 모형화하는 Roland Bénabou and Jean Tirole, "Incentives and Prosocial Behavior," *American Economic Review* 96, no. 5 (2006): 16521678; Roland Bénabou and JeanTirole, "Identity, Morals, and Taboos: Beliefs as Assets," *Quarterly Journal of Economics* 126, no. 2 (2011): 805755 같은 연구에 대한 핵심적인 비판이다.

19 우리의 관점을 넘어서는 능력에 대한 이러한 회의주의는 최근 한 연구에 의해 확인되는데, 이는 관점 형성을 이해하는 데 필요한 자성력(introspection)이 가장 큰 이들 사이에서도 그것이 유지되기 어렵다는 점을 보여 준다. Mohsen Javdani and Ha-Joon Chang, "Who Said or What Said? Estimating Ideological Bias in Views Among Economists," *Cambridge Journal of Economics* 47, no. 2 (March 1, 2023): 309339는 무작위 대조실험(RCT)을 통해 실험 참가자 82퍼센트가 주장의 내용에만 주목해야 한다고 말했지만 주장의 출처를 주류에서 덜 주류적인 출처로 바꾸면 경제학자들은 그 주장에 덜 동의한다고 보고하는 경향을 발견했다(이데올로기적 편향과 일관되게—성별, 연구분야, 학부 전공에 따라—의미 있는 차이가 나타났다) 이 발견은 참가자들이 인식하지 못하는 무의식적 편향을 반영하는 것으로 보인다.

20 집단 내의 일부 개인들은 그들이 세상을 보는 관점이 주어진 것임을 이해하게 되고 그것을 수용할지 말지 결정하지만 많은 이들에게 그 관점 바깥을 생각하는 것은 불가능하다. 관점은 그들의 정체성의 일부고 다른 정체성을 가진다는 것은 생각할 수 없기 때문이다.

21 (몇몇 예외를 제외하고) 은행들은 "유죄 선고"를 받지는 않았지만 금융기관들이 때때로 수억 달러의 벌금을 지불하는 법정 밖의 합의들이 있었다. Sewell Chan and Louise Story, "Goldman Pays $550 Million to Settle Fraud Case," *New York Times*, July 15, 2010; Charlie Savage, "Wells Fargo Will Settle Mortgage

Bias Charges," *New York Times*, July 12, 2012 참조.

22 Wenling Lu and Judith Swisher, "A Comparison of Bank and Credit Union Growth Around the Financial Crisis," *American Journal of Business* 35, no. 1 (January 1, 2020). 더 자세한 논의는 Stiglitz, *Freefall* 참조.

23 Brian M. Stecher et al., "Improving Teaching Effectiveness: Final Report: The Intensive Partnerships for Effective Teaching Through 2015-2016," RAND Corporation, June 21, 2018. 최근의 한 대중적인 설문조사는 결과는 비슷하지만 인센티브 급여와 다른 수단들을 통합한 프로그램에 관해서는 더 희망적이었다. Matthew Stone and Caitlynn Peetz, "Does PerformanceBased Teacher Pay Work? Here's What the Research Says," *Education Week*, June 12, 2023 참조.

24 교육시스템 성과의 상위 5개 주 가운데 네 곳(뉴저지, 코네티컷, 버몬트, 매사추세츠)은 공립학교 교사노조조직률에서도 상위 10개 주에 속했다. 교육 순위는 Scholaroo, "States Ranked by Education—2023 Rankings," January 23, 2023을, 노조조직률은 "Public School Teacher Data File, 2017-18," National Teacher and Principal Survey, National Center for Education Statistics, US Department of Education 참조.

25 이 문단의 주제에 관해서는 많은 연구가 존재한다. Yann Algan, "Trust and Social Capital," Stiglitz, Fitoussi, and Durand, *For Good Measure: Advancing Research on Well-Being Metrics Beyond GDP* 10장 참조.

26 따라서 앞에서 언급했듯이 부모와 학교는 개인을 이런 식으로 형성하려고 노력하고 전체적으로 어느 정도 성공한다. 우리는 그런 가르침에 실패한 도널드 트럼프 같은 사람을 마주치면 얼마나 성공했는지 다시 생각하게 된다.

27 취리히대학교(University of Zurich)의 스테파노 바티스통(Stefano Battiston)과 내가 최근 작업 중인 논문에 붙인 "설계에 의한 불안정"이라는 제목처럼 말이다.

28 신자유주의적 자본주의의 옹호자들은 평판과 같이 이러한 과잉을 억제하고 시스템의 장기적 존속력을 지켜 주는 교정력이 존재한다고 주장한다. 11장에서는 왜 그것이 존재하기는 하지만 너무 약한지 설명할 것이다.

9장
개인과 믿음의 공동 형성

1 예를 들어 그들은 자신들의 플랫폼을 통해 전송되는 콘텐츠에 대한 책임과 관련하여 다른 매체들에 비해 우대를 받는 현행 규정의 폐지에 강력히 반대해 왔다(아래 논의 참조). 그들은 때때로 자신들의 플랫폼에서 콘텐츠를 관리하는 것에 대해 위선적 입장을 취하고, 정부가 기준을 정해야 한다고 제안하면서도 동시에 어떤 기준의 도

입에도 반대하는 로비활동을 조용히 벌이고 있다

2 이 절은 Anya Schiffrin and J. E. Stiglitz, "Facebook Does Not Understand the Marketplace of Ideas," *Financial Times*, January 17, 2020; Joseph E. Stiglitz and Andrew Kosenko, "Robust Theory and Fragile Practice: Information in a World of Disinformation," *The Elgar Companion to Information Economics*, Daphne R. Raban and Julia Włodarczyk, eds. (Northampton, MA: Edward Elgar Publishing, 2024)의 아이디어를 포함하고 부분적으로 차용했다.

3 이런 실수를 범하는 사람들은 좋은 동료들 사이에도 있다. 이 분야의 초기 연구자 중 한 명인 시카고대학교의 조지 스티글러도 같은 실수를 했다. 그는 정보시장이 일반 시장과 똑같다고 믿고 싶었다. 후자가 효율적이라고 (잘못) 믿었던 것처럼 전자도 효율적이라고 믿었던 것이다. 예를 들어 George J. Stigler, "The Economics of Information," *Journal of Political Economy* 69, no. 3 (1961): 213-225 참조.

4 정보시장에서 경쟁이 불완전한 또 다른 이유가 있다. 일반적으로 정보가 불완전하면 시장은 불완전 경쟁 상태가 된다. 본질적으로 정보시장은 그 자체로 정보의 불완전성이 특징일 것이다. 그러나 우리는 완전히 경쟁적이지 않은 시장이 일반적으로 효율적이지 않음을 알고 있다.

5 정보의 획득, 배포, 처리에 비용이 들지 않고 소비자들이 완벽하게 합리적이라는 단순한 모형에서는 기업들이 정직할 인센티브를 가지고 공시의 의무가 필요하지 않을 것이다. 그러나 이러한 가정들은 결코 현실에서 성립하지 않는다. 가령 검증에 비용이 들 때가 그렇다. 대부분의 잘 기능하는 정부는 최소한 몇 가지 공시 의무를 부과한다. 이에 관한 최초의 분석은 Stiglitz (1975)와 Milgrom (1981)에 제시했다. J. E. Stiglitz, "The Theory of 'Screening,' Education, and the Distribution of Income," *American Economic Review* 65, no. 3 (1975): 283-300; P. R. Milgrom, "Good News and Bad News: Representation Theorems and Applications," *Bell Journal of Economics* 12, no. 2 (1981): 380-391 참조.

6 마찬가지로 미국 소비자금융보호국(Consumer Financial Protectoin Bureau, CFPB)은 대출기관들에게 대출 조건을 투명하게 명시할 것을 요구한다.

7 이를테면 Jack Ewing, "Inside VW's Campaign of Trickery," *New York Times*, May 6, 2017 참조.

8 특히 Shlomo Benartzi and Richard Thaler, "Heuristics and Biases in Retirement Savings Behavior," *Journal of Economic Perspectives* 21, no. 3 (2007): 81-104 참조.

9 정보의 질을 검증하기 위한 기업들이 생겨나더라도 이를 수행하는 데 비용이 들고 누군가는 그 비용을 부담해야 한다.

10 무임승차문제가 있더라도 잘못된 정보와 허위정보를 상쇄하기 위해 일부 정보를 제공하려 노력할 수 있지만 그러한 노력만으로는 충분하지 않을 것이다. 뉴스가드(NewsGuard)는 "독자, 브랜드, 그리고 민주주의를 위해 잘못된 정보에 대항하는 투

명한 도구를 제공"하려는 상업적 시도다. "About NewsGuard," https://www.newsguardtech.com/about-newsguard 참조. 이는 처음 기대보다 제한적인 성공을 거두었다.

11 물론 이것이 해당되지 않는 광범위한 영역이 있을 수 있다. 다음 장에서 논의될 관용의 원칙이 중요한 형이상학적 문제들 같은 경우가 그렇다.

12 이는 물론 과학 내에서조차 사실의 해석에 대한 그들의 권리를 주장하는—가령 기후변화가 현실이 아니라고 주장하는—많은 우파의 견해와 일치하지 않는다.

13 이는 역사에 대한 너무 좁은 해석일 수도 있다. 독립적인 사법부를 약화시키려는 간헐적인 노력과 일부 집단에서 교육 및 연구 기관이 받아들인 전문성을 비롯해 전문성에 의문을 제기하려는 시도가 오래전부터 존재해 왔다. 트럼프 시대에 이러한 노력들이 더욱 대담해지고 광범위해졌다.

14 노동조합이 없는 상황에서 고용주와 분쟁 중인 노동자의 경우도 비슷하다. 상황을 더 악화시킨 것은 7장에서 보았듯 대법원이 개인들의 집단소송 능력을 약화시켜 기업의 보상을 더욱 어렵게 만들었다는 것이다. 보수적인 대법원은 노동자와 소비자의 희생을 대가로 기업에 유리하게 경제 규칙을 교묘하게 다시 쓰는 과정에 가담해 왔다.

15 Schiffrin and Stiglitz, "Facebook Does Not Understand the Marketplace of Ideas."

16 때때로 플랫폼은 아무런 이득 없이 다른 회사로부터 현금을 갈취하는 클릭사기(click fraud)처럼 노골적인 사기 행위로 수익을 창출하기도 한다.

17 완전경쟁 시장에서는 가격이 모든 관련 정보를 전달한다. 공식적으로 경제학자들은 가격이 모든 관련 정보를 충분히 나타내는 통계라고 말한다.

18 이를 후생경제학 제1정리라고 한다. 비록 완벽한 가격차별을 통해서도 효율성이 유지될 수 있지만, 플랫폼이 생성하고 가격차별에 관여하는 기업이 사용하는 정보는 완벽한 가격차별을 가능하게 하기에 전혀 충분하지 않다(최신 알고리즘은 이전보다 훨씬 더 근접할 수 있지만). Joseph E. Stiglitz, "Monopoly, NonLinear Pricing and Imperfect Information: The Insurance Market," *Review of Economic Studies* 44, no. 3 (1977): 407-430에서 나는 불완전한 정보가 존재하는 경우, 불완전한 가격차별을 시도함으로써 발생하는 독점으로 인한 후생의 손실이 크다는 것을 보였다.

19 예를 들어 더 나은 광고엔진을 구축하여 소비자로부터 더 많은 이윤을 창출하려는 시도처럼 간접적으로 부수적인 이익이 있음에도 불구하고 이는 사실이다. 가령 광고는 인공지능 발전을 크게 촉진했다. 그러나 앞에서 언급했듯이 이윤을 향한 끊임없는 추구는 제품의 품질저하를 반복적으로 초래한다.

20 최근 연구는 플랫폼은 광고와 콘텐츠 소비를 늘리기 위해 유해한(종종 양극화를 심화하는) 콘텐츠를 표시하게 하는 인센티브가 존재한다고 보고했다. George Beknazar-Yuzbashev, Rafael Jiménez Durán, Jesse McCrosky, and Mateusz Stalinski, "Toxic Content and User Engagement on Social Media: Evidence from

a Field Experiment," November 1, 2022, http://dx.doi.org/10.2139/ssrn.4307346 참조.

21 완벽하게 합리적인 개인을 가정해도 양극화가 존재할 수 있고 미디어가 어떤 정보를 어떻게 제공하는가에 따라 양극화가 심화될 수 있다. 파편화된 세상에서 개인들은 서로 다른 미디어 매체가 제공하는 정보의 정확성을 달리 판단할 수 있다. 시간의 희소성을 고려할 때 정보가 공짜라고 해도 시민들은 자신의 관점에서 "더 나은" 정보를 제공하는 매체를 찾게 될 것이다. 이는 사회양극화를 심화시킨다. 다른 정보가 없더라도 같은 정보를 접하는—그러나 서로 다른 세계관을 가진—합리적 개인들은 그 정보를 다르게 해석할 것이다.

22 또는 일부러 중독성을 더 강하게 만들었다거나 말보로맨이 폐암으로 연이어 사망했다는 정보도 마찬가지였다.

23 Karla Hoff and Joseph E. Stiglitz, "Striving for Balance in Economics: Towards a Theory of the Social Determination of Behavior," *Journal of Economic Behavior and Organization* 126, Part B (2016): 25-57; Demeritt, Hoff, and Stiglitz, *The Other Invisible Hand*.

24 양극화에 관한 연구는 다면적이고 복잡하다. 예를 들어 다른 견해에 노출되는 것 또한 양극화를 심화시킨다는 일부 증거가 존재한다. Christopher A. Bail, Lisa P. Argyle, Taylor W. Brown, John P. Bumpus, Haohan Chen, M. B. Fallin Hunzaker, Jaemin Lee, Marcus Mann, Friedolin Merhout, and Alexander Volfovsky, "Exposure to Opposing Views on Social Media Can Increase Political Polarization," *Proceedings of the National Academy of Sciences* 115, no. 37 (2018): 9216-9221 참조.

25 이를테면 Kevin Quealy, "The More Education Republicans Have, the Less They Tend to Believe in Climate Change," *New York Times*, November 14, 2017 참조.

26 대중은 전파를 "소유"하기 때문에 전파가 사회의 후생을 증진하고 오늘날처럼 양극화를 초래하지 않는 방식으로 사용되게 할 권리를 특히 가진다고 (합리적으로) 생각되었다. 공정성 원칙이 헌법에 명시되어 있을 뿐 아니라 민주주의에 필수적이라는 견해가 널리 퍼져 있었다. 이 원칙을 지지한 1969년 대법원 판례에서 바이런 화이트(Byron White) 판사는 "가장 중요한 것은 방송사의 권리가 아니라 시청자와 청취자의 권리"라고 주장했다. Justia Law, *Red Lion Broadcasting Co., Inc. v. FCC*, 395 U.S. 367 (1969) 참조.

27 Dan Fletcher, "A Brief History of the Fairness Doctrine," Time, February 20, 2009. See also Victor Pickard, "The Fairness Doctrine Won't Solve Our Problems—But It Can Foster Needed Debate," *Washington Post*, February 4, 2021. 이 문제에 대한 광범위한 논의는 Victor Pickard, *America's Battle for Media Democracy: The Triumph of Corporate Libertarianism and the Future of Media Reform* (Cambridge: Cambridge University Press, 2014) 참조.

28 보수 성향의 미디어 시청과 보수적 믿음 사이의 상관관계가 있음은 오랫동안 알려져 왔지만 인과관계의 방향은 불분명했다. 폭스뉴스 시청이 실제로 개인을 더 보수적으로 만들까? 이 질문에 대한 해답은 몇몇 자연실험을 통해 밝혀졌는데 이들은 폭스뉴스의 효과에 상당한 인과관계가 있다고 보고했다. Stefano DellaVigna and Ethan Kaplan, "The Fox News Effect: Media Bias and Voting," *Quarterly Journal of Economics* 122, no. 3 (2007): 1187-1234 참조.

29 미국에서는 상속세가 부의 불평등의 영속화를 방지하는 수단이 아니라 사망에 매기는 세금이라고 사람들을 설득하는 노력이 상당한 성공을 거두어 왔다.

30 여기서 우리는 이전 장에서 간략히 논의된 어려운 철학적 영역으로 들어간다. 개인에게는 인간의 주체성이 있다. 그들은 미디어에 의해 "속을" 필요가 없고 폭스뉴스를 신뢰할 필요도 없다. 폭스뉴스가 거짓말을 전파한다는 증거를 생각하면 사람들은 폭스뉴스를 신뢰하는 데 더 신중할 것이라고 생각할 수 있었을 것이다. 그러나 행동경제학이 밝혀낸 현실은 사람들이 영향을 **받고** 미디어는 많은 사람들이 세계를 보는 관점을 실제로 형성한다는 것이다.

31 이전 장들에서 설명했듯이 우리가 법과 규정을 바라보는 방식은 그러한 관점의 영향을 받는다. 가령 재산권과 계약의 자유는 모두 사회적 구성물로서 모든 사회는 이러한 권리를 정의하고 제한하는데, 바라건대 사회의 후생을 증진시키는 방식으로 그렇게 한다. 그것들은 어떤 "자연법"에 기초한 것이 아니다. 재산과 계약을 규율하는 대안적 규칙들의 결과를 바라보는 메타내러티브는 분명 우리가 채택하는 규칙들에 영향을 미친다.

32 1장에서 언급했듯이 우리가 공유하는 특정한 이데올로기(세계에 대한 공유된 견해)를 사회의 원활한 작동과 엘리트의 권력유지 모두에 필요한 것으로 보는 오랜 전통이 존재한다(서문의 안토니오 그람시 논의 참조).

33 소셜미디어 플랫폼들은 때때로 자신들이 단순히 다른 이들의 정보(또는 잘못된 정보)를 중립적으로 전파하는 매개체라고 주장한다. 그러나 그것은 사실이 아니다. 그들의 알고리즘은 정보가 어떻게 받아들여지는지를 결정하고, 서로 다른 개인들이 보는 것에 발생할 차이의 정도에 영향을 미친다. 전통 미디어는 분명 이야기를 만드는 데 더 적극적인 역할을 한다.

34 나는 우리가 현재 겪고 있는 기능장애가 단지 오늘날의 왜곡된 미디어환경 때문에 벌어진 결과만은 아니라는 점을 강조하고자 한다. 이를테면 약 반세기 전 등장한 신자유주의가 그것 때문이라고 말할 수는 없다. 다른 힘들이 작용하고 있다. 미디어를 더 민주적이고 책임 있게 만들기 위한 모든 개혁이 오래전에 이루어졌다 해도 포퓰리즘은 부상했을 수 있다.

35 대출 후 단 2년 만에 아르헨티나가 부채를 갚을 수 없다는 것이 금융업자들에게 분명해졌다. 자본이 국가를 빠져나갔고 마크리는 IMF에 가서 경제를 유지하려는 헛된 시도로 440억 달러를 대출받았지만, 그 달러는 단순히 자본도피를 촉진하는 데 사용되어 아르헨티나는 대출금을 구경도 못 해 본 채 막대한 부채만 떠안았다.

36 미디어권력의 정의와 미국의 사례에 대한 적용은 Andrea Prat, "Media Power,"

Journal of Political Economy 126, no. 4 (August 2018): 1747-1783 참조.

37 어떤 사람들은 "사전" 동의(informed consent)만 있으면 충분하다고 주장한다. 그러나 이는 두 가지 이유로 충분하지 않다. 일반적으로 개인들은 그러한 동의의 결과를 완전히 알지 못하며(이 책의 다른 곳에서 언급한 정보와 합리성의 한계의 일부), 기업들은 결과를 편향시키는 방식으로 선택지를 제시한다. 나는 한 대형 통신회사 사장이 수집한 정보로부터 얻은 이윤에 비해 아주 작은 금액으로 사전동의를 얻을 수 있었는지 자랑하는 저녁식사에 참석한 적이 있다.

38 이와 반대로 최근까지 미국의 무역협상가들은 다른 정부들에게 친기술기업 규제를 채택하도록 강요하려 했다. 흔히 그렇듯 무역협상에서 미국 정부(특히 미국 무역 대표부)는 국가 전체의 이익이 아닌 생산자의 이익을 반영한다. 이는 내 책 *Globalization and Its Discontents*와 *Globalization and Its Discontents Revisited*, 앤드루 찰튼(Andrew Charlton)과 함께 쓴 책 *Fair Trade for All* (Oxford: Oxford University Press, 2005)의 핵심 메시지다.

39 특히 개인정보보호를 위한 2018년 일반데이터보호규정(General Data Protection Regulation, GDPR)과 2022년 디지털서비스법(Digital Services Act, DSA)가 있다.

40 Stiglitz, *The Price of Inequality*와 *People, Power, and Profits* 참조.

41 가령 석유 독점은 기업분할에 의해 공격받았다. 그러나 네트워크외부효과가 클 때 이는 좋은 해결책이 아닐 수 있다. 수많은 플랫폼이 콘텐츠를 적절히 관리하고 사회적 폐해를 끼치지 않도록 규제하는 것이 소수를 규제하는 일보다 더 어려울 수 있다. 그럼에도 기존과 같은 규제를 더 강력하게 집행하면 큰 도움이 될 것이다. 가령 플랫폼들이 반경쟁적 관행에 관여하는 일을 (EU와 연방거래위원회가 구글과 아마존에 대해 시도하고 있는 것처럼) 제한하고, 현재 또는 예측할 수 있는 미래에 경쟁을 줄일 인수합병을 허용하지 않아야 한다(메타·페이스북의 인스타그램 인수는 분명 허용되지 말았어야 했다).

42 놀랍지 않게도 금융 마법을 추구하는 이들은 하나의 마법의 묘약─증권화─에 결함이 있다고 밝혀져도 그저 사라지지 않는다. 그들은 다른 것을 찾는다. 이번에는 비트코인과 다른 암호화폐다. FTX[샘 뱅크먼-프리드(Sam Bankman-Fried)가 2019년 설립한 암호화폐 거래소로 2022년 11월 파산했다. 그는 고객 자금을 빼돌려 금융사기 등의 혐의로 유죄를 선고받았다.─옮긴이]의 파산은 기술진보가 금융과 결합하여 사기와 같은 결과를 더 많이 불러올 수 있음을 보여 준다.

10장
관용, 사회적 연대, 그리고 자유

1 간접적 영향이 존재한다. 타인들이 특정한 방식으로 행동하고 있다는 **지식**이 개인의 행복에 영향을 미칠 수 있다. 다음 단락에서 분명히 알 수 있듯 이 단락에서 논의

된 관용의 개념은 이에 대해 아무런 가중치를 두지 않는다.

2   이는 계몽주의적 관점이 겉보기에 계몽된 사회에서조차 종종 지배적이지 못한 영역이다. 많은 국가들이 용납할 수 없는 것을 명시하고 심각한 처벌을 내리는 강력한 법이 있었다.

3   다른 국가들도 마찬가지로 국가의 세속주의를 보장하기 위한 제도적 특징들을 도입했다. 프랑스에서는 이것이 라이시테(laïcité, 비종교성)라고 불리는 일련의 원칙에 내포되어 있는데, 학교에서 (히잡 같은) 종교 상징을 금한다는 내용을 포함한다.

4   Will E. Edington, "House Bill No. 246, Indiana State Legislature, 1897," *Proceedings of the Indiana Academy of Science* 45 (1935): 206-210 참조. 이 법안은 인디애나주 하원에서 통과되었지만 상원에서 기각되었다.

5   우리는 이렇게 생각하는 것이 사회적 폐해를 유발하는 행동의 가능성을 높인다는 논리로(인터넷을 통해 유포되는 정보가 사회적 폐해를 유발할 수 있다는 이전 장의 주장과 유사하다) 사고에 대한 이러한 불관용을 정당화할 수 있다. 성경은 "함정에 빠지는 것"에 대해 명시적으로 경고한다. 여기서의 논리는 앞서 총기규제의 사례에 제시된 것과 유사하다. 총기를 허용하면 개인이 총에 맞을 가능성이 커진다. 우파는 종종 "사람이 죽이는 것이지, 총이 죽이는 것이 아니다"라고 대답한다. 즉 항상 인간 "주체"가 있으며 개인이 주체성을 행사하여 누군가를 쏘고 죽이기로 선택한다면 총이 아니라 개인을 비난해야 한다는 것이다. 그리고 책임감 있게 행동하는 사람들이 총기를 소지할 자유가 자제력을 적절히 행사하지 못하는 사람들의 존재 때문에 줄어들어서는 안 된다고 한다. 하지만 총기의 경우 이러한 견해를 취하는 것과 특정 행위를 범하는 것을 **생각해서는** 안 된다는 견해를 취하는 것 사이에는 명백한 차이가 있다. 총기는 해를 끼치는 **도구**를 제공한다.

6   물론 한 사람의 생각을 아는 유일한 방법은 그의 행동이나 말을 관찰하는 것이다. 이전 장에서 언급했듯이 말조차도 특히 다른 사람의 행동에 영향을 미치려고 할 때는 "행동"으로 볼 수 있다.

7   물론 이 각각의 경우에도 중요한 외부효과가 존재한다.

8   예를 들어 인도적인 사회는 노인이 단순히 충분히 저축하지 않았다는 이유로 노숙자가 되거나 굶주리도록 내버려두지 않을 것이다. 따라서 개인이 은퇴를 위해 충분히 준비하지 않으면 다른 사람들에게 비용이 부과되는데 이는 외부효과다.

9   기후변화 부정론자들의 관용도 제한적인 것처럼 보인다. 미국의 일부 지역에서는 기후과학 교육을 금지하고 있는데 아마도 이러한 교육이 (다음 세대에서) 그들의 믿음에 반하는 행동으로 이어질 것을 우려했기 때문일 것이다.

10 가령 정부가 지출을 줄이는 재정정책은 긴축적이어서 그 결과로 국민소득이 감소한다. 이는 거의 **언제나** 사실이었기 때문에 나는 그것에 대해 강하게 확신한다. 그러나 때때로 다른 일도 일어나는데, 예를 들어 이웃 나라의 경제성장으로 수출이 증가하는 경우 이 두 가지 효과를 분리해야 한다. 이 분야의 증거가 아무리 강력하다 해도 논쟁이 존재한다. 일부 보수 성향의 경제학자들은 재정지출 감소로 인한 재정적자 감소가 신뢰를 크게 증가시켜 경제가 성장할 것이라고 주장하며 이를 겉보기

에 모순되는 언어로 확장적 긴축(expansionary contraction)이라고 부른다. 이는 사실이 아니다. 지출을 **축소하여** 예산 적자를 줄이는 것은 본질적으로 항상 긴축적이다. 잘못된 견해는 잘못된 정책—긴축—으로 이어져 경제와 특히 비숙련노동자들에게 큰 피해를 준다.

11 "The Codrington Legacy," All Souls College, University of Oxford, https://www.asc.ox.aa.uk/codrington-legacy.

12 이것은 미디어의 시장지배력을 단지 광고시장의 시장지배력으로 평가하는 것이 큰 실수인 이유이기도 하다.

3부 어떤 경제가 좋은, 정의로운, 자유로운 사회를 만들어 내는가?

1 이 의제는 적어도 오귀스트 콩트(August Conte)까지 거슬러 올라가는 더욱 광범위한 철학적 사상과 밀접하게 관련되어 있었다. 이러한 견해들은 이제 일반적으로 폐기되었으며 처음에는 그 지지자 중 하나였던 루트비히 비트겐슈타인(Ludwig Wittgenstein) 같은 사람들에 의해서도 폐기되었다. 물리학자 베르너 하이젠베르크(Werner Heinsenberg)는 이를 잘 표현했다. "실증주의자들은 간단한 해결책을 가지고 있다. 세계는 우리가 명확히 말할 수 있는 것과 우리가 침묵을 지키는 것이 더 나은 나머지로 나뉘어야 한다. 그러나 우리가 명확히 말할 수 있는 것이 거의 없음을 감안할 때 이보다 더 무의미한 철학을 누가 생각할 수 있을까? 모호한 것을 모두 제거한다면 아마도 우리에게는 완전히 흥미 없고 사소한 동어반복만 남을 것이다." Werner Heisenberg, "Positivism, Metaphysics and Religion," in *Physics and Beyond: Encounters and Conversations*, translated by Arnold J. Pomerans (New York: Harper & Row, 1971), 213 참조. 나의 논문 지도교수인 폴 새뮤얼슨은 경제학 내에서 실증주의 의제를 추진하는 데 중심적인 역할을 했다.

2 제러미 벤담 같은 19세기 공리주의자들은 사회가 모든 개인의 효용의 합을 최대화하도록 구성되어야 한다고 주장했다. 실증주의자들은 각 사람의 효용 수준을 객관적 또는 과학적으로 측정할 방법이 없으며 효용을 비교할 방법이 없기 때문에 이는 무의미하다고 말했다. 내가 딸기를 먹는 데서 얻는 즐거움이 당신이 얻는 즐거움보다 크거나 작은지 평가할 방법이 없었다. 따라서 실증주의자들은 파레토 효율성의 개념에 초점을 맞추었다.

3 경제학자들은 필요한 재분배를 **어떻게** 가장 잘 관리할 수 있는지에 대해 조언할 수 있지만 그때조차 그들은 신화적이고 비왜곡적인 일시불(lump-sum) 재분배에 관해 이야기하며 책임을 회피했다. 그들의 주장은 이러한 재분배와 함께 사람들은 여전히 시장에 의존할 수 있으며 어떤 경우에도 경제적 효율성을 방해해서는 안 된다는 것이었다. 이는 후생경제학의 제2기본정리라고 불렸다. 이는 내가 일련의 논문에

서 보여 주었듯 불완전한 정보로 인해 일반적으로 사실이 아니다. 대중적인 설명은 Stiglitz, *Whither Socialism?* 참조.

20세기 후반 경제학의 중요한 진보 하나는 일시불 재분배가 없는 세계에서 효율성과 분배 사이의 트레이드오프를 더 정확하게 분석한 것이었다.

4 때때로 경제학자들은 승자의 경제적 이득이 패자를 보상할 만큼 크기 때문에 모든 사람이 더 나아질 **수 있는** 개혁에 초점을 맞춘다. 그러나 일반적으로 그러한 보상은 이루어지지 않는다. 따라서 그러한 변화가 복지의 증가를 나타내는지 여부는 누가 승자이고 패자인지에 크게 달려 있다.

5 그러한 개입이 파레토 개선인지 여부는 중요하지 않다.

6 실제로 기술관료 경제학자들이 도덕적 입장과 판단을 거부하는 것은 가장이다. 그들은 공공정책에 관여할 때 종종 암묵적인 도덕적 입장을 취하지만 이를 "기술적 공정성"의 광채 뒤에 숨긴다.

7 선호의 내생성—선호가 변할 수 있다는 사실—은 공리주의와 롤스주의 프레임워크 모두에 도전을 제기한다. **주어진** 선호와 위험회피적 개인들을 가정하면 무지의 장막 뒤에서 좋은 사회가 무엇일지 생각해 보는 것은 왜 평등한 사회가 바람직한지 생각하는 데 도움이 된다. 그러나 많은 것을 얻을 작은 기회와 빈곤에 처할 높은 확률을 수반하는 불공정한 도박을 기꺼이 감행할, 위험을 사랑하는 도박꾼들의 사회를 만드는 것이 가능하다면 어떨까? 만약 모든 사람의 성격이 그렇다면 무지의 장막 뒤에서 모든 사람은 더 높은 불평등으로 이어지는 경제적·사회적 제도를 선택할 것이다.

8 20세기 경제학은 선호가 다른 두 사회의 상대적 장점에 대해 우리가 아무 말도 할 수 없다고 가정했다. 우리는 경제 시스템이 **주어진 그 선호**하에서 얼마나 잘 행복을 제공하는지만 확인할 수 있다. 나는 이것이 잘못되었다고 믿는다. 내생적 선호는 고정된 선호의 경우보다 개인의 행복에 대해 명확한 진술을 더 어렵게 만들지만 우리는 여전히 궁극적인 행복과 관련된 개인의 행동에 대해 몇 가지를 말할 수 있다. 예를 들어 특정 행동이 명시된 목표와 일치하는지—예컨대 오늘 우리의 선호를 반영하는 것처럼 보이는 특정 행동이 우리의 장기적인 행복과 일치하는지—확인할 수 있다. 마찬가지로 우리는 다른 불일치의 사례를 밝혀낼 수 있다. 시간불일치(만약 오늘 앞으로 몇 년간의 저축 및 소비 계획을 세운다면 내년에 계획한 대로 소비와 저축을 하며 실제로 계획대로 행동하고 싶어 하는 것을 의미한다)는 사실 행동경제학의 주요한 주제였다. 그러나 여기에도 모호함이 존재한다. 내일 우리는 **오늘** 우리가 원하는 만큼 어제 저축하지 않았음을 후회할 수 있지만 **그때의** 취향(선호) 그대로 행동한 것은 어떤 의미에서도 잘못이 아니다. 우리는 후회조차 해서는 안 된다는 의미다. 우리는 미래에 다른 선호를 가질 것임을 알 수도 있다. 그렇지만 우리는 오늘 우리에게 즐거움을 주는 것에 따라 행동하며 그것은 오늘 우리의 행동이 달랐더라면 하는 내일의 후회라는 어떤 개념을 "합리적으로" 고려할 수 있다. 우리가 무슨 일이 일어나고 있는지 완전히 인식하지 못하는 경우에만 우리는 합리적이지 않다고 말할 수 있다(이러한 주제에 대해 더 많이 이야기할 수 있고 그래야 하지만 그것들을 적절히 다루는 작업은 이 책의 범위를 넘

어설 것이다).
9 더 자세한 논의와 참고문헌은 3장과 4장을 참조.
10 나는 이러한 미덕들이 모든 사회에서 같은 형태를 취하거나 같은 무게라고 주장하는 것이 아니다. 따라서 나는 발견되기를 기다리는 단일한 자연적 가치집합이 존재한다는 보편주의적 의제를 지지하지 않는다. 동시에 위의 언급들에서 분명히 알 수 있듯 나는 가치가 다른 사회가 생겨날 수 있음을 인정하지만 무엇이든 허용된다고 말하는 극단적 상대주의 입장에 대해서는 회의적이다. 이는 부분적으로 10장에서 제시된 주장들 때문이다. 좋은 사회는 일정 수준의 사회적 결속이 필요하고 그 가능성과 정반대의 일부 관점들(가치, 규칙, 규정)이 존재한다. 그럼에도 나는 여기서 실용적인 접근법을 취하고 있음을 강조하고 싶다. 오늘날 우리 사회의 현재 상태를 생각할 때 내가 나열한 가치들은 일반적으로 동의를 얻는 것들이고 그것들은 육성되어야 한다.

11장
신자유주의적 자본주의: 왜 실패했는가

1 로버트 보크(Robert Bork)는 레이건 대통령에 의해 대법관으로 지명되었지만 그의 극단적인 견해 때문에 지명이 거부되었다. 이 거부로 인해 "보크되다(borked)"라는 속어가 생겼다. 그는 *The Antitrust Paradox* (New York: Free Press, 1978)에서 경쟁에 대한 자신의 견해를 표명했다.
2 2장에서 왜 그런지 설명했다.
3 예를 들어 2004년 노벨상을 수상한 에드 프레스콧(Ed Prescott)의 연구를 참조.
4 이는 마리아나 마추카토(Mariana Mazzucato)의 통찰력 있는 저작 *The Entrepreneurial State*에서 잘 설명되었다.
5 *Creating a Learning Society*에서 브루스 그린월드와 나는 왜 시장이 혁신의 자원을 잘못된 방향으로 이끄는지 설명한다. 또한 Daron Acemoglu, "Distorted Innovation: Does the Market Get the Direction of Technology Right?" *AEA Papers and Proceedings* 113 (May 2023): 128 참조.
6 다른 사람들에 대한 광범위한 오해가 존재하고 그것이 중요하다는 상당한 증거가 있다. Leonardo Bursztyn and David Y. Yang, "Misperceptions About Others," *Annual Review of Economics* 14 (August 2022): 425-452 참조.
7 이러한 조항들이 세계의 많은 인구가 백신에 대한 접근을 박탈당한 백신 아파르트헤이트로 이어졌다. 다음 장의 논의를 참조.
8 따라서 사회의 많은 경직성은 믿음과 선호와 관련이 있으며 그것들은 또한 다른 사람들의 믿음과 선호에 의해 영향을 받는데, 이는 이 책의 2부와 Demeritt et al., *The Other Invisible Hand*의 핵심 메시지다.

9   공정하게 말하자면 그들의 역사적 선례와 해석에 대한 언급이 매우 선택적으로 보인다는 점에서 이는 법의 원칙이라기보다 속임수에 가까워 보인다. 그들은 그 원칙이 불편해지면 버린다.

10 앞에서 시장근본주의 논의에서 언급했듯이 나는 이를 부분적으로 종교라고 부른다. 반대되는 증거와 이론에도 자유시장에 대한 믿음이 계속되기 때문이다. 이를 고수하는 사람들에게 반박은 불가능하지 않더라도 어려운 일이다.

11 예를 들어 Joseph Henrich, Robert Boyd, Samuel Bowles, Colin Camerer, Ernst Fehr, Herbert Gintis, and Richard McElreath, "In Search of Homo Economicus: Behavioral Experiments in 15 Small-Scale Societies," *American Economic Review* 91, no. 2 (May 2001): 73-78 참조. 관련 문헌의 초기 리뷰는 *Handbook of the Economics of Giving, Altruism and Reciprocity*, eds. Serge-Christophe Kolm and Jean Mercier Ythier (Amsterdam: Elsevier, 2006) 1권과 2권을 참조.

12 정치학 문헌에서 이에 관한 논의로는 Elizabeth Rigby and Gerald C. Wright, "Political Parties and Representation of the Poor in the American States," *American Journal of Political Science* 57, no. 3 (January 2013): 552-565; Matt Grossman, Zuhaib Mahmood, and William Isaac, "Political Parties, Interest Groups, and Unequal Class Influence in American Policy," *Journal of Politics* 83, no. 4 (October 2021) 참조.

13 더 나쁜 것은 미국 헌법이 모든 주에 상원의원 두 명을 부여함으로써 일부 지역의 정치적 힘을 과소평가하고 다른 지역의 힘을 과대평가한다는 사실이다.

14 동시에, 긍정적인 사회 혁신과 개혁을 만들어내기 위해 위기가 필요한 것은 아니다. 1965년 노인 의료보험 제공은 상대적 번영의 시대에 시작되었다. Robert Haveman, "Poverty and the Distribution of Economic WellBeing Since the 1960s," in *Economic Events, Ideas, and Policies: The 1960s and After*, George L. Perry and James Tobin, eds. (Washington, DC: Brookings Institution Press), 243-298 참조.

15 Anne Case and Angus Deaton, *Deaths of Despair and the Future of Capitalism* (Princeton, NJ: Princeton University Press, 2020).

16 이 중 일부 사례에서는 단순히 "지적 물결"이 세계를 돌아다닌 것이 아니었다. 미국은 다른 국가들에 직접 개입하여 그들이 미국이 원하는 방향으로 나아가게 했다. 그러나 다른 경우에는 미국의 소프트파워가 더 중요한 역할을 했다.

17 미국의 절대적 이동성은 급격하게 하락했다. 1940년에 태어난 미국인의 90퍼센트 이상의 실질소득이 부모보다 높았지만 1984년에 태어난 사람들의 경우 이 수치는 50퍼센트로 하락했다. 미국의 상대적 세대 간 이동성도 비슷한 선진경제에 비해 훨씬 낮다. 부모의 소득 분포가 하위 20퍼센트인 가정에서 태어난 아이가 상위 20퍼센트에 도달할 확률은 7.5퍼센트로, 캐나다의 절반을 조금 넘는 수준이다. 게다가 미국에서 이 비율은 개선되지 않았고 1970년에서 1986년 사이에 태어난

미국인들의 경우 비교적 변동 없이 유지되었다. 이러한 추세에 대해 더 자세한 논의로는 Raj Chetty, Nathaniel Hendren, Patrick Kline, Emmanuel Saez, and Nicholas Turner, "Is the United States Still a Land of Opportunity? Recent Trends in Intergenerational Mobility," *American Economic Review* 104, no. 5 (May 2014): 141–147; Raj Chetty, Nathaniel Hendren, Patrick Kline, and Emmanuel Saez, "Where is the land of Opportunity? The Geography of Intergenerational Mobility in the United States," *The Quarterly Journal of Economics* 129, no. 4 (November 2014): 1553–1623; Raj Chetty, David Grusky, Maximilian Hell, Nathaniel Hendren, Robert Manduca, and Jimmy Narang, "The fading American dream: Trends in absolute income mobility since 1940," *Science* 356, no. 6336 (April 2017): 398–406; Miles Corak and Andrew Heisz, "The Intergenerational Earnings and Income Mobility of Canadian Men: Evidence from Longitudinal Income Tax Data," *Journal of Human Resources* 34, no. 3 (Summer, 1999): 504–533 등의 연구를 참조.

18 그러나 이 미약하게나마 낙관적인 전망에 찬물을 끼얹자면 스웨덴을 비롯한 일부 지역에서 최근 열린 선거에서 많은 젊은이들이 극우 정당에 투표했다는 증거가 있다.

12장
자유, 주권, 그리고 국가 간 강제

1 예를 들어 Stiglitz, *Globalization and Its Discontents, Globalization and Its Discontents Revisited, Making Globalization Work*; Charlton and Stiglitz, *Fair Trade for All* 참조.

2 IMF가 왜 그러한 정책을 추진했는지에 대해 많은 논쟁이 존재한다. 특히 인플레이션이 총수요의 과잉으로 인한 것이 아니어서 생산과 고용에 재앙적인 영향을 미치는 것 외에는 높은 이자율로 해결될 가능성이 없는 경우 특히 그렇다. 높은 이자율은 금융시장의 이해에 잘 복무하는데, 그들의 이해는 미국 재무부에 강하게 반영되어 있고 재무부의 관점은 전통적으로 IMF에서 지배적이었다.

3 공식 세율은 15퍼센트였지만 예외조항들로 인해 수입이 상당히 줄어들 것으로 예상된다.

4 문제의 일부는 과세 "권리"를 할당하는 공식에 선진국의 이익을 반영했다는 점이다. Julie McCarthy, "A Bad Deal for Development: Assessing the Impacts of the New Inclusive Framework Tax Deal on Low- and Middle-Income Countries," Brookings Global Working Paper #174 (May 2022); Independent Commission for the Reform of International Corporate Taxation, "ICRICT Response to the OECD Consultation on the Pillar One and Pillar Two

5 가령 Joanna Robin and Brenda Medina, "UN Votes to Create 'Historic' Global Tax Convention Despite EU, UK Moves to 'Kill' Proposal," International Consortium of Investigative Journalists, November 22, 2023, https://www.icij.org 참조.

6 채무자 감옥행이 당시 질서에서 수용되었다는 점은 수용이 가능하고 바람직한 것에 대한 사회적 견해가 시간이 지나며 크게 변한다는 사실을 상기시켜 준다. 그러한 시스템은 명백히 불공정해 보이지만, 그것은 개인들이 과도한 부채를 지지 않도록 경고하는 것으로서 정당화되었고 금융업자들의 이익에 부합했다. 감옥의 위협은 그들이 채무자의 친척들로부터 돈을 받아 낼 수 있게 해 주었다.

7 프로메사[PROMESA, 푸에르토리코감독·관리·경제안정법(Puerto Rico Oversight, Management, and Economic Stability Act)] 위원회는 연방정부에 의해 임명되었으며 연방정부는 푸에르토리코섬이 자체적인 파산절차를 가질 권리를 부정했다.

8 이는 파산의 신속한 해결을 가능하게 하는 계약을 설계하는 "계약적 접근"이 더욱 어렵다는 것을 의미한다. 한때 세기초에는 내부적으로 어떤 나라도 이에 의존하지 않았음에도 불구하고 많은 사람들이 그러한 계약적 접근이 국가부채에 대해 효과가 있을 것이라고 낙관했다. 아르헨티나의 위기로 더 나은 계약이 도움이 되지만 부채 해결이라는 문제를 완전히 해결하지는 못한다는 사실이 분명해졌다.

9 이전 장들은 공포가 국내에서 신자유주의 의제 채택에 어떤 역할을 했는지 보여 주었다.

10 이러한 비인간적인 가혹함 속에 약간의 인도주의가 섞여 있었는데, 예를 들어 과다채무빈곤국(heabily indebted poor countries, HIPC) 이니셔티브에서 확인할 수 있다. 이는 IMF와 다자간·양자간 자금공여자들이 부채가 지속될 가능성을 회복하기 위해 상당한 부채를 탕감하는 것을 포함했다. 이 국가들은 다양한 조건들을 준수해야 했다. 이런 조치는 1996년에 시작되어 현재 가치로 약 760억 달러의 부채 탕감이 이루어졌다. 그러나 25년이 지난 후 부채 문제가 다시 발생했다. International Monetary Fund, "Debt Relief Under the Heavily Indebted Poor Countries (HIPC) Initiative," https://www.imf.org/en/About/Factsheets/Sheets/2023/Debt-relief-under-the-heavily-indebted-poor-countries-initiative-HIPC 참조.

11 결국 아르헨티나의 정치적 기능장애가 문제를 더욱 악화시켰다. 이 책이 출간되는 시점에서 보면 아르헨티나가 **구조조정된** 부채를 어떻게 상환할 수 있을지 불분명하며 또 다른 구조조정이 거의 불가피해 보인다.

12 물론 "공식적" 근거는 달랐고, 많은 요인들이 작용했다. 미국이 이러한 노력을 주도했던 것으로 보인다. 나의 칼럼인 "A Coup Attempt at the IMF," Project Syndicate, September 27, 2021, https://www.project-syndicate.org/commentary/coup-attempt-against-imf-managing-director-georgieva-by-joseph-e-stiglitz-2021-09 참조.

13 부채의 증권화 자체가 거의 확실히 부채 문제를 악화시켰는데, 2008년 미국에서 시작된 금융위기의 경우와 같았다. 은행과 은행가들은 국가의 상환 능력에 충분한 주의를 기울이지 않은 채 대출 발생을 기준으로 보상받는다.

14 이는 CDS(Credit Default Swap, 신용부도스왑)라고 불리는 특별한 파생상품을 통해 이루어진다. 이는 보험처럼 작용하여 채무자가 채무를 불이행할 경우에만 채권자에게 보상을 지급한다. CDS는 2008년 금융위기에서 중요한 역할을 했다.

15 디완(Diwan)과 웨이(Wei)는 세계은행의 국제부채통계(International Debt Statistics, IDS) 데이터베이스를 사용하여 2020년 기준으로 중국이 저소득 국가의 (공공 및 공적으로 보증된) 총 장기 외채 중 15.1퍼센트를, 중하위 소득 국가의 경우 9.4퍼센트를 보유하고 있다고 추정한다. Ishac Diwan and Shang-Jin Wei, "China's Developing Countries Debt Problem: Options for Win-Win Solutions," Finance for Development Lab Policy Note 3 (December 2022). 혼른 등의 연구는 부채스톡을 추정하기 위해 공적인 약정에 기초한 원천 데이터를 사용하여 "숨겨진" 부채(즉 세계은행에 보고되지 않은 중국의 대출 약정)를 고려한 후 2016년 중국이 중국에 가장 큰 부채를 진 50개국의 대외부채의 최대 30퍼센트를 보유하고 있다고 보고한다. Sebastian Horn, Carmen M. Reinhart, and Christoph Trebesch, "China's Overseas Lending," *Journal of International Economics* 133 (November 2021): 132 참조. 《포브스》 기사에서 카타리나 부크홀츠(Katharina Buchholz)는 "2022년 저소득 국가의 부채와 이자 지급의 37퍼센트가 중국에 지급되었다"라고 주장했다. "The Countries Most in Debt to China," *Forbes*, August 19, 2022.

16 몇몇 경우에는 심지어 금융기관들이 투자자들을 대신하여 주장하는 것과 유사한 수사를 사용하여, 중국 정부는 사실상 자국민에 대한 수탁 의무가 있어 가능한 한 많이 부채를 회수해야 한다고 주장하기도 했다.

17 국내 정치를 고려하면 중국이 단순히 부채를 탕감하기란 어려워 보인다. 대신 부채 지급을 연기하여 부채의 현재 할인 가치를 낮추는 방식—사실상의 헤어컷—으로 부채를 더 쉽게 구조조정할 수 있다. 하지만 부분적으로 부채 지급연기의 가치를 평가할 때 적절한 할인율에 대한 논란이 있기 때문에 이런 형태의 부채 감축을 더 직접적인 감축과 비교하는 것은 종종 어려운 일이다.

18 상세한 이야기는 Stiglitz, *Globalization and Its Discontents* 참조. 그 이후 결과에 대한 논의는 Stiglitz, *Globalization and Its Discontents Revisited* 참조.

19 워싱턴컨센서스는 세계은행, IMF, 미 재무부(즉 워싱턴D.C.의 15번가와 19번가 사이에 위치한 세 기관) 간의 합의였지, 성장을 위해 국가들이 채택해야 할 개혁에 대한 세계 나머지 지역의 개발정책 합의는 아니었다. 자본시장 자유화는 라틴아메리카에서 브레턴우즈(Brettwon Woods) 기관들이 추진한 정책 프레임워크에 관한 요약에서 존 윌리엄슨(John Williamson)이 당초 명시한 원칙에 포함되지 않았다. "What Washington Means by Policy Reform," in John Williamson, ed., *Latin American Readjustment: How Much Has Happened* (Washington

DC: Peterson Institute for International Economics, 1989) 하지만 그것은 빠르게 개발도상국과 신흥시장에 강요된 표준적 정책패키지의 일부가 되었다. 이 문제에 대한 더 광범위한 논의는 Narcis Serra and Joseph E. Stiglitz, *The Washington Consensus Reconsidered: Towards a New Global Governance* (New York: Oxford University Press, 2008) 참조.

20 Bruce Greenwald and Joseph E. Stiglitz, "A Modest Proposal for International Monetary Reform," *Time for a Visible Hand: Lessons from the 2008 World Financial Crisis*, eds. Stephany Griffith-Jones, José A. Ocampo, and Joseph E. Stiglitz, Initiative for Policy Dialogue Series (Oxford: Oxford University Press, 2010), 314-344; "Towards a New Global Reserves System," *Journal of Globalization and Development* 1, no. 2 (2010), Article 10 참조.

21 그럼에도 불구하고 그들은 자본통제 도구와 그것이 사용될 상황을 제한해야 한다고 주장했다. 자본통제에 대한 그들의 장기적 반대의 분석적 기초와 경험적 증거는 기껏해야 미약했다. Joseph E. Stiglitz, "Capital Market Liberalization, Globalization, and the IMF," in *Capital Market Liberalization and Development*, José Antonio Ocampo and Joseph E. Stiglitz, eds. (Oxford: Oxford University Press, 2008), 76100에서 나는 자본통제가 어떻게 경제적 안정과 행복을 증진할 수 있는지 보였다. 또한 Jonathan D. Ostry, Atish R. Ghosh, and Mahvash Saeed Qureshi, Capital Controls (Cheltenham, UK: Edward Elgar Publishing, 2015) 참조. [오스트리(Ostry)는 IMF 연구부의 전 부국장이었다.]

22 그 이론은 노동시장을 포함한 완전경쟁시장을 가정했다. 그러나 시장은 완전경쟁적이지 않으며 세계화는 노동자들의 협상력을 약화시켜 표준적인 이론의 예측보다 상황을 더 악화시켰다.

23 미국이 국제적 규칙기반시스템을 약화시켰는지에 대한 질문은 인플레이션감축법(Inflation Reduction Act, IRA)이 탄소배출 감소를 위해 유도한 조치들의 중요성을 고려할 때 그것이 긍정적 조치였는지 여부와는 별개의 문제다.

24 특히 3장의 주44를 참조.

25 지식재산권과 코로나19 관련 제품의 독점에 대한 주요한 예외는 옥스퍼드대학교가 공동 개발한 아스트라제네카(AstraZeneca)의 백신이었다. 이 백신은 개발도상국에 비영리 기반으로 제공하기로 약속되었다. 불행히도 이 백신의 안전성과 효능은 화이자와 모더나의 mRNA 백신보다 늦게 확립되었고 덜 효과적이었다. 일부 개발도상국에서는 이류 제품이 강요된다고 주장하며 이 백신을 기피했다.

26 미국은 대체로 중국이 규칙을 지키지 않는 것에 대한 대응으로 자신들의 행동을 포장해 왔지만, 이는 다소 위선적이다. 제이크 설리번(Jake Sullivan) 국가안보좌관이 표명한 미국의 입장에 관해서는 "Remarks by National Security Advisor Jake Sullivan on Renewing American Economic Leadership at the Brookings Institution," The White House, April 27, 2023 참조.

27 나는 이 절의 몇몇 아이디어를 다음 연구에서 발전시켰다. Joseph E. Stiglitz, "Regulating Multinational Corporations: Towards Principles of Cross-Border Legal Frameworks in a Globalized World Balancing Rights with Responsibilities," *American University International Law Review* 23, no. 3 (2007): 451-558, Grotius Lecture presented at the 101st Annual Meeting of the American Society for International Law, Washington, DC, March 28, 2007; and Joseph E. Stiglitz, "Towards a Twentyfirst Century Investment Agreement," preface in *Yearbook on International Investment Law and Policy 2015-2016*, Lise Johnson and Lisa Sachs, eds. (Oxford: Oxford University Press, 2017), xiii – xxviii.

28 Kyla Tienhaara, Rachel Thrasher, B. Alexander Simmons, and Kevin P. Gallagher, "Investor-State Disputes Threaten the Global Green Energy Transition," *Science* 376, no. 6594 (May 13, 2022): 701-703.

29 또 다른 예를 들자면 석유 가격이 급등하여 초과이윤이 발생할 수 있다. 국가는 정당하게 횡재세를 부과하려 할 수 있지만 투자 협정 때문에 그렇게 하지 못할 수 있다. 잘 설계된 계약이라면 외국 석유 회사가 모든 횡재를 가져가도록 허용하지 않았겠지만 계약은 대개 잘 설계되지 않으며 어떤 계약도 미래를 완전히 예측할 수는 없다.

30 예를 들어 Malena Castaldi and Anthony Esposito, "Philip Morris Loses Tough-onTobacco Lawsuit in Uruguay," Reuters, July 9, 2016 참조.

31 NAFTA 11조 조항.

32 다니 로드릭이 "조숙한 탈산업화"라고 부른 현상. Dani Rodrik, "Premature Deindustrialization," *Journal of Economic Growth* 21, no. 1 (2016): 133 참조.

33 이는 밀이 주장한 자유에 대한 고전적 관점의 정신과 매우 비슷하다. 이전 장들에서 나의 논의는 밀이 제안했던 것보다 외부효과가 훨씬 더 만연하며 집단행동이 모두의 복지를 향상시킬 수 있는 상황도 마찬가지라고 강조했다. 앞에서 언급했듯이 미국과 같은 **대국**의 행동으로 발생하는 중요한 외부효과가 존재하므로 그들이 외부효과를 고려하도록 유도하려면 그들의 행동에 대한 규제가 바람직할 것이다.

34 외국자본 유입을 제한하는 자본시장 규제를 생각해 보라. 미국 자본가들은 투자(또는 착취) 기회를 거부당하는 정도로만 피해를 입는데 이것이 간섭의 충분한 근거가 되어서는 안 된다. 물론 서구는 아편전쟁에서 반대의 입장을 취했다. 나는 이것이 잘못이었으며 서구와 중국 간의 관계에 오래 지속되는 악영향을 미쳤다고 생각한다.

35 그들의 자본시장 자유화에 대한 강력한 옹호는 개발도상국의 행복에 대한 깊은 관심보다는 그것이 엄청난 새로운 이윤의 기회를 열 것이라는 그들의 견해와 더 관련이 있었음이 거의 확실하다.

36 우리는 이러한 문제들에 스미스의 "공정한 관찰자"라는 관점에서도 접근할 수 있다.

롤스는 다른 문화들 간의 맥락에 자신의 분석틀을 적용하는 것을 꺼렸다. 그는 "The Law of Peoples," *Critical Inquiry* 20, no. 1 (1993): 36-68에서 세계적 맥락에서 공정함의 비전을 제시했다. 그러나 이러한 시도는 흔히 주장되는 문화적 상대주의라는 비판으로 이어졌다. Patrick Hayden, "Rawls, Human Rights, and Cultural Pluralism: A Critique," Theoria: *A Journal of Social and Political Theory*, no. 92 (1998): 46-56 참조. 이 주제에 관해 여기서는 깊이 다룰 수 없는 방대한 연구들이 나타났는데, 이는 5장의 주3, 다음 장의 주10, 3부 서문의 주7과 주10에서 논의된 것과 유사한 문제를 제기한다. 예를 들어 무지의 장막 뒤에서 우리는 우리가 얼마나 위험회피적일지 모르고, 그것을 모르면 대안적인 위험 상황을 잘 평가할 수 없다. 여기서 국제적 **경제협정**을 살펴보며 나는 롤스보다 이론에 대해 덜 요구하고 있다. 즉 나는 인권 문제나 부유한 국가들이 가난한 국가를 지원할 국제적 의무에 관해서는 논의하지 않는다.

13장
진보적 자본주의, 사회민주주의, 그리고 학습사회

1   즉 경제가 어떻게 작동하는지에 대한 지식이나 심지어 믿음의 변화가 경제가 작동하는 방식에 영향을 미친다. 이는 그 믿음이 참이든 거짓이든 상관없이 사실이다. 신자유주의는 경제가 어떻게 작동하는지에 대한 (잘못된) 사상의 집합이었다. 그러나 신자유주의 사상이 퍼지면서 법과 행동이 바뀌었고 그에 따라 경제시스템도 변했다. 사상은 중요하다. 이 경우에는 나쁜 방향으로 중요했다.

2   학습사회에 수반되는 것에 관한 더욱 광범위한 논의는 Stiglitz and Greenwald, *Creating a Learning Society* 참조.

3   나는 신자유주의가 어떻게 우리를 반대 방향으로 밀어붙였는지 자세히 설명했다. 신자유주의 옹호자들은 어떻게 그것이 성장을 일으키는 기술과 정책의 변화를 촉진할 것인지 주장했지만, 그것은 부정적인 영향을 받은 이들이 이러한 변화에 대처할 능력을 촉진하는 메커니즘을 구축하는 데 취약했다. 이는 결국 악영향을 받은 사람들 사이에서 포퓰리즘의 발흥으로 이어졌다. 무역자유화와 같은 "진보"에 대한 반발, 심지어 과학과 대학에 대한 반발이 세계 여러 곳에서 나타나는 것은 좁은 의미에서 기술과 생활수준의 변화 속도조차 둔화될 수 있음을 시사한다.

4   예를 들어 『국부론』 가운데 다음 인용문을 생각해 보라. "우리의 상인들과 고용주들은 높은 임금이 가격을 올리고 상품의 판매를 줄이는 악영향에 대해 많이 불평한다. 그들은 높은 이윤의 악영향에 대해서는 아무 말도 하지 않는다. 그들은 자신들의 이득이 가져오는 악영향에 대해서는 침묵한다. 그들은 오직 다른 사람들의 이득에 대해서만 불평한다."

5   이에 관해서는 많은 설명이 있다. Joseph E. Stiglitz, "Technological Change,

Sunk Costs, and Competition," Brookings Papers on Economic Activity, Economic Studies Program, Brookings Institution, vol. 1987, no. 3 (1987): 883-947 참조. 나는 거기서 어떻게 작은 매몰비용조차 높은 독점이윤의 지속을 가능하게 하는지 논의한다. 기업의 시장진입에 중요한 것은 현재의 이윤이 아니라 진입했을 때 이윤이 어떻게 될 것인가다. 이윤을 내고 있는 기존 기업들은 진입 이후 사후적인 경쟁이 치열하며 이윤이 낮을 것임을 분명히 하는 조치를 취할 수 있다. 그런 다양한 진입억제 전략들이 존재한다. 적극적인 진입 억제 정책이 없더라도 진입의 높은 금융 비용이 진입을 억제할 수 있다.

6 프리드먼의 견해는 외부성이 존재한다면 정부가 그것을 완화하기 위해 무언가를 했어야 한다는 것이었다(그는 규제를 좋아하지 않고 가격 개입을 선호했다). 그는 정부가 그렇게 하지 못했다면 기업이 외부성에 대한 책임을 떠맡는 것은 잘못이라고 생각했다. 그러나 여기에는 깊은 지적 모순이 존재했다. 강력한 기업들이 규제에 반대하는 로비를 하면서 주주가치를 극대화했기 때문에 정부의 정책이 부적절해졌던 것이다.

7 Friedman, "The Social Responsibility of Business Is to Increase Its Profits."

8 Joseph E. Stiglitz, "On the Optimality of the Stock Market Allocation of Investment," *Quarterly Journal of Economics* 86, no. 1 (1972): 25–60 (presented to the Far Eastern Meetings of the Econometric Society, June 1970, Tokyo); Sandy Grossman and Joseph E. Stiglitz, "On Value Maximization and Alternative Objectives of the Firm," *Journal of Finance* 32, no. 2 (1977): 389–402; Sandy Grossman and Joseph E. Stiglitz, "Stockholder Unanimity in the Making of Production and Financial Decisions," *Quarterly Journal of Economics* 94, no. 3 (1980): 543–566 참조.

9 일반적으로 경제 분석에서 무시되는 거래비용은 권력관계의 존재와 지속성을 포함하여 경제시스템이 작동하는 방식에 큰 영향을 미칠 수 있다. 집단소송이 중요한 이유는 기업의 부당한 행위에 대해 보상을 받는 데 드는 비용이 한 개인이 감당할 수 없을 정도로 크기 때문이다.

앞서 언급했듯이 최근 수십 년간 경제이론의 발전은 아주 작은 비용이 결과를 극적으로 바꿀 수 있음을 보여 주었다.

10 무지의 장막 뒤에서는 우리가 얼마나 위험회피적일지 모른다. 이를 알지 못하면 대안적인 위험 상황을 제대로 평가할 수 없다. 물론 무지의 장막 뒤에 있다는 관점에서, 예를 들어 위험회피 정도가 서로 다른 효용함수를 가질 가능성이 같다고 가정하고 이 문제에 접근할 수도 있다. 여기서는 이러한 관점 및 기타 관련 분석의 세부사항은 무시한다. 5장의 주3, 12장의 주36, 3부 서론의 주7과 주10의 논의도 참조.

11 이 선언은 이 책에서 초점을 맞춘 좋은 사회의 다른 많은 권리와 속성을 인정했다. 그것은 "모든 민족과 모든 국가를 위한 공통적인 성취 기준"에 대한 전 세계적인 합의였다. 안타깝게도 보수당 정부는 오랜 기간 동안 영국의 국민건강서비스(National Health Service, NHS)에 충분한 자금을 지원하지 않아서 필요한 의료서비스를 제공할 능력을 손상시켰다.

12 그 밖에도 예를 들어 주택담보대출이나 퇴직연금 제공 등 공적옵션이 선택권과 경쟁을 강화할 분야가 많다. 공적옵션은 특히 미국같이 민간부문이 더 효율적이고 개인의 필요와 욕구에 더 잘 반응한다는 생각에 사로잡혀 있는 국가에 적합한 것으로 보인다. 이러한 생각이 사실이라면 공적옵션은 채택되지 않을 것이고 사실이 아니라면 채택될 것이다.

13 공적옵션은 진보적 자본주의를 규정하는 제도적·법적 구조의 세부사항이 각국의 역사와 문화에 따라 국가마다 다를 수 있음을 보여 준다. 진보적 자본주의에는 단일한 형태가 존재하지 않는다. 이러한 세부사항을 구체화하는 것은 앞으로의 도전이 얼마나 큰지도 보여 준다.

14 클린턴 행정부는 기후변화에 강력한 조치를 취하고 의료시스템을 개혁하여 더 나은 의료서비스를 제공하기 위해 실제로 노력했지만 이러한 노력은 역풍을 맞았다. 반면 예산 균형—심지어 흑자를 달성하기도 했다—과 금융시장 규제완화를 강조하며 신자유주의의 교조적 신념을 따랐다. 상세한 설명은 나의 2003년 책 *The Roaring Nineties*, 또는 Nelson Lichtenstein and Jill Stein, *A Fabulous Failure: The Clinton Presidency and the Transformation of American Capitalism* (Princeton, NJ: Princeton University Press, 2023) 참조.

15 이것은 효율적인 시장에 대한 가정을 뒤집어야 하는 영역의 사례다. 시장이 개인이 직면하는 가장 중요한 많은 위험들에 대해 보험을 제공하지 않음은 분명하다.

16 그리고 실제로 거시경제적 실패 자체는 시장이 스스로를 교정한다는 이데올로기, 따라서 강력한 은행 규제가 필요하지 않다는 생각에 기인한 바가 컸다.

17 그럼에도 나는 진보적 자본주의의 성공이 모든 개인을 변화시킬 수 있다는 장밋빛 환상에 의존하지 않는다는 점을 강조하고 싶다. 그것은 오히려 개인이 경제체제를 형성하고 경제체제에 의해 형성된다는 현실에서 출발한다. 그것이 달성될 수만 있다면, 신화적인 '장기균형'에서만이 아니라 언제나 개인과 경제체제가 일치해야 한다. 이는 **현재 우리가 처한 상황에서** 진화적 과정을 통해 달성할 수 있어야 한다. 진보적 자본주의는 표준적 경제학에서 가정하는 것처럼 개인이 이기적일지라도 잘 작동하지만 더 많은 사람들이 타인을 배려한다면 더 잘 작동할 것이다.

14장
민주주의, 자유, 사회정의, 그리고 좋은 사회

1 그는 약간 더 손질된 표현으로 1981년 취임 연설에서 "**현재의 위기에서** 정부는 우리 문제의 해결책이 아니라 문제입니다."(강조 처리는 내가 한 것)라고 말했지만 그 메시지가 더욱 광범위하게 전달되기를 의도했다.

2 Jonathan J. B. Mijs and Elizabeth L. Roe, "Is America coming apart? Socioeconomic segregation in neighborhoods, schools, workplaces, and

social networks, 1970-2020," *Sociology Compass* 15, e12884 (2021) 참조.

3   결국 좋은 사회를 구성하는 규칙에 대한 기본적인 의견 차이가 충분히 깊고 중요할 때 사회는 제대로 기능하기 어렵다. 지리와 믿음 사이에 큰 상관관계가 있는 경우에는 규칙을 정할 때 자율성을 얼마간 부여하거나 심지어 정치적 분리를 고려하는 것이 바람직할 수 있다.

국가의 경계와 권력 이양의 이점에 대한 질문은 경제학자와 정치학자 사이에서 오랫동안 탐구되어 온 주제다. 예를 들어 Alberto Alesina and Enrico Spolare, "On the Number and Size of Nations," *Quarterly Journal of Economics* 112, no. 4 (1997): 10271056; 스코틀랜드 독립 논쟁 중에 쓰인 Joseph E. Stiglitz, "Devolution, Independence, and the Optimal Provision of Public Goods," *Economics of Transportation* 4 (2015): 82-94 참조.

4   Adam Smith, *The Theory of Moral Sentiments*, III:V 참조. 이 인용문은 사익 추구의 미덕에 대해 더 잘 알려진 그의 진술과 일치하지 않는 것처럼 보일 수 있다. 이러한 모순을 해결하는 방법 하나는 "평판"에 있다. 신뢰할 수 없는 방식으로 행동하는 것은 개인의 사익에 부합하지 않는다. 그러나 스미스의 견해에는 이보다 더 많은 것이 있다. 신뢰할 수 없는 방식으로 행동하는 것과 관련된 (현재의 용어를 사용하자면) 외부효과가 존재하는데 이는 그것이 신뢰가 부족한 사회를 낳고 시장경제를 약화시키기 때문이다. 스미스는 좋은 사회에서는 개인이 이러한 외부 효과를 내면화하여 그에 따라 행동한다고 강조한다. 이에 대한 훌륭한 논의는 Jerry Evensky, "Adam Smith's Essentials: On Trust, Faith, and Free Markets," *Journal of the History of Economic Thought* 33, no. 2 (2011): 249-267 참조.

5   표준적 경제학은 평판 메커니즘이 이러한 기회주의적 행동에 견제가 된다고 말하지만 부분적인 견제일 뿐임이 분명하다. 그러나 이러한 비정상적인 행동에 대한 가장 중요한 견제는 사회적 규범이다. 우리는 "품위 있는" 행동에 대한 인식을 심어줄 필요가 있다. 현재의 경제적·사회적 제도에 대한 비판은 그 제도들이 이것을 제대로 못하고 있다는 것이다.

6   개발도상국과 신흥시장에서는 상황이 더 심각하다. 12장에서 논의했듯이 IMF의 영향하에서 각국은 자본시장을 "자유화"하여 경제와 민주주의에 악영향을 미쳤다. 자유화를 실행한 국가들은 만약 그들이 자본시장 자유화 정책을 뒤집는 것을 포함하여 국제 금융시장이 싫어하는 정책을 추진할 경우 자본손실을 우려하고 있다.

7   이러한 견해와 일치하는 많은 문헌이 존재하지만 우파의 영향력이 충분하지 않은 것이 문제라고 주장하는 우파들도 있다. 만약 그랬다면 포퓰리스트인 트럼프는 결코 당선되지 못했을 것이다. 그러나 2017년 감세에서 알 수 있듯 트럼프가 당선된 후 최상위 부유층의 이익을 위한 정책을 추진한 것은 분명한 일이다. Greg Mankiw's blog, "Who Is the Prototypical Rich Person?" January 23, 2019, https://gregmanki.blogspot.com/2019/01/who-is-prototypical-rich-person.htm 참조.

8   어쩌면 극단적인 분열은 이해할 수 있는 일이다. 우파의 의제가 뚜렷한 소수의 지

지를 받고 있다는 점을 고려할 때 그들은 집권하는 동안 할 수 있는 일을 해야 했고, 적어도 가능한 한 먼 미래까지 소수가 권력의 지렛대를 통제할 수 있도록 하기 위해 할 수 있는 일을 해야만 했다.

9   Martin Wolf, *The Crisis of Democratic Capitalism* (New York: Penguin Press, 2023).
10 물론 이것은 역사를 잘못 읽은 많은 사례 중 하나에 불과하다. 히틀러의 발흥은 종종 인플레이션에 기인한 것이라고 주장되며 그러한 "사실"이 독일이 인플레이션에 집착하는 이유에 대한 설명으로 종종 제시된다. 히틀러의 발흥은 실업과 대공황과 훨씬 더 관련이 크다.
11 『어떻게 민주주의는 무너지는가(How Democracies Die)』 같은 베스트셀러에 반영된, 미국 민주주의의 생존이 우려의 대상이 되었다는 사실은 오늘날 미국이 처한 상황에 관해 많은 것을 말해 준다. Steven Levitsky and Daniel Ziblatt, *How Democracies Die* (New York: Crown, 2019) 참조.

지은이 조지프 스티글리츠 Joseph E. Stiglitz

컬럼비아대학교 석좌교수이자 2001년 노벨경제학상 수상 경제학자. 매사추세츠공과대학교(MIT)에서 경제학 박사학위를 받은 뒤 예일대학교 정교수로 부임했다. 듀크대학교, 스탠퍼드대학교, 옥스퍼드대학교, 프린스턴대학교에서 교수로 재직했고, 빌 클린턴 행정부 경제자문위원회 위원장, 세계은행 수석 부총재 겸 수석 경제학자를 역임하며 학계와 정계를 넘나드는 실천적 경제학자로 자리매김했다.

1979년에 40세 이하 학자 중 경제학에 가장 큰 기여를 한 인물에게 수여하는 존베이츠클라크메달(John Bates Clark Award)을 수상했으며 2001년에는 정보의 비대칭이 시장에 미치는 영향을 분석한 공로로 노벨경제학상을 수상했다.

세계에서 가장 널리 인용되는 경제학자 중 한 명으로, 세계화, 자유무역, 규제 완화의 문제점을 지적하며 빈곤과 불평등 해결을 위한 경제적 대안을 지속적으로 모색해 왔다. 정책대화이니셔티브(IPD)의 공동창립자이자 공동회장이며 루스벨트연구소(Roosevelt Institute) 수석 연구위원으로 활동하고 있다.

저서로 전 세계적으로 100만 부 이상 판매된 『세계화와 그 불만(Globalization and Its Discontents)』을 비롯해 『인간의 얼굴을 한 세계화(Making Globalization Work)』 『불평등의 대가(The Price Of Inequality)』 『거대한 불평등(The Great Divide)』 『끝나지 않은 추락(Freefall)』 『불만 시대의 자본주의(People, Power, and Profits)』 등이 있다.

옮긴이 이강국

서울대학교 경제학과와 동 대학원을 졸업하고 매사추세츠주립대학교에서 경제학 박사학위를 받았다. 일본 리쓰메이칸대학교 경제학부 교수로서 개도국 출신의 대학원생들을 가르치고 불평등, 경제성장, 금융세계화, 한국 경제 등을 주로 연구한다. 《한겨레》《시사인》《닛케이아시아(Nikkei Asia)》 등 여러 언론에 칼럼을 쓰고 있다. 컬럼비아대학교, 케임브리지대학교, 그리고 서울대학교 방문학자를 역임했고 《재패니스폴리티컬이코노미(The Japanese Political Economy)》 공동편집인을 맡고 있다.

저서로 『다보스, 포르투 알레그레 그리고 서울』 『가난에 빠진 세계』 『이강국의 경제 산책』 『이강국의 경제 EXIT』 등이 있고 역서로 『비이성적 과열』 『그래도 경제학이다』 『세계경제사』 등이 있다. 『21세기 자본』을 감수했다.

자유의 길

1판 1쇄 발행 2025년 4월 30일
1판 2쇄 발행 2025년 11월 28일

지은이 조지프 스티글리츠
옮긴이 이강국
펴낸이 김영곤
펴낸곳 ㈜북이십일 아르테

책임편집 최윤지 김지운
기획편집 장미희 김지영
디자인 LUCKY BEAR

영업 정지은 한충희 남정한 장철용 강경남 황성진 김도연 이민재
해외기획 최연순 소은선 홍희정
제작팀 이영민 권경민

출판등록 2000년 5월 6일 제406-2003-061호
주소 (10881) 경기도 파주시 회동길 201(문발동)
대표전화 031-955-2100 **팩스** 031-955-2151 **이메일** book21@book21.co.kr

ISBN 979-11-7357-165-7 (03320)

아르테는 ㈜북이십일의 문학·교양 브랜드입니다.
㈜북이십일 경계를 허무는 콘텐츠 리더

페이스북 facebook.com/21arte   **블로그** arte.kro.kr
인스타그램 instagram.com/21_arte   **홈페이지** arte.book21.com

- 책값은 뒤표지에 있습니다.
- 이 책 내용의 일부 또는 전부를 재사용하려면 반드시 ㈜북이십일의 동의를 얻어야 합니다.
- 잘못 만들어진 책은 구입하신 서점에서 교환해드립니다.

우파가 독점해 온 '자유'의 언어를 되찾기 위한 세계적인 진보 경제학자의 여정. (…) 존 스튜어트 밀에서 프리드리히 하이에크와 밀턴 프리드먼, 로널드 레이건에서 도널드 트럼프에 이르기까지 경제사상과 현대 경제사를 폭넓게 살피면서 설득력 있게 논지를 전개한다. (…) 자유의 확산이라는 명분 아래 사회 전반을 희생시키며 부유층과 권력층만을 위한 정책을 펼쳐 온 자유시장 경제학자, 보수 정치인, 기업 로비 단체를 향해 신랄한 비판의 화살을 겨눈다.

— 《뉴요커》

공공선을 위한 협력에 바탕을 둔 진보적 자본주의의 선명한 청사진을 제시한다. (…) 자유지상주의자들이 경시해 온 사회계약의 가치를 재조명하고 이를 현대적으로 재정립할 필요성을 명쾌한 문장으로 역설한다.

— 《커커스리뷰》

자유시장 모델의 현 상황에 대한 실용적이고도 윤리적인 주장.

— 《워싱턴포스트》

스티글리츠는 크루그먼, 피케티와 함께 21세기형 글로벌 자본주의를 날카롭게 비판하는 경제학의 삼대 거장이다.

— 《가디언》

스티글리츠는 놀라울 정도로 탁월한 경제학자다.

— 폴 크루그먼(노벨경제학상 수상자)